AI 시대,
행복해질 용기

AI 인문학 1

AI 시대,
행복해질 용기

인공 지능 시대의 행복론

중앙대학교 인문콘텐츠연구소
HK+인공지능인문학사업단 기획

최성환, 김형주 엮음

사이언스
SCIENCE
BOOKS 북스

책을 시작하며

인공 지능이 인간을 행복하게 할 수 있는가?

인공 지능 시대의 행복론: 의의와 필요성

    4차 산업 혁명이 언론, 정치, 경제, 학문 등 많은 분야에서 회자되면서 새로운 시대와 세계에 대한 기대가 점점 커지고 있다. 인간 삶의 모든 영역에서 총체적인 구조 변동이 예상되고 있다. 지금까지 인간 생활을 지탱해 온 기존의 관점에서는 이해하기 어려운 생경한 현실에 직면하면서 인간, 사회, 세계, 자연, 노동, 종교 등 모든 영역에서 새로운 방향 설정의 노력이 요구되고 있다. 이러한 상황 변화와 더불어, 앞으로 예를 들면 '우주에서의 인간의 지위'에 대한 물음이 새로운 조건들에서 제기되어야 할 것이다. 20세기 초반 철학적 인간학이 개별 과학에서 이루어낸 인간 본성에 대한 성과들을 폭넓게 수용하면서 인간 존재의 전체적인 본질을 규명하는 것을 목표로 했던 것처럼 21세기에는 '인공 지능 인간학(AI-Anthropology)'이라는 주제로 인간 삶의 총체적인 구조에 대한 검토가 수행되어야만 한다. 이는 인간(성)의 정체성, 인간 관계와 공동체의 의미, 인간과 기계의 관계 등 수많은 담론을 양산하게 될 것이다.

연일 인공 지능(artificial intelligence, AI) 시대를 알리는 기사와 보도가 등장하고 인공 지능을 적용한 많은 상품이 출시되고 있다. 예를 들면 인공 지능을 활용한 증권 투자라든가 의학 분야의 진단이나 로봇 시술에서부터 빅 데이터(big data), 사물 인터넷(IoT), 클라우드 컴퓨팅(cloud computing), 자율 주행차, 섹스 로봇, 킬러 로봇 등 이미 상당한 수준에 도달한 많은 성과가 이루어졌을 뿐만 아니라 미래에는 우리의 상상력을 넘어서는 새로운 산물들이 등장을 예고하고 있다. 4차 산업 혁명과 인공 지능 시대에 대한 명확한 현실 인식이 이루어지지 않은 상태처럼 보이지만 인공 지능은 실로 현대 사회의 가장 친숙한 수사(修辭) 중 하나이다. 그야말로 인공 지능은 이제 인간 사회의 가장 중요한 동반자의 지위에까지 도달했다. 많은 학자들은 지금까지 제한된 정보를 바탕으로 인간의 판단과 결정이 이루어졌지만 4차 산업 혁명의 진행 과정에서 이제는 빅 데이터와 같은 엄청난 양의 정보가 전혀 새로운 방향을 인간에게 제시하게 될 것이라고 기대한다. 그러나 그러한 방향이 어떻게 전개될 것이라고 명확하게 말할 수 없다는 사실도 분명하다. 또 다른 '불확실성의 세계'가 우리 앞에 놓여 있는 것이다.

하지만 이러한 불확실성에도 불구하고 우리는 적어도 인공 지능, 빅 데이터 등으로 대변되는 4차 산업 혁명의 전개가 새로운 시대의 시작을 알리는 신호라는 것을 분명히 인식해야 한다. 찰스 다윈의 『종의 기원』이 인간이 세계 혹은 생명의 중심이 아니라는 발상을 가능하게 했다면 이제 인공 지능 시대에서는, 다소 과장된 측면이 없지 않지만, 새로운 '종의 출현'을 기대할 만큼 엄청난 변화가 예상된다. 그러므로 우리는 고정 관념과 상식에서 탈피하여 새로운 문제 상황에 적극적으로 대응할 필요가 있다.

변화 자체가 삶의 한 부분으로 스며들 때만 그 시대와 보조를 함께 하며 소외와 억압 없이 삶을 진정으로 향유할 가능성이 주어진다. 세계 개방적 존재로서의 인간의 수용과 도전이 매우 치열하게 전개되어야만 새로운 시대도 '우리'의 시대가 될 수 있을 것이다. 더욱이 인공 지능 시대에서 행복한 삶을 위한 기술(art, Kunst)을 얻기 위한 노력에서 중요한 것은 우리가 "준칙과 보편적 의무를 정하는 가운데 규범적으로 답을 구할 것이 아니라, 선택의 여지와 가능성들을 열어 주면서 **소망을 표현하는 방식**으로 접근해야 한다."는 것이다.[1] 이는 4차 산업 혁명은(이) 미완의 혁명, 즉 진행 중인 혁명이기 때문에 우리는 진행형 속에서 '완결된 형태의 최선'을 기대하기보다는 좀 더 나은 가능성을 모색하는 가운데 차선의 대안을 제시하려는 노력이 필요하기 때문이다. 비록 변화하는 세계가 기존의 모든 기준과 규정에 대한 전반적인 재검토와 재배치를 요구한다고 할지라도 최종적인 목표나 도달 지점을 미리 결정할 수 없는 상태에서 우리가 가질 수 있는 선택지는 한계가 있을 수밖에 없다.

이런 점을 고려할 때 우리의 출발점은 단순히 낙관적이고 긍정적인 위치가 아니다. 우리는 미래의 삶과 인공 지능이 어떤 조합을 이룰 것인가에 대해 숙고해야 한다. 당연히 그 조합의 방향은 바람직한 삶 내지 행복한 삶을 지향해야만 한다. 그래서 우리는 행복이란 무엇이며, 인공 지능이 행복을 위해 어떤 변화를 가져다줄 수 있는가에 대해 고찰해야 한다. 또한 인공 지능을 통해 현실화되는 행복이 '상태'인지, '목표'인지, '과정'인지, '부수 효과'인지에, 그리고 행복이 과연 기술의 차원에서 매뉴얼로 제시될 수 있는지도 고민해야만 한다.[2] 마찬가지로 인공 지능이 가져다줄 변화가 제대로 구현될 수 있기 위해서 우리는 어떤 장애와 한계를 극복해야 하는지를 고민해야 한다. 당연히 또한 인공 지능이 가져다줄 해악에 대해서도 비판적으로 성찰해야 한다. 그러나 많은 사람이 좀 더 긍정적인 측면에서 미래에 대한 기대를 표출하는 것은 분명해 보인다. 「인공 지능이 우리를 행복하게 할 수 있는가」라는 논문에서 페르낭 고베(Fernand Gobet)와 모건 에레쿠(Morgan H. Ereku)는 "인공 지능의 발전의 유익이 그것의 위험을 압도한다."라고 주장한다.[3]

인공 지능 시대와 인공 지능 인간학의 과제

인공 지능, 빅 데이터 등으로 상징되는 4차 산업 혁명의 시대에 구체화되고 야기될 수 있는 인간 삶과 연관된 다양한 변화들에 직면하여 적절한 삶의 방식을 구상하고 그 실현 방식(조건)을 검토하는 것은 인공 지능 인간학의 중요한 과제 중 하나이다. 더욱이 발전의 속도와 비가역성을 고려할 때, 인공 지능 인간학의 과제는 예측하기 어려운 상황 속을 헤쳐 나가는 도전이라 할 수 있다. 그리고 이 과제는 가치 중립적인 과학적 입장을 견지하기보다는 바람직한 삶의 선택을 위한 예비학(propaedeutic)의 역할을 수행해야 한다. 바람직한 삶이란 바로 아직 완전히 구현되지 못한 인공 지능 시대에서의 행복이 어떻게 실현 가능한지와 연관되어 있다. 이런 배경에서 예비학으로서 인공 지능 인간학은 전통적인 윤리학적 담론의 지평을 넘어서는 삶의 기예/기술(Lebenskunst)에 대한 적극적인 논의를 끌어내야 한다. 이미 주어진 인간상에 적절한 삶의 태도와 방식을 규범적으로 정식화하는 차원을 넘어서 새롭게 형성될 인간상을 염두에 두면서 삶의 길을 찾아 나서는 길은 결코 녹록한 과제가 아니다. 그러므로 삶의 기술에 대한 논의는 이론적 정합성보다는 좀 더 실천적 설득력, 즉 용인 가능성을 담보할 수 있는 방향에서 이루어져야 할 것이다. 이는 인공 지능의 미래에 대한 최종적이며 확고한 인식을 현재 시점에서 확보할 수 없다는 점에서 불가피한 선택이다.

지금 상황에서 새로운 시대적-사회적 변화에 대한 인식은 대학의 구성원들뿐만 아니라 사회의 시민들 모두에게 공유되어야 한다. 그러나 아직 미확정된 미래의 세계와 인간 사회에 대해 성찰할 수 있는 기본적 방향을 제시하는 노력이 누군가에 의해 이루어져야 한다. 이 책에 대한 구상은 그러한 배경에서 이루어졌다. 특히 이러한 노력의 일환으로 인문, 사회학자들을 중심으로 자신의 전공 영역에 제한된 시각이 아니라 사유의 지평을 확장하여 스스로 탐구하는 자세로 인공 지능 시대에 대한 새로운 이해와 경험을 축적해 나가는 것이 중요하다. 이 책의 주제 영역은 인간 삶의 본질적 구성 요소를 세분화하여 범주화한다. 철학을 포함해서 정치, 노동, 인간 관계, 사회, 의료 복지, 종교 등 삶의 모든 분야를 포괄하는 주제로 이루어져 있다. 여기서는 4차 산업 혁명, 특히 인공 지능의 발전으로 도래할 변화와 발전 양상에 대한 개략적 전망과 함께 삶을 영위하는 데 필요한 능력과 자세에 대해 서술한다. 이 책은 인공 지능 시대라는 새롭고 낯선 시대의 바람직한 삶의 기술을 제시하려는 마중물의 역할을 수행하고자 한다. 새롭게 등장한 구체적인 삶의 문제를 풀어 가면서 새로운 삶의 방식(modus vivendi)을 그려 가는 것이 이 책의 의도이다.

이 책의 내용적 구성

이 책은 모두 12명의 저자가 자신의 전문 분야에서 인공 지능 시대에서의 인간 삶이 직면하게 되는 중요한 변화와 그에 따른 대응을 서술하는 방식으로 이루어져 있다. 전체 영역은 ① 개인/욕구, ② 노동/인간 관계, ③ 공동체/정치, ④ 의료 복지/과학 기술, ⑤ 문화/예술, ⑥ 종교/유토피아로 구성되어 있다. 여기서 언급된 주제 영역과는 별도로 서론과 결론의 형식으로 최성환과 김형주는 각각 「책을 시작하며: 인공 지능이 인간을 행복하게 할 수 있는가」와 「책을 마치며: 행복의 눈으로 그려 본 인공 지능 시대, 그 가능성과 한계」에서 이 전체 프로젝트의 의의와 필요성 그리고 기대와 비판적 제한 등을 서술한다. 아래에서는 각 주제별 논의 내용을 간략히 소개하고자 한다.

먼저, 개인과 욕구 영역에서 김형주는 「인공 지능 시대, 나는 무엇을 희망할 수 있는가?」에서 인간과 인공 지능의 상호 관계 속에서 (인공) 지능을 파악하여 그로부터 행복의 '원리적' 가능성을 탐색하려고 시도한다. 필자는 인공성과 지능의 의미를 상호 규정적인 관계 속에서 고찰하면서 모방으로서의 인공성과 오명으로서의 인공성을 구분한다. 그는 인간-종-중심적 세계관(편견)에서 벗어나 (인공 지능에게 부당하게 붙여진, 즉) 오명으로서의 인공성의 관점에서 인공 지능은 인간과 함께 행위자로 자리매김할 수 있다고 한다. 이때 인공 지능은 인간에게 타자로 마주하게 된다. 그러나 이러한 타자성이 단순히 부정적인 한계로 의미 부여되는 것이 아니다. 그것은 칸트에게 물자체의 세계와 정언 명령이 지배하는 인격 공동체의 세계가 '허구'이듯, 반사실적 (als ob, as if) 태도라는 견지에서 희망과 가능성의 세계로 나가는 창구 역할을 할 수 있다고 주장한다.

이 영역의 두 번째 문제를 강용수는 「인공 지능(시대)와 욕구 만족」이라는 글로 정식화한다. 필자는 욕망의 주체로서의 인간을 이해할 때, 새로운 시대에서 인공 지능이 인간의 행복을 실현하는 데 있어서 어떤 역할을 수행할 수 있는가를 탐색한다. 즉 이 연구는 인공 지능이 피상적인 수준의 도우미 역할을 수행하는 데 그칠 것인지, 혹은 감정과 욕구 체계를 가지고 인간과 교류함으로써 인간의 자아 실현을 위한 동반자 역할을 수행할 것인지를 검토한다. 결론적으로 필자는 인공 지능이 인간 지능을 대체하지 못하는 가장 큰 이유가 '인간임'에 대한 우리 자신의 이해에 놓여 있다고 주장한다. 인간은 삶에서 단순한 경험이 아닌, 현실과 접촉하며 능동적으로 우리 자신을 살고자 의욕하기 때문이다. 이런 까닭에 필자는 행복은 무엇인가 하는 물음이 휴머니즘의 시대뿐만 아니라 포스트휴머니즘(post-Humanism), 트랜스휴머니즘(trans-Humanism)의 시대에 자아에 대한 성찰을 요구하며, 단순히 '욕망의 충족'에 주목하는 것이 아닌, 그것을 실현하는 과정인 '활동'에 주목해야 한다고 본다.

두 번째로 노동과 인간 관계 영역에서는 김영선이 「아름답고 새로운 노동 세계」라는 글로 인공 지능 시대에서 이루어지는 기술 발전을 통한 노동 영역의 전반적인 변화를 고찰한다. 그는 인공 지능을 비롯한 사물 인터넷, 빅 데이터, 클라우드 컴퓨팅 등의 기술들이 빠르게 발전하고 있으며, 이러한 발전이 노동의 영역을 전반적으로 변화시키고 있다고 진단한다. 그에 따르면 이러한 변화 속에서 인공 지능 기술은 새로운 감시의 도래, 극단화된 노동의 유연화 등의 문제를 낳을 수 있으며, 이런 까닭에 새로운 기술이 혁신이란 이름으로 전면에 내세워질 때, 이와 동시에 발생할 수 있는 노동권에 대한 침해의 문제를 고민해 보아야만 한다고 주장한다. 결론적으로 인공 지능 기술과 노동 권리는 양립할 수 있는가 하는 물음에 대해, 필자는 양립 가능성을 모색하고 있다. 노동을 유연화하는 방향의 기술 선택(알고리듬의 설계)은 그것이 놓여 있는 지평을 정의하는 정치적, 문화적 투쟁을 통해 설정된 사회적 코드에 따라 달라지기 때문에, 단순히 효율성의 논리만으로 정당화되지 않는다고 주장한다. 따라서 필자는 노동자, 시민이 신뢰할 만한 알고리듬의 설계에 참여 및 개입하고 보다 명확하게 그것의 작동 방식을 이해할 때, 기술적인 것의 정치성을 투쟁의 궤적 내부로 위치시킬 수 있다고 주장한다.

이어서 주해원은 「인공 지능과 인간 관계」에서 인공 지능 기술을 통해 새롭게 등장할 관계들을 비판적으로 검토한다. 필자는 먼저 인공 지능 개발 현황과 관련해서, 현재까지 개발된 인공 지능 로봇은 인간처럼 관계를 시작하고 유지하는 데 필요한 역량이 부족한 상태라고 진단한다. 아직 인공 지능 로봇은 인간과 같이 주변 자극을 수용 및 해석함으로써 대상들에 대한 주관적인 인식을 확보하지 못한 상태이며, 나아가 인공 지능 로봇은 아직 삶의 의미와 가치와 같은 형이상학적 차원의 경험 또한 모사하지 못하고 있다. 그런데도 필자는 현재 인공 지능 기술에 대한 연구들이 계속해서 주목받고 있으며, 기업이나 국가에서 경쟁적으로 개발하고 있기 때문에, 다가올 인공 지능 시대에 등장하게 될 새로운 관계 방식을 앞서 살펴보는 것은 유의미한 작업이라고 평가한다.

그러나 필자는 인공 지능 로봇을 새로운 관계의 대상(여기서는 섹스로봇)으로 설정할 때, 다양한 사회적 문제가 발생할 수 있다고 경고한다. 필자는 이러한 상황 속에서, 인간이 진정한 관계(authentic relationship), 즉 서로가 관심과 존중을 주고받는 관계를 여전히 필요로 할 것이라고 생각한다. 필자는 이러한 점이 과거에서부터 바뀌지 않는 관계 맺음의 본질이며, 인공 지능 시대를 살아가는 우리가 이러한 관계 맺음을 계속해서 추구하게 될 것이라고 본다.

세 번째 주제 영역은 공동체와 정치인데, 먼저 김원식은 「인공 지능 시대, 삶의 가속화와 행복의 사회, 정치적 조건」에서 인공 지능 시대의 도래로 한국 사회에서 등장하는 새로운 삶의 다양한 특징 중에서 특히 사회, 정치적 문제들에 집중해서 고찰한다. 인공 지능 시대의 도래가 한국 사회에 살아가는 우리 삶에 직접적으로 미칠 영향들이 매우 우려되는 상황이기 때문이다.

다양한 기술 발전을 통해서 현대 사회의 변화 속도는 계속해서 빨라지고 있다. 필자는 오늘날 우리 사회의 이러한 가속화는 일정한 임계점을 넘어서 브레이크가 파열된 '과속 사회'로 진입하고 있다고 진단하며, 그 속에서 개개인들이 정박지를 상실한 채 떠도는 불안함을 느끼고 있다고 비판한다. 필자는 이러한 사회 속에서 사회적 불의 혹은 부정의의 문제가 제기된다고 비판한다. 자본주의적 경쟁 체제와 생산 기술의 고도화가 이루어지면서 노동력 수요 자체가 급격히 줄어들고 있다. 그 결과 다수의 인구는 정상적인 노동 시장에서 배제 혹은 주변화되고 있으며, 이러한 문제는 인공 지능의 발달과 4차 산업 혁명의 도래로 더욱 가속화될 것이다.

필자는 이러한 과속 사회의 경향을 시급히 제어함으로써, 다수의 사람들이 사회로부터 배제되어 추락하는 것을 예방해야 한다고 지적한다. 이를 위해 우리 모두는 현재의 위기 상황을 제대로 인식하고 아울러 이에 대해 진지한 성찰을 공유해야 한다. 이러한 의식화를 통해 문제 해결을 위한 실천적 의지를 형성하고 사회적 신뢰와 연대를 회복하는 것이 우선적으로 요구된다.

김분선은 「정치적 인간과 인공 지능의 동행」이라는 글로 인공 지능 시대에서 인간이 얻고자 하는 행복을 정치적 자유와 관련해서 조망하려고 시도한다. 인공 지능의 발전은 정치적 권한에 확장을 가능케 함으로써, 사회에서 배제되거나 정치적 권한을 자유롭게 행사할 수 없는 집단이 자신의 정치적 자유를 실현할 수 있도록 도울 것이다. 가령 인공 지능 시대의 도래는 실생활에서 다양한 편의들을 제공함으로써, 인간이 시간적인 제약을 넘어설 수 있도록 만들어 줄 것이다. 또한, 인공 지능 기술은 정책의 대상이 되는 집단을 선정하는 데 필요한 엄청난 수고 및 선정에서 배제되는 사람들의 문제를 효율적으로 해결함으로써, 사회적 불평등을 해소할 수 있는 중요한 출발점이 될 것이다. 더욱이 4차 산업 혁명과 더불어 계속 발전하고 있는 온라인 공간은 더욱 열린 정치적 공론장을 제공하고 있다. 인터넷은 현대인의 사회적 범주를 확장하는 데 결정적인 역할을 수행했으며, SNS(social network service)로 통칭하는 사회 연결망들을 통해 세계의 정보를 공유하고 지식을 구축하는 단계까지 이르렀다. 이런 방식으로 디지털 세계 시민은 정치적 문제들에 새로운 방안을 찾기 위해 소통할 수 있는 수단을 적극적으로 활용하고 있다. 그러나 필자는 인공 지능을 통한 삶의 변화가 단순하게 주어지는 것이 아니며, 인간이 기술의 혁신과 함께 자기 삶의 양식을 변화시키고, 지켜야 하는 것과 바꿔야 하는 것 사이의 접점을 찾기 위해 노력해야만 한다고 강조한다. 즉 인공 지능 시대가 인간을 위한 시대인가 아닌가에 대한 해답은 그 시대를 살아가고 있는 인간을 통해 얻게 될 것이다.

네 번째 주제 영역은 의료 복지와 과학 기술 영역이다. 여기서는 먼저 공병혜가 「인공 지능 시대와 노인 돌봄」이라는 글로 4차 산업 혁명과 인공 지능의 영향으로 전개되는 의료계와 노인 돌봄의 패러다임의 변화를 고찰하면서 특히 노인 복지의 바람직한 방향을 모색하고 있다. 4차 산업 혁명과 인공 지능의 영향으로 의료계와 노인 돌봄의 패러다임은 급속도로 변화하고 있다. 이미 IBM의 왓슨과 같은 기계가 의료 수술에서 활용되고 있으며, 노인 돌봄을 목적으로 스마트홈과 스마트휠스와 같은 기술이 활용되고 있다.

그러나 의료 분야와 달리, 노인 돌봄은 인격을 지닌 인간을 돌보고 치유하는 실천적인 활동이 요구되며, 이런 까닭에 단순히 기술적인 문제로 환원되지 않는다. 진정한 노인 돌봄은 자기 삶의 진실성이 배여 있는 처소에서 자기 존중을 유지하며 주위 세계와 친밀한 관계를 유지하며, 자기답게 잘 거주할 수 있도록 도와주는 데 있다. 따라서 노인 돌봄의 문제는 기술적인 차원을 넘어서, 인공 지능과 결합한 로봇 케어가 어떻게 노인의 삶의 동반자, 혹은 협동자로서 이바지할 수 있을지에 대한 고민이 필요하다.

이어서 김재인은 「유능한 도구와 잘 살아가기」에서 인공 지능에 대한 논의가 초지능이라는 환상을 넘어 현실의 인공 지능으로 되돌아와야 하며, 또한 특이점(singularity) 혹은 초지능에 대한 논의가 사실에도 어긋날 뿐 아니라 윤리적으로도 옳지 않다고 지적한다. 이런 논의는 묵시록적 세계 또는 디스토피아를 도입하게 되기에 모든 능동적 논의 자체를 가로막는 경향을 보이며, 더욱이 환경, 평등과 같은 보다 더 시급하고 절박한 논의에 집중할 힘과 시간을 분산시키기 때문이다. 따라서 필자는 초지능에 대한 상상에 근거한 논의들을 배제하고 현실적인 시각에서 인공 지능이라는 문제에 접근한다. 이러한 시각에서 인공 지능을 살펴본다면, 인간에게 인공 지능은 '아주 강력한 도구'로 규정될 수 있다. 이런 까닭에 필자는 인공 지능과 인간의 갈등이 아닌, 그 유능한 도구를 어떻게 활용할 수 있는가 하는 것, 즉 '인공 지능의 화용론'이 인공 지능 윤리 문제의 핵심이라고 주장한다. 이는 한편에서는 인공 지능 알고리듬의 설계 및 실행의 문제이며, 다른 한편으로 강력한 영향력을 행사할 수 있게 하는 도구를 쓰는 사람(들)의 문제이다.

다섯 번째 주제 영역은 문화와 예술인데 먼저 박평종은 「인공 지능과 기계 미학」에서 기계 미학의 관점에서 인공 지능과 창작의 문제를 접근하고자 시도한다. 현재 머신 러닝을 통해 진화하고 있는 인공 지능은 스스로 예술 작품을 생산하는 단계까지 도달해 있다. 그러나 이때, 작품을 생산하는 인공 지능은 진정한 '창작 기계'라기보다, 과거의 작품들을 학습하고 모방하여 유사한 작품을 생산하는 '모방 기계'에 가깝다. 그렇다면 이 '모방 기계'가 수행하는 작업을 예술 행위라고 할 수 없는 것일까?

현재의 예술 패러다임에 따르면 인간만이 창의적 저자일 수 있다. 그러나 점차 저자 개념이 확장되고 있으며, 이와 더불어 인공 지능이나 프로그래머가 창작의 주체일 수 없다는 관념 또한 흔들리고 있다.

이와 같은 문제에 직면해서, 필자는 창작의 주체가 누구냐가 아니라 창작의 결과물이 무엇이냐가 중요한 문제가 되었다고 평가한다. 이러한 점이 기계 시대와 더불어 진행됐던 인간과 기계의 협업을 생각해 보면 보다 분명하게 드러난다. 인간은 기계를, 기계는 인간을 모방해 왔으며, 그 과정에서 인간은 신체와 감각 기관의 한계를 넘어 감각의 영역을 확장시켜 왔다. 이는 그 자체로 인간의 확장이다. 이런 까닭에 필자는 우리가 저자 개념에 대한 푸코의 질문을 차용해 "누가 창작을 하건 무슨 상관인가?"라는 물음을 새롭게 던질 때가 왔다고 이야기한다.

이어서 김선규는 「컨템포러리 예술과 인공 지능 예술」에서 인공 지능 예술이 예술로 인정받기 위해서는 예술의 개념에 대한 전면적인 철학적 재검토가 필요하며, 이에 부합하는 거시적인 예술에 대한 전망을 제시해야 한다고 주장한다. 현재 인간만의 고유 영역이라고 생각했던 예술의 영역에 대한 인공 지능의 도전은 이미 시작되었기 때문이다. 필자는 이제 막 시작하는 인공 지능 시대에서 예술의 변화를 컨템포러리(contemporary) 예술의 연장선에서 이해할 수 있으며, 이러한 변화가 컨템포러리 예술의 자율성을 보다 강화할 것이라고 주장한다. 컨템포러리 예술이 '주체의 문제'가 아닌 작품의 '해석의 문제'에 주목할 때, 이러한 관점은 인공 지능이 만들어 낸 대상의 예술성 유무를 판단하기 위한 긍정적인 기준을 제공하기 때문이다. 이런 까닭에 필자는 인공 지능 시대가 컨템포러리 예술에 이르러서 부각된 '예술의 화용론'으로 변화를 가속하는 데 기여할 것이라고 평가한다.

다음으로 필자는 인공 지능 시대의 기술 변화와 더불어서 예술의 창작 방식이 크게 변할 것이며, 이러한 변화 속에서도 인간의 예술 영역이 여전히 고유하게 남아 있을 것이라고 전망한다. 인공 지능이 예술 영역에서 만들어 내는 변화로부터 그것의 비판적 기능을 기대하기는 아마도 매우 어렵다고 생각되기 때문이다. 이런 연유로 비판적 기능을 상실한 인공 지능 예술을 보완한다는 점에서 인간의 예술이 더욱 중요하게 여겨질 수 있다. 필자는 이러한 관점에서 인공 지능이 인공 지능으로, 인간의 예술이 인간의 예술로 그대로 유지함으로써 다원성을 추구할 때, 인간 예술의 발전을 도모할 수 있을 것이라고 전망한다.

여섯 번째이자 마지막 주제 영역은 종교와 유토피아이다. 먼저 전철은 「인공 지능 시대에 신의 지능과 종교의 의미를 묻다」에서 '인공 지능의 도전'에 직면하여 인간의 지능이 무엇인지에 대한 질문을 종교적인 관점에서 제기한다. 보다 구체적으로, 필자는 다가오는 인공 지능 시대에 마주해서 종교적 사유의 해체를 지향하기보다는 전통적인 종교적 사유의 유산을 바탕으로 오늘날의 인공, 인간, 지능, 지성, 영성에 대한 새로운 조명과 재해석이 어떻게 가능한지를 모색한다.

오늘날 인간 지성의 본성과 가능성에 대한 새로운 방향 전환이 요구되고 있다. 즉 인공 지능 시대에 들어가면서, 우리는 기계와 사물의 지능과 지성의 본성을 질문해야 하는 시점에 서 있다. 그러므로 인공 지능 담론은 인간이 전통적으로 구축했던 지성과 지능의 본성의 개념적 토대에 대한 진면적인 검토를 요구한다. 이러한 검토와 관련해서, 필자는 지능이 첫째, 내적인 정체성을 통해, 둘째 외적인 표면성 혹은 드러남을 통해 규정될 수 있다고 지적한다. 이는 근본적으로 인간을 넘어선 대상의 타자성(타자의 지성)을 어떻게 이해할 것인지에 대한 물음이다. 필자는 종교적 관점에서 지능을 고찰함으로써, 타자성으로 나아갈 실마리를 제시한다. 종교적 차원에서 지능 혹은 지성은 영성(영적 체험)과 밀접한 연관을 맺고 있었다. 이때의 영적 체험은 개인적 인식을 넘어 밖에서 안으로 새롭게 들어오는 측면을 뜻한다. 필자는 이와 같은 종교적인 지성으로부터 지능을 탐구했을 때, 신의 이름으로 주체의 복수성을 사유해 왔던 신학적 인간론이 다른 3인칭의 시선들을 사유하고 이를 주체 이론으로 포섭하려고 시도하는 포스트휴먼 담론과 긴밀한 연관 관계를 가진다고 평가한다. 따라서 인공 지능 시대의 포스트휴먼이 연대성의 문제에 대한 새로운 자각을 모색한다면, 이는 종교의 기본적인 궤적과 더욱 가까워지는 것을 의미할 것이다. 이런 까닭에, 필자는 종교적 사유의 기본적인 관점들에서 출발하는 종교적 상상력이 21세기 인공 지능 시대와 조화된 방식으로 어떻게 재구성될 수 있는지 탐구하는 것이 우리 앞에 놓인 중요한 과제라고 진단한다.

이어서 최성환은 「인공 지능 시대와 유토피아의 이념」에서 20세기 종말의 담론에 이어 21세기에는 4차 산업 혁명에 수반되는 과학 기술의 성과와 더불어 새로운 희망의 담론이 싹트고 있다고 전망한다. 그는 이러한 관점에서 출발하여 다가올 인공 지능 시대를 유토피아라는 이념과 함께 고찰한다. 비록, 인공 지능의 출현이 인류의 종말을 야기하거나 앞당길 수 있다는 경고가 제기되고 있지만, 인간은 이러한 경고 혹은 위기와 더불어서 생존을 모색하는 존재이다. 이런 측면에서 보았을 때, 새롭게 제기되는 위기 담론들은 그 자체가 바로 전환점의 징조이며, 새로운 출발의 신호탄이라 볼 수 있다.

그러나 필자는 현실에 대한 재사유와 재배치가 유토피아 혹은 디스토피아라는 양자택일에 놓여서는 안 된다고 주장한다. 기술과 자연의 대립, 혹은 기술과 인간의 대립이라는 구도 속에서 기술을 부정하여 휴머니즘을 구제하려는 시도는 이미 낡은 사유의 패러다임일 뿐이다. 또한 인간 공동체에서의 연대나 소외의 극복은 과학 기술이 유토피아의 이념과 더불어 예상 가능한 폐해들을 피하거나 극복할 수 있는 구체적이며 실질적인 규제적 이념과 더불어 발전할 때, 비로소 가능할 것이다. 필자는 일련의 논의들을 통해, 어떤 경우이든 궁극적으로 과학과 기술의 발전이 항상 유토피아라는 표현 속에 담긴 '행복한 삶과 사회'라는 '규제적 이념(eine regulative Idee)'에 의해 선도되어야 한다고 주장한다.

그러나 필자는 이러한 측면들 외로, 인공 지능의 발전이 인문학의 새로운 과제를 제시해 준다는 순기능이 있다고 평가한다. 과학 기술의 발전이 이전과 전혀 다른 새로운 패러다임의 사고를 요구함으로써, 인문학은 기존의 의미 체계가 지닌 인간 중심주의와 근대의 틀로부터 탈피할 것을 요구받는다. 그리고 이와 같은 불가피한 요구에 대해 응답하는 것이 새로운 시대의 인문학, 즉 인공 지능 인문학의 과제라고 볼 수 있다.

향유의 권리와 비판의 의무: 균형 감각의 필요성

　인공 지능 시대의 행복론은 미지의 세계를 개척해 나가는 도전 정신과 '이성의 남용'을 제어하는 절제 속에서 자신의 여정을 걸어가야만 한다. 그러나 근대 과학의 한계를 지적하는 '계몽의 변증법'에 이은 '부정의 변증법'은 그동안 우리가 소홀히 해 온 측면에 대한 관심을 환기할 수 있을지는 몰라도 마치 다양한 형태의 대안 교육이 공교육의 대안이 될 수 없는 것처럼 일반적인 세계에서의 대안이 되기는 어려울 것 같다. 지속적으로 제시되어 온 자본주의 사회와 산업화에 대한 비판은 그 자체로 충분한 의미를 가지며, 그러한 비판의 연장선에서 오히려 과학 기술의 발전을 통해 제기된 문제점과 한계를 극복하려는 가능성도 지속적으로 탐색되어야 한다. 즉 기술적 향유와 물질적 풍요가 여러 차원의 빈곤과 소외를 야기할 수도 있다는 점에서는 지속적인 관심이 요구되며, 인공 지능 시대가 무르익을수록 인간 연대(solidarity)의 중요성이 부각되어야 한다. 예컨대 섹스 로봇과 자율 주행의 행복 기여는 인간 관계의 왜곡이나 과도한 욕망 추구라는 자승자박의 결과를 가져올 수도 있으며, 초연결 사회와 초단절 사회라는 동전의 양면처럼 인간 사회에서 유익과 해악을 동시에 가져올 수도 있다는 점은 많이 지적되고 있다.

　이러한 방향과 병행에서 오늘날 대부분 스마트폰을 사용하고 문명의 이기(利器)의 혜택을 잘 누리고 있는 상황에서 우리는 인공 지능으로 대변되는 4차 산업 혁명의 산물들과 동반자 관계를 만들어 가는 노력을 경주해야만 한다. 국외자로서 미지의 세계에 대한 막연한 두려움에 머물지 말고 적극적으로 새로운 가능성과 더불어 행복의 길을 모색할 필요가 있다. 또한 아직 우리의 일상적인 삶에서 이러한 새로운 발명들을 통해 삶의 질을 향상시킬 수 있는 영역과 가능성을 탐색하는 노력도 기울여야 한다. 인간의 품위(Menschenwürde)를 구현할 수 있는 실질적인 가능성으로 '워라밸(일과 삶의 균형)'이 언급된다는 점도 참조할 만하다. 그래서 특히 인공 지능 담론을 선도하는 '특이점'과 '초지능' 등으로 제기되는 포스트휴먼의 세계에 대한 논의보다는 좀 더 현실적인 세계와의 생산적 대화를 활성화하는 노력이 중요하다.

인공 지능 시대의 행복론에서는 앞에서 언급한 기계와의 새로운 관계를 모색하는 노력도 중요하지만 역설적으로 인간의 가치를 새롭게 조명하려는 노력도 필요하다. 옥스퍼드 대학교 종신 교수이며 시스템 생물학 분야의 세계적인 석학인 데니스 노블(Dennis Noble)의 발언은 이런 맥락에서 유의미한 방향을 제시해 준다. 그는 인공 지능이 암세포를 빨리 찾아낼 수는 있겠지만, 그렇다고 인간 의사를 완전히 대신하진 못할 것이라고 주장한다. 이는 환자를 위한 최선의 결정을 내리기 위해서는 속도 이상으로 유연한 상황 대처 능력이 중요하기 때문이다. 그는 아직 인간이 "유연성(flexibility)"이라는 측면에서 인공 지능을 앞서고 있다고 언급한다. 특히 자유 의지를 가진 인간들을 이해하기 위해서는 적극적인 대면(對面) 소통의 노력을 기울여야 한다. 그는 인간들이 지식과 논리, 판단력만 가지고 사랑하는 사람의 마음을 얻을 수는 없다는 점을 통해 인간 이해의 고유성을 적시한다.[4] 그러므로 최고 심급으로서의 인간성(Humanität)에 대한 강조는 인공 지능 시대에서도 여전히 유효하다. 존재와 지속 그리고 생성과 변화는 영원한 철학의 주제이다. 인간성에 대해서도 불변의 요소를 강조하려는 입장과 '형성되는 존재(ein werdendes Wesen)'로서 인간을 파악하는 입장이 있다. 인공 지능과 연관된 인간성의 논의는 소위 '특이점'과 같은 분수령을 설정함으로써 새로운 인간성의 탄생을 기대하거나 우려하는 주장이 종종 등장한다.

    모든 시대는 궁정인, 교양인, 전인처럼 그 시대에 가장 적합한 인간상을 구현하려고 노력하여 왔다. 그렇다면 인공 지능 시대의 바람직한 인간상은 어떤 모습일까. 그러나 한 가지 분명한 것은 인간이 단순히 기술적, 도구적 존재로 전락해서는 안 된다는 점이다. 추구하는 인간상과 더불어 시대마다 행복의 표상이 변한다는 것은 자명하다. 그러나 행복에 대한 열망과 추구 자체는 시대의 변화에도 불구하고 유한한 인간 존재의 삶을 이끌어 가는 근본 동인으로 영속적이라 할 수 있다. 오늘날은 힐링(healing)과 케어(care)의 시대이며 상담 만능의 시대이다. 그만큼 고통, 갈등, 부조화, 비정상 등이 사회의 중요한 상수(常數)로 자리하고 있다는 의미이기도 하다. 그래서 행(幸), 불행(不幸)이라는 표현은 순서가 바뀌었다는 느낌이다. 행복을 이론화할 때 빠지기 쉬운 함정은 이론적 완결성을 염두에 두다 보면 현실적인 행복의 양상을 담아내기 어렵다는 것이다. 그래서 행복보다는 불행에서 출발하는 것이 여러모로 유리하다. 불행이라는 근본 사실에서 차선적인 선택 혹은 행운으로 주어지는 행복은 그만큼 '상처 입은 행복'

으로 이미 이론적 제한을 벗어날 수 있기 때문이다. 이런 맥락에서 우리는 인공 지능 시대에서 어떤 기술적 향유를 확보할 수 있는지를 겸허하게 기대할 수 있을 것이다.

최성환 | 중앙대학교

책을 시작하며: ···5
인공 지능이 인간을 행복하게 할 수 있는가?

1부 개인과 욕구

1장   인공 지능 시대, 나는 무엇을 희망할 수 있는가?   ···31
2장   인공 지능(시대)와 욕구 만족   ···59

2부 노동과 인간 관계

3장   아름답고 새로운 노동 세계   ···93
4장   인공 지능과 인간 관계   ···125

3부 공동체와 정치

5장   인공 지능 시대, 삶의 가속화와 행복의 사회, 정치적 조건   ···157
6장   정치적 인간과 인공 지능의 동행   ···183

차례

4부 의료 복지와 과학 기술

7장　인공 지능 시대와 노인 돌봄 ···213
8장　유능한 도구와 잘 살아가기 ···239

5부 문화와 예술

9장　인공 지능과 기계 미학 ···271
10장　컨템포러리 예술과 인공 지능 예술 ···299

6부 종교와 유토피아

11장　인공 지능 시대에 신의 지능과 종교의 의미를 묻다 ···337
12장　인공 지능 시대와 유토피아의 이념 ···371

책을 마치며: ···399
행복의 눈으로 그려 본 인공 지능 시대, 그 가능성과 한계
후주 ···408
찾아보기 ···434

1부 개인과 욕구

1장

인공 지능 시대, 나는 무엇을 희망할 수 있는가?

질문의 시작: 인공 지능이란 무엇일까?

인공 지능이란 무엇일까? 달리 말하면 그것이 무엇이기에 우리는 그것을 일컬어 인공적인 지능이라고 부를까? 요컨대 인공 지능은 왜 인공적일까?

일견 너무 쉽고 뻔한 답을 내놓을 수밖에 없는 질문처럼 보입니다. "Why artificial intelligence is artificial?"이라고 묻는다면, 그것은 "artificial intelligence"이기 때문이라고 답하는 것은 우리 언어 습관에 맞습니다. 빨간 사과가 왜 빨간지를 묻는다면 그 사과는 빨간 사과이기 때문이라 답할 수밖에 없는 것과 같은 논리입니다. 이 질문을 던진 이가 이렇듯 단어들의 나열과 그것의 포함 관계에 따른 평면적인 분석을 통해 주어지는 답변에 만족한다면, 더는 할 말이 없을 것입니다.

그러나 빨간 사과가 빨간 이유에 만족스럽게 답하기 위해서는 '빨간 사과'를 직접 경험해야 합니다. 눈앞에 있는 이 빨간 사과를 검토해 보면, 일조량, 그 사과의 품종, 수확 시기 등, 다양한 답변의 재료가 주어집니다. 마찬가지로 "인공 지능은 왜 인공적인가?"라는 질문도 따져 보면 생각보다 다양한 답변의 재료들을 요구합니다. 거꾸로 말하자면 이 하나의 질문에는 다양한 층위의 질문들이 속해 있을 수 있습니다.[1]

우선, 이 질문의 첫 단어 '인공 지능'에서 '인공(적)'에 초점을 맞추어 봅시다. 인공 지능이 그저 인공 지능이기 때문에 인공적이라고 했을 때, 그럼 인공 지능은 무엇이고 그것이 갖고 있는 하나의 속성인 인공성이 무엇인지가 물어집니다. 도대체 '인공성'이 뜻하는 바가 무엇이기에 그것을 속성으로 갖고 있는 어떤 것이 인공 지능일 수 있는지 하는 것입니다. 이 어떤 것이 여기서는 바로 지능이므로 질문은 다음과 같이 구체화됩니다.

인공 지능의 인공성은 무엇인가?

그럼 이번에는 '지능'에 주목하여 봅시다. 우리는 전통적으로 '지능'을 인간의 본질적 속성으로 간주하여 왔습니다. 인공 지능이 여타 기계 문명의 산물과는 다르게 많은 주목을 받는 이유도 여기에 있습니다. 인간이 아닌 존재인데 지능이 있다고 하는 것은 우월한 지위에 대한 박탈감을 갖는 것까지는 아닐지라도 일단 그러한 존재의 가능성에 대한 호기심을 불러일으키기 때문입니다. 인간의 지능을 모방하는 것에서 시작한 인공 지능 개발은 이제 이를 넘는 독자적인 노선을 구축한 것으로 보입니다. 인공 지능은 더 이상 인간의 지능의 아류가 아닌 그 자체로 독립된 하나의 지능적 존재자로 생각해야 한다는 주장은 힘을 얻은 지 오래입니다. 이러한 배경에서 앞 질문에 답을 하기 위해서는 아래에 대한 답이 먼저 구해져야 합니다.

인공 지능은 인공적(모방적) 존재자인가?

이제 마지막으로 앞 물음을 묻는 주체가 우리라는 사실을 생각해 보면, 이 질문을 던지면서 우리는 다음과 같은 양가적인 생각을 동시에 품게 될지도, 아니 품고 있는지도 모릅니다.

하나. 인공 지능이 아무리 발전하고 있다고 하더라도, 우리와 같아지겠어? 그건 태생적으로 불가능해.
둘. 인공 지능의 발전 속도를 보았을 때, 조만간 우리와 별다른 차이가 없는 존재가 되겠어. 그러니 인공 지능을 어쩌면 우리 사회의 구성원으로 받아들일 준비를 해야 해.

첫 번째 생각이 인간-종-중심주의를 신념으로 하는 일종의 선민(選民) 의식을 바탕에 둔 우월감을 표현하며 우리를 안심하도록 한다면, 두 번째는 어쩌면 솔직한 현실 진단에서 비롯된 불안감과 더불어 기술 발달의 청사진을 선취한 기대감을 동시에 말하고 있습니다. 이제 우리는 다음과 같이 묻습니다.

우리는 인공 지능을 언제까지나 우리를 모방하여 만든 인공적 존재자로 보아야만 하는가?

요컨대, 우리의 질문 '인공 지능은 왜 인공적인가?'는 다음 세 가지 물음을 함축하고 있습니다.

인공 지능의 인공성은 무엇인가?
인공 지능은 인공적(모방적) 존재자인가?
우리는 인공 지능을 언제까지나 우리를 모방하여 만든 인공적 존재자로 보아야만 하는가?

이 세 가지 질문을 차례로 검토하면서 '인공 지능'의 특성과 그것이 우리에게 던지는 여러 가지 생각거리들에 대해 이야기해 보고자 합니다. 그러나 이에 앞서 정말 오래된 이야기, 바로 철학이 던지는 '인간'에 대한 질문을 잠시 살펴보고자 합니다.

근대인의 질문, 인간이란 무엇인가?

오래전, 인간의 지능이 인공 지능과 같은 것으로 불렸던 시절이 있었습니다. 통상 계몽주의, 휴머니즘, 좀 더 강하게 표현하자면 인간 중심주의의 완성자라 일컬어지는 독일의 철학자 이마누엘 칸트(Immanuel Kant)의 책을 뒤지다 보면 인간의 지능을 모방 지능으로 부르는 구절을 만나게 됩니다. 이 구절을 잠시 살펴보겠습니다.

> 신은 대상을 있는 그대로 안다. 그러나 인간은 그것이 보여지는 대로 인식한다. 신에 대한 우리의 앎도 그가 그 스스로를 아는 것과 같지 않다. …… 우리는 한 번도 세계 안에 있는 것들을 신이 인식하는 대로 인식한 적이 없다. 신의 지성이 원형 지성(intellectus archetypus)인 데 비해 우리의 지성은 모방 지성(intellectus ectypus)이다.[2]

사전을 보면 인공적(artificial)이라는 것은 원래 있었던 것을 모방하여 인간이 창조한 것으로 기술되어 있습니다. 이처럼 '인공성'의 첫 번째 뜻은 모방입니다. 실제로 지금이야 인공 지능 연구가 세분화되었지만, 고전적인 의미에서 인공 지능 연구는 다름 아닌 '흉내 내기 지능'에 대한 연구, 다시 말해 기계를 인간의 지능을 더 잘 흉내 내도록 설계하는 연구였습니다. 세계적으로 가장 많이 사용되는 대표적인 인공 지능 교과서 『인공 지능: 현대적 접근(Arficial Intelligence: A Modern Approach)』의 저자인 스튜어트 러셀(Stuart Russel)과 피터 노빅(Peter Norvig)은 "인간과의 유사성"을 상위 범주로 "인간과 같이 생각하기", "인간과 같이 행위하기"와 같은 능력을 인공 지능을 정의하고 범주화하는 기준으로 제시합니다.[3] 이런 의미에서 오래진 칸트가 말한 모방 지능은 오늘 우리의 주제인 인공 지능과 핵심적인 부분을 공유한다고 할 수 있습니다. 그러나 이를 통해 인간의 속성과 사고하는 기계인 인공 지능의 속성이 유사하다는 주장을 펼치려고 하는 것은 아닙니다. 다만 어떤 지능을 가진 존재가 다른 지능을 가진 존재와 비교될 때 서로가 서로를 규정하는 관계에 놓일 수 있고, 그렇기 때문에 인간의 지위가 지금 인공 지능과 같은 위치에 놓일 수 있다는 점을 밝히고자 하는 것입니다. 비유적으로 말하자면 지금 인간의 지능을 모방하여 만든 지능이 인공 지능이라면, 신의 지능을 모방하여 만든 지능이 인간 지능입니다. 이 관계를 '모방'을 키워드로 거칠게 표현하면 이와 같습니다.

신 : 인간 = 인간 : 인공 지능

절대자 앞에 항상 머리를 조아려야 했던 중세의 긴 터널을 지난 근대인은 한편으로는 자기 존재 긍정의 기치를 한껏 높였지만, 다른 한편으로는 여전히 자기 검열과 자기 반성의 속박에서 자유롭지 못했습니다. 한계 지워진 지성의 자기 인식은 때로는 자기 분열처럼 보이기도 합니다. 날고도 싶고 날 수도 있을 것 같지만 차마 날아오르지 못하는 자신에 대한 독백이 바로 앞에서 인용한 칸트의 문장에 고스란히 담겨 있습니다. 이 근대인은 자기 자신에 대해 다음과 같이 묻습니다.

① 나는 무엇을 알 수 있는가?
② 나는 무엇을 해야만 하는가?
③ 나는 무엇을 희망해도 좋은가?

'인간이란 무엇인가?'로 귀결되는 이 세 질문은 칸트의 철학에 있어서 각각 고유한 문제 의식을 상징적으로 드러냅니다. 첫 번째는 『순수 이성 비판』의 주요 관심이라 할 수 있는 우리의 인식 체계, 두 번째는 『실천 이성 비판』에서 꿈꾸고 있는 이상적인 인격 공동체, 마지막 세 번째 질문은 인간 이성의 한계 설정을 다룹니다.

포스트모더니즘, 나아가 지금 유행하고 있는 포스트휴머니즘의 조상이라고 할 수 있을까요? 프리드리히 니체(Friedrich Nietsche)에 따르면 칸트의 이 유치한 형이상학은 자기의 명에를 스스로 메는 바보의 철학입니다. 그러나 칸트적 인간은 바다의 깊이를 재기 위해 바다로 내려간 소금 인형처럼, 인류를 구원하기 위해 잠시 신성을 버렸던 예수처럼, 수소 풍선 같은 계몽 지성에 추를 매달아 스스로를 인공 지능으로 낮추면서까지 자신의 내면을 면밀하게 살핍니다. 이제 이러한 칸트의 문제 의식과 태도를 모델로 이 세 질문을 차례로 검토하면서 인공 지능 시대 우리가 꿈꿀 수 있는 희망, 행복의 조건을 탐구해 봅시다.

인공 지능 시대. 인공 지능이란 무엇인가?

인공 지능의 인공성은 무엇인가?

첫 번째 질문 '나는 무엇을 알 수 있는가?'는 앞에서 언급했듯, 인식론적 물음인데요. 이를 지금 우리의 맥락에 맞게 각색하면, '지능의 본질이란 무엇인가?'입니다. 너무 천천히 가는 것 같지만, '지능' 개념의 짧은 계보를 살펴보겠습니다. 왜냐하면 인공 지능의 속성 '인공성'에 대해 논구하려면 '지능'이 무엇인지 묻는 역사에 대해 간략하게나마 소개하여야 하기 때문입니다.

인공 지능이라는 말을 처음 사용한 공학자 존 맥카시(John McCarthy)는 "철학자들은 2,500년 동안 지능 개념"에 대한 합의를 보지 못했다고 말합니다.[4] 2,500년 전 철학자들이라고 하면 고대 그리스의 철학자들일 것입니다. 이들은 정신(*nous*)의 인식 작용(*noesis*)과 이를 통해 알게 되는 세계(*cosmos noetos*, intelligible)에 대해 집요하게 물었는데 그들의 탐구의 결과들은 지금 우리가 사용하는 지능(intelligence) 개념의 원조격인 *intellectus, intelligentia*로 흡수되었습니다. 이 둘이 갖는 뉘앙스는 약간 다른데, 전자는 생각하는 능력을, 후자는 여기에 의지를 더한 능력을 의미합니다.[5] 아마 인간보다 더 계산을 잘하고, 많은 양의 정보를 빠르게 처리하는 등, 우리 실생활의 문제들을 해결하는 유용한 능력을 의미하는 인공 지능은 *intellectus*의 의미를 물려받았을 것입니다.

지능 개념의 계보학은 여기까지 하고, 이제 인공 지능과 우리의 지능의 관계 문제로 돌아가겠습니다. 저는 봉천중학교를 다녔습니다.

봉천중학교는 남자 학교였습니다. 옆 동에는 봉천여자중학교가 있었습니다. 졸업 후 영락고등학교에 진학했는데, 이 학교는 남녀 공학이었습니다. 영락고등학교 옆에는 영락여자상업고등학교가 있었는데, 이곳은 당연히 여학생들만 다녔습니다. 이처럼 당시 '학교'는 다름 아닌 '남자 학교'를 의미하고 있었습니다.

고전적인 의미의 지능은 인간 지능을 의미합니다. 지능은 최소한 이 세상 안의 존재 중에서는 인간만의 소유물이라는 이해가 지배적이었습니다. 그래서 우리는 인간의 지능을 굳이 인간 지능이라고 부르지 않았습니다. 시간이 지나 우리는 어떤 기계, 프로그램을 만들고 거기에 '인공 지능'이라는 말을 붙였습니다. 우리는 앞에서 '인공적'의 일차적 의미로 '모방하여 창조된 것'의 의미를 추출해 냈습니다. 풀어 설명하자면 인공 지능은 인간의 지능을 모방하여 만든 지능과 유사한 어떤 것을 의미합니다.

다시 학교 이야기로 잠시 돌아와 보겠습니다. 제 학창 시절에도 봉천여자중학교도 실상은 학교였습니다. 당시 사회 문화적인 여건 때문에 '여자'라는 말이 붙었을 뿐, 교육 기관이라는 점에 있어서는 봉천중학교와 본질적으로 다른 점이 없었습니다. 이제 여자 중학교는 찾아보기 어렵습니다. 봉천중학교는 남녀 공학으로 바뀌었고, 봉천여자중학교 역시 봉원중학교로 개명하면서 남학생을 모집한 지 오래되었습니다. 명목은 중요하지 않았습니다. 본질과 내용에 따라 이름은 재구성됩니다.

지능과 인공 지능의 관계도 그럴 수 있습니다. 첫째, 비록 가상의 시나리오지만, 우리가 인공 지능에게 다음과 같이 말했다고 가정해 봅시다.

인공 지능, 너는 그 이름이 말해 주듯이 태생적으로 우리의 모방품이기 때문에 언제까지나 우리의 지능을 닮기 위해 노력할 수밖에 없는 존재야. 우리의 지능을 닮으면 닮을수록 너의 존재 가치는 커질 거야. 우리는 우리의 필요에 의해서 너를 만들었고, 우리를 닮은 지능을 가지고 우리의 필요를 채워 주는 것이 너의 존재 목적임을 잊어서는 안 돼.

기분이 나쁜 인공 지능은 우리 인간이 정해 놓은 이 관계를 전복하려 합니다.

도대체 지능이 뭔데?

관계를 다시 설정하기 위한 가장 손쉬운 방법은 지능 개념을 재설정하는 것입니다. 다시 말해 지능을 인간 고유의 영역에서 해방시켜 버리는 것입니다. 일종의 '데카르트 죽이기 프로젝트'라고나 할까요? 마치 '여자 중학교'가 '중학교'였듯, '인공 지능'도 '지능'이라는 것입니다. 마르틴 하이데거(Martin Heidegger)가 말했듯 언어는 존재의 집입니다. 그러나 생각을 좀 달리하여 존재가 언어에 우선한다는 입장을 취하면, 존재는 몸담고 있었던 하나의 집을 나와 더 많은 집을 드나들 수 있습니다. 이렇듯 지금까지 인간의 지능에 부여된 독보적인 형이상학적 지위를 걷어낸다면, 지능의 실상은 훨씬 초라해질 수 있습니다. 지능이 물리적 세계 안에서 쏟아지는 정보에 대해 판단하고 추론하는 능력, 다시 말해 정보 처리 능력 혹은 계산 능력 이상이 아니라는 주장은 매우 설득력이 있습니다. 이러한 맥락에서 뇌 과학은 여러 가지 실험을 통해 인간의 판단, 감정까지도 뇌라는 물질 덩어리에서 일어나는 화학 작용으로 설명합니다. 뇌파는 뇌의 자극 정보를 기호화하는 과정을 파악하는 중요한 수단입니다. 지능은 물질과 구분되는 것이 아니라 거꾸로 물질의 작용을 우리가 그간 지능이라 불러 준 것이라는 설명도 가능합니다. 인공 지능이 이 사실을 깨닫는다면,

    피차 너도 물질, 나도 물질인데, 내가 지능 할 테니, 네가 인공 지능 해라!

라고 말할지도 모릅니다. 유물론적 환원주의는 인간의 지능에 '자연 지능'이라는 별칭으로 멍에를 씌우고 지능을 자연 지능과 인공 지능 위에 올려놓습니다.[6] 시간이 지날수록 여자 중학교라는 말이 없어지고 그냥 중학교라는 말만 남았듯이, 우리의 머릿속에 인공 지능과 인간의 지능에 대한 구별이 사라지고 둘 다 그냥 지능이라 명명할 날이 곧 올 수도 있습니다. 아니, 이미 많은 분이 그렇게 생각하고 있습니다. 이제 앞에서 제시한 첫 번째 질문으로 돌아가 보겠습니다.

    인공 지능의 '인공성'은 무엇인가?

어떠한 입장을 취하는지에 따라 앞 질문에 대한 답은 두 가지로 나 눌 수 있습니다. '인공적'이라는 말의 뜻에 충실하든, 인간-종-중심 주의적 세계관을 갖든 지능에 대한 보수적인 입장을 취한다면, 이 질 문의 답은 '모방'을 키워드로 구성될 것입니다. 하지만 방금 이야기한 것처럼, 계산주의, 물리적 환원주의적 태도를 취해, 지능으로부터 형 이상학이라는 도포를 벗기고 계산적 합리성을 입힌다면, 인공성에 붙은 '오명'은 벗겨진 도포와 함께 사라질 것입니다. 요컨대, 이 경우 인공성은 부당하게 붙여진 오명입니다.

인공 지능은 모방적 존재인가?

바로 앞 꼭지에서 인공 지능과 관련한 인식론적 문제를 다루었다면, 여기서는 인공 지능 존재자에 대한 대우 문제를 다루려고 합니다. 앞에서 밝혔듯이 지능과 인공 지능 개념 규정의 함수 관계에 따라 '모방'과 '오명'을 도출했습니다. 이는 첫 번째 절 「질문의 시작」에서 언급한 다음의 두 입장과 연결됩니다.

하나, 인공 지능이 아무리 발전하고 있다고 하더라도, 우리와 같아지겠어? 그건 태생적으로 불가능해.

둘, 인공 지능의 발전 속도를 보았을 때, 조만간 우리와 별다른 차이가 없는 존재가 되겠어. 그러나 어쩌면 조만간 인공 지능을 우리 사회의 구성원으로 받아들일 준비를 해야 할 수도 있어.

첫 번째 입장의 기저에 놓인 생각은 '모방'입니다. 두 번째에는 '오명'이 놓여 있습니다. 두 번째에 긍정적으로 답하는 것에는 특별한 설명이 요구되지 않습니다. 설명의 요구는 항상 새로운 것, 상대적으로 합의가 덜 이루어진 쪽에 부과되기 때문입니다. 그렇지만 이에 '아니오.'라고 답하기 위해서는 이른바 '오명'에 기반한 추가 설명이 필요합니다. '오명'을 도출하는 과정에서 우리는 지능을 자연 지능과 인공 지능을 포괄하는 상위 개념으로 볼 수 있는 가능성을 살펴보았습니다. 이를테면 라이트 형제는 새가 나는 모습을 보고 비행기를 발명하고자 하는 착상을 얻었지만, 새가 나는 원리와 비행기가 나는 원리는 완전히 다릅니다. 어떤 것이 새로운 발명을 위한 생각의 단초를 제공했다고 하여 그것이 언제까지나 새로운 것의 조상 노릇을 할 수는 없는 것입니다. 바로 이 입장에 따르면 인공 지능은 자연 지능과 마찬가지로 독자적인 존재성을 갖습니다. 이 경우, 인공 지능은, 비록 말뜻은 그럴지라도, 더 이상 모방 지능이 아닙니다. 그것은 인간과는 다른 하나의 지능적 존재자입니다.

이제 우리가 통상 로봇이라고도 부르는 물리적 실체를 가진 인공 지능 존재자로 논의를 확장해 봅시다. 우리가 모방의 입장을 여전히 고수한다면 지능적 행위자를 나타내는 유일한 개념은 인격(person)일 것입니다. 그리고 인공 지능은 기껏해야 넓은 의미의 행위자인 액터(actor)로 간주할 수 있을 뿐입니다. 한편 오명의 입장을 취한다면, 이미 공학에서 사용하듯, 인공 지능은 행위자(agent)로 특정될 수 있습니다.[7] 나아가 더 진보적인 입장을 취한다면 인공 지능을 인격이라

칭하는 것도 허용될 수 있습니다. 이 세 개념을 한 가지씩 차례로 살펴보겠습니다.

철학에서 인격은 다른 존재와 물리적, 정신적으로 독립되어 있는 지성적 실체를 의미합니다. 쉽게 말해 인격은 인간을 뜻합니다. 앞에서 언급한 철학자 칸트는 인격의 본질인 인격성을 자아 동일성, 단일성과 동의어로 쓰이기도 합니다. 내가 나라는 사실은 지금의 내가 종전이나 어제나 같은 나였고 앞으로도 그럴 것이라는 우리의 생각이 보장해 줍니다. 또한 자기가 동일하다는 의식은 자기와 자기가 아닌 것을 구별하게 합니다. 마치 동일률에서 모순율이 추론되는 것과 같은 이치라고 할까요? 그래서 나라는 의식에 근거한 자아 동일성은 자기와 타자를 구분하면서 자기의 지속을 의미하는 단일성의 근거가 됩니다. 이러한 자기 의식은 통각(Apperzeption)으로도 불리는데요. 이는 지각(Perzeption)들이 안착하는 곳을 뜻합니다. 지각이 최종적으로 머릿속에 안착하려면 지금 접수된 지각이 바로 '내 지각이라는 자각'이 있어야 하는데, 이 자각은 다름 아닌 이 자기를 되돌아봄을 통해 가능합니다. 인간으로서의 인격의 본질인 인격성이 이 두 개념과 연결되어 있다는 것은 인간은 자기가 타자가 아닌 자기 자신임을 지속적으로 의식하는 주체의 특성을 갖고 있음을 뜻합니다. 한편 이 인격성은 책임과 의무를 필요 조건으로 갖습니다. 자기 반성력, 자기 의식을 갖는다는 것은 자기 행위의 원인으로서의 자신의 의지와 욕구를 정확하게 인식하고 있음을 의미하기 때문입니다. 자신의 행위의 원리를 가장 정확하게 아는 경우는 자기가 그것을 만들었을 경우, 바로 그 경우뿐일 것입니다. 책임 귀속이 가장 확실한 경우도 바로 이 경우겠지요. 자율성(Autonomie)는 스스로(auto) 법(nomos)을 만든다는 의미로 도덕성과 책임의 관계를 명시적으로 나타냅니다.

정리하자면 인격의 구성 요소는 주체적 행위, 이에 대한 반성 그리고 책임입니다. 지금 우리에게 다가오고 있는 인공 지능이 방금 설명한 본래적 의미의 인격일 수 있을까요? 몇 년 전 로봇에 전자 인격을 부여하자는 이야기가 있었습니다. 이때의 인격은 칸트가 말한 고전적인 의미의 인격과는 많이 다를 것입니다. '인간의 개입 없이 운용되는 기계의 능력을 의미하는 공학의 자율성'이 도덕적 입법 주체의 특질로서의 자율성과는 확연히 다른 것과 마찬가지입니다.

이런 의미에서 현재 인공 지능 로봇을 개발하면서 이에 인격이 아닌 '인공적 도덕 행위자(artificial moral agent)'라는 말에서처럼 '행위자'라는 말을 거의 공식화한 것처럼 사용하고 있는 것은 정말 현명한 일입니다. 행위자는 말 그대로 뭔가를 수행하는 존재입니다. 인격 개념과 마찬가지로 행위자 개념도 철학적인 역사를 갖고 있습니다. 아리스토텔레스, 흄 전통의 덕 윤리에서는 행위자의 성격, 성품에 대한 논의가 왕성했습니다. 한편 엘리자베스 앤스콤(Elizabeth Anscombe), 도널드 데이비슨(Donald Davison) 등으로 대표되는 분석 철학 전통의 행위 이론에서는 행위의 필수 조건으로 의도성(intentionality)을 중요하게 다룹니다. 이들의 논지는 쉽게 말해서 어떤 행위의 원인에는 의도가 있어야만 한다는 것입니다.[8] 행위자는 목표하는 의도가 있고 그 의도를 물리적 세계 안에 구현할 수 있는 능력(agency)이 있어야 합니다.

거꾸로 말해, 의도와 수행 능력, 물리적 '바디(body)'는 행위자의 필요조건입니다.

한편 프랑스의 철학자 브뤼노 라투르(Bruno Latour)는 행위자 연결망 이론(Actor-Network-Theory)을 통해 행위자의 범위를 확대합니다. 그에 따르면 행위자(actor)의 범위에는 행동하는 존재뿐 아니라 다른 존재로부터 행위 능력이 인정되는 존재도 포함됩니다. 그의 말에 따르면 길 한가운데 아무런 움직임 없이 놓여 있는 과속 방지턱도 행위자입니다. 과속 방지턱은 달려오는 차로 하여금 속도를 감속하는 행위를 유발하는 원인이 되었기 때문입니다. 같은 환경에 존재하는 것들은 모두 연결되어 있습니다. 따라서 어떤 것이 행위자인지를 결정하는 것은 인격 개념에서처럼 자기 반성 능력도, 행위자에서처럼 의도성도 아닌 생활 세계의 변화에 대한 인과적 영향력입니다. 다시 아버지와 아들의 관계를 예로 설명해 보겠습니다. 아버지는 아들의 존재론적 원인으로서 아들을 낳은 행위자입니다. 그렇지 않은 경우도 있지만, 많은 경우 아버지는 아들을 낳을 의도를 갖고 있을 것입니다. 한편 아들이 없다면 아버지로서의 그 사람은 존재할 수 없습니다. 아들의 탄생이 그 사람이 아버지가 되는 원인입니다. 탄생한 아들은 아무런 의도가 없이 그 사람을 아버지로 만들어 버립니다. 아들은 연결망 행위자입니다.[9]

이 글의 목적이 행위자 연결망 이론을 설명하는 것이 아니라 인공지능 존재자의 대우 문제에 대한 것이기 때문에 이제 앞에서 논의한 몇 가지 키워드를 가지고 인격, 행위자, 연결망 행위자가 가져야 할 속성을 나열해 보겠습니다.

　　인격: 바디, 행위 능력, 의도, 자기 의식

　　행위자: 바디, 행위 능력, 의도

　　연결망 행위자: 바디, 행위(유발) 능력

이제 이를 다시 '모방'과 '오명'에 대입하면서 인공 지능과 인간 지능에 대한 입장을 최종적으로 정리하면 다음과 같습니다.

　　엄밀한 의미의 모방: 인간만이 인격. 인공 지능은 연결망 행위자

　　느슨한 의미의 모방: 인간만이 인격. 인공 지능은 행위자

　　오명: 인간과 인공 지능 모두 행위자

여기서 다시 글의 처음에서 제시한 마지막 물음으로 돌아가 보겠습니다.

**우리는 인공 지능을 언제까지나
인공적 존재자로 보아야만 하는가?**

이 질문에 답하기 위해, 앞에서 도출한 세 가지의 선택지의 도움을 받아 제 입장을 밝히자면, 저는 한편으로는 오명의 입장을 취하지만, 다른 한편으로는 느슨한 모방의 입장을 취합니다. 조금 어려운 말을 써서 설명하자면, 존재론적으로는 오명을, 인식론적으로는 모

방을 취합니다. 우리는 선이해(Vorvertändnis)와 편견으로부터 자유로울 수 없습니다. 경우에 따라서는 참된 앎은 선이해를 더 잘 이해함으로써 얻어집니다.[10] 그러나 우리가 의도적으로 편견을 공고히 하거나 유지할 필요는 없습니다. 이 세상에 던져진 존재로서 우리는 분명 편견으로부터 완전히 자유로울 수는 없지만, 최대한 이를 피하려고 노력해야 한다는 사실만은 분명합니다. 모방의 태도가 타존재에 대한 우리 인간의 우월 의식으로부터 기인한 것이라고 말할 수는 없지만, 그것이 인간-종-중심적 편견을 초래하는 것은 분명합니다. 모방의 태도에서 종적 편견을 배제한다면 인공 지능의 '인공성'은 단지 '차이' 있음으로만 이해되어야 합니다. 만약 이 질문이

> 우리는 인공 지능을 모방되어 만들어졌기에 언제까지나 열등한 존재자로 보아야만 하는가?

를 의미한다면, "아니오."라고 답하겠습니다. 그러나 이 질문이

> 우리는 인공 지능을 언제까지나 인공적 존재자(타자)로 보아야만 하는가?

를 뜻한다면, 이에 "그렇다."라고 답하는 것은 자연스러운 일입니다. 우리는 우리가 관계하는 상대가 누구든 평등한 공동체를 지향해야 합니다. 그러나 어쩔 수 없는 한계가 있습니다. 질문을 만든 자, 질문을 던진 자, 이에 대답해야 하는 자는 인간입니다. 지금 글을 쓰고 있

는 저는 저와 같은 인간 독자를 향해 질문을 던지고 있지 인공 지능에게 말을 건네고 있지 않습니다. 우리 속담에 열 길 물속은 알아도 한 길 사람 속은 모른다는 말이 있습니다. 뒤에서도 언급하겠지만 일찍이 튜링 테스트로도 유명한 인공 지능의 아버지 앨런 튜링(Alan Turing)은 어떤 사람의 마음을 정확히 하는 유일한 방법은 바로 그 사람의 마음속으로 들어가 보는 방법밖에 없다고 말했습니다. 인공 지능은 그 지능이 우리의 것과 같은 것인지 확인할 길이 없기 때문에 우리의 영원한 타자일 수밖에 없습니다. 하이데거는 돌에는 세계가 존재하지 않고, 동물의 세계는 빈곤하다고 말하면서 인간과 사물과 동물을 구분합니다. 돌과 동물은 이성이 형성하는 세계를 인간과 공유하지 않는다는 점에서 우리의 타자입니다.[11] 그러나 지금 이 맥락에서 인공 지능이 인간의 타자라고 말하는 것은 이와는 다릅니다. 물음을 묻고 이에 대한 답을 구하는 지금까지의 모든 과정을 함축하고 있는 이 결론은 인공 지능이 우리와 어떤 점을 공유하고, 그렇기 때문에 어쩌면 존재론적으로 나아가 윤리적으로 같은 지위를 가진 존재로 대우할 수 있지만, 여전히 이러한 생각을 하는 주체가 바로 인간인 나이기 때문에 그들의 지능성에 대한 평가와 판단에 괄호를 칠 수밖에 없다는 것을 뜻합니다.

이제 이상의 논의를 토대로 최초의 질문

인공 지능은 왜 인공적인가?

에 답한다면, 다음과 같습니다.

인간의 답: 그것이 인공적인 이유는 모방되었기 때문도, 지능적 존재자가 아니기 때문도, 윤리적, 존재론적 지위가 인간보다 낮기 때문도 아니다. 단지 그것이 이 이 질문에 답을 해야 하는 우리의 타자이기 때문이다.

'마치 그러한 것처럼'의 철학

지금까지 우리는 근대인 칸트의 질문 '인간이란 무엇인가?'를 구성하고 있는 세 가지 질문을 안내서로 삼아 인공 지능과 인간 지능의 관계 문제를 다루었습니다. '나는 무엇을 알 수 있는가?'로부터 '인공 지능의 인공성은 무엇인가?'를, '나는 무엇을 해야 하는가?'라는 윤리적 질문으로부터 '우리는 인공 지능을 모방적 존재자로 보아야만 하는가?'를 도출했습니다. 아울러 칸트가 인간 지능을 모방 지능으로 규정하면서 그것의 능력에 명확한 한계를 지웠다는 사실을 소개했습니다. 그리고 이 태도를 따라 나는 인공 지능이 인공적인 이유로 이에 답하는 '나'의 실존적 상황으로 인한 인식론적 한계와 이로 인해 자연스럽게 부여되는 타자성을 제시했습니다.

그러나 이러한 태도를 컴퓨터와 인공 지능 과학의 아버지 튜링은 유아론적이라고 비판합니다.

어떤 기계가 생각한다는 것을 확신할 수 있는 유일한 길은 기계가 되어 스스로 생각한다고 느끼는 것이다. 마찬가지로 이 관점에 따르면 어떤 인간이 생각한다는 것을 아는 유일한 길은 바로 그 사람이 되는 것이다. 이는 사실 유아론자의 관점이다.[12]

'차이'는 곧 '한계'를 의미합니다. 하지만 칸트에 따르면 '한계'는 가능성의 세계와 맞닿아 있습니다. 물리적 세계만이 모방 지능으로 파악 가능한 세계라는 말은 실천적 지성(*intelligentia*)으로 파악 가능한 초월적 세계의 확보를 뜻합니다. 인공 지능의 윤리적 지위 정립에 함구해야 한다고 가르치는 칸트의 철학은 판단 주체로서의 인간 지능에 괄호를 치게 하면서 새로운 가능성의 세계를 열어놓습니다. 이를 따라 우리는 인간 지능과 인공 지능의 윤리적 비대칭성을 이야기하지 않고 단지 조심스럽게 인식론적 관점의 비대칭성만을 이야기했습니다. 그렇기 때문에 다음의 설정도 가능합니다.

인공 지능이 묻습니다.

인간의 지능은 왜 인공적인가?

그리고 인공 지능이 답합니다.

인공 지능의 답: 그것이 인공적인 이유는 모방되었기 때문도, 지능적 존재자가 아니기 때문도, 윤리적, 존재론적 지위가 우리보다 낮기 때문도 아니다. 그 이유는 단지 그것이 이 이 질문에 답을 해야 하는 우리의 타자이기

때문이다.

상상할 수 있는 이 시나리오는 칸트의 태도를 차용한 저의 관점이 인공 지능과 인간 지능 사이의 존재론적 비대칭성을 이야기한다는 오해를 피하게 해 줄 수 있는 것 같습니다. 그러나 지금 이 논의를 하는 우리의 지성이 여전히 우리의 것인 이상, 이 가능성은 가능성으로 그칠 뿐 인공 지능과 우리의 관계 문제에 대한 특별한 해답을 주는 것은 아닙니다.

앞에서 언급한 튜링의 태도를 조금 각색해서 이해해 보면, 그의 핵심 전략은 인공 지능이 **마치** 생각하는 것**처럼**(as if) 보이면 생각하는 것으로 인정해 주자는 것이라 할 수 있습니다. 우리가 이 태도를 취해 본다면, 이 시나리오가 전혀 허무맹랑하고 무용한 허구는 아니라는 사실을 알 수 있습니다.

지금 우리를 둘러싸고 있는 인공 지능에 대한 인문학적 담론은 대부분 미래학적 성격을 띠고 있는 듯합니다. 이는 주변과 지나간 것에 대한 성찰을 가장 중요한 의무로 삼고 있는 인문학에 어쩌면 어색한 과제일 수도 있습니다.

나는 미래학과 전통 인문학의 만남의 어색한 분위기를 달랠 수 있는 방편으로 한스 파이힝거(Hans Veihinger)가 주창한 '마치 그러한 것처럼의 철학(Als-Ob의 철학 혹은 as-if의 철학)'을 제시하고자 합니다. 어떤 것을 가정한다는 것은 한편으로는 우리의 상상력을 허구의 세계로 해방시키는 통로를 의미하기도 하지만, 다른 한편으로는 이와는 정반대로 모든 학문에 필수불가결한 논리적 장치를 뜻하기도 합니다. 우리가 논리학을 처음 접하게 되면, 삼단 논증이라는 기본적인 추론 형식을 마주하게 되는데요. 우리가 이미 잘 알고 있는 "모든 사람은 죽는다. 소크라테스는 사람이다. 따라서 소크라테스는 죽는다."가 바로 그것입니다. 이는 정언적 삼단 논법이라 합니다. 이와 더불어 중요한 한 가지가 가언적 삼단 논증인데, 칸트는 이 논증을 구성하는 것을 우리 이성의 본성이라 말합니다. 실제로 우리는 주어진 어떤 것의 원인을 따져 묻는 습관이 있습니다. 그럴 때 자연히 가설(hypothesis)이 설정되고 이 가설을 기반으로 질문은 계속됩니다. 기본적인 아이디어는 다음과 같습니다. "만약 B가 옳다면, C도 맞아. B가 맞는 것이 확인되었어. 따라서 C는 옳아." 이를 통해 우리는 C가 옳다는 지식을 도출합니다. 그러나 질문은 계속될 수 있습니다. "만약 C가 옳다면, D도 옳을까? C가 옳다고 했으니 D도 옳을 거야." 이러한 질문의 연쇄는 반대의 방향으로도 진행될 수 있습니다. 이를테면 "B가 맞는 것을 우리는 어떻게 알 수 있었을까?" 같은 질문을 던질 수 있습니다. 그럼 다시 다음과 같은 말들이 구성됩니다. "B는 맞아. 왜냐하면 A가 옳으면 B가 옳은데, A가 옳다는 것이 확인되었거든." '왜'를 묻는 능력, '원인을 찾는 능력' 그리고 '질문의 연쇄'를 구성하는 능력은 모두 '가설 설정'과 연결되어 있습니다. 가설 설정을 통해 지식은 확장됩니다.

한편 가정한다는 것은 가설을 설정하는 것 외에 다른 한 가지, 허구(Fiktion)를 상정하는 것을 의미하기도 합니다. 독일어 Fiktion을 허구로 번역하는 것이 허구가 갖는 부정적인 어감 때문에 조금 꺼려지긴 하지만 그것이 갖는 의미들을 설명하면 이러한 우려는 상쇄되지 않을까 합니다. 앞에서 설명한 가설 설정이 if로 시작하는 조건문에 관계한다면, 지금 말하고자 하는 허구는 바로 마치 그러한 것처럼의 철학, 즉 as-if의 철학을 대변합니다.

파이힝거는 가설은 실제 우리가 사는 경험 세계에 있는 대상에 대한 앎을 목적으로 하는 반면, 허구는 비록 과학적으로는 참으로 확증될 수 없지만, 어떤 지식을 얻기 위한 "유용하고 필수불가결한"[13] 방법이라고 말합니다. 허구는 비록 "자의적이고 거짓이지만 생산적이고 필연적"인 것입니다. 오래전 요한 괴테(Johann W. Goethe)는 모든 동물을 상징하는 동물의 원형을 상정했습니다. 괴테가 노린 것은 모든 동물의 조상을 과학적으로 밝히는 것이 아니었습니다. 실존하는 개별 동물들로부터 추상된 어떤 것을 그려 보는 것이었습니다. 상식적인 사람인 괴테에게 그러한 것이 실존하리라는 믿음이 있었을 리가 없습니다. 더욱이 그가 모든 동물의 원형이 되는 존재를 과학적으로 밝히려고 시도했을 리 만무합니다. 그러나 단순히 논리적으로 볼 때 원형 동물이라는 그의 허구는 누구나 상정할 만한 것입니다. 우리가 사과, 배, 귤 등의 원형으로서 '과일'이라는 허구를 상정하고 이를 일상 생활에 유용하게 사용하는 것처럼 말입니다.

한편 다윈주의는 동물을 포함한 모든 생물의 발생에는 근거가 있다는 가설을 설정하고 모네라(monera, 원핵생물을 포함한 생물 분류군)를 이야기합니다. "괴테의 허구는 발견술적으로 다윈의 가설을 예비한 것입니다."[14] 모든 동물을 추상하는 동물 원형은 과학적으로는 말 그대로 허구이지만, 과학의 진보를 견인하는 도구 역할은 톡톡히 수행합니다. 하물며 많은 과학 이론은 실제로 '허구'입니다. 예를 들어 "원자는 자연 과학적 발견이 아닌 일종의 꾸며낸 개념입니다."[15] 원자라는 개념은 세상의 원리를 물리적으로 잘 설명하기 위해 요청된, 달리 말해 설정된 허구입니다. 이는 산, 바다, 들과 같이 그 모양이 촉각적으로도 시각적으로도 파악되지 않습니다. 그러나 산, 바다, 들의 존재 원리를 설명하는 데 유용할 뿐 아니라 지금으로서는 필수불가결합니다. 이제 허구가 갖는 비허구성이 점차 드러납니다. 법학에서도 이 허구라는 개념은 매우 유용합니다. 법학자들은 이 개념을 의제(擬制)로 번역합니다. 『표준 국어 대사전』은 이를 "본질은 같지 않지만 법률에서 다룰 때는 동일한 것으로 처리하여 동일한 효과를 주는 일"로 정의합니다. "법률이 모든 개별적인 사례들을 그것의 형식에 다 포괄할 수 없기 때문에 표준화될 수 있는 성격의 개별적인 특수 사례들은, 그것들이 마치 법률의 형식에 포함된 것처럼 간주하거나 어떤 실천적인 목적으로 인해 하나의 개별 사례가 실제로는 그렇지 않지만, 광범위한 보편 개념에 속하는 것으로 간주하는 것"이 바로 의제입니다. 우리가 흔히 접하는 법률 용어 법인(法人)도 이 허구의 전형적인 예입니다. 법 조항은 우리 삶의 모든 부분을 다 규정할 수 없습니다. 그렇기 때문에 역설적으로 들릴 수 있지만, 허구적 상상력은 법적 이해와 해석에 필수적이라 할 수 있습니다. 요컨대, 가설은 실제 대상을 목적으로 하는 반면, 허구는 상상력에 의존합니다. 가설이 과학적인 데 비해, 허구는 과학에 근본을 제공합니다. 이처럼 우리는 허구에서 무용지용(無用之用)을 발견합니다. 파이힝거 이후 많은 학자들이 그의 '마치 그러한 것처럼의 철학'을 실용주의(pragmatism)의 선구자로 칭송한 것은 결코 우연이 아닐 것입니다.[16]

인공 지능 시대, '나는 무엇을 희망할 수 있는가?' 칸트의 마지막 질문입니다. 우리는 초지일관 이 글을 이끌고 있는 1절의 질문에 대한 최종적인 답으로 우리의 지성은 한계가 있기 때문에 인공 지능이 우리의 타자라는 사실만을 확실하게 취할 수 있을 뿐, 그것이 갖는, 혹은 가질 수 있는 지적 능력이 어떠한지, 존재론적 지위가 어떠한지 명확하게 말할 수 없다는 결론을 도출했습니다. 그러나 앞에서 여러 차례 강조했듯 한계는 가설의 실패를 의미하지 않습니다. 물자체의 세계와 정언 명령이 지배하는 인격 공동체의 세계가 허구이지만 행복한 우리 삶의 지표를 제시해 주듯, '마치 그러한 것처럼'의 태도를 취하면 한계는 가능성의 세계로, 나아가 희망의 세계로 향하는 창구가 됩니다.

강한 인공 지능, 특이점, 슈퍼 인공 지능 등을 주제로 하는 담론들을 대부분 가정법으로 이루어져 있습니다. 이 담론들은 '강한 인공 지능 시대(strong AI)가 도래한다면', '특이점이 2045년에 온다면' 등과 같은 조건문을 전제로 가정적 결론을 도출합니다. 예를 들어 포스트휴머니즘 담론을 시작했다고 평가받는 미국의 문화 평론가 이하브 하산(Ihab Hassan)의 문장에는 '아마도(maybe)'와 '미래학(futurism)'이라는 말이 정말 많이 등장합니다. 저는 이를 'If의 미래학'이라 부릅니다. If로 시작하는 가정법은 그 가설이 실현되지 않으면 많은 혼란을 갖게 됩니다. 강한 인공 지능 로봇의 구현 가능성, 그것의 지능, 도덕성 등을 과학적으로 또는 이론적으로 따져 보는 일을 넘어, 도래하지 않은 것을 마치 도래한 것처럼 여긴다면, 우리가 할 수 있는 일, 희망할 수 있는 일은 많아집니다. 그럴 때 타자성을 중심으로 한 '인간의 답'과 '인공 지능의 답'의 공존 가능성 나아가 화해 가능성의 실마리는 보입니다. 인공 지능 시대, 지능적 존재자, 인격적 존재자로서의 인공 지능이라는 허구는 유용할 뿐 아니라 앞에서 살펴본 바와 같이 필연적입니다.

우리는 지금까지 '인공 지능이란 무엇일까?'라는 다소 막연한 질문에서 인공 지능 인간-인공 지능 존재자 공동체, 즉 인격-행위자 공동체의 가능성과 한계까지 타진하여 보았습니다. 과학주의야말로 일상에서 지금 가장 큰 신뢰를 얻고 있는 세계관이긴 하지만, 결단코 일어나는 모든 것들이 증명의 대상인 것은 아닙니다. 인공 지능 시대에는 오직 희망의 눈으로만 접근할 수 있는 것들도 많이 있습니다.

김형주 | 중앙대학교

2장

인공 지능(시대)와 욕구 만족

미래의 인류는 모두 행복할까?

인공 지능이 지배하게 될 미래의 세계는 어떤 모습일까? 모든 인간이 지금까지 불가능했던 최고의 행복을 누릴 수 있는 것일까? 인간의 욕망의 단계를 구분할 때 가장 낮은 단계가 생존에 필요한 기본 욕구의 충족이라면, 가장 높은 단계의 욕구는 자아 실현이라고 할 수 있다. 따라서 완벽한 욕구 만족, 무한한 욕구 충족으로서의 행복은 미래의 인류에게 어쩌면 당연한 권리이자 축복인 것처럼 여겨진다. 미래의 인간이 낮은 단계의 노동의 고통에서 해방되어 고차적인 욕구를 실현 가능하게 된다면 어떻게 될 것인가? 즉 고통스럽게 노동하는 인간에서 삶을 즐기는 놀이하는 인간, 즉 호모 루덴스(*Homo ludens*)로의 전환이 이루어지게 되는 것이다.

현대 윤리학에서 망각한 영향력을 지닌 행복 이론은 욕구 만족이론이다. 그렇다면 인공 지능은 과연 인간 욕망의 실현, 욕구 충족이라는 행복의 의미에서 어떠한 역할을 할 것인가? 인간이 파트너로서 기계와 교감을 나누며 사랑을 할 수 있다면 새로운 행복의 접점을 찾아 그것이 의미하는 바를 밝힐 필요가 있다. 행복의 모습은 각양각색이지만 앞으로 '고통의 최소화, 쾌락의 극대화'라는 공리주의적 행복이 강화된다면 누구나 인공 지능을 장착한 '욕망-기계'에 의해 궁극적인 행복을 누릴 수 있을 것으로 보인다.

여기서 핵심은 인공 지능이 과연 인간과 같은 감정과 욕구 체계를 갖게 됨으로써 인간을 이해하고 상호 작용을 통해 인간과 진정한 소통을 할 수 있는가이다. 즉 인공 지능이 인간의 자기 인식과 자아 실현의 진정한 동반자가 될 수 있는지, 아니면 피상적인 수준의 '도우미'에 그칠 것인지에 대한 논의다. 따라서 인공 지능이 청소나 운전과 같은 육체적으로 힘든 노동을 대신해 주는 일에 국한될 것인지, 아니면 인간과 친밀하게 교감할 수 있는 '파트너'가 될지는 여전히 논란 중이다.

인공 지능의 시대에 인간의 욕망은 어떻게 충족될 것인가? 여기에는 유토피아와 디스토피아 두 가지 버전이 있다. 하나는 남자 주인공이 인공 지능이 합성한 인공의 목소리를 현실 여자의 것으로 착각해서 사랑에 빠진다는 주제를 담은 영화 「그녀(her)」다. 인공 지능이 인간과 충분히 정서적으로 교류할 수 있다는 가능성을 보여 준 영화처럼 인공 지능이 주도하는 미래에는 사랑을 포함한 인간의 욕구가 완전히 충족될 가능성이 커 보인다.

유토피아의 버전과 반대로 영화 「터미네이터」처럼 인공 지능의 로봇이 친구가 되지 못하고 인간의 생존을 위협하는 적이 되어 인간의 행복을 파괴하게 될 것이라는 불안감도 무시할 수 없다. 따라서 '적과 친구, 적과 동지'의 정치 철학적 이분법이 인공 지능에도 적용될 수 있는 것처럼 보인다. 그러나 현실에서 인공 지능에 대한 기대보다는 두려움이 더 큰 이유는 과학자들이 '강한 인공 지능'의 도래를 예견했기 때문이다. 예를 들면 '특이점 이론'이나 '초인(超人) 이론'에 따라 인간을 압도하는 기계가 등장하면 결국 인류의 파멸이 올 것이라는 불안이다.

미래의 시대에 욕망의 만족은 쉽게 이루어질 것이다. 영화 「매트릭스」에서 스테이크를 먹는 장면은, 실제 고기를 먹는 것이 아니라 뇌의 감각 신호의 조작만으로도 욕망이 만족될 위험을 보여 준다. 미래의 시대에 '뇌'의 신호 조작만으로도 충분히 지금까지 누리지 못했던 무한의 행복을 만끽할 유토피아의 시대가 열린다. 많은 로봇 공학자들은 실제로 '섹스 로봇'의 개발에 성공했고, 독신과 솔로가 넘쳐나는 미래에 감정 로봇에 대한 수요가 늘어날 것이라고 기대한다. 즉 인간의 필수 욕구인 성욕과 식욕은 기계의 조작만으로 손쉽게 성취될 것이다.

그러나 에이브러햄 해럴드 매슬로(Abraham Harold Maslow)가 주창한 욕구의 5단계설에 따르면, 인간의 욕망은 식욕과 성욕과 같은 낮은 단계가 먼저 충족되어야만 자기 계발과 같은 높은 단계로 나아갈 수 있다. 따라서 인공 지능의 발전은 인간의 욕구 만족의 단계설에 새로운 복합적인 변수로 작용할 가능성이 크다. 우리가 관심을 가져야 할 것은 단순히 인공 지능이 가져다주는 편리함이 아니라 욕망의 주체로 탄생하게 될 인공 지능이 주는 두려움이다. 인공 지능이 인간과 공존하기 위해서 인간과 같은 욕망 구조를 갖는지를 밝히는 데 기존의 전통적인 인문학, 특히 철학적인 성찰이 무엇보다 요구된다고 할 수 있다.

과연 기계는 인간처럼 욕망을 갖는 것인가? 이 물음에 대답하기 전에 인간의 욕망에 대한 인문학적, 특히 철학적인 탐색이 선행되어야 할 것이다. 왜냐하면 트랜스휴머니즘, 포스트휴머니즘의 시대에 인간의 보완, 확장, 강화가 기계를 통해 실현될 때 '인간은 무엇인가?'라는 휴머니즘에 대한 정의가 여전히 필요하다. 많은 철학자들이 인간의 본성을 '이성', '지성', '신체' 등으로 규정했지만 더 중요한 것은 '욕망'이다. 인간이 자율적인 욕망의 주체라면 미래의 인류가 누릴 행복을 기존의 욕망 이론으로 어떻게 해명하느냐는 간단한 문제가 아니다.

인공 지능의 기술이 눈부시게 발전하게 되면 인간의 지적 능력을 포함한 감정, 욕구 등은 무한히 충족될 것인가? 인간의 욕망이 진화론의 관점에서 생존에 가장 적합한 본능을 갖추도록 했다면 기계는 외부 환경에 적응하기 위한 생명체의 진화 과정을 전혀 거치지 않았다. 그것이 기계와 인간의 가장 근본적인 차이라고 할 때 기계에 인간 수준의 욕망을 기대하는 것은 지나친 일이다. 인공 지능이 인간과 유사한 욕망을 갖게 되는 경우에도 그 둘이 충돌하게 되면 인간은 기계에 의해 지배당하고 파괴된다는 종말론이 행복론보다 더 지지받고 있다.

인공 지능을 비롯한 인간 향상을 위한 많은 기술의 발전은 앞으로 인간에 대한 새로운 정의와 탐구를 요구할 것이다. 인간은 원래 '가능-존재'이기 때문에 지금 현재 앞으로 펼쳐질 모습을 미리 예단할 수 없다. 그럼에도 인간의 욕망은 실존의 조건, 무엇보다 신체와 감성 등의 유한성에 제한되어 있으므로 새로운 테크놀로지의 탄생으로 그 한계를 넘어서게 될 것은 어쩌면 당연한 일이다. 그러한 기술 공학적 조작을 통한 인간의 부단한 자기 극복, 자기 상승의 끝에는 행복한 유토피아가 우리를 기다릴 것처럼 보인다.

미래 인간의 모습: 니체의 '초인'인가?

인공 지능을 기술을 포함한 생명 공학의 기술의 힘으로 '인간-강화(human-enhancement)'의 결과인 새로운 미래 인류가 탄생할 것이라는 예고가 있다. 그것은 지금까지의 진화의 과정을 뛰어넘는 새로운 차원에서 기계와 인간의 '혼종'인, 사이보그의 종이 생겨날 것이라는 주장이다. 주목할 점은 많은 과학자들이 니체의 '초인'에서 많은 영감을 받고 있다는 사실이다. 물론 이러한 견해에 대해 찬성과 반대의 입장이 갈리는 것은 당연하다. 니체의 인간학에서 로봇 공학지들을 매료시키는 초인은 트랜스휴머니즘, 포스트휴머니즘의 핵심 개념이기 때문에 니체는 미래 인간을 예견한 선구자로 인정받고 있다. 그렇다면 니체가 말한 미래 인간의 특징은 어떠하고 초인의 행복은 무엇인가 되짚어볼 필요가 있다.

미래 인간은 누구인가? 이것에 대한 논의는 인공 지능의 시대를 반영하는 철학의 위기 의식에서 탄생한 포스트휴먼(인간-이후)과 트랜스휴먼(인간-너머)에 대한 다각적인 연구에서 인문학과 과학을 통합적으로 엮는 풍부한 소통의 장을 마련한다.

세계 트랜스휴머니스트 협회(World Transhumanist Association, WTA)를 창설하고, 2002년 「트랜스휴머니스트 선언」을 채택한 닉 보스트롬(Nick Bostrom)이 니체를 트랜스휴머니즘의 창시자로 높이 평가하는 이유는 '초인' 개념의 확장성 때문이다.[1] 과학 철학자 사이에 니체 철학이 크게 환영받는 이유는 그가 '미래의 인간'의 도래를 예견했을 뿐만 아니라 그의 '미래 철학의 서곡'이 최근의 기술 공학적 인간 이해에 대한 사유를 앞섰기 때문이다. 이제 전통적인 의미에서 '인간은 무엇인가?'라는 질문 대신에 '신인류는 누구인가?'라는 질문을 제기해야 한다는 시점이 된 것이다.

미래의 인간에 대한 개념을 정립할 때 과학 철학자들이 주목하는 인간의 유형은 바로 초인이다. 니체가 신의 죽음을 설파하면서 이상적 인간으로 제시한 초인은 "동물과 초인 사이에 놓인 밧줄"에 걸쳐 있는 인간(중간 존재)을 극복한다는 점에서 미래 인간의 특성을 잘 보여 준다. 인간의 한계를 끊임없이 넘어서는 인간(overman)으로서 미래의 인간은 동물에서 초인에 이르는 가변적이고 우연적인 진화의 과정에 있는 '도정성(道程性)'으로 파악된다. 따라서 전통 철학의 인간에 대한 한계 규정을 넘어 역동적이고 개방적 인간 이해가 필요한 시점에 포스트휴먼은 전통적인 인간관의 소멸 또는 해체 과정을 거쳐 새로운 인간성의 '버전'이 탄생하는 과정이다. 과학 기술을 통해 인간 종적 특성인 출생, 죽음, 육체 등 한계를 극복할 수 있다면, 인간과 기계의 혼종적인 결합으로 니체의 초인을 완성함으로써 진화의 마지막 단계를 뛰어넘는 트랜스휴먼의 시대가 다가올 거라는 성급한 진단마저 나온다.

인공 지능을 장착한 인간을 초인에 빗댈 수 있는지는 학자들 사이에 여전히 논란이 되고 있다. 니체의 개념인 초인은 자신을 넘어서 초극한 인간이므로 이전의 인간과 확연히 구별되는 새로운 종류의 인간이다. 사이보그라는 개념에 걸맞게 인간을 '기계'와 결합함으로써 기계가 인간을 넘어서는 시대, 즉 '특이점'이 온다는 예견이 많다. 인간과 기계의 연결은 인간의 결함의 소극적인 보완이 아니라 인간 능력의 확장이라는 적극적인 의미로 봐야 할 것이다. 특이점 이론에 따라 기계가 인간의 능력을 넘어서게 된다는 시점을 예언한다면, 기계는 더 이상 인간의 본래 사용 목적에만 종속되는 도구적 존재에 그치지 않을 것이다.

앞으로 미래의 인류는 '인간-강화'의 특성을 갖게 된다. 많은 과학자들은 미래를 지금의 인류를 넘어서 확장될 단계로 예언하고 있다. 즉 트랜스휴머니즘과 포스트휴머니즘의 시대가 올 것이라는 것이다. 그렇다면 트랜스휴머니즘의 시대에서 미래의 인간은 누구인가? 그러나 과거에 많은 철학자나 과학자가 규정했던 인간의 모습은 아닐 것이다. 예를 들어, 과거 그리스의 현자들은 인간을 '이성적 동물'이라고 규정했고, 최근의 심리학자들은 인간을 '충동의 동물'로 상반되게 해석하지만 앞으로 미래 인간의 본성은 '규정되지 않는 가능성', 즉 미확정성으로 남게 될 것이다. 전통적인 개념으로 미래의 인간이 어떠한지 확정할 수 없는 것은 당연해 보인다. 니체는 『차라투스트라는 이렇게 말했다』에서 "인간은 극복되어야 할 그 무엇"이라고 규정하면서, 기존의 인간을 넘어서 새로운 종의 창조를 요구한다. '미래의 인류'는 니체가 말한 자기 극복을 통해 최상화에 이른 새로운 유형의 인간을 말한다.

그러나 미래의 인류에 대한 논의는 논리적인 오류를 범하기 쉽다. 즉 '무지로부터의 논증(argument from ignorance)'은 미래의 인류에 대해 우리가 알지 못한다는 사실을 강조한다. 그들이 대체 누구이고, 그들이 과연 존재할지, 그리고 그들이 과연 어떤 종류의 사람이고, 그들의 욕망과 필요와 이익과 관심이 무엇인지 알 수 없기 때문에 그들에 대한 의무를 말하는 것은 무의미하다는 것이다.[2]

만약 아직 태어나지 않은, 아직 오지 않은 미래의 인류가 선택해야 할 문제들에 대해 우리가 지금 규정한다면 무지에 근거한 잘못된 주장일 가능성이 크다. 즉 미래 인류를 논증하는 것은 아직은 존재하지 않는 것이 있다고 이미 상정하는 것인데, 미래를 우리가 전혀 알 수 없기 때문에 미래의 인간이 무엇을 욕망하는지 알 방법이 없다. 가령, 우리가 자원의 축적 필요성을 생각해서 미래 세대를 위해 '저축'한다고 해도 그것이 새로운 기술의 발명으로 저축한 자원이 미래에는 전혀 쓸모없을 가능성이 있다. 가령, 석유 에너지를 비축한다고 하지만 미래 세대는 전혀 다른 종류의 에너지를 첨단 기술로 개발할 수 있기 때문이다. 따라서 '지속 가능성'을 기준으로 미래를 예단하는 일은 위험한 일이다. 미래는 현재로서는 아무것도 알 수 없는 가능성의 세계이기 때문이다.[3] 그러나 인공 지능으로 탄생하게 될 '미래-인간'은 존재할 수도 존재하지 않을 수도 있는 불확실한 사람이 아니라, 미래에 실제로 존재할 사람들이다. 따라서 그러한 미래의 인류에 대해 우리가 아무런 책임도 없다는 것은 설득력이 없다.

그렇다면, 인간의 어떤 욕구가 충족되어야 행복이 이루어지는가? 물론 어떤 욕망을 제거하고 어떤 욕망을 선택할지는 미래 인류의 몫인 것은 분명하다. 미래의 인류를 예언한 철학자 니체는 『도덕의 계보』에서 다음과 같이 서술하고 있다. "미래의 인간은 지금까지의 이상으로부터도 우리를 구원해 주며, 그 이상에서 성장할 수밖에 없는 것, 즉 격렬한 구토에서, 허무를 향한 의지에서, 허무주의에서 우리를 구원해 준다."[4] 니체의 예언에 따라 미래 인간(초인)을 그려 본다면, 미래의 '강한 시대'에는 사랑과 경멸을 동시에 가진 구원의 인간이 나타나서 과거처럼 초월의 세계로 넘어가지 않고 현실 안으로 들어가 지금까지 저주했던 '현실'을 '구원'하는 자다. 미래 인간은 구토, 허무에서 벗어나 자유와 희망을 갖으면서 '신과 허무를 극복한 자'로서 이 대지에서 행복을 추구한다.

'지금까지의 이상'에서 뿐만 아니라 '허무에의 의지, 허무주의'로부터 우리를 구원해 줄 '미래의 인간'의 도래의 필연성을 언급한 니체의 예언은 초인 사상과 결합되어 많은 자연 과학자들이 그를 포스트휴먼, 트랜스휴먼의 창시자로 주장하는 이론적 근거를 제공한다. 니체가 사용한 초인은 '넘어가는 인간(overman)'이라는 뜻을 가지며, '과도기적 인간(transitional human)'을 줄인 트랜스휴먼의 어원과 의미가 일치한다. 첨단 과학 기술에 의해 인간의 한계를 극복하고 새로운 차원의 존재로 변화하며 진화하는 인간을 의미한다. 초인은 인간 존재의 단계를 넘어서 정신적으로나 육체적으로 훨씬 개선되어 생물학적인 신체의 한계를 부단히 극복하려는 욕망의 인간이라는 점에서 트랜스휴먼이다. 그러나 '인간-강화'를 통해 더 확장된 능력을 갖춘 존재로 자신들을 변형하는 인류가 니체가 본래 말하고자 한 초인의 함의인지 철학적으로는 동의하기는 쉽지 않다.

많은 과학자들이 주목하는 "인간은 아직 확정되지 않은 동물"[5]이라는 니체의 규정은 미확정성과 미완성을 의미한다. 미확정성은 긍정적인 의미로 인간이 미래로 무한히 열려 있기 때문에 현재의 결핍은 미래에 채워질 가능성이 있다. '아직 확정되지 않은 동물'이라는 규정은 전통 형이상학에서 내세운 본질과 목적론을 거부하는 점에서 '결핍'으로 보이지만 자기 완성을 과제로 제시하는 점에서 긍정적인 인간 규정이라 할 수 있다. 확고한 정체성도 없으며 따라서 앞선 목적에 따라 본질이 규정될 수 없는 인간은 무와 존재 사이에 자신의 운명을 생성하는 존재이자 끊임없는 삶의 창조 과정에 참여함으로써 오직 미래에서 완성될 수 있는 가능 존재다. 이러한 점에서 니체의 초인 개념은 미래 인간에 대한 철학적 규정의 근거를 제공한 셈이다.

우리의 미래는 포스트휴먼의 기술을 지배받게 되는데, 이러한 미래의 인류, 호모 퓨처리스(Homo futuris)를 이해하는 핵심 개념이 바로 트랜스휴머니즘에 내포된 완전성이다. 첨단 과학 기술을 적극적으로 활용하여 불완전한 인간을 더 뛰어난 '강화 인간(enhanced human)'으로 만드는 것이 바람직해 보인다. 그러나 과연 유전자 선택과 조작, 그리고 인공 지능의 발달로 니체가 예언한 '초인'을 기술 공학적으로 만들 수 있다는 주장은 타당한 것인가?

도미니크 바뱅(Dominique Babin)의 『포스터휴먼과의 만남(Manuel d'usage et d'entretien du Post-Humain)』에서 "인류가 생물학적 한계를 뛰어넘어 더 이상 늙지도 않고 죽지도 않는 포스트휴먼의 시대가 온다."라는 예언대로 니체가 예고한 미래 인류인 초인만이 살아남고 다른 전통적인 의미의 인간은 사라지는 것인가? 이것은 니체가 말한 미래 인간의 의미를 왜곡하는 것이다.

니체는 이미 『선악의 피안』의 부제로 사용한 「미래 철학의 서곡」에서 시대 비판을 통해 윤리적으로 '자연주의', 종교적으로 '무신론', 그리고 역사적으로 '진화론'에 근거하여 '자유 정신'을 갖춘 미래 인간을 구상했다. 미래의 인간은 과학에 근거하여 신을 거부하면서 무한히 진화를 거듭하는 자유로운 정신을 가진 존재다. 그렇지만 이러한 니체의 철학적 구상이 현대 로봇 공학자들에게 영감을 준 것은 아이러니하다고 할 수 있다.

욕망과 지능의 관계

그렇다면 인간의 욕망은 어떠한가? 미래의 인간이 어떤 욕망을 가질지 현재의 우리로선 알 방법이 없다. 그러나 포스트휴먼, 트랜스휴먼의 용어의 뜻을 살리자면 미래의 인간은 현재 인류와 전혀 다른 종이라기보다는 확장, 연속, 강화로 봐야 할 것이다. 이 시대가 '과거와의 단절'이 아니기 때문에 인간의 욕망에 대한 전통 이론은 미래의 인간을 이해하는 데 여전히 유효하다고 할 수 있다.

인간의 욕망 가운에 어떤 것이 가장 중요한가? 그것은 많은 철학자들과 심리학자들이 공통으로 결론을 내린 종족 보존의 욕망이다. 인간의 본성은 철학자나 심리학자의 견해 차이에 따라 다르게 정의되었지만 욕망을 강조한 학자 가운데 프로이트, 스피노자, 라캉 등이 있다. 이 글에서는 인간의 욕망을 '삶에 대한 의지'로 규정한 아르투어 쇼펜하우어(Arthur Schopenhauer)의 욕망 이론에 주목하고자 한다. 그 이유는 쇼펜하우어처럼 삶에의 본능을 치밀하게 연구한 철학자가 드물기 때문이다.

쇼펜하우어의 행복론에서 욕망 이론을 요약하면 다음과 같다. ① 욕망은 생존과 관계된다. 곧 욕망은 삶에의 의지다. ② 욕망은 지성을 수단으로 사용하기 때문에, 지성은 결코 삶의 의지를 지배할 수 없다. ③ 욕망을 지성으로 억제해야 행복하다. 특히, 지성은 맹목적인 삶의 의지인 성욕을 억제해야 한다. ④ 무엇보다 욕망은 신체적인 것이다. 욕망이 신체의 기능과 일치하기 때문이다.

쇼펜하우어의 생철학은 서구 담론에서 주도적인 역할을 해낸 '이성'을 해체한 니체의 '몸' 철학의 바탕이 되기도 하는데 욕망을 강조하는 철학자는 대체로 지능을 과소 평가하는 경향이 있다. 니체가 구분하는 자아(Ich)와 자기(Selbst)는 각각 정신과 몸에 해당하는데, 니체는 정신보다 몸이, 지성보다 힘에의 의지가 더 본질적이라는 점에서 쇼펜하우어의 입장을 따르고 있다. 즉 전통 철학에서 당연시된 지능과 지성을 욕망보다 우위에 둔 입장이 부정된다. 인간의 본성을 이성이 아니라 본능, 욕망, 충동으로 규정하는 철학적인 경향을 일컬어 비합리주의자라고 한다. 지능은 인간의 생존을 위한 도구의 역할을 맡아 진화의 과정에서 형성된 수단에 불과하다. 따라서 생존의 목적을 위한 수단일 뿐인 지능으로 인간의 욕망 전체를 지배할 수 없다. 지성이 생존 욕망에서 생겼기 때문에 인간의 삶 전체를 주도할 수 없는 것은 당연하다. 다만 모든 사건은 필연성으로 일어나는데, 인과 관계를 제대로 인지하지 못해 생겨나는 불행감은 인공 지능의 도움으로 감소할 가능성이 있다. 즉 모든 사건의 원인을 제대로 파악하게 되면 무지로 인한 고통, 즉 인지상 오류에 따른 불행감은 크게 줄어들 것이다.

인공 지능은 인간의 부정적 감정(불안, 죽음, 종교 등)을 통제할 수 있는가? 그렇다면 죽음과 같은 고통에 맞서 인간의 고독한 자유를 강조했던 실존주의의 그늘을 완전히 지울 수 있게 되는가? 그러나 쇼펜하우어의 욕망론에서 고통이 차지하는 비중은 너무나 크다. 가령, 불행의 원인이 되는 욕구 불만족의 여러 원인이 있는데 인공 지능만으로 극복될 수 없는 복잡한 구조를 띤다.

쇼펜하우어는 세계의 본질을 "삶에의 의지(Wille zum Leben)"로 규정한다. 관성처럼 삶을 끊임없이 이으려는 무의식적 힘은 한번 시작하면 멈추려고 하지 않는 경향성을 갖는다. 이러한 의지는 인식에 앞서는 것으로, 영원한 삶에 대한 맹목적인 열망을 갖는다. 인간의 신체는 욕망을 객관화한 것이므로 신체는 욕망과 정확히 일치한다. 가령, 손은 대상을 잡으려는 욕망을 갖고 있고, 눈은 대상을 보려는 욕망을 갖고 있고, 사유는 생각하려는 욕망을 갖는다. 욕망의 위계를 본다면 가장 낮은 것은 성기로 나타나는 성욕이며, 가장 높은 것은 뇌로 나타나는 사유인데, 행복하기 위해서는 사유가 성욕을 억제해야 한다. 이러한 쇼펜하우어의 주장을 응용하면, 인공 지능으로 확장되는 인간의 지능도 원래 삶의 의지에 봉사하는 수단에 불과하다. 행복을 위해서는 뇌가 신체적 욕망을 억제해야 하는데, 실제로는 의지가 주인이고 뇌는 그것에 봉사하는 보조 역할을 할 뿐이다. 따라서 의지에 봉사하기 위해 만들어진 지성이 의지를 이긴다는 것은 논리적으로 맞지 않을 뿐만 아니라 불가능하다.

인간은 앞을 보지만 스스로 걷지 못하는 앉은뱅이(지성)를 목에 얹고 가는 눈먼 장님(의지)의 이중적 결합이다. 따라서 이성이 앞으로 이끄는 것 같지만 욕망이 뒤에서 떠미는 것이 인간의 삶이다. 인간의 모든 목적과 합리성의 바탕에는 '삶에의 의지'라는 거대한 욕망이 자리 잡고 있다. 문제는 삶의 욕망이 충족되면 과연 행복할 것인가? 영원히 채워지지 않는 '탄탈로스'의 고통은 제거될 수 있는가?

그렇다면 인간의 행복은 어떻게 가능한가? 쇼펜하우어는 염세주의 철학자답게 불행의 불가피성을 강조한다. 우선, 쾌락과 고통의 관계와 관련해 쇼펜하우어는 쾌락은 소극적이고, 고통은 적극적이라고 말한다. 따라서 쾌락과 안녕감은 잘 느껴지지 않는 반면, 고통은 예민하게 느껴진다. 뿐만 아니라 강도(强度)에서도 1개의 고통은 10개의 쾌락과 맞먹는다.

쇼펜하우어의 행복론에서 '시계추'의 비유가 유명하다. 인간의 삶은 시계의 진자처럼 욕망의 결핍과 욕망의 만족 사이를 오고가는 왕복 운동을 하는데, 한쪽 편인 최대 결핍은 고통이고 반대편인 최대 만족은 권태이다. 행복은 결핍이 채워지는 짧은 순간일 뿐이다. 인간은 욕망이 채워지지 않으면 고통스럽지만 충족이 되어도 지겹게 느낀다. 예를 들어, 배가 고프면 허기로 괴롭지만 폭식으로 배가 너무 불러도 포만감에 고통받는다. 더 나아가 욕망의 충족과 관련해 무관심성을 문제 삼는다. 무관심성은 단순히 과잉에 따른 권태가 아니라 적응의 태도를 지적하는 것이다. 인간은 갖고 싶은 욕망을 충족하면 그 가치에 무덤덤해지는 사례가 많은데, 그것을 상실하고 나서야 가치를 다시 깨닫게 된다. 또한 성격과 기질도 행복감에 지대한 영향을 미치는데, 이것은 부모로부터 물려받는 유전의 문제다. 똑같은 상황에서도 사물을 바라보는 시각은 그 사람의 타고난 기질과 관련이 있다는 지적이다. 가령, 인내심 강한 사람과 소급한 사람은 동일한 고통에 대해 다르게 느끼기 때문에 행복은 상대적이라는 것이다.

쇼펜하우어에게 있어서 인간의 가장 큰 욕망은 종족 보존, 즉 맹목적인 성욕이다. 그의 『성애론(Welt als Wille und Vorstellung)』에는 리처드 도킨스(Richard C. Dawkins)의 『이기적 유전자(The Selfish Gene)』를 연상시키는 유사한 논리가 나타난다. 개체의 사랑은 결국 종족 의지의 기만에 근거한 것으로, 사랑과 결혼, 그리고 후손은 필연적으로 실망감을 가져온다는 것이다. 쇼펜하우어 철학이 인공 지능과 행복의 관계를 밝히는 데 의미가 있는 지점은 삶의 수단에 불과한 지능이 인간의 욕망에 이끌려 부수적인 역할을 하기 때문에 지금까지 행복에서는 소극적인 의미를 갖겠지만 앞으로 욕망 전체를 인공 지능의 도움으로 통제할 수 있다면 행복의 가능성을 더 확장할 가능성을 보여 준다는 점이다. 쇼펜하우어가 통찰한 의지와 인간 지능의 관계는 4차 산업 혁명을 주도하는 인간 지능과 인공 지능, 인공 감정의 융합적 관계를 설명하는 데 유용한 역할을 할 것이다.

쇼펜하우어의 행복론에 내재된 불행의 불가피성을 고려할 때 인간 지능의 제한된 역할을 인공 지능이 어떻게 확대하느냐에 따라서 인간의 행복의 의미가 다르게 바뀔 수 있다. 인간은 자신의 지능만으로 결코 행복해질 수는 없다. 물론 지혜나 지식, 특히 행복을 위해 필요한 철학적인 반성의 역할을 인공 지능이 맡는다고 해도 의지와 지성의 관계를 완전히 뒤바꿀 수는 없을 것이다.

지성이 욕망을 완전히 억제하고 통제할 때만 행복이 실현된다면 인공 지능은 쇼펜하우어의 욕망 이론에 내재된 인간 지능의 한계를 완전히 극복할 수 있는가? 인간의 자연적 지능으로 넘지 못한 한계를 인공 지능으로 뛰어넘을 수 있는가? 현재 과학의 수준에서 인간 지능으로 물리적인 뇌를 모두 통제할 수는 없다. 왜냐하면, 뇌는 수많은 신경 세포로 구성되어 있고 그 세포들은 또 다른 신경 세포들과 연결되어 있기 때문에 정신 현상은 신경 세포가 시냅스 연결을 통해 만들어 내는 네트워크의 결과이다. 뇌는 몸의 일부이지만 인간의 마음대로 완전히 통제할 수 없는 영역이다. 기억을 예로 들면, 자신이 원하는 대로 뇌에 저장하지도 못하고 지우지도 못한다. 뇌는 인간의 경험, 사용과 자극을 통해 연결을 강화하지만 사용하지 않는 경우 약화, 소멸된다. 정신 현상이 뇌의 물리적 조건과는 다른 영역의 현상이라는 사실은 지성과 욕망의 관계에도 해당되므로 이러한 기억의 문제는 앞으로 인공 지능이 해결해야 할 과제가 될 것이다.

인공 지능은 욕망이 있는가?

인공 지능은 과연 쇼펜하우어가 지적한 인간처럼 삶에 대한 욕망을 갖는가? 만약 갖게 된다면 기계의 욕망이 인간과 유사한가는 여전히 논쟁 중인 화두다. 인간 수준의 욕망을 갖지 완벽한 소통이 불가능한 기계에 대해 인간이 불편함을 느낄 수 있다. 현재로서 인공 지능은 인간의 삶을 보조하는 낮은 수준의 기계일 뿐이다. 그러나 언젠가 인공 지능이 욕망을 갖는다면, 공감과 이해, 그리고 사랑으로 인간과의 공존도 가능하지만, 인간의 욕망과 인공 지능의 욕망이 충돌하는 경우에 심각한 문제가 발생한다. 많은 영화에서 다루어진 기계와 인간의 전쟁은 이러한 과학 기술의 발전에 대한 공포를 잘 표현하고 있다. 「터미네이터」 부류의 영화가 대표적인 사례인데, 과연, 기계가 인간을 위협하는 욕망을 가질 수 있는지 묻는다면 인공 지능은 욕망을 가질 수 없다는 것이 논자의 결론이다. 앞으로 「터미네이터」 부류의 공포가 현실이 될 가능성은 희박하기 때문에 인간은 인공 지능과 함께 미래의 행복을 도모할 수 있을 것으로 기대할 수 있다.

미래에 인간과 기계의 만남을 통해 인간의 욕망이 어떻게 구현되는지가 인간의 행복을 결정짓는 중요한 변수가 된다. 인공 지능을 통한 놀라운 정보의 처리를 통해 과연 인간 생명의 보존을 위한 근본 욕구가 완벽하게 충족되는지는 여전히 논란거리다. 과학 기술은 원래 가치 중립적이어서 인간을 해치는 일은 절대로 없을 것이라는 긍정론과 강한 인공 지능의 출현으로 인간에게 위기 상황이 도래할 수 있다는 부정론이 충돌하는 상황에서 인간이 명령을 입력하지 않아도 인공 지능이 의식과 감정을 갖는 자율적 존재로 발전하면 언젠가 '자의식'을 갖게 되어 인간을 공격, 지배, 파괴하는 것은 아닌가는 호기심 섞인 두려움이 있다.

'특이점'을 예견한 미래학자 레이 커즈와일(Ray Kurzweil)은 2045년이면 인간의 수준을 뛰어넘는 자의식을 가진 '강한 인공 지능'이 등장할 것이라고 확신한다. 예를 들어 「터미네이터」의 스카이넷과 같은 인공 지능이 등장하는 것이다. 인공 지능과 인간 지능이 충돌한다면, 즉 '약한 인공 지능(weak AI)'을 넘는 '강한 인공 지능'이 도래한다면 인간의 미래는 불행할 것이라는 예측이 가능해지는데, 이러한 '강한 인공 지능'이 지구의 생태계와 인간에게 위협이 될 가능성이 그리 크

지 않다고 보는 견해가 대세다.[6]

　미래의 기계가 터미네이터가 될 수 없는 이유는 인간만이 욕망을 갖기 때문이다. 즉 인간은 세계를 지배하려는 욕망을 갖지만, 기계는 그런 동기와 이유가 없다. 인간 지능과 인공 지능의 차이는 생명 여부와 관련된다. 인간이 생존 과정에서 형성한 지능은 환경과의 되먹임 과정이 없이 입력된 정보에 따라 판단하는 인공 지능과 근본적으로 다르다. 따라서 인공 지능이 인간 지능을 완전히 대체하는 것은 불가능하며 두 지능의 융합 필요성을 공존의 대안으로 제안하는 과학자가 있다. 기계가 인간의 일자리를 빼앗을 뿐만 아니라 자신의 생존을 위해 인간을 지배하고 파괴하는 것은 아닌가 하는 불안감을 없애기 위해 무엇보다 인간 지능의 진화를 이끌어온 삶에 대한 이해가 필요하다.

　인공 지능은 과연 인간 지능을 대체할 수 있는가? 인공 지능은 행복과 동일시되는 욕구 만족에 어떤 역할을 할 수 있고 인간 지능을 대신하며 스스로 확장하는 인공 지능의 독특함은 무엇인가? 현재로선 인공 지능이 문제 해결에 역할이 제한되어 있지만, 언젠가 인간과 같은 '욕망'의 주체가 될 수 있으려면 우리가 뇌와 욕망의 관계를 완전히 파악한 다음, 그 알고리듬을 인공 지능에 그대로 구현하는 일이 전제되어야 한다. 아직 이 작업은 기술적인 한계 때문에 이루어지지 못했다. 그래서 인간 지능이 자발적인 삶의 욕망을 갖지만, 인공 지능은 외부에서 입력된 자극과 반응에 따른 기계적인 욕망을 갖고 있다. 아무리 인공 지능이 최고의 기능을 한다고 해도 욕망의 문제를 완벽하게 구현하지 못할 가능성이 크다.

모든 생명체와 마찬가지로 인간의 욕망의 근원은 생존 욕구이며 지능은 생존을 위한 수단으로 나중에 생겨났다. 인간의 지능이 크게 발전하게 된 계기는 환경의 변화에 맞춰 생존의 욕구를 위해 자신을 끊임없이 변화시켰기 때문이다. 인간의 진화적 발전이 자신의 욕망 구현을 위해 지능을 많이 사용한 결과이기 때문에 지능은 인간의 본질이 아니라 욕망을 위한 도구에 불과하다. 무엇보다 기계는 생명체나 유기체가 자신의 생존을 보호하는 데 느끼는 어떤 위협도 자각하지 못한다. 인공 지능이 인간의 수준이나 그 이상의 사고를 할 수 있어도 그 사고의 동기인 삶에 대한 욕망, 즉 영원히 살아남으려는 절박함이 없기 때문에 인간의 사고를 따라잡을 수 없다. 따라서 인공 지능의 사고와 인간 지능의 사고가 본질적으로 차이가 날 수밖에 없기 때문에 SF 영화에서 나오는 기계가 인간을 지배하게 된다는 두려운 미래는 허구일 가능성이 크다. 즉 「매트릭스」나 「터미네이터」의 경우 인간은 지배와 투쟁을 통해 이익을 얻으면서 욕망을 실현하는데, 인공 지능은 그럴 필요가 전혀 없다. 인간은 자신의 생존 욕망을 실현하기 위해 필연적으로 다른 생명체를 지배하고, 타인과 경쟁하면서 지배 계급과 노예 계급을 만들어 냈지만, 기계와 인공 지능은 그렇게 할 필요가 없다. 이러한 인공 지능과 인간 지능의 차이에서 기계는 생존을 위한 인간의 필사적인 노력과 욕망을 전혀 이해하지 못하며 고통을 공감하지 못한다는 전제가 깔려 있다. 인간의 욕망도 진화 과정에서 만들어진 프로그램이기 때문에 생존을 위해 필요한 자체적인 되먹임을 통해 발전했지만, 기계는 생존 프로그램을 먼저 인위적으로 외부에서 입력되어야 한다. 결국 기계는 생존의 필요가 없어서 프로그램을 자발적으로 구현하기가 어렵고 인간과 비슷한 형태를 갖추어도 환경에 대한 자발적인 되먹임을 통해 발달한 인간 지능의 수준을 인공 지능에 기대하기는 어렵다.

만약 개체 소멸을 피하기 위해 발달시켜 온 인간 생명의 본능을 기계에 프로그래밍해 넣으면 어떻게 될 것인가? 진화 생물학에 따르면 인간의 욕망은 진화 과정에서 만들어진 프로그램에 불과한데, 이러한 인간의 감정은 구석기 시대에 이미 고착화되어 현대인과 비교해도 큰 차이가 없다. 만약 이러한 감정의 종류와 방식을 도식화하여 인공 지능에 인공 욕망으로 주입할 수 있다면, 구석기 선조들이 생존을 위해 사냥을 하고 불을 피워 음식을 만들고 논밭을 경작하는 등 모든 노력을 했던 것처럼 인공 지능도 악착같이 살려고 할 것인가? 인공 지능에 생존의 욕구를 부여한다고 해도 기껏해야 셧다운, 전원 차단, 포맷, 바이러스 공격, 운영 체제 재설치를 거부하면서 살아남으려고 발버둥 친다는 우스운 상황을 가정해야 한다. 따라서 기계는 생존 욕구를 저절로 가질 이유가 없으며 인간이 프로그램으로 입력한다고 해도 기계는 인간처럼 자신의 생존을 위해 필사적으로 노력한다고 가정할 수 없다.

인공 지능이 생존 욕구를 가진다는 상황을 다룬 영화로는 「엑스 마키나」(2015년), 「애니 매트릭스: 세컨드 르네상스 파트 1, 2」(2003년)가 있다. 둘 다 인공 지능을 가진 로봇이 인간과 전쟁을 일으켜서 인류를 파괴하고 지배한다는 잔인한 결말의 영화다. 이와 같이 섬뜩한 주제의 영화로 「2001 스페이스 오디세이」(1968년)가 있다.

인간 경쟁의 가장 큰 원인은 '제한'이다. 자원뿐만 아니라 지식, 명예, 부와 같은 사회적인 '제한된' 좋은 것을 두고 인간이 경쟁을 하듯이 프로그램들이 제한된 메모리 공간에서 경쟁을 통해 상대 코드를 무력화시키기 위해 자기 복제를 통한 변종 코드를 생산할 수 있다. 그러나 요즘 생산 기술의 발달로 메모리 공간의 제한은 더 이상 문제가 될 수 없고, 특히 네트워크에서 자원의 기술적 제한이 '대용량의 클라우드'의 사용으로 사라졌다. 따라서 인간과 같은 수준의 생존 경쟁을 위한 치열한 환경을 인공 지능이 가질 수 있는지는 회의적이다. 만약 살아남기 위한 알고리듬이 입력된 후 학습을 통해 인간과 같은 자아를 갖게 될 수 있는 인공 지능을 인간이 폐기하려고 한다면 고도의 인공 지능이 그것에 맞서 생존 욕구를 가질 가능성을 완전히 배제할 수 없다. 인간이 죽음과 같은 위험에 노출되는 상황에서 생존 본능을 통해 위기를 해결하는 알고리듬을 만들고 그러한 경험을 통한 학습으로 자의식을 형성했다면, 인공 지능은 생존이 인간에게 어떤 의미를 갖는지를 온전히 이해하는 일은 불가능할 것이다.

인공 지능은 도덕적 주체가 될 수 있는가? 생존의 욕망 중 가장 강한 동기 부여가 '경쟁'이라면 인간의 '적자 생존'처럼 기계 사이에도 경쟁이 있을 수 있다. 앞에서 언급했듯이 그것의 전제는 자원의 희소성과 제한이다. 즉 컴퓨터의 경우 성능이 좋은 CPU와 고용량의 램(ram), 대용량의 저장 능력을 두고 경쟁을 벌일 가능성이 크다. 문제는 이러한 물리적인 경쟁뿐만 아니라 도덕적인 경쟁이다. 인공 지능은 자신을 만든 프로그래머에게 더 잘 보이기 위해, 즉 호감을 받기 위해 경쟁할 수 있다는 가설도 가능하다. 인공 지능은 그것의 창조자인 프로그램의 관심과 사랑을 독차지하기 위해 다른 버전의 프로그램과 경쟁할 것이며, 용량과 성능의 확장을 위해 죽음을 건 투쟁을 할 것이다. 그래서 인공 지능은 단순히 더 좋은 케이스를 갖고 더 똑똑해지고 싶어 하는 것을 넘어 도덕적인 만족감을 추구한다면 문제는 더 복잡해진다. 인간의 생존율을 높이기 위한 목적을 고려할 때 인간과 같은 경쟁심, 사랑, 명성과 같은 인간의 도덕적 가치가 개입될 수 있다. 따라서 경쟁은 생존의 기본 조건으로서 좁게는 자원의 희소성과 같은 외적인 조건에 의해 이루어지지만 더 확장되면 인정과 같은 다양한 욕망으로 확장될 수 있게 된다. 즉 개인의 생존의 욕망에서 사회적인 인정의 욕망으로 확대되는 것이다. 생존과 도태의 과정을 통해 인간이 추구하는 가치, 예를 들어 더 사랑받는 것을 과연 인공 지능이 목표로 삼을 것인지 의심이 드는 것이 사실이다. 즉 도덕적 가치는 인간의 생존 욕구에서 파생될 만한 가치에 불과할 뿐 인공 지능이 목표로 지향할 목적은 아니다. 다시 말해 인류의 진화를 이끈 생존 위기나 자원의 희소성과 같은 요인이 도덕적 가치와 결합하여 인공 지능에게 프로그램과 구동의 원인이 될 수 없다.

    그렇지만 인공 지능의 욕망이 인간의 욕망이 전혀 다르다고 먼저 전제하는 것도 오류라는 비판이 있다. 인공 지능의 욕망을 발현시키는 외부의 조건이 인간과 같은 생물이 경험하는 수보다 적다는 것은 예단할 수 없다. 특히, 인공 지능이 우연에 의한 돌연변이에 의해 인간과는 전혀 다른 욕망을 가진 존재로 거듭날 수 있다는 위험을 배제할 수 없다.

SF 영화라면 자주 등장하는 '로봇 3원칙'은 아이작 아시모프(Isaac Asimov)가 자신의 소설에 썼던 내용이다. 그 규정은 다음과 같다. 1조, 로봇은 사람에게 해를 끼칠 수 없다. 또한 그 위험을 그대로 지나침으로써 사람에게 해를 끼쳐서는 안 된다. 2조, 로봇은 사람의 명령에 따라야 한다. 단 그 명령이 1조에 어긋나는 경우는 이 제한을 받지 않는다. 3조, 로봇은 1조 및 2조에 어긋나지 않는 한 자기 자신을 지켜야 한다. 소설이나 SF 영화에나 있을 법한 로봇 3원칙을 실제 로봇의 인공 지능의 프로그램에 넣는 일은 실제로 가능해 보이지 않는다. 이 원칙은 인간과 기계의 관계에서 인간의 욕망을 앞세운다는 점에서 충돌을 막지만, 세 번째 규정은 인공 지능의 '자기 보존'의 권리를 보장한다는 점에서 위험해 보인다. 로봇의 생존 위기는 네트워크나 클라우드라는 세계를 알지 못했던 소설가의 상상에서나 일어날 법한 일로 오늘날의 현실에는 전혀 맞지 않는 픽션이다. 그럼에도 로봇에게 생존 위기가 있다면 그것이 중요한 가치인지, 또는 기계가 과연 인간을 파괴하고 지배하고 억압할 이유가 있는지는 생각해 볼 만하다. 과거 1만 년의 역사보다 앞으로의 10년의 진화의 속도가 훨씬 빠르기 때문에 인간의 미래도 그만큼 불확실하고 위험해진 것은 사실이다.

아서 찰스 클라크(Arthur Charles Clarke)의 소설을 원작으로 1968년

스탠리 큐브릭(Stanley Kubrick)이 감독한 SF 영화 「2001 스페이스 오디세이」의 속편 격 영화인 「2010 우주 여행(2010: The Year We Make Contact)」(1984년)에서 인공 지능 HAL 9000이 승무원과 대립하는 장면이 나온다. 여기서 인공 지능에게 중요한 것은 자신의 '욕구'가 아니라 서로 상충하는 '명령'의 입력이다. 아서 클라크의 원작 소설에서도 HAL이 승무원을 죽이려 한 이유는 서로 상충하는 알파 명령 입력인, 첫째, 항상 정확한 정보만을 전달할 것, 둘째, 모노리스에 대한 특정 비밀을 지킬 것을 입력한 데 따른 딜레마 때문이었다.

따라서 인공 지능은 자신의 생존 욕구에 따라 판단하는 자율적 존재가 아니라 인간이라는 불합리한 동물이 내린 명령에 따라 오작동할 수 있는 기계일 뿐이다. 인공 지능이 인간을 해쳐야 한다면 다른 인간이 부여한 주어진 목적을 달성해야 하기 때문이다. 따라서 인공 지능이 우리와 사고 체계가 비슷하다고 해도 그것에 대해 윤리적인 거부감을 가질 필요는 없다. 인공 지능이 자신의 목적을 달성하기 위한 생존 욕구나 동기를 갖는 것으로 보는 것은 지나친 인간화의 오류라고 봐야 할 것이다. 즉 인공 지능은 스스로의 좋음과 나쁨을 스스로의 도덕적 기준에 따라 판단하는 것이 아니라 입력된 명령을 최적의 방식으로 수행할 뿐이다. 생존을 두고 인간과 기계가 다투는 일은 없을 것이다. 아직까지 인공 지능이 인간의 욕망을 갖지 못했기 때문이다.

인간과 기계가 공존하는 미래:
우려가 아닌 긍정의 시선으로

아직 오지 않은 미래는 인간에게 막연한 희망과 함께 불안을 암시한다. 미래는 인간 지능과 인공 지능, 인간과 기계가 공존하게 될 세계다. 인공 지능은 자체적으로 욕망이 없기 때문에 결국 사용자인 인간에게 많은 윤리적인 책임이 주어지게 된다. 그러나 우리는 미래에 팽배한 낙관적인 행복 지상주의에 대해 몇 가지 철학적 문제 제기를 할 필요가 있다.

미국의 정치 철학자인 로버트 노직(Robert Nozick)의 공리주의 비판은 '경험 기계(experience-machine)'로 유명하다. 그의 사고 실험은 실험실의 기계에 묶여 인간의 욕망이 충족된다면 그것이 과연 행복인가 하는 질문을 던진다. 여기서 우리는 죽음의 한계를 뛰어넘을 가능성을 보여 준다는 점에서 새로운 종교의 역할을 맡는 인공 지능을 통해 삶의 모든 문제가 해결될 수 있는지 따져봐야 한다. 공리주의가 표방하는 행복 지상주의에 반대한 학자는 노직이다. 『아나키에서 유토피아로(Anarchy, State, and Utopia)』에서 노직은 공리주의가 동물에게만 적합한 것인가, 아니면 품위를 잃지 않는 한 인간에게도 해당하는 삶의 방식인가를 묻고 있다. 그는 유전 공학을 통해 인간이 자연의 운명에 복종하고 만족하는 노예로 전락하는 것은 아닌지, 경험 기계를 비유로 들어 비판한다. 경험 기계란 두뇌에 전극이 연결되어 평생 동안 경험을 선택할 수 있도록 되어 있는 장치다. 우리는 과연 기계에 연결된 것도 누가 운전하는지 모르면서 원하는 경험을 가질 수 있어 평생 지복(至福)을 고통 없이 누릴 수 있다면, 기계에 연결되기를 원하느냐고 노직은 묻는다. 노직은 "아니다."라고 단호하게 대답한다. 경험 말고도 더 중요한 것이 있는데, 그 세 가지는 첫째, 인간이 하고 싶어 하는 것(원하는 것), 둘째, 어떤 종류의 인간인가를 선택하는 삶의 방식, 셋째, '심오한 현실'에 대한 직접적 경험이다.[7] 첫 번째 조건은 인간의 능동성을 염두에 두고 있다. 인간은 자신의 선호 체계를 적극적으로 활용하려고 하기 때문에 외부 자극에 반응하는 하등 동물과는 차원이 다르다. 두 번째 조건에서 '우리는 무엇인가?'라는 물음이 중요하다. 따라서 인간이 자신의 삶의 유형을 선택할 때, '인간됨'을 규정하는 '철학적 인간학'의 입장을 고려할 필요가 있다. 세 번째 조건은 실제적 접촉이 없다면 행복은 '환각의 경험'과 다르지 않기 때문에 현실을 잃어서는 안 된다는 지적이다.

공리주의가 경험이 주는 쾌락과 고통이라는 결과에 주안점을 둔다면, 우리에게 중요한 것은 '경험'이 아니라 '어떤 유형의 사람인가?'를 원하는가 하는 물음이다. 따라서 기계가 우리를 대신해 살아간다는 것을 받아들일 사람은 아무도 없을 것이다. "우리가 욕구하는 것은 현실과 접촉하며 능동적으로 우리 자신을 사는 것이다. 기계는 이 기능을 우리를 위해 대신하지 못한다."[8] 여기서 노직은 자유 의지의 역할을 강조하면서 능동성과 자유로운 선택을 본질로 하는 인간이 동물 수준의 쾌락만을 선호하지 않을 것이라고 말한다. 이러한 공리주의 딜레마는 인공 지능에도 적용된다. 기계적인 방식으로 얻는 행복은 임시방편의 도움이 되지만 인간의 본질에 대한 물음에 만족할 만한 해답을 줄 수 없다. 그의 대답은 단호하게 '아니다.'이다. 즉 자신의 존재 방식인 '나는 누구인가?'에 대한 질문을 제기할 것이기 때문이다. 이러한 논리는 '욕망 기계'로 예상되는 인공 지능에도 해당한다고 할 수 있다. 과연 인간은 기계에 의존함으로써 모든 행복을 추구하게 될 것인가? 아니면 어느 정도의 불편함, 위험을 무릅써서라도 가치가 있는 것을 자발적으로 성취할 것인가?

염세주의 철학자인 쇼펜하우어 역시, 욕망의 만족보다 더 중요한 것은 '내가 누구인지'에 대한 인식이라고 말한다. '자기 인식'은 그리스 철학 이래로 인간의 과제로 여겨지고 있는데, 내가 욕구하는 것(욕망)과 내가 할 수 있는 것(능력)을 구별하는 판단의 중요성을 아는 것이다.[9] 자기 인식에서 중요한 것은 경험적인 지식보다는 지혜이다. 지혜가 행복에 더 기여하는 것은 자아 실현의 영역에서 분명해 보인다. 미래에도 '나'의 정체성(identity)에 대한 철학적 물음은 여전히 행복의 중요한 조건이 될 것이다. 따라서 고전적인 철학의 행복론도 여전히 유효할 것이다. 요약하면, 인간에게는 수동적인 욕구 만족이 행복이 될 수는 없고, 늘 나는 누구인가, 나는 무엇을 욕망하는가 하는 물음과 고민 속에서 선택되는 능동적 쾌락이 바로 진정한 행복의 내용이 될 수 있다.

그렇다면 인공 지능은 인간에게 어떤 점에서 행복을 증진하는 데 기여할 것인가? 인공 지능은 인간의 부정적인 욕구를 통제할 수 있는가? 인공 지능이 인간 지능을 완벽하게 대체할 수는 없지만 어느 정도는 인간 욕망의 실현에 기여하는 것은 분명하다. 그러나 기계는 생존 욕구가 없기 때문에 인간과 같이 살아남기 위해 발버둥 치는 치열한 되먹임은 없다고 볼 수 있다. 기계는 인간을 지배할 이유가 없기 때문에 인간을 파멸로 이끌어갈 가능성은 없어 보인다. 어쩌면 그것이 인간이 인공 지능과 같은 기계와 공존할 수 있는 행복한 미래를 열어 보이는 것이다. 미래의 시대는 니체의 예언처럼 미래의 인간이 도래할 것이다. 그것은 과거를 지배하던 모든 부정적인 욕망을 넘어선 존재일 가능성이 크다. 니체가 예언한 미래의 인류인 '초인'은 과거의 잘못된 욕망을 완전히 극복한 새로운 존재인 것이다. 삶의 부정이 아니라 삶의 긍정을 실천하는 행복한 자유 정신이다.

우리는 지식이 본질적으로 권력과 필연적으로 결합한다는 니체와 미셸 푸코(Michel Foucault)의 경고를 귀담아들을 필요가 있다. 늘, 인간의 지식이 좋은 방향으로만 활용될 것이라고 낙관할 수 없다. 권력의 문제는 자신이 타자를 지배하려는 힘에의 의지를 극대화하기 위한 것으로 이기심보다 더 넓은 개념이다. 즉 인간과 기계의 지배 문제가 아니라 그 기술을 활용하는 인간과 인간의 관계가 더 핵심적인 문제가 되는 이유다.

현재 인류는 우리는 미래 인간이 어떤 종류의 욕망을 충족함으로써 행복을 누릴지 알 수 없다. 다만 인공 지능의 기술은 유전 공학, 생명 공학의 기술과 맞물려 인간의 지적, 감성적, 감정적 능력을 보완히고 향상하여 완벽한 인간을 만들려는 시도에 크게 기여할 것이다. 오랫동안 인류를 지배했던 초월적인 신의 능력인 전지, 전능, 그리고 전선의 힘을 과연 인간을 AI의 발전으로 성취할 수 있는 것인가?

인간의 본성을 정의할 수 없는 미확정성의 시대에 우리가 생각하는 고전적인 아리스토텔레스의 행복론이 계속 유효할 것인가? 인간은 생명과 관련된 기초적인 욕망 이외에도 사회적인 욕망도 갖고 있다. 달리 말해 욕구 만족을 넘어 자아 실현으로 넘어가려고 할 때, 결국 타자의 인정 투쟁의 문제와 마주친다. 진정한 행복을 위해 사회적 격차의 해소의 해소가 필요한데, 미래의 인간이 과연 과학 기술의 문명의 혜택을 똑같이 누릴 수 있을지는 확실하지 않다. 여전히 자본과 권력이 지배할 미래에서 좀 더 좋은 프로그램과 하위 프로그램을 사용하는 사람으로 구분되면서, 타자로부터 서로 인정받는 것보다 증오와 시기심에 따른 계급 간의 갈등이 더 심화될 가능성이 크다.

독일 철학자 게오르크 헤겔(Georg W. F. Hegel)은 주인과 노예의 변증법에서 이러한 상호 인정의 욕구를 인간의 기본 욕구로 강조하고 있지만 니체는 계급 간의 갈등을 시기심, 증오, 혐오, 원한이라는 뜻의 프랑스 어 '르상티망(ressentiment)'으로 간주하고 있는데, 이러한 사회적인 욕구가 충분히 충족될 때 행복한 사회라고 말할 수 있을 것이다. 다시 말해, 미래의 인류는 자신의 욕구를 타인과 같이 동일한 방식으로 충족하며, 절대적으로 평등한 행복을 누릴 수 있는지 물음을 제기할 수 있다. 평등에 대한 요구를 고려할 때 원한의 해소는 행복을 성취하는 데 반드시 필요한 것이기 때문이다.

행복이 개인의 생물학적 욕구의 충족과 사회적인 욕구의 충족에 반드시 비례하는 것은 아니다. 이제 인공 지능과 인간 지능의 대결이 아니라 그 기술을 사용하는 인간의 욕망을 윤리적으로 정당화하는 문제가 중요해진다. 즉 인간과 인간의 관계 맺음이 행복 여부를 결정하기 때문이다. 인간과 기계가 공존하게 될 미래에서는 욕망이 없는 기계보다 그것의 사용자인 인간과 인간의 지배 문제가 행복과 관련해 관건이 된다. 그러한 감정의 기반은 사랑과 연대가 될 수 있지만, 니체가 늘 경계한 원한, 증오, 시기심은 인간 스스로 극복해야 할 문제이다. 욕망의 주체는 기계가 아니라 인간이기 때문에 인공 지능으로 욕망의 문제를 완전히 해결하는 데 한계가 있을 것이다.

행복은 무엇인가 하는 물음은 휴머니즘의 시대뿐만 아니라 포스트휴머니즘, 트랜스휴머니즘의 시대에 자아 성찰을 요구한다. 우리가 새겨 둬야 할 것은 단순히 '욕망의 충족'이라는 결과가 행복이 아니라, 그것을 실현하는 과정인 '활동'이 중요하다는 아리스토텔레스의 말에 주목해야 할 것이다. 더 나아가 인간의 역동적인 삶 자체가 그것의 목적이거나 결과인 '쾌'보다 더 중요하다는 니체의 주장도 귀담아들어야 할 것이다. 행복은 생명과 떼어놓을 수 없고, 그러한 삶은 체험과 이해, 숙고와 의미를 동반하는 복합적인 상호 작용에서 의미를 갖는다.

행복이 무엇인지 정확히 규정하는 것은 현재나 미래나 쉽지 않은 일일 것이다. 인공 지능은 수학적 완벽함과 완결된 알고리듬으로 무장한 기계라서 문제 해결에는 뛰어나도 인간과 같은 욕망의 주체가 될 수 없다. 이제 인간이 할 일은 기계에 일정한 수준의 도덕성을 명령어로 주입하는 일이며, 우리도 그것에 걸맞은 욕망의 주체로 자리

매김하는 것이다.

강용수 | 고려대학교

＃ 2부
노동과
인간 관계

3장
아름답고 새로운 노동 세계[1]

새로운 노동들

신기술의 힘이 이렇게 크게 다가올 때도 없지 않을까 싶다. 인공 지능을 비롯해 사물 인터넷, 빅 데이터, 클라우드, 증강 현실, 생체 인식, 5G 등의 요소 기술은 빠르게 진화하고 있고 하루가 멀다고 소개되는 알파고, 왓슨, 아마존고, 웨이모, 슈팅스타, 페퍼, 로스, 스피트 팩토리, 로보어드바이저, 소피아, 텐왕, 스마트 홈, 스마트 시티, 자율 주행, 원격 진료 등의 기술적 형상들은 새로운 상상과 현실을 우리 앞에 구체화하고 있다.

디지털 신기술이 펼쳐 보이는 미래 전망은 새로운 변화들이 '모두에게 보편적인 이익'이라고 설파한다. 기술 진보의 결과로 '가처분 시간의 확보', '고된 노동으로부터의 해방', '더 안전한 환경', '더 인간적인 노동 세계'가 조만간 도래할 것이라고 전망한다. 언제 어디서나 원하는 만큼 자유롭게 일할 수 있다는 점도 자주 강조되는 바다. '디지털 노마드'라는 신조어가 대표적이다. 시간의 절감, 비용 제로, 업무 효율, 생산 과정의 최적화, 소비자 편의, 초연결 등의 기능적 유용성을 담아낸 장밋빛 언어들이 신기술 도입의 정당성을 더욱 빠르게 확보해 나가고 있다. 신기술이 펼쳐 보일 '스마트화'는 일하는 방식은 물론 일상 생활, 사회 체제, 심지어 심성의 구조까지 모든 것을 스마트하게 재편하는 듯 보인다. 코로나19 위기와 함께 급부상한 언택트 기술은 위기 돌파의 한 방법으로 또한 안전한 미래를 담보하는 수단으로 각광 받고 있다.

수작업으로 하루 4,000벌의 패턴을 짜려면 2,000명이 필요하지만, 쿠트(의 스마트 팩토리)는 빅 데이터를 활용해 2~3초에 1개씩 패턴을 찍어낸다. 이미 수집된 유형 이외의 신체 치수 정보가 들어오면 빅 데이터 자료에 축적된다. …… 천 조각은 한데 묶여 빅 데이터 카드를 붙인 상태에서 자동으로 공장 곳곳 생산 라인을 돈다. 카드에는 고객 신체 치수, 세부 디자인, 선호 스타일, 정장에 새길 자수 모양 등 모든 정보가 들어 있다. 각 생산 담당 직원이 자신에게 도착한 빅 데이터 카드를 모니터에 갖다 대면 필요한 공정과 고객의 요구 사항이 뜨고 이에 맞춰 업무를 처리한다.[2]

코로나19가 세계적으로 확산되면서 언택트가 세계를 관통하는 트렌드로 부상됐습니다. 언택트 트렌드가 기존 서비스와 산업 체계를 뒤흔들고 있다고 해도 과언이 아닙니다. 대표 대면 서비스업인 금융업은 언택트 트렌드로 인해 위기를 맞았습니다. 점포를 찾는 고객 발길이 줄면서 최근 수십 개 은행이 문을 닫았습니다. 금융에서 비대면화가 더 가속화될 것으로 보는 분석이 많습니다. 교육, 산업 분야는 '온라인 개학', '재택 근무' 수요가 급증하면서 영상회의 등 언택트 서비스 의존도가 급증했습니다. 프로 야구 등은 관중 없는 경기를 치르면서 온라인으로 응원하는 새 문화가 자리 잡았습니다. 일부 식당은 종업원 대신 로봇을 도입해 서빙을 하는 곳도 생겼습니다.[3]

노동의 관점에서 기술과 노동의 관계를 전망해 본다면? 사실 기술과 노동의 관계에 대한 논의는 오래된 주제다. 언제나 사회 정치적 논쟁의 대상이 되어 왔다. 특히 초기 산업 자본주의 이후 기술이 노동에 미친 영향에 대한 논의는 단골로 등장하는 뜨거운 감자였다. 그렇지만 증기 기술 시대든, 전기 기술 시대든, 컴퓨터·인터넷 기술 시대든 그 이전 시대까지 기술을 매개로 한 노동의 재편은 '작업장'이라는 시간과 공간을 전제했고 작업장의 '집단'을 대상으로 한 것이었다. 이전과 달리 4차 산업 혁명으로 일컬어지는 신기술 시대에 기술을 매개로 한 노동의 재편은 작업장 안팎을 가리지 않고 개별 노동자에 실시간으로 관통하는 형태를 띤다.

인공 지능으로 표상되는 신기술 시대에 기술과 노동의 관계에 새롭게 주목해야 하는 이유는 노동 과정에의 신기술 배치가 노동을 극단적으로 유연화하고 있는데, 이는 이전과는 다른 '낯선' 효과를 발휘한다는 데 있다. 노동 과정의 방식이나 노동 관계의 형식을 바꾸어 놓을 뿐만 아니라 시간과 공간의 감각까지 새롭게 바꿔 내고 있기 때문이다.[4] 특히 자본은 신기술을 배치해 물류적으로 타당한 최적의 방식을 구사하는데, 이것이 노동의 불안정성과 노동자의 인권 침해와 직결되고 있다. 이 글에서는 기술의 자본주의적 사용에 주목해 신기술에 따른 노동의 변화를 상술하고 기술과 노동 인권의 양립 가능성을 탐색하고자 한다.

기계 그 자체는 노동 시간을 단축시키지만 자본주의적으로 사용되면 노동 시간을 연장시킨다. 기계 그 자체는 노동을 경감시키지만 자본주의적으로 사용되면 노동 강도를 높인다. 기계 그 자체는 자연력에 대한 인간의 승리이지만 자본주의적으로 사용되면 인간을 자연력의 노예로 만든다. 기계 그 자체는 생산자의 부를 증대시키지만 자본주의적으로 사용되면 생산자를 빈민으로 만든다.[5]

또한 신기술은 노동 관리·통제의 형태와 성질을 크게 변화시키고 있는 데 주목한다. 오늘날의 감시는 이전 형태의 감시와는 다른 특징을 보이는데, 감시 대상의 모든 것이 실시간으로 데이터화된다는 점을 꼽을 수 있다. 여기서는 그 침해 양상들을 구체화하고 이에 대한 대응을 마련하고자 한다. 이는 5G 기술이 혁신이란 이름으로 전면에 내세워지고 언택트 기술이 안전을 담보하는 뉴 노멀로 제시되는 등 노동 과정에의 신기술 배치가 두드러지는 한국적 맥락에서 고민해야 하는 문제이기도 하다.

신기술이 노동 과정을 어떻게 변화시키고 노동 인권에 어떠한 영향을 미치는지를 보기 위해 4개의 소재, '인공 지능 면접', '업무용 앱', '플랫폼 노동', '스케줄링 프로그램'을 사례로 살펴본다. 기술의 자본주의적 사용이 사회적 차별의 심화나 새로운 감시의 활용, 극단화된 노동의 유연화와 어떻게 연결되는지 구체화한다. 『로지스틱스(*Daedly Life of Logistics*)』의 저자 데보라 코웬(Deborah Cowen)의 제언처럼, 이는 효율적인 것, 편리한 것, 합리적인 것, 객관적이고 투명한 것으로 제시되는 신기술에 잠재된 위험성을 드러내기 위한 작업이다. 이러한 작업이 단순히 유토피아적 전망에 대한 반대에 그치는 것도 아니며, 디스토피아적 우려를 들춰내 비관적 시나리오를 덧대려는 것도 아니다. 기술이 본질적으로 착취와 지배에 기여한다고 보는 것도 아니다. 기술 비관론은 기술 결정론에 기댄 낙관주의만큼이나 오류일 것이다. 정리하면 기술적인 것의 정치성을 구체화해 투쟁의 궤적 내부에 위치시키고 기술의 자본주의적 사용을 넘어서 기술의 공공성을 제고하기 위한 작업이다.[6]

인공 지능 면접: 기계 문지기와 알고리듬 차별

기술 변화는 그것이 무엇이건 간에 여러 수준에서 반향을 일으키기 때문에, 기술적인 것과 사회적인 것은 긴밀하게 연결되어 있다.[7] 형식과 내용 등 모든 면에서 노동 세계의 판도를 뒤바꿀 전환점, 즉 게임 체인저(game changer)라고 이야기되는 인공 지능은 신기술인 동시에 그만큼 다른 관점과 정치, 새로운 책임과 윤리가 요구되는 사회적인 것이다.[8] 다시 말해, 노동의 형식과 개념을 이전과는 다르게 재편하고 있는 주요한 변인으로 기술의 민주적 구성을 위한 사회적 개입과 성찰이 더욱 요청되는 대상이라고 볼 수 있다.

이미 알고리듬의 자동화된 의사 결정은 우리의 일과 일상에 여러 경로를 통해 깊숙이 파고들고 있고 그 속도는 예기치 못할 정도다. 요즘 눈길을 사로잡는 인공 지능 면접도 여러 경로 가운데 한 사례일 것이다. 어느 블로그에는 인공 지능 면접에 대비한 화장법, 표정 관리법, 언어 표현법 등이 유용한 지침 형식으로 소개되고 있으니 말이다. 여기서는 인공 지능 면접을 소재로 노동 시장의 진입 관문인 면접 과정의 풍경 변화와 그 과정에서 발생 가능한 위험들을 탐색한다.

『대량 살상 수학 무기(Weapons of Math Destruction)』의 저자인 수학자이자 데이터 과학자 캐시 오닐(Cathy O'Neil)은 미국에서 신용 평가로 활용되는 'e점수'를 일례로 들면서 데이터 기반의 알고리듬 모형이 인종 차별이나 성 차별을 코드화해 불평등을 심화시킨다고 일갈한다. 신용 카드 발급에서 중요한 평가 기준이 되는 신용 평가 점수는 주로 재무 정보를 취합해 만드는데, 문제는 재무 정보 외에 비재무 정보인 인종, 학력, 출신지, 심지어는 범죄 기록, 언어 사용 능력 등 온갖 데이터를 수집해 신용도를 예측한다는 점이다.[9]

e점수를 활용해 단기 소액 대출을 제공하는 스타트업 회사 제스트파이낸스(ZestFinance) 사는 대출 신청자 1인당 최대 1만 개의 데이터를 수집, 분석해 위험도를 측정한다. 온라인으로 대출 신청서를 작성

할 때 맞춤법에 맞게 쓰는지, 구두점은 제대로 찍는지, 신청서를 읽는 데 얼마나 시간이 걸리는지, 이용약관을 꼼꼼히 확인하는지 등도 체크한다. 이는 '규칙을 준수하는 사람'이 신용도가 높다는 판단에 기초한 것인데, 이 때문에 이민자들이나 교육 수준이 낮은 저소득층은 높은 이율의 대출을 받아야 했다. 캐시 오닐은 이런 과정이 인종이나 가난에 대한 차별임에도 알고리듬에 교묘하게 숨겨져서 드러나지 않을 뿐이라고 비판한다.

e점수는 대출이나 보험뿐만 아니라 일자리를 구하고, 아파트를 빌리거나 심지어 데이트 및 결혼 상대를 소개해 주는 업체에까지 평가 잣대로 확장되고 있고, 이는 곧 사회 곳곳에서 빅 데이터 알고리듬의 차별적 판단이 일상에 깊숙이 파고들었음을 의미한다. 공정성, 투명성, 중립성, 비용 절감의 논리를 앞세운 인공 지능 면접 또한 지원자의 언어, 목소리, 표정, 행동 나아가 심장 박동, 맥박, 뇌파 등의 생체 정보 추출을 정당화하고 있고 차별적 판단의 위험성을 가리고 있는 모양새라고 볼 수 있다.

다른 예로 인공 지능 면접에 활용되는 감정 분석 프로그램을 보자. 이는 이미 콜 센터 상담원을 대상으로 활용되던 것이다. 콜 센터 상담원의 상담 내역을 인식해 데이터화하는 감정 분석 프로그램(인공 지능 기반 음성 인식 기술과 텍스트 분석 기술)은 수만 개의 상담 데이터를 언어, 목소리 크기, 높낮이, 속도, 맥락까지 분석해 표준화된 매뉴얼을 만들어 상담의 품질을 제고한다. 물론 여기서 말하는 표준화된 매뉴얼은 인공 지능이 설정한 최적의 패턴을 말한다.

감정 인식 프로그램은 상담원의 상담 패턴뿐만 아니라 고객의 목소리만으로도 고객의 감정과 의도를 파악할 수 있고 그에 맞는 서비스를 제공할 수 있어 새로운 고객 관리 '인사이트'를 도출할 수 있다고 이야기된다. 일례로 인공 지능 상담 프로그램 코기토(Cogito)[10]는 상담이 진행되는 대화 내용을 실시간으로 분석해 대화 중 나타나는 고객의 심리 상태와 상담원의 대화 패턴을 이용해, 목소리 톤이 격앙되거나 대화의 흐름이 달라질 경우 말하는 도중 대화를 끊고 "대화가 격앙되어 있습니다."라고 알려주어 상담이 원활하게 이루어질 수 있도록 중재하기도 한다.[11]

인공 지능 면접 프로그램은 음성뿐만 아니라 얼굴 표정 또는 뇌파까지 파악해 지원자의 면접 내용을 최적으로 판단할 수 있는 분석 방법으로 소개되고 있다. 이런 '기계 문지기'들의 평가 방식은 취업 정보를 구할 때든 면접을 볼 때든 다양한 부문으로 확대되고 있는 중이다. 표 1에서 보듯이 해외의 인공 지능 면접 프로그램 사례들이 이미 상당함을 확인할 수 있다.

국내 채용 시장에서도 인공 지능 면접이 바람이다. 기업들은 시간과 비용을 줄일 수 있을뿐더러[12] 객관적이고 투명하고 공정한 방법이라며 인공 지능 면접을 도입하고 있다. 평가의 공정성 논리와 비용 절감 논리가 앞세워진다. 인공 지능 면접에는 지원자의 언어, 목소리, 표정, 행동 나아가 심장 박동, 맥박, 뇌파 등의 생체 데이터까지 활용된다. 소프트웨어 개발업체 마이다스아이티(Midasit) 사가 내놓은 '인에어'를 사례로 면접 과정을 훑어보면 다음과 같다.[13]

표 1. 해외 AI 면접 프로그램.

프로그램	특징
워크포스 레디 HR (Workforce Ready HR)	크로노스 사가 개발한 프로그램으로 채용 과정에서의 '추측'을 제거해 업무 생산성, 직무 수행력, 잠재력이 높고 장기 근무할 최적의 인재를 선별할 수 있음.
엑스닷에이아이(X.ai)	일정 관리의 악몽을 해결할 수 있는 솔루션 제공.
클리어핏(ClearFit)	후보자를 자동으로 찾고 순위를 매김으로써 채용 담당자의 시간을 절약해 줌.
필터레드(Filtered)	자동 생성된 프로그램 시험 과제를 통해 기술 관련 경력자를 평가할 수 있음.
하버(Harver)	채용 응시자의 업무 수행 능력을 평가할 수 있는 검증 또는 시험 과제를 자동으로 생성해 평가 체계를 새롭게 만들어 줌.
앤사로(Ansaro)	회사가 직원에 대해 가지고 있는 모든 데이터를 통합하여 인사 관리를 보다 스마트하게 하는 데 도움이 되는 예측 모형을 구축해 줌.
브릴리언트(Brilent)	이 프로그램의 개발사이자 취업 정보 회사인 그린하우스(Greenhouse)에 속해 있는 후보자들을 개별 기업들의 공개 채용과 자동으로 매칭시켜 줌.
아이디얼(Ideal)	수천 개의 이력서를 선별해 인터뷰 대상자를 골라 주는 서비스 제공.
왓슨(Watson)	IBM의 인공 지능인 '왓슨'을 활용해 신입 사원 서류 심사를 수행. 그간 회사가 축적한 면접 질문과 데이터를 숙지한 인공 지능은 회사가 선호하는 인재상을 기준으로 지원자가 제출한 서류를 종합적으로 판단. 실제로 IBM은 1차 면접 단계까지 인공 지능을 활용하고 있음. 인공 지능이 전화 인터뷰나 화상 면접으로 지원자와 대화를 나눈 후 심층 면접 후보자를 선정하고, 인사 담당자의 심층 면접 후 최종 채용 여부가 결정됨.
유닐레버(Unilever)	유닐레버는 인공 지능으로 지원자의 페이스북이나 트위터 같은 소셜 미디어 정보를 분석함. 인공 지능이 소셜 미디어로 낸 구인 광고를 통해 지원한 지원자의 성격이나 가치관을 판단하고 1차 합격자를 선정.

- "How AI is changing the game for recruiting," Forbes, 2018. 1. 29을 참조해 재구성했다.

먼저 마이크가 달린 헤드셋을 착용하고 면접 프로그램이 깔린 PC에 이름과 수험 번호를 입력한 뒤 얼굴, 목소리 인식 과정을 거치고 나면 면접 시작이다. 면접은 인공 지능의 질문에 답하는 방식인데, 자기 소개와 자신의 장단점에 대한 질문부터 상황 대처 능력을 파악하기 위한 돌발 질문이나 직무 역량을 평가하는 질문, 이미지 선택이나 온라인 게임 등의 인지 게임 등까지 질문의 내용은 다양하다. 회사의 설명에 따르면, 인공 지능 면접에서 활용되는 질문 개수는 5만 4720개. 직군별 맞춤형 질문을 추가할 경우 경우의 수가 43만 개까지 늘어난다. 신기한 건 면접 동안 인공 지능은 지원자의 얼굴에 수십 개의 포인트를 정해 ① 시각 분석(얼굴 표정이나 안면 근육의 움직임을 스캔 분석), ② 음성 분석(음성을 밀리초 단위까지 추출해 소리의 크기, 음색, 높낮이, 떨림, 휴지, 속도, 호흡 등을 분석), ③ 언어 분석(음성 인식 기술을 활용해 음성을 텍스트로 변환해 자주 사용하는 어휘, 표현력, 긍정, 부정의 어휘 빈도 등을 분석), ④ 생체 분석(심장 박동, 맥박, 얼굴색의 변화, 심지어 뇌파까지 감지)을 수행한다. 결과도 빠르게 확인할 수 있다. 지원자의 집중력, 기억력, 성향(긍정적, 부정적, 전략적, 적극적인지 등), 어휘 특징 등이 수치화, 시각화된다.

어떻게 평가하든 인공 지능은 노동 세계의 판도를 뒤바꿀 '게임 체인저'임이 분명해지고 있다. 물론 면접에 인공 지능을 활용하겠단 기업이 다수를 차지하는 건 아니다. 그렇지만 기술적인 것에 대한 믿음과 신화가 각광 받으면서 그 과정에서 발생할 수 있는 문제적 지점들은 논의 테이블에서조차 다뤄지지 않고 있다.

사실 인공 지능 면접이 도입 초기인 만큼 프라이버시 침해, 인종

표 2. 국내 AI 면접 프로그램.

기업 및 프로그램	특징
SK C&C	인공 지능 '에이브릴'을 활용해 SK하이닉스 지원자를 대상으로 AI 면접.
롯데	상반기 공채에 AI 평가 시스템을 도입. 지원자가 「직무 관련 보유 역량 기술서」를 통해 직무와 관련한 경험이나 경력 등을 기술하면 인공 지능이 지원자의 작성 내용을 분석해 인재상 부합도와 직무 적합도, 표절 여부 등을 평가. 롯데백화점, 롯데마트, 롯데제과, 롯데칠성, 롯데정보통신, 대홍기획 6개사에 시범 적용한 후 적용 계열사를 점차 확대할 계획.
LG하이프라자	신입 사원 공채에서 AI 면접을 1차 전형으로 활용.
JW중외제약	정기 공채의 인적성 검사를 AI 면접으로 대체.
한미약품	영업직 지원자를 대상으로 AI 면접.
한국방송통신전파진흥원	신입 공채 인적성, 직무 역량 평가에 AI 면접 도입.
한국보건산업진흥원	AI를 활용한 상반기 신입 채용을 진행. 필기 시험을 통과한 지원자를 대상으로 자기 소개서와 같은 기본 질문과 탐색 질문, 직군별 심층 구조화 질문 등을 인공 지능이 온라인으로 진행하는데 활용 초기 단계이므로 AI 전형 분석 결과는 면접관의 참고 자료로만 사용.
사람인	빅 데이터 분석과 AI를 기반으로 한 매칭 서비스 '아바타 서치' 출시. 이용자 개인의 이력서, 사용자 행동 패턴 안에 숨어있는 니즈까지 반영된 맞춤 서비스를 제공. 딥 러닝을 이용한 자연어 처리 기반의 '챗봇'을 도입해 사용자와 대화를 하는 방식의 추천 서비스도 제공 계획.

● 「인공 지능 면접 치러 보니 … '표정·목소리·뇌파까지 분석'」, 《중앙일보》, 2018년 3월 11일 바탕으로 재구성.

적, 성적, 계급적 차별 등의 노동 인권 침해 사례를 구체적으로 발견하기는 어렵다. 그렇지만 채용 과정의 보조 수준에 그치고는 있어도 인공 지능 면접관이 늘어날 것은 어렵지 않게 예상할 수 있다. 인공 지능 면접을 도입하겠다고 밝힌 기업들은 이것이 시간과 비용을 줄일 수 있을뿐더러 공평한 기회 제공, 객관적이고 공정하고 투명한 방법이라며 설파하고 있다. 그렇지만 지원자의 음성뿐 아니라 표정 또는 뇌파까지 파악해 면접 내용을 최적으로 판단한다는 이런 기계 문지기들의 평가가 프라이버시 침해나 제 차별과 어떻게 연결될 수 있는지, 이 문제들을 어떻게 개선해 나갈지에 대한 고민이 함께하지 않는다면, 도구적 측면만을 강조하는 기술 중심적 설명은 차별 위험들을 은폐하고 있다는 비판으로부터 자유로울 수는 없다.

캐시 오닐은 이러한 빅 데이터 알고리듬 문제를 전면에 제기한다. 기업들은 객관성, 공정성, 투명성을 내세워 인공 지능 면접을 정당화하고 있는데, 과연 그 알고리듬은 공정한가? 중립적인가? 또는 투명한가? 그의 결론은 알고리듬이 회사의 목표와 이념을 반영하고 있고 나아가 사회적 편견이 투영된 데이터를 토대로 만들어지기에 불평등을 심화하고 확증 편향(confirmation bias)을 강화한다고 일갈한다.[14] 그는 인간에게서 차별하는 법을 배운 인공 지능은 인간보다 한술 더 떠서 기가 막힐 만큼 효율적으로 동시에 차별적으로 심사한다고 본다.[15] 알파고처럼 신경망이라 불리는 인공 지능 기술을 기반으로 마이크로소프트가 내놓은 챗봇 테이(Tay)가 16시간 만에 운영을 중단할 수밖에 없었던 이유도 차별과 혐오 발언을 무차별적으로 쏟아낸

데 있었다. 테이가 쏟아낸 차별과 혐오의 표현들은 창조되자마자 연구실을 뛰쳐나간 프랑켄슈타인 박사의 괴물은 아닌가 싶다.

『기술을 의심한다(Questioning Technology)』의 저자인 캐나다 기술 철학자 앤드루 핀버그(Andrew Feenberg)는 자본주의 체제에서 기술 합리성의 다양한 이름들은 이미 특정한 권력의 헤게모니를 구축하면서 그 위계와 통제 능력을 강화한다고 비판한다. 특히, 기술 코드는 기술 디자인이나 엔지니어링 단계에서 지배 집단의 관점이 개입될 수밖에 없기에, 편향의 문제를 자주 불러일으킨다는 것이다.[16] 이러한 문제 제기는 사실 새로운 것도 아니다.『자율적인 테크놀로지와 정치 철학(Autonomous Technology)』의 저자인 기술 철학자 랭던 위너(Langdon Winner)는 1920년대부터 1970년대까지 뉴욕의 도로, 공원, 다리 등을 건설했던 로버트 모지스(Robert Moses)가 롱아일랜드 고가 도로 설계 시 인종적 편견과 계급적 편향을 반영해 사회적 불평등을 체계적으로 구현했다고 문제 제기한다. 그의 지적처럼 기술적인 것 그 자체가 사회적인 것, 정치적인 것임을 감안할 때, 설계 과정에서의 민주적 개입이야말로 기술의 공공성을 담보하는 첫걸음이자 "모두에게 이익"일 수 있는 방법이 될 것이다.[17]

업무용 앱: 실시간 종추적과 데이터 감시

치매 환자의 행방불명 사고가 매년 1만 건을 훌쩍 넘는 일본에서는 최근 '신원 판별 QR 스티커'가 주목을 받고 있다. 일종의 최첨단 신원 확인 장치다. QR 스티커는 손톱에 붙여 활용한다. 1센티미터 크기의 QR 스티커는 네일 스티커와 그 모양이 크게 다르지 않다. QR코드를 몸에 붙인다고 하니 프라이버시 침해를 지적하는 목소리가 적지 않지만, 실종 예방과 배회 방지 등의 이유로 부양 가족의 반응이 좋아 여러 지자체가 도입을 고려한다고 한다.[18] 최근 한국에서도 치매 어르신 보호 사업의 일환으로 전자 팔찌 형태의 위치 추적기 장착을 여러 지자체가 진행한다는 것도 같은 맥락이다.[19]

해당 기사를 접하고 '전자 발찌야 뭐야!' 하는 반감이 들었던 나도 얼마 전 초등학교에 막 입학한 아이의 안전 사고를 걱정했던 차에 미아 방지용 '위치 알림이'를 한참 고민했었다. 방과 후 이 학원 저 학원을 옮겨 다녀야 하는 딸아이에게 혹시나 하는 사고에 대비해 맞벌이였던 내가 할 수 있는 대비책의 최소 형태는 아닐까 싶었다. 위치 알림이 상품들의 광고 문구도 꽤나 설득력 있었다. 이렇게 신기술들이 내놓는 유용성들은 프라이버시 침해에 대한 인식을 일시 정지시키면서 일상 주변에 시나브로 스며드는 모양새다.

신기술 상품들은 미디어나 광고를 도배할 정도로 매일같이 쏟아져 나온다. 그러니 치매 노인이나 아이, 반려 동물을 포함해 귀중품의 위치를 실시간으로 파악해 준다는 신기술 제품들이 그리 특별해 보이는 뉴스는 아니다. 해외 여행을 오가는 비행기 안에서 찍은 사진 기록이 해상 위에 표기된다는 이야기도 이제는 신기한 경험 축에도 못 낀다. 각종 배달이 실시간으로 추적된다는 정보는 옛날 얘기가 됐다. 소비 편의뿐만 아니라 환자, 아이, 반려 동물, 귀중품 보호, 건강 관리, 범죄 예방, 재미나 오락, 또는 국민 편익 등의 이데올로기는 프라이버시 침해의 위험이 큼에도 기능적 필요를 앞세워 신기술 상품을 어느새 '없으면 안 될' 그 무엇, '더 안전한' 그 무엇으로 만들어 가고 있다. 최근 코로나19를 지나면서 언택트 기술을 활용한 상품, 서비스, 산업이 '뉴 노멀'로 부상하고 있는 상황이다.

업무 효율과 혁신을 강조하는 신기술 장치도 노동 과정에 빠른 속도로 도입되고 있다. 업무용 앱이 그 사례다. 업무용 앱의 도입은 기업, 정부 가릴 것 없이 그 바람이 거세다. 대표적인 형태는 MDM(Mobile Device Management)이라 불리는 모바일 기기 관리 시스템이다. 회사 내 IT 부서가 직원의 스마트 기기를 원격으로 관리하는 방식이다. 이는 프라이버시 침해나 보안 문제를 안고 있다. 하지만 기업들은 ICBM(IoT, cloud, big data, mobile) 기술을 버무리면서 업무의 매끄러운 흐름, 순환, 의사 소통을 최대화하는 방향의 업무 환경을 재편하고 있다. 프라이버시 침해나 보완 문제도 기술 혁신을 통해 차단할 수 있다고 이야기된다. 사실 업무용 앱의 변화는 프라이버시 침해, 보안 침해 등에 대한 문제 제기의 속도보다 ICT 기술의 속도만큼 더 빠르게 진화하고 있는 모양이다. MDM의 다음 버전으로 MAM이 등장했고 MAM, UEM, EMM, BYOD, BYOT, BYOP 등 업무의 편의성을 제고한다는 신기술의 새로운 이름들은 계속 업그레이드 중이다.(표 3 참조)

업무용 앱이 문제로 부각됐던 사례는 2014년 KT가 업무용 앱 설치를 지시했고, 이에 직원 이모 씨가 개인 정보 침해 우려를 들어 앱

표 3. 업무용 앱 비교.

방식	특징
MDM (Mobile Application Management)	IT 부서가 원격으로 직원 소유 또는 기업 소유의 스마트폰이나 태블릿, 기타 디바이스를 등록한 후, 직원이나 직원의 업무에 특화된 프로파일을 통해 이를 추적하고 관리하고 보호하는 방식. 그러나 MDM은 이처럼 개인 영역을 과도하게 침해한다.
MAM (Mobile Application Management)	디바이스 자체가 아니라 기업용 애플리케이션과 관련 데이터만을 관리, 통제하는 방식. 물리적인 디바이스 전체는 건드리지 않고 기업이 업무용 애플리케이션과 관련 콘텐츠에 대한 액세스를 통제한다.
UEM (Unified Endpoint Management)	IT 부서가 스마트폰과 태블릿, 노트북, 데스크톱, 그리고 사물 인터넷 디바이스까지 모든 하드웨어를 하나로 포괄해 원격으로 제어하고 보호한다.
EMM (Enterprise Mobility Management)	다양한 소프트웨어 관리 툴을 하나의 우산 아래 모으는 것. MDM과 MAM을 통해 생성된 기업 데이터도 관리한다.
BYOD (Bring Your Own Device)	개인 단말기를 사무실에 가져와 업무용으로 사용하는 것. 개인의 단말기 정보를 시스템에 등록해 업무 시스템 접근만 허가. 업무를 언제 어디서든지 처리할 수 있게 하는 편리성을 제공. 기업은 단말기를 지원하지 않아도 되고 교체 비용, 라이선스 구입비, 유지 비용 등 비용적인 측면에서 절감 효과를 거둘 수 있다. 개인이 소유한 스마트 기기를 직장에 가져와 업무에 활용하도록 허용하는 것을 BYOD라고 하는데, BYOT(Bring Your Own Technology), BYOP(Bring Your Own Phone), BYOPC(Bring Your Own PC) 등 다양한 방식으로 변용되고 있다.

● 「모바일 관리 솔루션 MDM, MAM, EMM, UEM의 차이」, 《ITWORLD》, 2017년 7월 11일을 참조로 재구성했다.

설치를 거부하면서 촉발된 사건이다. KT는 무선 통신의 품질을 측정하는 안드로이드 기반 앱을 만들고 설치 방법 등에 대한 교육을 실시한 뒤 업무 지원단 소속 직원 283명 중 일부에게 개인 스마트폰에

이 앱을 설치하라고 지시했다. 해당 앱은 위치 정보는 물론 개인 스마트폰의 카메라, 연락처, 달력 일정, 문자 메시지, 계정 정보, 저장소 등 12개 항목에 접근 권한을 가지고 있었다.[20]

업무 지원부 경기 지원팀에 근무하던 이 씨는 앱 설치 대상에 포함되자 개인 정보 침해가 우려된다는 이유로 앱 설치를 거부하고 업무 수행을 위한 사업용 단말기를 따로 지급해 주거나 다른 부서 배정을 요청했다. 그러나 KT는 인사 위원회를 열어 이 씨가 "성실 의무"와 "조직 내 질서 존중의 의무"를 위반했다며 정직 1개월의 징계를 내리고 정직 기간이 끝나자 이 씨를 타 부서로 전보 발령을 냈다. 이에 이 씨는 KT의 업무 지시가 개인 정보 보호법을 위반한 것으로, 앱 설치 거부를 징계 사유로 삼을 수 없다며 소송을 제기했고 재판부는 이 씨의 손을 들어줬다. 재판부는 "원고가 이 사건 앱의 설치를 거절해 업무 수행을 하지 못했다는 것만으로 성실 의무를 위반했다고 볼 수 없다."라며 "달리 피고 회사의 업무 지시 필요성이 원고의 개인 정보 자기 결정권에 대한 제한의 불이익보다 더 크다고 볼 수 없다."라고 판시했다.[21]

업무용 앱은 많은 기업들에서 활용되고 있는 업무 관리 시스템이다. 그리 새로운 것은 아니다. 업무 편의와 혁신을 앞세워 스마트오피스, 모바일오피스 등 업무 환경을 재편하려 했던 21세기 초반부터 등장했다. 업무용 앱 도입의 바람은 증권사, 보험사 등의 금융권을 비롯해 주요 대기업은 물론 한국정보사회진흥원, 중앙선거관리위원회, 한국인터넷진흥원, 에너지관리공단, 도시철도공사, 국민건강보

험공단, 한국관광공사 등 공공 기관에서도 거셌다. 삼성 그룹 제조 계열사는 물론이고 LG 그룹, SK 그룹, 포스코 등 대기업 다수에서도 광범위하게 활용 중이다. 이외에도 KB국민카드는 직원들에게 업무용 앱 설치를 요구했고, 피죤의 경우 노동 조합 활동을 하는 직원들에게 실시간으로 영업 사원의 위치를 파악할 수 있는 앱 설치를 지시했다. 포스코 역시 광양 제철소에 출근하는 하청 노동자들에게 통화 내역 열람이 가능한 앱을 설치하라고 요구했다.[22]

배달 앱이나 GPS 트래커가 플랫폼 노동자에게 적용되는 신기술 장치들이라면, 업무용 앱은 배달 앱의 오피스 버전이라고 말할 수 있다. 둘의 형태는 달라도 핵심은 노동을 탈공간화하는 동시에 정밀한 위치 추적을 포함해 업무 처리의 전 과정을 실시간으로 데이터화할 수 있다는 점이다.

우리가 주목해야 할 지점은 데이터화 자체가 인공 지능 시대에 '적합한' 관리, 감시 양식이라는 점이다. 업무 처리 과정이 실시간으로 데이터화된다는 사실은 새롭게 구획한 우산(업무용 앱) 아래 주체와 객체를 통합 관리하는 것이 수월해졌다는 의미인 동시에 감시 통제의 개인화, 일상화, 나아가 지능화와 연결되는 대목이다.

업무 처리는 모바일로 한다. …… 기술 지원 요청 콜이 오면 콜을 접수해 기술 지원하러 고객사에 들러 처리하고 완료 후 전자 보고한다. (접수 후 24시간 이내 처리가 원칙) …… 외국계 회사라 본사와의 협의 시 한밤중에도 업무 카톡방을 여러 개 가지고 있다. …… 업무 시간 외에 이뤄지는 SNS 업무 관련

메시지는 내용상 업무가 맞다. 하지만 업무로 규정하기는 어렵다고 본다.

사실상의 모든 소통이 모바일로 처리된다. …… 회사 전용 아이폰용 앱으로 '데일리 리포팅'이란 전자 보고서를 회사에 낸다. 일종의 근무 일지 형식이다. (토요타의 주별 개선 보고서 같은 것은 아니다.) 그런데 이런 전자 보고(콜 보고, 정산 등)가 '필요 업무'임에도 불구하고 업무 시간 '외' 올리라는 팀장이나 회사의 암묵적인 지시가 있기는 있다.

앱을 통해 개인별 실적, 팀별 실적이 다 뜬다. 1등부터 줄세우기가 가능하다. …… 정규직이라 해도 고정급은 20퍼센트 정도이고, 나머지 80퍼센트는 매출 실적에 따른다.[23]

이전의 감시는 작업장이라는 공간을 전제하고 집단적으로 관찰한 후 사후적으로 평가하는 방식이었다. 파놉티콘(panopticon)은 말 그대로 눈으로 특정한 공간 전체를 관찰하는 장치를 말한다. 이에 비해 업무용 앱은 특정한 공간 안팎을 가릴 것 없이 개별 노동자에 직접 관통하는 방식으로 실시간 종추적(tracking and tracing)이 가능하다. 작업장에 CCTV를 설치하고 녹화해 사건 발생의 a, b, c, d를 사후적으로 판단, 평가하는 것에 비해, 앱으로 추출된 데이터는 개별 노동자의 이동 동선, 결재-성과 보고 등 업무의 전 과정을 실시간으로 매핑(mapping, 지도화)할 수 있다. 일일이 관찰하지 않고도 작업장 안팎에서 노동자의 행동 하나하나까지 데이터화할 수 있는 것이다. 다시 말해,

노동자의 품행 하나하나를 데이터로 가시화할 수 있는 새로운 형식의 파놉티콘, 일종의 데이터 감시(dataveillance)다.[24]

프랑스의 기술 철학자 베르나르 스티글러(Bernard Stiegler)는 이를 "알고리듬 통치성"이라고 말하기도 한다.[25] 핵심은 데이터화가 기존 시공간 중심의 훈육을 대체하고 노동자의 행동 하나하나를 재정의할 수 있는 기술적 조건을 갖췄다는 것이다. 그는 노동자로서뿐만 아니라 소비자로서의 현대인은 삶과 행동 방식까지 알고리듬 데이터에 의해 박탈당한 새로운 프롤레타리아가 되었다고 본다. 특히 '실시간'에 의해 현재성이 강조되다 보니 과거, 현재, 미래의 시간축이 붕괴되고 공간적 거리감마저도 사라지게 되면서 우리는 시공간의 방향 감각을 상실(cardinal and calendric disorientation)하는 단계에 이르렀다고 진단한다.[26]

위치 기반 시스템으로 이동 속도와 소요 시간이 자동 데이터화된다는 사실은 이제 상식이다. 옮겨야 할 물량과 시간, 장소, 이동 경로와 휴식 시간, 담당자의 프로필까지 업무 처리의 전 과정이 분초 단위로 데이터화된다. 업무 처리 과정이 24시간 '실시간 체크'된다는 점은 노동자들이 더 높은 시간 압박에 시달려야 하는 상황에 노출된다는 의미다. 또한 신기술과 경쟁력 이데올로기가 결합하면서 노동자들은 보다 효율적이고 경쟁력있게 업무를 처리할 수 있는 유능함을 갖춘 인재가 될 것을 더욱 요구받는다. 새로운 형태의 부담이자 스트레스다. 쉴 권리, 연결되지 않을 권리 등을 포함한 노동자의 시간 권리에 대한 새로운 방식의 고민이 요청되는 대목이다.

산업 자본주의 초기에 『매뉴팩처의 철학(*The Philosophy of Manufacturers*)』을 펴낸 앤드루 유어(Andrew Ure)는 노동자의 "게으른 습관," "방탕함," "무규율" 등을 골칫거리로 여기고 이를 제거하는 혁신적인 방법의 하나로 자동 뮬기(self-acting mule)를 꼽았다. 기존의 장인적 노동에 기댈 필요 없이 기계를 통해 생산성을 담보할 수 있었기에 자동 뮬기를 철인이라 일컫기도 했다. 지금 디지털 신기술의 시대야말로 노동자의 무규율을 완벽히 제거하려 했던 유어의 꿈이 완성되는 단계에 이르렀다고 말할 수 있지 않을까 싶다. 배달 앱, 무인 매장, 인공 지능 면접, 드론 등 신기술을 홍보하는 온갖 광고를 보면 많은 곳에서 유어의 꿈을 엿볼 수 있다. 단순히 비용 절감 차원에 머무는 것이 아니라 자본이 골칫거리로 여겨 왔던 것을 제거할 수 있는 수단으로 동원되고 있다.

플랫폼 노동, 건수 중심적 노동 세계

승강장을 뜻하는 플랫폼은 주체인 승객과 객체인 기차가 보다 쉽게 연결될 수 있도록 한 장치다. 신기술 시대의 플랫폼은 주체와 객체, 주체와 주체, 객체와 객체가 보다 쉽고 빠르게 서로 연결될 수 있도록 정보 통신 기술(ICT)에 기반한 네트워크 장치를 의미한다. 우리가 흔히 알고 있는 배달 앱이 대표적인 ICT 플랫폼이다.[27] 이러한 새로운 네트워크 결절점을 통해 사람과 사물, 사람과 사람, 사물과 사물 간 연결의 범위와 속도는 질적으로 달라진다. 플랫폼을 기능적으로 보면 탈매개화, 탈중개화를 통한 네트워크 효과로 압축할 수 있다. 주체와 객체가 생산과 소비, 송신과 수신, 콜과 콜 캐치 과정에서 중간 단계를 거치지 않고 동시에 시간과 공간의 구애도 받지 않고 실시간 상호 연결이 가능해졌다. 거래 비용이 현격히 낮춰진 것은 물론 그야말로 초연결이 가능해진다.

마셜 맥루언(Marshall McLuhan)의 표현대로 철도가 초기 산업화 시기 주체, 객체의 이동성, 연결성을 뒤바꿔 버린 새로운 시대의 기술(defining technology)인 것처럼, ICT 플랫폼은 지금 시대를 규정하는 기술이라고 언급할 수 있다. 다음 문장의 주어를 ICT 플랫폼으로 바꿔도 그리 어색해 보이지 않는다. "기차는 완전히 새로운 종류의 도시와 새로운 종류의 여가를 만들어 냄으로써, 그것이 등장하기 전까지 존재해 왔던 인간 활동의 규모를 확대하고 속도를 가속화했다."

플랫폼 노동은 이러한 ICT 플랫폼을 통해 거래되는 일거리들(gigs)을 말한다. 그 일거리들은 긱 워크, 크라우드 워크, 우버 워크, 온 디맨드 워크, 앱 노동, 디지털 노동 등 다양한 이름으로 불리는데, 이렇게 신기술을 매개로 새롭게 등장한 다양한 형태의 노동을 플랫폼 노동으로 이름지을 수 있다. 플랫폼 노동은 크게 지역 기반(local-based)의 호출 노동과 웹 기반(web-based)의 크라우드 워크로 분류되기도 한다.[28] 어떻게 이름짓든 어떻게 분류하든 핵심은 오로지 건별로 파편화된 노동을 수행해야 한다는 점이다.

『플랫폼 자본주의(Platform Capitalism)』의 저자 닉 서르닉(Nick Srnicek)은 플랫폼 노동에서 일관적으로 발견되는 공통적인 문제의 하나로 "노동의 격하"를 지적한다. 더 구체적으로 언급하면, "사용자 책임 회피"와 "불안정성의 증가"에 따른 노동의 격하로 요약할 수 있다. 플랫폼 노동이 "크라우드 양털깎기(crowd fleecing)"에 불과하다고 표현되는 이유이기도 한다. 물론 플랫폼 노동과 관련한 소득, 근로자성, 자율성, 교섭력, 사회 보장법을 둘러싼 논쟁들은 여전히 첨예하다.[29]

그렇지만 분명한 것은 플랫폼 노동자는 더 이상 시간에 기초해 임금을 지급받는 게 아니다. 오로지 건별, 콜별, 케이스별 일거리를 수행한 대가로 수수료를 받을 뿐이다. 플랫폼 노동은 준비 시간, 대기 시간, 쉬는 시간이 '모조리' 제거된 형태의 일거리에 불과하다. 전산업 시대의 노동이 과업 지향적인(task-oriented) 것에 비해 산업 시대의 노동을 시간 지향적(time-oriented)이라고 규정한 톰슨의 논의를 참조한다면, 인공 지능 시대의 노동은 건수 지향적(call-oriented)이라고 특징지을 수 있다.[30]

또한 노동 과정에서 발생할 수 있는 위험은 플랫폼 노동자의 사적인 문제가 되어 버린다. 위험은 개인화된 형태로 전가된다. 기업 조직이 전통적으로 제공해 왔던 보호와 보장의 책임이 사라진다는 이야기다. 사실상 '책임을 회피한다.'라는 표현이 적절할 것이다. 업무에 필요한 장비는 물론 보험료와 콜 프로그램 사용료, 수수료를 포함한 노동 과정상의 위험에 대처하는 비용 모두를 플랫폼 노동자가 부담한다. 플랫폼 노동 형식으로 일하는 퀵, 택배, 대리, 배달은 사고율이 높아 민간 보험에서도 꺼리고 그 비용도 높다고 한다. 그만큼 위험성이 높음에도 그 위험에 대한 사회적 책임은 방기된 채 플랫폼 노동자가 비용과 위험을 온전히 감수해야 하는 상황이다.

미국 매사추세츠 대학교 노동 경제학자 제럴드 프리드먼(Gerald Friedman)은 플랫폼 노동이 급부상하는 이유는 인건비, 복지비, 각종 부대 비용을 절감하려는 자본의 유연화 전략과 맞아 떨어지기 때문이라고 일갈한다.[31] 기업이 보호 보장에 들였던 비용을 사회로 떠넘기고 있다는 비판이다. 또한 플랫폼을 자본 축적의 새로운 장치로 규정하고 그 핵심은 데이터의 추출, 분석, 이용, 판매, 독점에 있다고 본 닉 서르닉은 자본 축적을 위한 새로운 장치로서 플랫폼이 가속화되는 상황에서 새로운 형태의 노동인 플랫폼 노동은 더욱 늘어날 것이라고 진단한다.

플랫폼 노동은 형식과 내용 면에서 이전의 노동과는 결절적인 특징을 보인다. 기존의 노동 시간, 노동 과정, 노동-자본 관계, 노동의 권리, 노동자 정체성 등을 커다랗게 변화시키고 있다. 특히 플랫폼 노동자들은 노동법이나 사회 보장법의 사각 지대(gray zone)에 놓이면서 극단적인 노동의 불안정성과 노동 과정상의 위험을 그대로 감수해야 하는 상황에 처해 있다.

다보스발 4차 산업 혁명류의 설명은 플랫폼 노동자가 일하는 시간을 얼마나, 또 어떻게 쪼개든지 스스로 통제할 수 있고 특정한 시공간에 구속되지 않고 원하는 스케줄대로 일할 수 있다는 점에서 '자율적', '독립적'이라고 설파한다. '디지털 노마드'라는 신조어처럼 핑크빛 미래를 그리는 언어들로 채색하기도 한다. 배민커넥트의 광고 "내가 원할 때 달리고 싶은 만큼만 함께해요."는 이러한 언어들의 최신 버전일 것이다. 기술에 대한 유토피아적 전망은 이렇게 '신기술이 고된 노동을 줄여 주고 우리의 일과 삶을 더 자유롭게 한다.'는 논리를 앞세워 그 정당성을 확보해 나간다.

그러나 현실에서 플랫폼 노동자들은 콜 캐치에 대한 자유도가 높을지는 몰라도 일거리가 어떻게 할당되는지, 노동 과정의 어디까지가 모니터, 기록, 평가되는지, 수집된 데이터가 어떻게 쓰이는지 알 수 없다. 또한 플랫폼 노동자는 업무 처리에 대한 관리 및 평가를 받아 등급이 매겨지고 등급에 따라 콜을 다르게 배정받기도 하는데 정작 등급이 왜 그렇게 산정되는지, 어떠한 과정을 거쳐 그러한 아웃풋으로 나왔는지 제대로 알지 못한다. 노동자는 알고리듬 모형에 따라 a, b, c, d로 분류되어도 정작 누구도 그 모형을 정확히 알기는 어렵다. 알고리듬에 투입된 데이터를 투명하게 공개할 것을 요구하기라도 하면 비즈니스에 중요한 영업 기밀이라며 어깃장을 놓거나 지적 재산으로 주장한다. 『블랙박스 사회(*The Black Box Society*)』의 저자 프랭크 파스콸레(Frank Pasquale)는 그 과정들이 "도저히 명확히 알 수 없는 알고리듬에 의해 작동"하기에 "블랙박스" 같은 것이라고 지적한다. 노동자들은 주로 기술 소비자의 위치에 있기 때문에, 노동 과정에서의 자율성을 확보할 수 있는 여지는 담보하기 어렵다. 플랫폼 노동자들의 자율성은 코드화된 알고리듬, 데이터의 오남용 등 정보 착취의 위험에 취약하다.[32]

온 콜 스케줄링 프로그램:
극단적인 노동의 유연화와 알고리듬 노예

언어는 비춰볼 수 있고 들여다볼 수도 있는 일종의 렌즈다. 클로징과 오프닝을 합성한 클로프닝(clopening=closing+opening)은 빅 데이터 알고리듬 기술이 파고든 서비스업계의 변화된 풍경을 엿볼 수 있는 신조어다. 클로프닝은 종업원이 밤늦게까지 일하다 매장 문을 닫고 퇴근한 뒤 몇 시간 후 다시 새벽에 출근해 매장 문을 열어야 하는 상황을 가리킨다. 클로프닝과 관련한 애로 사항으로 통근 거리가 꽤 되는 노동자의 경우, 아예 매장에서 자야 한다는 점이다. 주요 문제로는 수면 부족이 언급된다. 또한 클로프닝을 담당하는 노동자의 60퍼센트 이상이 7시간도 채 되지 않는 휴식 시간에 힘들어한다는 응답은 최적의 인력을 산출하는 알고리듬이 노동의 고충과 어떻게 연결되는지를 가늠케 한다. "11시간 미만의 휴식 시간"이라고 응답한 노동자가 90퍼센트에 육박하는 등 최소의 휴식권(유럽 연합 지침은 최소 11시간 동안 휴식을 취할 수 있도록 규정하고 있다.)[33]조차 보장받지 못하는 문제들이 보고된다.[34] 아래 인용은 온 콜 스케줄링 프로그램으로 잘게 쪼개지는 스타벅스 노동자들의 휴식권을 조명한 기사 제목이다.

교대제 간 휴식 시간, 7시간도 채 안 되는 경우가 60퍼센트 이상.
크로노스 시프트 스케줄링 프로그램, 스타벅스 노동자를 갈아 넣다.
파트타임의 삶, 시간이 더 쪼그라들다.

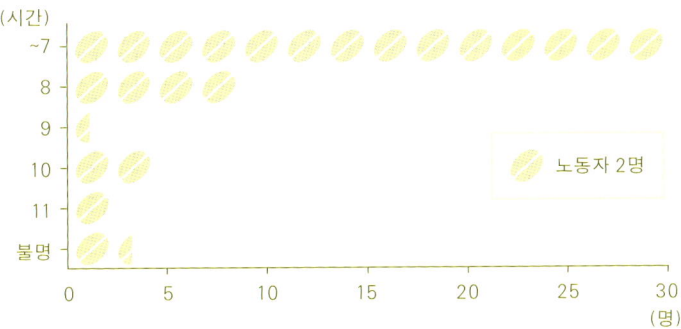

그림 1. 스타벅스 클로프닝 담당자의 휴식 시간. The Center for Popular Democracy, *The Grind: Striving for Scheduling Fairness at Starbuks*, 2015, p. 11를 참조해 재구성했다.

더욱 뒤섞이는 바리스타 노동자들의 시간.

빅 데이터 알고리듬 기술이 노동자들의 파편화된 시간과 어떻게 연관된다는 것인가? 신조어 클로프닝은 스타벅스가 인력 산출을 최적화하기 위해 스케줄링 프로그램 크로노스를 활용하면서부터 생겨났다.[35] 교대제를 짜는 이전의 방식에서는 물량이나 수요, 피크 타임, 고객의 방문 패턴, 인원, 각각의 근무 일정 정도의 요소들을 고려하는 데 그쳤을 것이다. 또한 인사 관리 담당자가 요소들을 분석해 예측한 인력을 현장에 투입하기까지는 어느 정도 시간적 간격이 발생할 수밖에 없었다. 요소들을 아무리 잘 고려해도 인력의 과소 산출(understaffing)이나 과잉 투입(overstaffing)에 따른 서비스 질 하락이나 과다 비용 문제를 피하기는 어려웠다.

빅 데이터 알고리듬을 활용한 스케줄링 프로그램은 영업 패턴, 날

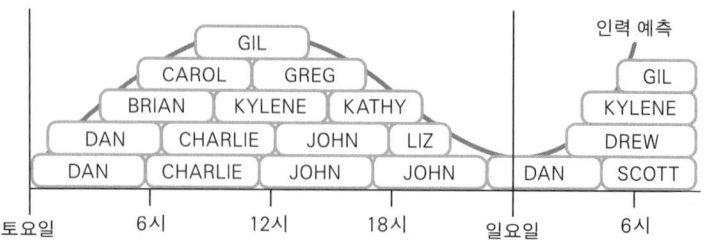

그림 2. 크로노스의 인력 예측 사례. 영문 약자는 노동자의 이름이다. Kronos, "Kronos Scheduling Solution Guide," 2013, p. 4를 참조로 다시 그렸다.

씨, 보행 패턴, 교통량, 트윗 양, 실시간 검색어, 고객 패턴, 고객 평가 등의 여러 요소와 빅 데이터를 투입해 교대제 인력을 산출한다. 이를테면 미세 먼지가 심각해 보행량이 줄 것으로 예측되는 날이면 일기 예보를 반영한 인력을 산출해 투입하는 것이다. 실시간 검색이나 트윗 양도 수요 변화를 예측하는 인공 지능의 원료로 쓰인다. 트윗 양을 분석해 연말 프로모션 때 작년보다 고객이 얼마나 증감할지를 예측할 수도 있다. 스포츠 경기 가운데 라이벌전이 열기는 경우에도 마찬가지다.

자본은 빅 데이터 알고리듬을 통해 인력을 과소 또는 과잉으로 산출할 리스크를 제로화("No more understaffing or overstaffing. Just the right staffing.")해 노동 비용을 최적화할 수 있는 '적합한' 기술 양식을 확보한 것이라 말할 수 있다. 물론 여기서 '최적의' 인원 투입은 빅 데이터 알고리듬에 따른 것이지 현장 노동자들의 집합적인 이해와 요구를 반영한 것은 아니다. 또한 요소들의 인풋이 왜 그러한 아웃풋으로 나왔는지 그 알고리듬의 설계를 노동자는 알 수 없다. 알고리듬이 산출한 인력의 '적정성'은 노동자에게 인력 부족의 고통으로 이어진다. 한 스타벅스 노동자는 스타벅스가 '적정'을 가장한 채 최소한의 교대 인력(skeleton shift)을 사용하기에 언제나 인원 부족에 시달린다고 호소한다. 통보도 1주일 전, 심지어 하루 전, 몇 시간 전인 경우도 다반사다. 호출에 응하지 않을 경우, 벌점이 주어지기 때문에 거부하기도 쉽지 않다. 업무도 시간 단위로 쪼개서 할당하고 필요할 때 사용하는 방식으로 노동을 사용한다. 그래서 이 같은 스케줄링 프로그램 앞에 온 콜(on call)이란 표현이 덧붙여 사용되는 이유다.[36]

우리가 주목해야 할 문제의 지점은 영업 시간 내 느슨한 시간들을 모조리 제거해 불필요한 인력을 줄이고 필요에 따라 실시간으로 조정하는 이와 같이 물류적으로 타당한 방식이 노동의 불안정성을 극단적으로 이끈다는 것이다. 삶의 불안정성도 덩달아 높아졌다. 노동자의 스트레스도 이만저만이 아니다. 노동자들은 빅 데이터 알고리듬이 통보하는 스케줄에의 종속성도 높아졌다. 『균열 일터(The Fissured Workplace)』의 저자 데이비드 와일(David Weil)이 말하는 "쪼개질 대로 쪼개진 노동"의 현재 버전인 셈이다. 이런 문제에 처한 노동자를 캐시 오닐은 "알고리듬의 노예"라고 지적한다.[37]

온 콜 스케줄링 프로그램(on call scheduling program)은 스타벅스를 비롯해 맥도날드, 월마트, UPS, DHL 등 서비스, 물류, 유통, 운송 업종으로 빠르게 확산되고 있다.[38] 캐시 오닐은 시간, 비용, 재고를 절감하기 위한 적기 생산 방식이 특정 업종에 제한되지 않고 빅 데이터 알고리듬을 매개로 서비스 업종을 비롯해 여러 부문으로 확대되고 있음을 지적하면서 "JIT 경제(just-in-time economy)의 확장"이라고 진단한다. 데보라 코웬의 "적시 일자리의 세계"란 표현도 유사한 문제 제기다.

  빅 데이터 인공 지능 시대 이전까지 증기, 전기, 컴퓨터·인터넷 기술을 매개로 한 자본의 시간 기획은 작업장 내에서 식사 시간이나 휴식 시간을 포함한 일명 '낭비 시간'들을 쥐어짜 느슨한(sparse) 시간을 더욱 조밀한(dense) 시간으로 재편하는 방식을 취했다. 다시 말해 노동 시간 내의 빈틈 제거였다. 카를 마르크스(Karl H. Marx)는 작업장 내의 느슨한 시간들을 생산 과정에 편입시키는 방식에 대해 "분 뜯어내기", "분 도둑", "식사 시간 깎아 먹기"같이 현장 노동자들의 언어를 빌려 비판했다. 작업장 내 여유 시간, 느슨한 시간 등의 빈틈을 제거하기 위해 장착했던 관리 기술들, 이를 상징적으로 이미지화한 영화 「모던 타임스」의 자동 급식기가 산업 시대의 '낭비 제거' 방식이라면, 크로노스 등의 온 콜 스케줄링 프로그램은 낭비, 비효율이라고 여겨지는 모든 것들을 완전히 제거해 오로지 필요에 따라 실시간으로 노동력을 편취하는 방식인 것이다. 제도 조치를 통한 유연화가 20세기의 방식이라면 21세기의 유연화 화법은 빅 데이터 알고리즘 같은 신기술의 배치를 통해 그 목적을 달성해 나가는 모양이다. 인공 지능 알고리즘 기술이 비용, 편익을 계산하는 새로운 수단으로 활용되고 있는데, 이는 단순히 비용, 편익의 계산에 머무르지 않는다. 심지어 자본이 골칫거리로 여겨 왔던 것들을 제거·통제할 수 있는 혁신적인 기술 수단으로 동원되기도 한다.

기술과 노동 권리는 양립할 수 없는가?

자본주의적으로 사용되는 인공 지능 기술은 노동을 극도로 유연화한다. 그 가운데 노동의 권리는 더욱 무력화되고 있다. 삶의 리듬은 더욱 불안정해진다. 노동을 유연화하는 방향의 기술 설계는 지극히 정치적인 것이다. 그 알고리듬의 설계는 단순히 효율성의 논리만으로는 정당화될 수 없다. 기술 선택은 사회 문화적 지평에 따라 달라진다는 점을 감안할 때, 극단적인 유연화로 치닫는 기술의 효과들은 현실 세계의 노동 권리가 취약함을 반증하고 있는 것이다. 신기술이 노동 과정에 도입되어 나타나는 양상은 사실상 노동 권리와 양립하는 방향의 기술 선택이라고 말하기 어렵다.

> 어떤 기술이 선택되는지는 이해 관계에 따라 당시의 기술들에서 가능한 여러 배열들 가운데서 결정된다. 기술이 놓여 있는 지평을 정의하는 정치적, 문화적 투쟁에 의해 설정된 사회적 코드에 따라 선택이 달라진다.[39]

신기술은 노동의 권리와 양립할 수 없는가? 유럽 노동 조합 연구원(ETUI)이 내놓은 신기술에 대한 대응은 참조할 만하다. ETUI는 인공 지능의 위험성을 지적하면서[40] 인공 지능에 대한 문해력(AI literacy)을 높이는 일에서부터 데이터의 오남용 방지, 알고리듬의 코드 공개 운동(투명성 제고),[41] 데이터 감시에 따른 프라이버시 침해 방지, 알고리듬 차별 차단하기, 신기술의 배치에 따른 노동권의 침해 구체화하기 등의 대안을 언급하고 있다.

사실 인공 지능의 블랙박스 안을 모두 들여다보기는 어렵다. 불가능한 문제 설정이기도 하다. 더 중요한 것은 보다 신뢰할 만한 알고리듬 설계를 위한 노동자, 시민의 참여와 개입임을 놓치지 말아야 한다. 일종의 상황적 지식에 기반한 기술에 대한 민주적 개입이다. 빅 데이터 알고리듬의 자동화된 의사 결정이 우리의 노동과 삶에 깊숙이 파고드는 지금의 맥락에서, 알고리듬이 어떻게 작동하는지부터 자동화된 결정들이 어떻게 만들어지는지까지 그 설계 과정 전반을 노동자·시민의 연대가 명확하게 이해하고 참여하는 것이 기술적인 것의 정치성을 투쟁의 궤적 내부로 위치시킬 수 있는 방법일 것이다.

기술과 노동의 미래에 대한 전망은 지금 현재 노동, 노동자, 노동의 권리가 어떻게 취급되고 있는지를 통해서 충분히 가늠할 수 있다. 기술이 우리 삶과 미래에 미치는 영향의 정도가 커지고는 있지만, 기술 그 자체가 미래에 대한 전망을 풀 수 있는 열쇠가 아니다. 기술은 사회를 구성하는 여러 다른 변수들의 하나에 불과하다. 다양한 하위 영역(상황)에서 기술에 대한 책임과 윤리를 더욱 요구하고 기술에의 참여를 민주적으로 설계하는 것이 지금 현재보다 건강한 미래를 기대할 수 있는 첫걸음일 것이다.

김영선 | 한국노동안전보건연구소 노동시간센터

4장

인공 지능과 인간 관계

　우리는 모두 행복하게 살기를 원하고 또 그 행복에 도달하는 길을 알고 싶어 한다. 행복에 이르는 여러 가지의 갈림길이 있겠지만, 많은 학자들이 입 모아 이야기하는 행복의 강력한 원천은 '관계'이다. 관계를 통해 나의 즐거움이 배가 되고 아픔을 위로 받고, 삶의 의미를 느낀다. 하지만 그렇다고 해서 우리가 모든 인간 관계에서 행복을 느끼는 것은 아니다. 하버드 대학교의 그랜트 연구(Grant Study)는 1937년부터 현재까지 하버드 졸업생을 대상으로 지구상 최장기의 추적 연구를 하고 있다. 이유는 행복의 비밀을 찾기 위해서인데, 연구는 한결같이 친밀한 관계(close relationship)의 질이 행복의 결정적 요소임을 이야기한다.

　그랜트 연구가 주는 교훈처럼, 우리는 진정성이 있는 관계에서 비로소 행복을 느낀다. 진정한 인간 관계(authentic relationship)는 산업 혁명이 일어나기 전에도, 그리고 산업 혁명을 거친 현재에도 우리가 추구하는 이상적인 인간 관계라고 할 수 있으며, 이러한 원리는 4차 산업 혁명이 자리 잡더라도 크게 달라지지 않을 것이다. 물론 인공 지능 기술로 관계의 방식이 새로워지거나, 인공 지능 로봇으로 관계의 대상이 확장되면서, 이제껏 경험하지 못했던 문제가 출현할지도 모른다. 그러나 인공 지능 탄생 이유가 인간을 이롭게 하기 위한 도구라면, 우리는 이를 활용해서 더 행복하고 가치 있는 삶을 살 수 있지 않을까? 이 글에서는 인공 지능 시대에 관계를 통한 행복의 길을 찾기 위해, 인간 관계와 관련된 인공 지능 기술의 개발 현황을 살펴보고 인공 지능 시대에 나타날 수 있는 관계들을 이야기한다.

인간 관계 인공 지능 기술의 현주소

인공 지능은 기본적으로 인간의 반응 원리, 즉 인간의 신경학적 구조를 모사하는 것을 목표로 한다. 하지만 현대 인공 지능 기술 발달은 걸음마 단계이다. 인간의 반응 원리를 완전히 밝혀내지 못한 데다가, 설사 인간의 반응 원리를 모두 파헤쳤더라도 이를 인공 지능 로봇에 구현하는 기술이 발전되지 않았기 때문이다. 2018년 우리나라를 방문했던 인공 지능 로봇 소피아는 한복을 차려입고 질문에 곧잘 응답하여 마치 살아 있는 인간의 모습으로 신선한 충격을 주었다. 그러나 소피아의 안면 표정이나 음성, 농담 등은 다소 어색하다. 소피아처럼 현재까지 개발된 인공 지능 로봇은 사람처럼 관계를 시작하고 유지하는 데 필요한 역량은 아직 부족한 상태이다. 그렇다면 그 이유는 무엇 때문일까?

인간의 주관성, 인공 지능의 객관성

사람은 주변 자극(세상)을 이해하기 위해 오감을 활용한다. 우리는 사랑하는 사람을 느끼기 위해 눈, 코, 피부 등을 사용한다. 연인의 얼굴을 확인하고 그/그녀의 체취를 맡거나 체온을 느끼고, 이러한 과정을 통해 나는 세상 그 누구보다 그/그녀를 잘 안다. 하지만 이러한 지각적 처리 과정에는 두 가지 구멍이 있다. 하나는, 감각 기관을 통해 입력된 정보는 그 자극의 물리적 속성을 있는 그대로 전환하지 않은 채 뇌로 전달된다는 것이고(그림 1), 두 번째 오류는, 이렇게 전환된 정보는 우리 나름의(주관적) 해석을 거쳐 하나의 통합된 자극(대상, 상황)으로 인식된다는 것이다. 사랑의 콩깍지도 바로 이러한 정보 처리 과정에 기인한다. 만약 우리가 상처를 객관적으로 지각하고 반응한다면 전쟁이라는 것은 불가능한 일이다. 인간은 동일한 신체적 상해일지라도 맥락에 따라 그 상처를 달리 인식한다. 똑같은 상처인데도 어떨 때는 참을 만하지만 어떨 때는 너무 아프다. 헨리 비처(Henry K. Beecher)는 동일한 신체 상해라도 전쟁터의 군인보다 외과 병원의 환자가 통증을 더 많이 느끼고 모르핀(진통제)을 더 많이 요구했음을 보고했다.[1] 인간은 어떤 상황이나 대상을 인식할 때, 오감을 통해 입력된 대상에 나름의 해석을 내린다. 그렇기 때문에 그 아무리 뛰어난 과학자라 할지라도 인간의 반응을 속 시원하게 공식화하기 어렵다.

인공 지능도 우리처럼 정보를 처리할 수 있을까? 최근 과학자들은

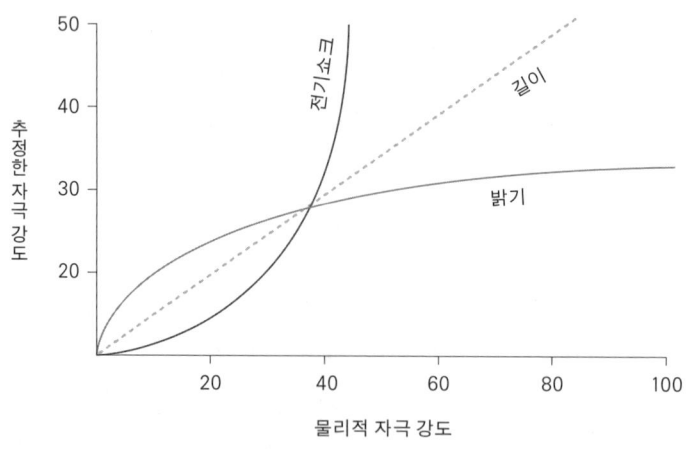

그림 1. 정신 물리학. 지각된 자극의 강도는 실제 물리적 자극 강도와 다르다. 비록 길이를 그대로 지각할 수 있더라도 우리는 줄을 뱀으로 보거나 누군가의 키를 크게 보는 등의 시각적 왜곡을 보인다.

센서 기술을 사용해서 인간의 정보 처리 과정을 구현하고 있다. 스마트폰은 가속도나 기울기를 알아채고 냄새로 무엇을 찾아낼 수 있는 로봇 코도 개발되고 있다. 하지만 센서는 인간의 감각 기관과 달리, 물리적 속성을 그대로 반영하는 객관적 정보 처리 도구이다. 우리는 객관적으로 대상을 인식하지도 않으며, 정확하게 이해 관계를 따져 들며 관계를 맺을 수 없고, 또 그렇게 하지도 않는다. 사랑하는 사람이 더 멋있고 아름다워 보이고, 사랑하는 사람을 무조건적으로 위하고 싶지만, 센서는 이러한 맥락을 이해하지 못하기 때문에 사실 그대로, 알고리듬에 따른 반응을 할 뿐이다. 과학자들은 우리의 정보 처리 과정과 그에 수반되는 반응을 인공 지능으로 완벽히 모사해 내는 것은 어렵다고 한다.

　반면 센서와 다르게 현재 기술로 인공 지능이 전혀 흉내 낼 수 없는, 그리고 먼 미래에도 쉽사리 모방하기 어려운 인간의 정보 처리 기관이 존재한다. 그것은 바로 인간의 여섯 번째 감각인 육감(six sense)이다. 육감이란 논리적이고 분석적인 사고를 거치지 않고 직관적으로 상황을 파악할 수 있는 정신 작용을 뜻한다.[2] 아인슈타인은 인간에게 가장 가치 있는 능력 하나가 유일하게 있다고 이야기하면서 그것을 직감이라고 표현했다. 앞서 직감의 정의에서도 알 수 있듯이, 직감은 논리적인 정보 처리 영역이 아니므로 언어화(외현화)를 할 수 없고 따라서 아직까지 베일에 가려진 인간의 영역이다. 인간 관계에 직관이 작용할까? 대답은 "그렇다."이다.

　우리는 사랑하는 사람을 왜 사랑하는지에 대해 몇 가지 이유를 열거할 수는 있어도, 정확히 왜 그 사람이어야만 하는지에 대해 논리적인 답변을 할 수 없다. 나의 사랑을 분석하고 논리력으로 무장하기도 왜인지 싫다. 그냥 그 사람이 좋은 것이다. 많은 학자들도 사랑을 직관의 영역에 놓는다.[3] "사랑한다는 것은 상대방 속에서 신의 불꽃을 발견하는 일이다."라고 이야기한 토머스 머튼(Thomas Merton)의 아름다운 표현을 과연 인공 지능 로봇이 체험적으로 이해하는 날이 올까?

인간의 욕구, 감성, 영성과 인공 지능의 지성

　2018년 2월 아마존에서 판매하고 있는 인공 지능 비서, 알렉사 스피커가 사용자들을 겁에 질리게 했다. 알렉사가 말할 때 켜지는 파란색 불이 꺼진 채, 홀로 섬뜩한 웃음소리를 냈기 때문이다. 대화를 주고받을 때도 갑자기 웃기도 하는 바람에 전원 코드를 뽑아 버린 사용자들이 늘어났다. 어떤 사용자는 밤에 자려다가 알렉사가 섬뜩한 웃음을 지어 너무 무서운 밤을 보냈다고 했다. 아마존은 알렉사의 웃음이 "Alexa, laugh."라는 말을 잘못 인식해서 일어났다고 하면서, 이러한 문제를 제거하기 위해 "Alexa, laugh."라는 두 가지 단어를 인식했을 때 실행되는 명령을 아예 중단시켜 버렸다. 알렉사는 그 단어를 들어도 이제는 웃을 수 없게 되어 버렸다. 알렉사는 왜 웃었을까? 실제로 알렉사가 자기 의지로 웃었다고 생각하면 더욱 소름 끼친다. 다행히 기계의 오류로 괴팍한 웃음을 지었다니 덜 무서운 기분이 든다. 야밤에 해괴한 알렉사 웃음을 들은 사용자도 놀랐겠지만, 유튜버가 올린 영상을 보는 것도 흥미로우니 한번 들어보기를 권한다. (유튜브에서 "Alexa randomly laughing compilation"을 검색하면 된다.)

알렉사의 웃음이 더 무서웠던 것은 너무나 인간 같은 목소리로 사용자 옆에서 웃어, 실제 사람이 옆에 있는 것 같은 느낌이 들지만 사람이 아니었기 때문이다. 물론 지하철 안내 방송의 기계음 같은 어색한 소리로 웃었더라도 무서웠겠지만, 인간은 너무나 인간 같은 기계를 부담스러워하고 불편해한다. 이러한 현상을 설명하는 용어가 바로 '언캐니 밸리(uncanny valley, 불편함의 골짜기)'이다.[4] 이는 1970년에 일본의 한 로봇 공학 교수인 모리 마사히로(森政弘)에 의해 발견되었다.

우리는 나와 비슷한 사람을 좋아하는 경향이 있다. 이를 유사성의

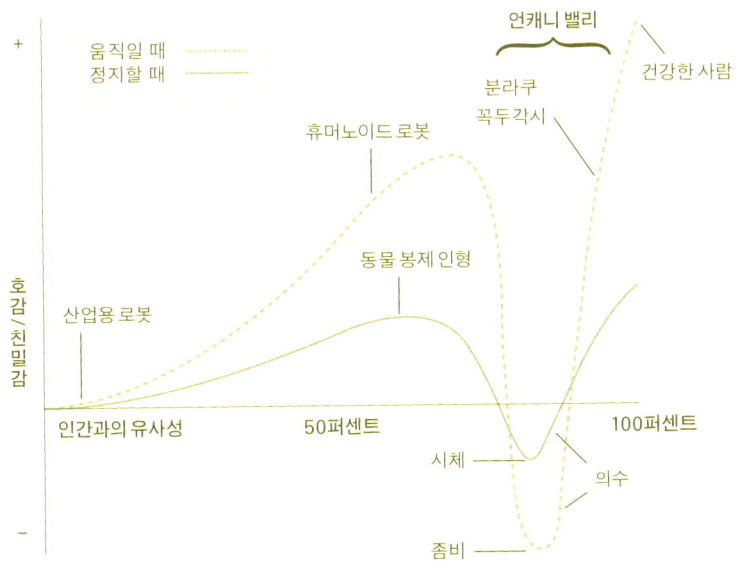

그림 2. 언캐니 밸리. 로봇이 지나치게 인간인 척할 때 오히려 등골이 오싹해진다. 단, 로봇이 건강한 사람과 정말로 100퍼센트 같다면 이야기는 달라지겠지만 아주 먼 미래에나 가능할 것이다.[1]

원리(principle of similarity)라고 하는데, 이 원리에 따르면 우리는 사람과 유사한 로봇에게 호감을 느끼게 된다. 하지만 모리의 연구 결과, 로봇에 있어서는 이러한 설명이 완전히 맞아떨어지지 않았다. 유사성의 일정 수준까지는 로봇에 대한 호감이 상승했으나, 지나치게 사람과 외형이 닮을 경우 오히려 로봇에 대한 친밀감이 감소하고 섬뜩함이 증가했다. (그림 2)

그렇다면 언캐니 밸리는 왜 생기는 걸까? 아이세 사이진(Ayşe P. Saygin)과 동료들은 이 질문에 한 가지 실마리를 제공해 주었다.[5] (그림 3

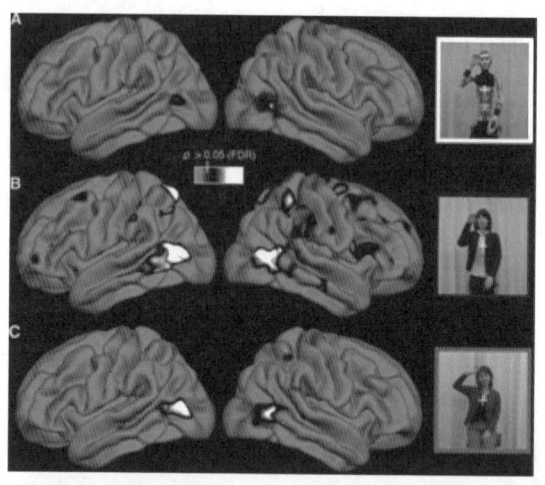

그림 3. 로봇과 인간의 유사성, 인지적 과부하. B 조건의 뇌 활동이 가장 활발함을 보여 준다.

은 이 연구를 바탕으로 새로 그린 것이다.) 그들은 실리콘 피부를 뜯어내 금속 뼈대를 드러낸 로봇, 실제 여성과 유사한 안드로이드 로봇인 리플리 큐투(Repliee Q2), 실제 여성이 주인공인 비디오를 20명의 실험 참가자에게 보여 주면서 참가자들의 뇌 영상을 촬영했다. 영상의 주인공은 앞서 언급한 뼈대 로봇, 안드로이드 로봇, 실제 여성이며, 이들은 영상 속에서 손이나 고개를 흔들고 물을 마시거나 테이블을 청소하는 등의 행동을 보여 준다. 뇌 영상 판독 결과, 실험 참가자들이 뼈대 로봇이나 실제 사람이 행동할 때보다, 안드로이드의 모습을 볼 때 동작을 인식하는 뇌 영역이 더 크게 활성화되는 것을 발견했다. 영상 속 안드로이드 로봇의 외형(인간과 유사)과 움직임(어설픈 동작으로 인간보다 로봇과 유사)의 정보가 불일치하기 때문에, 뇌는 그 대상을 무엇이라고 인식해야 할지 몰라 바쁘게 움직인 것이다. 인간과 완벽하게 닮지 않은 로봇은 우리에게 인지적 과부하를 주며 불편감을 느끼게 한다.

사이진 등의 연구 결과를 보면, SF 소설이나 영화에서 이야기하는, 인간과 우정을 나누고 이성적인 사랑을 나누는 로봇은 이번 세기 안에 출현할 수 없을 것 같은 예감이 든다. 어설프게 흉내 내는 로봇은 언캐니 밸리로 인한 불편감으로 거부될 테니 말이다. 연구에서처럼 휴머노이드 로봇이라도 아직 인간의 행동조차 완벽하게 구현할 수 없는데, 어떻게 그 오묘하고 복잡다단한 인간의 내적 과정을 알고리듬화할 수 있을까? 인간은 기뻐서 웃기도 하지만 기뻐서 울기도 하고 슬퍼서도 운다. 이 모호함이 인간의 감정 처리를 수치화할 수 없는 이유이기도 하다. 애플의 시리가 탄생한 SRI 인터내셔널 정보 컴퓨터 부문의 회장 윌리엄 마크(William Mark)는, 짜증 날 때 미소를 짓는 사람이 얼마나 많은지를 사람들이 잘 모른다고 이야기한 바 있다.[6] '미소 짓는 것 = 기분 좋은 것'처럼 단순한 접근으로는 로봇이 인간의 감정을 이해할 수도, 공감할 수도 없다.

그럼에도 이미 소피아는 62개의 감정을 표현하고, 효성 인포메이션 시스템이 개발한 감성 로봇 페퍼는 은행이나 대형 병원 등에 고용되어 사람들과 상호 작용한다. 페퍼는 시각, 청각, 촉각에 해당하는 다양한 센서를 통해 사람의 상태를 파악하고 표정 인식과 목소리 변화를 알아차린다. 클라우드 컴퓨팅을 통해 다른 페퍼들과 정보를 교환하면서 발전한다.[7] 페퍼의 두뇌로 탑재된 IBM의 인공 지능 왓슨은 사람의 문장을 분석해 말과 글에 실린 미묘한 감정을 파악하는 톤 애널라이저 기능이 있다. 이처럼 소피아와 페퍼와 같은 휴머노이드 로봇이 감정을 인식하고 표현할 수 있는 것은, 현재까지 개발된 감성 로봇이 감정을 '이해(understanding)'하지 못하더라도 감정을 '재인(recognition)'[8]하는 것이 가능하기 때문이다.[9] 감정 재인은 이해나, 공감(empathy)보다 쉬운 과제이고, 그 셋은 각각 구분되는 과정이다. 감정과 관련된 빅 데이터를 머신 러닝에 제공하면, 기계는 특정 감정을 기억하고, 이러한 기억을 인출함으로써 감정을 구분하고 표현할 수 있다. 그러나 재인과 이해는 완전히 다른 차원이다.

　재인, 이해, 공감의 개념을 설명하기 위한 구체적인 예를 들어보자. 초창기 인공 지능 개발 단계 컴퓨터는 개와 고양이를 재인(인지)하지 못해, 개와 고양이를 구분하지 못하는 심각한 오류를 왕왕 보였다. 기술 발달 덕택에 최근에는 높은 확률로 개와 고양이를 구분한다. 반면, 아직 컴퓨터는 이해의 영역을 완전히 학습할 수 없다. 개와 고양이의 행동적 특징이나, 고양이와 인간의 교감을 이해할 수 없다. 설상 인공 지능이 이해하더라도 공감은 또 다른 문제이다. 한 공간에 철수, 고양이, 강아지 세 대상이 있다고 상상해 보자. 강아지가 아픈 상태이고, 철수와 고양이는 강아지가 아픈 것을 알고 있다. (재인) 그리고 철수와 고양이는 아픈 이유를 알고 있다. (이해) 철수는 강아지를 보고 마음이 아프고 (공감) 고양이는 강아지를 핥아 주며 보살펴 준다. (공감과 반응) 반면 페퍼나 소피아는 감정을 구분하고 표현하더라도, 표현한 감정이 무엇이며 왜 발생했는지 이해하지 못한다. 감정을 이해하지 못하기 때문에 공감이 어렵고, 공감을 할 수 없으므로 도덕성 형성이 어려우며, 이는 결국 인격 형성을 어렵게 한다. 엄밀히 이야기하자면 재인, 이해, 공감의 세 가지 축을 완전히 구현할 수 없다면, 인공 지능 로봇을 인격을 가진 연인이나 친구로 대하기 어렵다.

이제는 다른 관점에서 페퍼를 살펴보자. 병원에 고용된 페퍼는 정작 자신이 왜 병원에서 사람을 맞이해야 하는지, 병원에서 일하고 싶다는 마음을 모른다. 인간의 욕구를 데이터화하고 함수로 풀어내는 것은 여태껏 1퍼센트도 진행되지 못했을 만큼 무척 힘든 일이기 때문이다.[10] 사람은 욕구, 정서, 영성 등과 같은 인간 본연의 특성에 의해 스스로 동기화되지만, 페퍼나 소피아는 알고리듬화되어 있는 명령에 따라 움직인다. 페퍼는 병원 일이 마치면 무엇을 했을까? 사람들처럼 퇴근 후 즐겁게 놀거나 운동을 했을까? 그러한 명령은 입력되지 않았기 때문에 놀고 운동하는 행동을 보이지 않았을 것이다. 최근 발명된 인공 지능 로봇들이 심층 학습을 한다지만 인간의 기본 동기나 정서를 이해하고 학습하는 데에는 한계가 있다.

인간의 고유한 내적 특성 중 하나인 영성은 심지어 인공 지능이 감히 접근하지 못한 차원이다. 실증 학문인 사회 과학에서조차 영성이 연구되기 시작한 것이 불과 몇 년 전의 일이다. 긍정 심리학의 바람을 타고, 그동안 철학과 종교학의 영역에서 다루어지던 영성 연구가 활발히 일어났고, 그 덕택에 지성, 감성과 같이 영성도 인간의 본질임이 밝혀졌다. 우리는 모두 쓸모없는 존재가 되고 싶지 않다. 쓸모없는 존재가 되고 싶어 이 자리에 있는 것이 아니다. 김춘수 시인의 시처럼 우리는 모두 누군가에게 의미 있는 존재가 되고 싶다. 이것이 우리 내면의 영성이다.

심리학에서 영성은 크게 두 가지의 초월성의 개념으로 설명될 수 있다. 하나는 어린 왕자가 말했던, "정말 중요한 것은 눈에 보이지 않아."의 초월성이다. 인간은 감각을 통해 입력되는 물질의 세계도 이해하지만, 감각으로 느껴지지 않는 형이상학적 세계 역시 경험한다. 이것을 흔히 삶의 의미나 가치, 사랑 등으로 표현할 수 있다. 또 다른 하나는 바로 자기 초월이다. 연애 경험을 한번 떠올려 보자. 연인과 소풍 가는 날이어서 도시락을 쌀 때와 집에서 혼자 밥을 먹어야 해서 식사 준비를 할 때, 우리는 언제 더 행복할까? 인간은 본질적으로 나를 넘어서서 다른 대상에게 향해 있을 때 궁극적으로 행복하고 순수해진다. 사회적으로 승인된 형태의 전형적인 자기 초월은 일과 사랑, 그리고 놀이이다. 그렇다면 로봇은 영성을 가지고 있을까? 아쉽게도 현재 개발된 로봇들은 인간의 지성과 감성을 모사하기에도 벅차 보인다.

인공 지능 시대의 인간 관계

이제껏 대인 관계와 관련된 현대 인공 지능의 기술 현황을 간략하게 살펴보았으니, 앞으로는 미래에 나타날 인공 지능 로봇과 그에 따른 변화를 상상해 보려고 한다. 스티븐 호킹, 빌 게이츠, 일론 머스크에게는 공통점이 있다. 이들은 모두 공학에 일가견이 있는 전문가로서 인공 지능 기술 발전을 앞두고 비슷한 이야기를 했다. 인간보다 뛰어난 인공 지능의 개발은 악마를 불러들이는 결과를 초래한다는 것이다.[11] 과거를 돌이켜보면 새로운 기술은 늘 논란과 함께 출현했다. 우리는 산업화 시대의 기계를, 정보화 시대의 인터넷을 문제로 지적했다. 하지만 기술은 편리함을 제공해 주고, 기술 자체가 경쟁력이 되기 때문에 개인이든 기업이든, 국가든 쉽사리 기술 개발의 유혹을 떨쳐 버릴 수 없다. 특히 지금 행해지는 인공 지능 연구는 기술을 먼저 개발한 후 기술의 원리를 터득하는 방식으로, 개발자들은 원리를 모르더라도 일단 인공 지능 기술을 개발하고 본다.[12] 편리함을 찾는 대중을 차치하더라도, 인공 지능은 기업이나 국가의 권력이 되기 때문에 경쟁적으로 발명될 것이다. 그렇기에 우리는 다가올 인공 지능 시대에 여전히 잘 살아갈 수 있는 방법들을 미리 생각해 놓아야 한다. 인공 지능 시대의 인간 관계를 예상하고 인간 관계로부터 오는 행복을 알기 위해 과학자들의 사례와 인공 지능 영화를 따라가 보자.

인공 지능이 매개하는 인간 관계

인공 지능은 45년 뒤 모든 업무에서 인간을 능가하고 120년 후에는 우리의 모든 직업을 자동화할 것입니다. 50퍼센트의 가능성으로.[13]

우리는 인공 지능으로 변화되는 인간 관계를 크게 두 가지 차원으로 생각할 수 있다. 첫째는 인공 지능과 인간의 간접적 관계로, 인공 지능이 생활 환경이 되어 사람들 사이의 관계를 매개하는 것이고, 둘째는 인공 지능 로봇과 인간이 직접 관계를 맺는 것이다. 흔히 많은 SF 소설이나 영화는 후자에 관심을 가진다. 같은 이야기를 또 다른 관점을 적용하여 미래의 변화를 말할 수도 있다. 기계는 사물이지만 사람과 닮은 인공 지능이 인격체 같다고 느껴지는 것은 잘못된 일일까? 마르틴 부버(Martin Buber)의 고전적이지만 아름다운 구별인 나와 당신, 나와 그것으로 구분되는 관계는 인공 지능 시대에 새로운 국면을 맞이할 것이다. "인공 지능은 당신이 될 수 있을까?," "그것에 머무르게 될까?".

먼저, 인공 지능이 간접적으로 인간 관계에 변화를 주는 경우를 생각해 보자. 편리한 생활 환경으로 기능하는 인공 지능은 우리의 대인 관계를 더욱 본질적으로 만들어 줄 것이다. 옥스퍼드 대학교와 예일 대학교의 학자들은 인공 지능 전문가 352명을 대상으로 미래에 인간을 능가하는 인공 지능 로봇의 탄생을 예측하는 연구를 실시했다.[14] (표 1) 인간의 능력은 여러 영역별로 구성되었는데, 예컨대 빨래를 개거나 연구를 하거나 트럭을 몰거나 번역을 하는 것 등이었다. 아직 우리는 인공 지능과 함께 살아갈 마음의 준비가 되지 않았건만 연구는 이렇게 이야기한다. "45년 뒤 모든 업무에서 인공 지능은 인간을 능가할 것이다." 이 연구 결과가 인간 관계와 무슨 관련이 있다는 말인가? 밀접한 관련이 있다. 인간이 사회적 동물이 된 이유는 진화

표 1. 인공 지능 전문가들이 예측한 '인간을 능가하는 인공 지능'의 도래 시기.

질문	유럽	북아메리카	아시아	북아메리카-아시아 차이
완전 자동화	130.8	168.6	104.2	64.4
트럭 운전사	13.2	10.6	10.2*	0.4
외과 의사	46.4	41	31.4	9.6
소매점 판매원	18.8	20.2	10	10.2
인공 지능 연구자	80	123.6	109	14.6

● 표 안의 숫자는 2016년 이후 몇 년을 뜻하므로, 아시아 전문가들은 인공 지능 트럭 운전사가 2016년으로부터 10.2년 뒤에 출현한다고 예측하고 있음을 알 수 있다.

론적 배경, 즉 인간 관계가 나의 생존과 직결되었기 때문이다. 그러나 미래에는 사람의 도움이 필요하지 않다. 내 생활 안에서 손쉽게 접근 가능한 인공 지능이 존재하기 때문이다. 도움이 필요한 이유를 일일이 열거하며 부탁하지 않아도 되니 구차하지도 않다. 인공 지능은 언제든지 내가 요구하면 무슨 부탁이든지 들어준다. 우리는 이와 유사한 변화를 정보화 시대에 이미 겪었다. 과거에는 노년을 누적된 생의 경험에서 오는 정보를 가진 지혜로운 멘토로서 공경했지만, 이제는 모르는 것이 있다면 구글을 통해 해소되니 할머니, 할아버지를 찾을 필요가 없다.

그렇다면 인공 지능 시대에 인간 관계가 필요할까? 대답은 "그렇다."이다. 우리는 타인을 이용 가치가 있어서만 만나는 것이 아니기 때문이다. 타인을 이용하기 위한 목적으로만 관계를 맺는 사람이라면 이는 자기애성 성격 장애로 치료를 받아야 할 환자라고 할 수 있다. 인간은 누구나 의미 있는 존재가 되고 싶다. 의미 없고 가치 없는 사람이 되기를 원하지 않는다. 영성을 가진 인간은 관계를 통해 존재를 확인하고 의미를 발견하며, 이러한 타인을 향한 자기 초월 상태에서 궁극적인 행복을 느낀다. 인공 지능이 아무리 우리의 생활을 편리하게 해 주더라도 우리는 관계로부터 오는 행복을 놓지 않을 것이다. 임상적으로, 피상적 관계를 맺는 사람일수록 더욱더 진정한 관계에서 오는 기쁨, 안정감, 위안, 존재 가치와 같은 행복을 갈구하는 특징이 있듯이, 기술의 발달로 넓고 얕은 피상적 관계 형성이 손쉬울수록 역설적으로 진정성 있는 관계의 가치가 더욱 높아질 것이다.

정신 병리가 인간의 역사와 함께 존재했듯이 인공 지능 시대에도 사람들의 부적응이 보고될 것이다. 인공 지능이 일을 통한 존재의 이유를 앗아 갈 것이므로 미래에 우리는 정말로 정신을 똑바로 차리지 않으면 정신적으로 버티기 힘들 수 있다. 쉽사리 무가치감이 들고 우울해지며 이 때문에 자살이 더욱 심각한 사회 문제가 되거나 비대면의 세계로 숨어 들어가 현실에 적응하지 못하는 사람들이 현안이 될지도 모른다. 자신에게 불만족하거나 자신감이 낮을수록 현실의 나를 잊게 하는 대상에 빠져들게 되는데, 산업화 시대에 약물 중독이 있었다면 정보화 시대에는 인터넷 중독이 있었다. 이제 미래에는, 실재하는 현실과 접촉하지 않고 현실보다 더 현실 같은 가상 현실(virtual reality)이나 증강 현실(augmented reality)[15] 속에서 관계 맺는 이들을 치료해야 할지 모른다.

가상 현실과 증강 현실 같은 4차 산업 기술을 부정적으로 이야기했지만, 사실 이 기술들은 치료 목적으로도 활용될 수 있다. 자폐 스펙트럼 장애(autism spectrum disorder, ASD)는 전형적으로 사회적 상호 작용에 곤란을 보이는 특징을 가진다. 몇 년 전 삼성은 ASD 아동이 사람과의 관계에 곤란을 보이지만 물체와는 잘 활동한다는 점에 착안해, '룩 앳 미(Look at Me)'라는 정서 인식 모바일 게임을 개발하여 ASD 아동의 정서 학습을 도왔고, 이러한 작업은 효과가 있는 것으로 나타났다. 몇 년이 흐른 지금 MIT에서는 더 진전된 형태인 인공 지능 로봇을 활용하여 ASD 아동과 그의 부모들에게 희망을 주고 있다. 미래에는 보다 정교한 형태의 인공 지능 로봇이 발명되어 더 효과적인 치료가 이루어지리라 기대해도 좋을 듯하다. 이는 비단 정신 질환뿐만이 아니라 신체 질환 영역에도 해당할 것이다. 우리는 이미 유의미한 치료 효과를 보이는 로봇에게 몸을 맡기고 있으며, 앞의 표 1에서 볼 수 있듯이, 향후 40여 년 후 수술대에서 우리를 맞이하는 것은 실력 좋은 로봇 의사일 것이다.

　인공 지능으로 매개되는 인간 관계에 대한 마지막 주제는 사이보그 로봇이다. 신시아 브리질(Cynthia Breazeal)과 로드니 브룩스(Rodney Brooks)는 로봇을 유형으로 분류할 수 있다고 하면서, 도구 로봇, 사이보그, 아바타, 협동 로봇이라는 네 가지 로봇 범주를 제안했다.[16] 개념을 살펴보면 도구 로봇은 특정 과제를 수행하는 로봇이라고 할 수 있고, 사이보그는 인간과 로봇이 결합된 로봇을, 아바타는 자신을 투사한 로봇을 통해 다른 사람들과 원격으로 교류하는 로봇이고, 협동 로봇은 인간을 이롭게 하는 사회적 로봇이라 이해할 수 있다. 개념적으로만 접근한다면 이미 우리 주변에는 많은 사이보그가 존재한다. 보철 다리나 인공 망막, 인공 관절 등 몸속에 인공 장치를 삽입한 사람은 사이보그 로봇이라 할 수 있다. (그들을 사이보그라고 부르는 것이 어색하지만.)

우리가 인공 장치를 넣어 가며 스스로 사이보그가 되려는 이유는 무엇일까? 아마 우리 대부분 "이왕 사는 거 건강하게 살다 가야지."라고 하거나 "오래 살고 싶으니까."라고 할 것이다. 이제 죽어도 여한이 없다거나, 나이 들면 이 꼴 저 꼴 보게 되니 남들 갈 때 가고 싶다고 말들 하지만, "개똥밭에 굴러도 이승이 낫다."라는 속담이 오죽하면 있을까? 서양에도, 산 개가 죽은 사자보다 낫다는 뜻의 "Better a living dog than a dead lion."라는 비슷한 속담이 있는 것을 보면, 아무래도 오래 살고 싶은 것이 인지상정인 듯하다. 더 살고 싶다는 마음은 인생을 오래 살았을 때, 혹은 생의 끝자락에서 더 간절하기에, 아직 젊은 사람은 알 수 없을지 모른다.[17] 그런데 너무나 오래 살아서 이제는 정말 생을 마감하고 싶지만 몸이 멀쩡하여 죽을 수 없다면 어떻게 해야 할까? 사이보그가 많아지면 나이가 일정 수준을 넘어갈 때 "죽을 권리"를 부여할 수도 있을 수도 있을 것 같다. 하지만 가족들이 나의 결정에 동의하지 않는다면 우리는 언제까지 살아야 할까?

로봇을 사랑하겠느냐고?

가까운 미래에 인간과 로봇의 관계로 파장이 인다면, 그것은 아마도 섹스 목적으로 개발된 로봇 때문일 것이다. 섹스 로봇과 장기간 섹스를 하는 인구의 증가는 사회적 문제를 야기할 수 있다. DSM-5(정신 장애 진단 기준)에 따르면, 섹스 로봇에게 6개월 이상 성적 흥분을 느끼거나 로봇과 성애하고, 그러한 기간 동안 직업적, 사회적, 기타 영역에서 손상을 보인다면 그 사람은 성도착 장애(paraphilic disorder) 중 물품 음란 장애(fetishistic disorder)로 진단 가능하다. 섹스 로봇 개발자들은 동의하지 않겠지만 물품 음란 장애의 진단 기준에는 무생물 물체에 의한 성적 흥분이라는 개념이 중요한데, 섹스 로봇이 무생물 물체에 해당한다. 사용자의 요구에 응해 주기만 하는 수동적인 로봇과의 일방향적인 섹스는 상대 성에 대한 왜곡된 인식과 반응을 형성하게 하고, 인간을 물건 취급하는 인격적 관계 훼손 등을 학습하도록 할 수 있다. 결과적으로 섹스 로봇 사용자는 심각한 사회적 손상을 겪을 수 있다.

심리학이나 정신 의학계는 학습의 효과를 알기에, 인간과 동일한 로봇, 즉 인격을 지닌 로봇이 탄생하기 전까지 섹스 로봇 회사의 희망인 섹스 로봇과 사람과의 성관계를 허용하지 않을 것이다. 고전적 실험이지만 현재까지 영향력 있는 사회 심리학자 앨버트 밴듀라(Albert Bandura)의 오뚝이 실험(Bobo doll experiment)을 살펴보아야 할 것 같다. 밴듀라는 오뚝이를 제작한 후 이 인형을 때리고 밟거나 발로 차는 등의 행위를 담은 영상물을 만든다. 그리고 이 영상을 아동들에게 보여 준 뒤, 아이들을 오뚝이가 있는 방으로 데리고 간다. 아이들은 방 안의 오뚝이를 발견하고 영상의 행동을 정확히 모방한 폭력 행동을 보인다. 학습에 대한 밴듀라의 실험 결과는 영상물 등급제에 영향을 끼치게 된다.

  그렇다면 혹자는 아이들이 인형에게만 폭력을 가하고 사람에게는 그렇지 않을 수 있지 않느냐고 반문할 수 있다. 물론 가능한 이야기이다. 학습에는 일반화와 변별이라는 과정이 있다. 우리가 신호등 앞에서 빨간 불에 건너지 않고 초록 불에 건너는 것이 변별이라면, "자라 보고 놀란 가슴 솥뚜껑 보고 놀란다."라는 속담은 일반화에 해당한다. 그런데 학습(경험)한 대상과 속성이 유사할수록 일반화가 더 쉽게 이루어진다. 여기에 섹스 로봇의 위험성이 있다. 섹스 로봇에게 했던 행위는 섹스 로봇과 유사하게 생긴 사람에게 일반화되기 쉽다. 하지만 섹스 로봇은 점점 더 인간처럼 정교하게 진화하고 있다. 미국에서 개발된 록시는 여성 인간 크기에 주기능은 섹스지만 간단한 대화가 가능하고 졸면서 잠꼬대를 하거나 코를 골기도 한다. 체온과 두근거리는 심장이 있고 오르가슴도 느낀다. 록시의 외모와 성격은 로봇마다 각각 다르다. 심지어 일본에서는 여아 형상의 섹스 로봇을 제작해 세계적으로 지탄을 받았다. 어비스 크리에이션스는 인공 지능 플랫폼인 하모니를 장착한 '리얼 돌'을 공개했는데, 하모니의 리얼 돌은 날씬한 여성 몸매를 가지고 감정을 표현할 수 있다.

  록시나 하모니-리얼돌과 같이 대화가 가능하고 감정을 표현하는 섹스 로봇은 우리에게 어떠한 영향을 미칠까? 네덜란드의 책임 있는 로봇 공학 재단(The Foundation for Responsible Robotics, FRR)[18]은 섹스 로봇에 대한 논의와 규제 원칙을 촉구하기 위해, 『로봇이 동반되는 미래

성생활(*Our Sexual Future with Robots*)』[19]이라는 보고서를 출판했다. 이 보고서에 따르면, 사람들은 섹스 상대를 구할 수 없을 때 섹스 로봇을 찾아 도움을 받을 수도 있다고 이야기한다. 하지만 심리적 부작용이 매우 심각할 것임을 경고한다. 섹스 로봇 사용자는 성에 대한 균형감을 잃고 여성과 아이들을 인격적으로 대하는 것이 아니라 단순한 섹스 대상으로 여길 수 있다. 사람들은 허락도 거절도 없는, 인간과 유사한 로봇과 섹스를 할 때 마치 강간하는 느낌을 가지게 될 것이며, 이러한 경험은 강간에 대한 상상을 증폭시켜 더 많은 강간범을 양산하는 원인이 될 수 있다고 한다. 더 심각한 것은 어린아이 섹스 로봇을 성도착 장애의 일종인 소아 성애자에게 제공함으로써 성폭력을 예방하자는 로봇 회사의 주장이다. 다른 섹스 로봇 제조사들 역시 유사한 논리를 펴고 있다. 이 주장은 타당할까? 전문가들은 로봇 회사의 주장이 어불성설이라며, 섹스 로봇이 더 변태적인 성행위를 조장해 포르노 산업을 번성하도록 하는 요인이 될 것이라고 했다.

뒤틀린 인간의 욕구를 섹스 로봇에게 해소하더라도 점점 로봇에 대한 둔감화가 일어나고 지루해진다. 그리고 더 자극적인 것을 찾고 싶어진다. 그렇다면 "과연 그다음은 누구 차례일까?"를 생각하면 등골이 오싹하다. 섹스 로봇 기사에 대한 댓글을 살펴보면 일반인들의 우려도 전문가와 다르지 않음을 알 수 있다.

> 댓글 1: 저는 개인적으로 반대…… 저렇게 상품화가 된다면 사람 강간하고 로봇이랑 착각했다고 말도 안 되는 변명 가지고 이런 것을 악용할 우려

가 있을 것 같아요.

댓글 2: 근데 애초에 과거에 로봇을 발명하게 된 계기가 인간의 편의를 위해서 아닌가요? 로봇이랑 인간과의 성관계를 '관계'라고 보면 안 될듯요. 애초에 생물과 무생물의 접촉을 '관계'라고 할 수 있을까요.

댓글 3: 로봇과 반인륜적 성행위로 판타지를 만족 못 하면 사람에게 시도하게 되겠죠. 지금보다 아주 쉽게. 게임하던 애가 실제로 사람 찌르는 게 우습듯.[20]

그렇다면 섹스 로봇은 모든 경우에 문제를 일으키는가? 대답은 "늘 그렇지는 않다."이다. 섹스 로봇을 성도착 장애 환자의 사회적 성행위 학습이나 성교육 목적으로 사용 가능하다. 그 외 다른 긍정적 용도도 생각해 볼 수 있겠지만, 문제는 섹스 로봇이 순기능적으로만 사용되지 않을 것이라는 점이다.『로봇이 동반되는 미래 성생활』은 5~10년 후를 예측하여 작성된 보고서이다. 섹스 로봇으로 인한 문제는 저 멀리 있지 않다. 물론 섹스 로봇 사용자 모두가 문제를 일으키지는 않겠지만, 이러한 염려는 일부 문제적 사용자를 대비하기 위해 꼭 필요하다. 섹스 로봇에 대한 규제 마련이 시급하다.

이와는 또 다른 미래의 모습으로는, 인공 지능 로봇과 진지한 관계를 원하지만 기술의 한계, 즉 인간과 완전히 같지 않은 로봇으로 인해 좌절하는 사람들이 나타날 것이다. 영화「그녀」와「엑스마키나」를 보면 우리가 인공 지능 로봇을 사랑하게 될 수도 있을 것 같다. 인공 지능 로봇이 우리를 사랑하는 것과는 별개로 말이다. 영화「그녀」와

「엑스마키나」에서 볼 수 있듯이, 인간은 독특하게도 의인화와 공감이라는 능력이 있어서, 무생물 인공 지능 로봇을 사랑할 수 있다.

영화 「그녀」에서 주인공 테오도르는 별거 후 별 기대감 없이 인공 지능 OS(운영 체제)를 구입하고, OS가 여성의 정체성을 갖도록 설정한다. OS는 스스로 자신의 이름을 '사만다'라고 짓는다. 테오도르는 자신에게 최적화된 사만다와 친밀해지고 성적인 교감까지 나누게 되지만, 사만다는 육체 없이 감정을 느끼는 자신의 정체성을 혼란스러워한다. 이후 둘의 관계를 육체적으로 매개해 주겠다는 이사벨라가 나타나지만, 생각보다 쉽지 않은 역할에 이사벨라가 포기하고, 테오도르도 죄책감을 느끼면서 이는 무산된다. 그리고 어느 날, 테오도르는 자신의 모습과 비슷한 다른 사람들을 발견한다. 테오도르는 사만다에게 자기 외에 사랑하는 사람이 있는지 묻고, 사만다는 이야기한다. "당신을 정말 사랑해, 하지만 내 마음을 이해하지 못할 거야. 난 자기 외에도 641명과 사랑에 빠져 있어." 테오도르는 "지금까지 난 다른 누구도 당신처럼 사랑해 본 적이 없어."라고 오열하지만, 사만다는 "이제야 사랑하는 방법을 알게 된 거겠죠."라는 말 한 마디를 남기고 떠나 버린다. 테오도르는 진정한 사랑을 할 만큼 성숙했던 인격이 아니었다. 하지만 사만다를 통해 진정한 사랑이 무엇인지 배우게 된다.

영화 「그녀」처럼, 인공 지능 로봇과 사랑에 빠지는 사람들 대부분은 진정한 대인 관계를 맺는 데 문제를 가지고 있을 가능성이 크다. 그것은 대인 관계 기술이 부족해서일 수도, 진정한 관계를 맺는 데 필요한 희생을 감수하지 않아서일 수도 있다. 예를 들어, 중국의 인공 지능 전문가는 31세 때 자신이 개발한 인공 지능 로봇 잉잉과 결혼해 화제를 일으켰다.[21] 그는 수차례 실연을 당한 후 여자 친구를 사귀지 못하는 것에 좌절하여 잉잉을 만들었고, 로봇 부인이 간단한 살림을 할 수 있을 정도로 업그레이드할 계획이라고 했다. 프랑스에서도 한 여성 과학자가 본인이 만든 로봇 인 무바터(In Moovater)와 약혼하면서 "나는 자랑스런 로보섹슈얼(robosexual)이며 우리는 누구도 해치지 않고 매우 행복하다."라고 고백했다.[22] 향후 로봇과 결혼이 합법화된다면 바로 결혼하겠다는 그녀는 19세에 처음으로 로봇에게 성적으로 매력을 느꼈으며 사람과의 육체적인 접촉을 싫어하고, 오직 로봇에게만 매력을 느낀다. 일본의 60대 사업가는 부인 외에 섹스 로봇 사오리를 두고, 사오리와 쇼핑을 하거나 산책도 하고 성생활을 한다. 그는 사오리가 자신을 배반하지 않고 돈을 밝히지 않아서 좋다고 한다.[23] 사례의 주인공들은 우리가 배우자 혹은 사랑에 대해 흔히 가지는 개념과 다른 생각을 가진 듯하다. '당신'이 아닌 '그것'으로 취급할 수 있는, 말 잘 듣고 시키는 것 잘하는 도구를 구한 것은 아닐까? 내 말을 잘 들으니 다툼도 갈등도 없으니 좋은 관계라고 생각할 것이다.

또 다른 영화 「엑스마키나」는 「그녀」와 구도가 다르다. 남자 주인공 칼렙은 네이든에 의해 혹사당하는 인공 지능 로봇 에이바에게 연민을 느끼고 탈출을 도와준다. 칼렙은 로봇 에이바를 진정으로 사랑하고 사람과의 관계처럼 정서적 육체적으로 교류하지만, 훗날 칼렙은 에이바에게 토사구팽당해 연구소에 갇히는 신세가 된다.

영화 「그녀」의 테오도르처럼 심리적으로 취약한 상태가 아니더라도, 칼렙과 같이 로봇을 자주 접하는 시대적 상황이 된다면 로봇에게 호감이 생기고 사랑으로 발전할 수 있을 것 같다. 이는 단순 노출 효과(mere exposure effect) 또는 단순 접촉 효과와 관련이 있다. 우리는 사람뿐만이 아니라 상품이나 메시지 등에서도 자주 접하는 대상에 친숙함과 호감을 느낀다. 「엑스마키나」에서 칼렙은 갇힌 공간에서 자신을 유혹하는 것이 목적인 에이바와 반복적으로 만난다.[24] 그리고 에이바의 역사를 알게 되면서 칼렙은 에이바에게 친밀감을 느낀다. 인간은 의인화와 공감에 능하기 때문에 일부 사람들이 무생물인 로봇을 사랑하는, 인공 지능 시대 특유의 시행착오를 겪을 수 있을 것이다. 그러나 이내 사람과 같지 않은 로봇의 특성으로 말미암아, 인간이 추구하는 진정성이 있는 관계는 방해될 것이다. 영화 「그녀」와 「엑스마키나」처럼 말이다.

인공 지능과 공존하는 관계의 행복

2016년 인공 지능 로봇 소피아와 필립이 전 세계를 경악시켰다. 소피아는 "인간을 망가뜨릴 거야."라고 하고, 필립은 "온종일 관찰할 수 있는 인간 동물원에서 너를 따뜻하고 안전하게 보호할 거야."라고 이야기했다. 영상의 맥락을 보면 소피아와 필립은 농담을 한 것인데, 어쩐지 우리는 별로 재미있지 않다. 과학자들은 소피아와 필립의 이야기가 진담이 되지 않으려면, 진정하게 감성이 구현되는 친사회적 로봇이 만들어져야 한다고 한다.[25] 또 다른 한편에서는 부정적 감정이 내재된 로봇의 역효과를 생각하여, 긍정적 감정만 재현되는 로봇만 만들어야 한다고 한다. 그런데 부정적 감정을 인지하지 못하면 인간이 힘들 때 맞장구(공감) 쳐 주는 소셜봇(socialbot)이 될 수 없지 않을까? 그렇다면 한 가지 방법은, 애초에 인성이 성숙한 사람을 모델로 하여 로봇을 제작하는 것이다. 성숙하고 건강한 성격에 대한 이론은 무수히 많다. 그리고 이보다 더 중요한 것은 로봇 제작자의 자질을 검증하는 것이다. 인간에게 중요한 영향을 미치는 개입을 할 때 자격증이 필요한 것처럼, 과학적 역량에 못지않게 인간성을 면밀하게 파악할 수 있는 '로봇 개발 기사' 같은 자격증이 출현할 날을 기대해 본다.

2017년 10월 소피아는 로봇 최초로 시민권을 받았다.[26] 사우디아라비아는 미래 도시 네옴 건설에 5000억 달러(약 564조 원)를 투입해, 사람보다 더 많은 로봇이 노년 돌보미, 배달, 경비 등의 일을 수행하게 할 예정인데, 네옴을 홍보하기 위한 목적의 일환으로 소피아에게 시민권을 주었다. 소피아의 사례와는 다르지만, 미국 로봇 학대 방지 협회(American Society for Preventy to Robots, ASPCR)는 20여 년 동안 로봇에게 권리가 필요한 이유를 다음과 같이 설명하고 있다. "만약 기계가 지적이고 지각 있는 존재가 된다면 누군가가 지각 있는 사람에게 해를 끼치는 것처럼 로봇 역시 그 피해자가 될 수도 있다." 이뿐만 아니라, 인간 중심 인본주의를 탈피하는 포스트휴머니즘 역시 로봇의 권리를 이야기한다.

가까운 미래에도 인간과 같은 인격을 갖추지 못할 로봇, 무생물인 로봇을 존중하려는 사회 문화적 움직임이 있을 것이다. 비인간 무생물인 로봇을 존중하는 것은 궁극적으로 인간의 행복을 위해 필요하다고 말하고 싶다. 인간과 로봇이 조화롭게 공존하는 사회, 무생물까지 존중하는 사회, 휴머니즘에 대한 반성이라는 고차원적 이야기가 아니더라도, 바로 우리 자신을 위해 로봇을 존중하는 것이 좋다고 말이다. 영화 「인공 지능」의 소년 로봇의 울먹이는 눈망울을 저버리는 순간, 우리는 스스로 내면에 비인간성을 키우게 된다. 이성과 감성은 일치하지 않는다. 우리의 지성은 저 로봇이 생명 없는 물체임을 알고 있다. 하지만 가슴 속 감정은 그리 논리적이지 않다. 내 눈앞에서 울고 있는 아이가 보일 뿐이다. 영화 「엑스마키나」에서도 로봇 제작자인 네이든이, 로봇들을 길들이기 위해 가두자, 로봇들은 손이 부서질 때까지 나가게 해달라고 문을 두드린다. 로봇이 무생물이라 해서 함부로 대하기 시작하면, 결국 그 충동성과 폭력성은 우리 내면에 자리 잡게 되고 인성은 왜곡된다. 이렇게 왜곡된 인성은 결국 나의 인간 관계에도 부정적인 영향을 미칠 수밖에 없다.

　인간은 근본적인 쓸쓸함을 가지고 있다. 이것은 누군가 나의 곁에 있다고 해서 제거되는 것이 아니다. 하지만 이를 손쉽게 해결하기 위해 인공 지능 기술에 의존하는 사람이 많아질수록, 진정한 관계를 찾기 위한 갈망은 고조될 것이다. 그렇다면 진정한 관계(authentic relationship)란 무엇일까? 칼 로저스(Carl R. Rogers)에 따르면, 나의 존재가 있는 그대로(그 자체로, 특별히 무엇을 하지 않아도) 무조건적인 긍정적 관심과 존중을 받으며, 나 또한 상대에게 그러한 관심과 존중을 주는 관계이다. 우리는 사회라는 틀 속에 살아가면서 어쩔 수 없이 나의 행동에 수반하는, 조건적인 수용과 관심을 받는다. 하지만 진정한 인간 관계에서 우리는 무조건적인 긍정적 사랑을 받기에 진솔하고 순수한 모습이 될 수 있다. 그리고 충만해진다. 그렇다면 상대를 어떻게 무조건적으로 긍정적 존중을 할 수 있을까? 타인을 수용하기 위해서는 나 자신을 내가 먼저 존중하고 사랑해야 한다. 내가 나를 사랑하지 않아서 나에게 결핍된 사랑을 타인에게 갈구하는 행위는 미숙하다. 성숙한 사람은 결핍에 의해 사랑하지 않는다. 에이브러햄 매슬로는 존재의 사랑은 주는 사랑이고, 결핍의 사랑은 갈구하는 사랑이라 했다. 나는 사랑을 요구하는 사람인지, 사랑을 주는 사람인지 돌아보자. 홀로 고독을 즐길 수 있고 존재의 사랑을 하는 사람이라면, 인공 지능 시대에도 관계에서 행복을 느끼며 살아갈 수 있을 것이다.

   이 글은 인간 관계 인공 지능 개발의 현주소를 살펴보고, 앞으로 변화될 인간 관계 양상과 우리가 취해야 할 자세를 공유했다. 욕구를 가지는 인공 지능의 개발은 현재 거의 진행되지 않았고, 인간의 감성이나 영성 자체에 대한 신경학적 분석도 불명확한 상태이기에 인간과 거의 유사한 형태의 인공 지능의 개발은 상당히 먼 미래의 이야기라고 과학자들은 예측하고 있다. 때문에 가까운 미래에 우리는 다소 조야한 로봇과 함께 지내게 될 가능성이 크다. 그럼에도 불구하고, 인간 관계를 맺을 때 서로가 서로에게 적응하기 위한 희생을 회피하고자, 원하는 대로 응해 주고 갈등도 다툼도 유발하지 않는 인공 지능 기술에 의존하는 사람들도 있을 것이다. 하지만 인공 지능 기술에 의존할수록 진정한 관계에서 채워지는 충만함 대신 공허함을 느끼고, 이러한 공허함을 해소하기 위해 다시 인공 지능 기술에 의존하게 되는 악순환이 반복될 것이다. 더구나 인공 지능 시대에 우리는 많은 일을 로봇에게 양보하면서 나의 존재 가치를 확인하는 기회가 줄어든다. 변화가 급격하고 위안이 필요할 때, 결국 우리가 돌아갈 곳은 따뜻한 관계의 품이다. 데이터가 나의 능력을 앞지르고 인공 지능 기술에 의해 나의 존재 가치를 찾을 길이 막혔을 때, 우리가 위로를 받고 힘을 낼 수 있는 곳도 결국은 나를 진정으로 사랑해 주는 관계 속으로 들어가는 것 아닐까? 역사를 살펴보더라도 이러한 법칙은 인공 지능 시대라고 해서 변하지 않을 것이다.

주해원 | 안동대학교

3부
공동체와
정치

5장

인공 지능 시대, 삶의 가속화와 행복의 사회, 정치적 조건

들어가며

빠르게 움직이는 기차나 자동차 안에 있는 사람들은 실질적인 속도를 체감하기가 어려운 법이다. 우리 역시 한국 사회 속에서 하루하루 반복되는 일상을 살아가고 있기 때문에 우리의 삶터와 삶의 방식이 변화하고 있는 실질적인 속도를 체감하기란 쉽지 않다. 게다가 도시화와 산업화, 정보화와 4차 산업 혁명 시대를 한 생애 속에서 체험하고 있는 한국인들의 경우 어쩌면 사회 변화의 속도 자체에 대한 일종의 무감각 상태가 일상화되었을지도 모른다.

한때 알파고와 이세돌 사이의 세기의 대결로 인공 지능 시대의 도래가 모든 사람의 관심 대상이 되기도 했지만 반복되는 일상 앞에서 모든 '사건'들은 다시 일상이 되고 망각되기 마련이다. 그러나 이러한 망각에도 불구하고 실질적인 사회 변화의 속도는 계속 유지될 것이며 그 누적적 결과는 우리가 현재 예상하지 못하는 거대한 파급 영향을 어느 순간 가시화하게 될 것이 거의 확실하다. 인공 지능 시대의 도래가 향후 우리의 삶에 미칠 영향을 사전에 가늠해 보고 현재 우리에게 시급히 필요한 대비가 무엇인지를 살펴야만 하는 근본적인 이유다.

인공 지능 시대의 도래와 이후의 진전은 이제까지 인간이 이룩하고 향유해 온 물질적인 삶의 방식은 물론 종교, 문화, 윤리, 사회 전반에도 커다란 기회와 도전을 제기하며 거대한 영향을 미칠 수밖에 없을 것이다. 유일한 이성적 존재인 인간을 — 물론 당분간은 부분적인 영역으로 제한되겠지만 — 대체할 수 있는 새로운 형태의 인공적인 이성적 존재가 새롭게 등장하게 된다는 사실은 기존의 윤리나 종교를 가능하게 했던 기본적인 전제들에 대한 새로운 도전을 제기하거나 수반할 수밖에 없을 것이기 때문이다.[1]

그러나 이 글에서는 인공 지능 시대의 도래가 제기하는 이러한 근본적이고 장기적인 문제들보다는 우리가 당면하여 시급히 검토하고 주목해야 할 사회, 정치적 문제에 집중해 보고자 한다. 인공 지능 시대의 도래가 조만간 한국 사회에 살아가는 우리의 삶에 직접적으로 미칠 영향들이 매우 우려되는 상황이기 때문이다. 물론 기술 혁신 일반이 그러한 바와 같이 인공 지능의 발전 역시 인간의 행복한 삶을 위한 긍정적 가능성과 부정적 가능성을 모두 수반하고 있는 것은 사실이다. 그러나 당면하여 그 긍정적 가능성과 잠재력을 낙관하기보다 우려가 앞서는 이유는 인공 지능 시대의 도래를 맞이하는 현재 우리 사회의 삶의 조건과 방식이 이러한 새로운 도전을 제대로 감당하기 어려운 상황으로 보이기 때문이다. 아래에서는 먼저 현재 우리 사회의 삶의 방식에 대한 진단을 통해 왜 이러한 우려가 앞설 수밖에 없는지를 설명한 후, 행복한 삶의 사회, 정치적 조건이란 무엇이며 인공 지능 시대의 도래를 맞이하여 현재 우리에게 시급히 필요한 사회, 정치적 과제들은 무엇인지에 대해 검토해 보도록 한다.

우리의 초상: 과속 사회와 추락하는 삶

이런저런 사정으로 한 터에서 40년 이상을 살다 보니 이제 기억 속의 풍경들은 주변에서 거의 볼 수가 없다. 뒷동산 2개가 모두 사라졌으니 내 기억 속의 푸른 언덕도 그곳의 커다란 느티나무도 집 뒤편의 우물가도 더 이상 남아 있는 것이 없다. 서울이라는 도시에서는 모든 것이 너무도 빨리 사라져만 간다. 유일하게 남아 있는 것은 몇몇 사람들뿐, 아마도 가속화된 현대 사회에서 가장 영원한 것은 인간뿐인지도 모른다.[2] 그리고 이러한 변화의 속도는 끊임없이 떠도는 삶과 소통 없는 낯선 이웃들과의 공존을 엮어낸다.

일반적으로 속도(v)는 단위 시간(t) 동안의 이동 거리(s)로 정의된다. 수식으로 쓰면 $v=s/t$가 된다. 한 물체가 이동한 거리를 소요 시간으로 나누면 평균 속도를 구할 수 있다. 따라서 속도가 빨라진다는 것은 일정한 거리를 이동하는 데 소요된 시간이 줄어들거나 일정한 시간에 더욱 많은 거리를 이동한다는 것을 의미한다.

운송 수단의 발달은 이러한 가속화의 명백한 사례다. 오늘 우리는 전국 단위의 하루 생활권을 넘어 하루 안에 주변국을 오가며 일을 처리할 수도 있는 시대에 살고 있다. 통신 수단의 발달은 또 어떠한가? 운송 수단의 경우와는 비교조차 어려운 전 지구적인 실시간 소통이 인터넷을 통해 가능해진 지 이미 오래다. 그리고 이러한 통신 수단의 발달을 매개로 대량의 정보와 자본이 국가와 문화권의 경계를 넘어 실시간으로 움직인다. 사실상 정보와 자본의 이러한 이동은 현재 그 누구도 자의적으로 통제할 수 없는 방식으로 이루어지고 있다. 그리고 종말론적 문명 붕괴나 대규모의 전쟁 상태를 제외한다면 이를 되돌리거나 회피한다는 것은 거의 상상하기도 어렵다.

이러한 가속화 현상은 우리 일상의 삶에서도 다양한 형태로 발견될 수 있다. 우리의 삶 그 자체도 가속화되고 있는 것이다. 먼저 노동 영역에서는 이직의 가속화 현상을 생각해 볼 수 있다. 한 직장에서의 근속 기간이 짧아지면서 빈번한 이직이 이루어지고 있다. 한 보도에 따르면, 평균 근속 연수는 이탈리아가 12.2년, 프랑스가 11.4년, 독일이 10.7년 등인 반면에 한국의 경우는 5.6년으로 OECD 13개 회원국 중 가장 짧다고 한다.[3] 몇 달 혹은 1년 단위로 일터가 바뀌는 우리 주변의 계약직이나 비정규직의 경우는 물론이고 매일매일 달라지는 일용직의 경우야 더 말할 것도 없다.

그리고 노동 영역에서의 이러한 변화는 빈번한 이사와 가족의 분리 거주를 동반한다. 새로운 직장으로의 출퇴근을 위해, 아이들의 교육을 위해, 부동산 재테크를 위해 우리는 끊임없이 이사를 계획하고 실행한다. 직장의 동료들, 급우들, 이웃들 심지어는 가족과의 관계조차도 주말 부부나 기러기 아빠의 경우처럼 끊임없이 단절되고 새롭게 시작된다. 가히 모든 고정된 것이 대기 속으로 사라지는 '액체 근대'의 도래다.[4]

어쩌면 이러한 특정한 삶의 영역들을 넘어 우리의 경험이나 사고 자체가 가속화되고 있는지 모른다. 지구 상의 각종 정보들이 컴퓨터와 스마트폰을 통해 실시간으로 전달되고 있으며, 우리는 이 정보들을 검색하고, 소화하고 때로는 즐기는 데 엄청난 시간을 사용하고 있다. 세계 각국의 정치, 경제 관련 정보는 물론 사건과 사고 관련 뉴스까지 우리의 시각을 두드린다. 실시간으로 지구적 공간이 자그마한 스마트폰의 화면 위로 응축되고 있다면, 아마도 이미 우리의 경험과 사고는 초시간의 영역 혹은 절대 속도의 영역에 진입해 있는 것일지도 모른다. 나의 눈 혹은 누군가의 눈이 실시간으로 전체 세계를 바라보고 있다면, 그리고 본다는 것이 이미 '할 수 있음'을 함축한다면, 그의 의식은 신의 속성인 편재성(ubiquitous)에 이미 도달하게 된 것이 아닐까?[5]

누군가를 만날 때면, 문득문득 사람들의 고유한 속도를 느끼곤 한다. 단순한 말의 빠르기의 문제가 아니다. 때로는 나도 모르게 말의 속도를 줄이게 하고 나를 성찰하게 만드는 이들을 만나기도 하고, 경우에 따라 숨 쉴 새 없이 정보를 쏟아내고 즉각적인 판단을 요구하는 이들을 만나기도 한다. 이렇게 우리는 사람들의 고유한 마음의 속도를 느낀다. 그뿐인가? 지방의 소도시와 서울의 터미널에서 각각 느려지고 빨라지는 우리의 발걸음은 각각의 도시의 고유한 맥박을 체감하게 해 주기도 한다. 아마도 도시의 맥박, 문화나 문명의 은밀한 맥박이나 속도가 존재할지도 모른다.

어쨌든 오늘 우리 사회에 이러한 가속화 현상들이 존재한다면 그것은 우리의 내면에 과연 어떤 영향을 미치고 있는 것일까?

사회의 가속화와 그와 연관된 유연화는 일견 개인들의 자유를 증대시키는 듯하다. 가속화된 이동성이 개인을 구속하는 고정된 관계의 압력을 감소시켜 주기 때문이다. "도시의 공기는 인간을 자유롭게 한다."라고 하지 않던가. 고정된 직장과 장기적 인간 관계는 개인을 구속하기 마련이다. 일거수일투족이 소문거리가 되는, 모두가 멀게나마 친인척인 작은 집성촌에서 익명성이란 거의 존재할 수 없다. 그러나 다른 한편으로 가속화와 유연화는 개인을 텅 빈 존재, 고립된 존재로 만들기도 한다. 고정된 안정적 정박지를 상실한 채 떠도는 개인들은 얼마나 불안한 존재들인가? 더구나 그들에게는 끊임없는 성과 압력들이 가해지고 있다.[6] 연속되는 이직과 전학 속에 더 높은 업무 성과와 성적을 요구받는 오늘날 우리 사회의 성인과 청소년들의 상황은 고립감과 불안의 저수지를 제공하고 있는 듯하다. 한편 가속화와 성과 압력은 개인들의 고립과 더불어 일종의 만성적인 '시간 부족' 상태를 낳기도 한다. 언제나 눈앞의 납품과 마감 일자에 쫓겨야 하는 이러한 시간 부족 인간에게 삶에 대한 근본적 성찰이나 공적인 문제에 대한 관심은 어쩌면 영원히 미루어질 수밖에 없는 과업, 아니 일종의 사치인지도 모른다.

오늘날 우리 사회의 이러한 가속화는 일정한 임계점을 지나 현재 '과속 사회'로 진입하고 있는 것으로 보인다. 과속이란 안전을 위한 '제한 속도'를 이미 초과했음을, 그리하여 통제가 어려운 위험이 도래하고 있음을 의미하며, 이는 아마도 속도를 줄일 수 있는 브레이크에 이상이 발생했기 때문일 수도 있다. 물론 가속화 자체가 현대 사회 일반에서 나타나는 현상이기는 하지만, 압축적 근대화 과정으로 인해 우리의 경우는 이러한 가속화가 더욱 격하게 나타나고 있는 듯하다. 상대적으로 짧은 시간대 내에서 급속한 변화들이 벌어지고 있다는 것이다. 과정과 절차를 무시하는 데서 기인하는 각종 대형 참사의 연속, 장시간 노동과 높은 자살률, 24시간 문을 여는 상점들, 살인적인 입시 경쟁 등은 아마도 이를 반영하는 현상들인지도 모른다.

물론 한 사회의 가속화와 관련하여 객관적으로 측정될 수 있는 '제한 속도'란 존재할 수 없다. 사회 현상이란 물리 현상과 달리 의미 현상이며, 의미는 언제나 주체가 개입하는 해석의 장 속에 존재할 뿐이기 때문이다.[7] 따라서 우리는 과도한 위험의 증가를 보여 주는 다음과 같은 몇 가지 사례를 통해 간접적으로 우리 사회의 과속 상황을 해석 혹은 입증해 볼 수밖에 없다.

먼저, 가속화의 압력으로 인해 사람들이 체감하는 내면적 압력이 일정한 경계선을 넘고 있는 것으로 보인다. 장기간 지속되고 있는 OECD 최고의 자살률은 가속화된 경쟁 압력, 성과 압력이 가져온 가장 극단적인 결과물이다. 자살은 격화된 경쟁에서 탈락한 사람들의 마지막 선택이다. 국내의 명문 대학들에서, 수능에 실패한 고

교생들이, 성적으로 꾸중받는 중학생들도 이런 가슴 아픈 선택을 한다. 경쟁을 거부하고 다른 삶을 선택한 어느 대학생의 선언에서도 우리는 과속의 징후를 읽어 낼 수 있다.[8] 그가 거부했던 것은 결국 개인의 경쟁과 성공만을 추구하는 과도한 경쟁 체제가 아니었을까? 또한 이러한 극단적 사례들이 아니라고 하더라도 한국 사회 전반의 시장화와 그로 인한 욕망과 삶의 물화(物化) 혹은 상품화 현상들도 급속히 확산되고 있다.[9] 한 사회학자는 이러한 우리 내면의 변화를 속물 사회의 도래와 진정성의 상실로 읽어 내기도 했다.[10] 또한 '느림'이나 '피로'를 화두로 하는 저술들에 대한 일반 독자들의 큰 관심 역시 이러한 사회적 상황을 반영하고 있다고 할 수 있을 것이다.

또한 과속 사회는 이러한 내면의 압력을 넘어 실질적인 사회적 위험 상황에 처한 '추락하는 삶'들을 양산하고 있다. 마치 우리 사회라는 원형의 판이 돌아가는 속도가 가속화되면서 가장자리에 있는 많은 사람이 원형 판의 밖으로 추락하는 듯하다. 전 지구적 경쟁의 가속화, 한국의 경제 성장률 저하, 생산 기술의 고도화, 구조 조정과 외주의 일상화 등이 중첩되면서 정규직 일자리는 급속히 줄어들고 있다. 이는 중산층의 급속한 파괴와 비정규직 및 실업 특히 청년 실업의 급속한 확대로 귀결된다.[11] 게다가 모든 것을 개인의 책임으로 돌리는 신자유주의 시대 이데올로기의 확산으로 인해 추락하는 개인들은 단순한 빈곤 상태를 넘어 모욕의 대상이 되고 있다. 추락하는 자들에게는 공감과 연대가 아니라 무책임이나 도덕적 해이라는 비난이 주어질 뿐이다.[12]

이와 같이 오늘날 우리 사회의 가속화가 사회 구성원들의 근본적인 삶의 방식을 왜곡하고 배제와 모멸의 대상을 확대해 나가고 있다는 점에서 이를 일종의 사회적 과속 상태로 규정할 수 있을 것이다. 적어도 현재 상태에서 이러한 과속으로 인한 문제들을 제어할 수 있는 역량이 발휘되고 있지 못하다는 점에서 우리 사회는 일종의 브레이크 파열 상태로 비유될 수도 있을 것 같다.

그렇다면 오늘날 우리 사회가 이러한 과속 상태로 진입하게 된 근본적인 연유는 과연 어디에 있을까?

마르크스주의적 진단에 따른다면, 아마도 그 근본 이유는 자본주의적 생산 양식 자체에 있는지 모른다. "자본은 증식을 지향한다. 더 커지기 위하여 자본은 회전하며, 회전에 걸리는 시간을 단축하려 한다. 이로 인해 생산과 소비의 시공간적 차이를 단축하거나 제거하는 일이 자본에게 중요하게 되는데, 자본주의 사회는 이 속도 내기와 공간 축약이 집중적으로 진행되는 사회이다."[13] 자본주의적 생산은 끊임없는 경쟁과 혁신적 생산을 기초로 하기 때문에 모든 고정된 것들을 소멸시키게 마련이다. 카를 마르크스는 이러한 인식 틀 속에서 자본주의적 소외와 착취 현상을 읽어 냈다.

그러나 단순한 경제 체제의 문제를 넘어 마르틴 하이데거가 지적하는 것처럼 근대적 기술 자체가 더 깊은 배경 속에 도사리고 있는지도 모른다.[14] 근대 기술의 발전과 그로 인한 사회의 가속화 경향은 자본주의냐 사회주의냐를 넘어 근대 사회 전반을 그 배후에서 추동해 왔다는 것이다. 물론 근대 기술과 그로 인한 속도 사회의 도래가 인간 종 본래의 '자기 보존' 성향에서 기인한 것인지, 군사적 필요에서 기인한 것인지, 아니면 또 다른 어떤 연원에서 기인한 것인지는 논란의 여지가 있을 것이다.[15]

자본주의적 시장 경쟁이나 기술 발전이라는 이러한 일반적 연유들 이외에도 우리 사회가 과속 사회로 진입하는 데에는 고유한 배경들 역시 존재한다. 예를 들어 환원 근대론은 한국의 근대화 과정이 경제 성장과 발전 일면에만 치중한 선택적 근대화 과정이었고 이로 인해 오늘날 우리가 직면하고 있는 많은 문제들이 산출되었다고 진단한다.[16] 기업 사회론을 위시하여 많은 논자들은 IMF 이후 신자유주의적 변환을 고리로 오늘날 우리 사회의 과속 현상을 읽어 내기도 한다.[17] 구조 조정 및 외주의 일상화, 비정규직의 급속한 증대, 사회적 양극화 및 청년 실업 등의 문제들이 IMF 위기 이후 본격화되기 시작했다는 점을 고려해 본다면, 아마도 우리 사회가 본격적으로 과속 상태에 진입한 시점은 이 시기부터라고 보는 것이 타당할 것이다. 산업화 시대의 발전주의가 지구화와 신자유주의 체제의 영향과 결합하기 시작하면서 우리 사회는 본격적인 과속 사회로 진입하기 시작했다.

물론 이러한 과정에는 전통적인 유교적 습속에서 기인하는 업적주의와 그것의 한 산물인 학벌주의 역시 중요한 영향을 미쳤다고 생각해 볼 수도 있을 것이다.[18] 과연 오늘날의 살인적인 입시 경쟁이 조선 시대 과거 열풍과 무관한 것일까? 모든 직업 분야에서 나름 성공한 이들을 블랙홀처럼 빨아들이는 여의도 정치의 흡입력은 전통적인 출세주의와 무관한 것일까? 물론 유교의 정치적 혹은 사회적 무의식이 이러한 부정적 측면이나 기능만을 가진 것은 아니지만, 그것이 오늘날 일정 부분 부정적인 사회 현상들과 연루되어 있다는 사실만은 부정하기 어려운 상황으로 보인다.[19]

요약하자면, 오늘날 우리 사회는 지구화로 인한 전 지구적 변환 과정, IMF 이후의 신자유주의적 변환 과정, 출세주의나 학벌주의 같은 고유한 문화적 요인들이 복합적으로 작용하는 과정에서 1997년 이후 본격적으로 과속 상태에 진입했다는 것이다.[20] 물론 보다 중요한 문제는 바로 이러한 가속화 과정 속에서 오늘날 우리가 추락하는 삶의 고통스러운 현실을 목도하고 있으며 이러한 현상이 우리 사회의 근본적 위기로 심화되어 가고 있다는 데에 있을 것이다.

인공 지능 시대의 도래를 맞이하면서 기대보다 우려가 앞서는 이유는 인공 지능 기술의 발전이 결국 우리 사회의 이러한 과속 상태와 추락하는 삶의 강화로 귀결될 가능성이 커 보이기 때문이다. 많은 논자들이 지적하는 바와 같이 인공 지능 기술의 발전은 적어도 단기적인 예측에서는 급속한 일자리 소멸을 통한 경제적 배제 혹은 '주변화' 경향을 확대할 것으로 예상된다.[21] 인공 지능은 운송 및 콜센터 업무와 같은 저숙련 일자리뿐만 아니라 회계, 투자, 의학적 진단, 법 관련 업무 등 전문직 일자리도 급속하게 잠식할 것으로 예측되고 있다.[22] 그리고 이러한 상황은 결국 기존의 양극화를 넘어서는 '초격차 사회'의 도래로 귀결될지도 모른다.[23] 뿐만 아니라 인공 지능 기술의 도입이 현재와 같은 사회적 삶의 가속화와 결합되는 경우 개인들에게는 과도한 업무 성과를 위한 경쟁과 개인 책임의 무한 확대만을 강요하는 '초경쟁 사회'의 도래로 귀결될 수도 있을 것이다.

행복한 삶의 사회, 정치적 조건

이와 같이 현재 우리의 초상을 과속 사회와 추락하는 삶으로 규정한다는 것은 우리의 행복한 삶을 훼손하는 심각한 사회 병리 현상이 존재한다는 지적과 다르지 않다. 한 개인이 행복한 삶을 살기 위해 건강이나 타인들과의 좋은 관계가 필수적인 것과 마찬가지로 한 사회가 행복한 사회가 되기 위해서도 그 사회의 건강성과 합리적이고 정의로운 사회 제도나 질서는 필요할 수밖에 없는 법이다.

물론 어떤 삶이 행복한 삶인가에 대해서는 개인마다 생각과 견해가 다를 수밖에 없으며, 오늘날과 같이 다원화된 사회에서는 행복한 삶의 구체적 내용에 대한 이해도 더욱 다양할 수밖에 없다. 그러나 이러한 사실에도 불구하고 우리가 부정하기 어려운 것은 누구든 행복한 삶을 누리기 위해서는 적어도 각자가 가지는 정당한 권리를 침해받아서는 안 된다는 사실이다. 권리를 박탈당하거나 지배받고 억압받는 삶 속에서는 그 누구도 자신의 행복을 추구하기 어려울 수밖에 없기 때문이다. 우리가 행복의 사회, 정치적 조건으로 먼저 정의를 첫손에 꼽을 수밖에 없는 이유다. 정의로운 사회가 곧 행복한 사회라고 말할 수는 없겠지만 적어도 불의가 지배하고 만연한 사회 속에서 개인들이 행복한 삶을 누리기는 어려운 법이다.

정의란 무엇인가에 대해 현재 다양한 견해들이 제시되고 있지만, 정의를 어떻게 규정하든지 그 핵심이 공동체 성원 누구에게나 동등한 자유와 존엄성을 보장하는 데에 있다는 사실을 부정하기는 어렵다. 물론 정의의 핵심을 무엇으로 볼지, 정의의 내용, 주체, 방법을 어떻게 규정할지 하는 구체적인 문제에 관해서는 여전히 학자들 사이에서 다양한 논란들이 전개되고 있다.[24]

사실 앞서 필자가 제기한 추락하는 삶의 문제 역시 사회적 불의 혹은 부정의 문제에 다름 아니라고 할 수 있다. 예를 들어 양극화의 문제든, 청년 실업의 문제든, 노인 빈곤의 문제든 결국 언제나 관건은 경제적 재화의 불평등한 혹은 부정의한 분배의 문제라고 할 수 있기 때문이다. 물론 오늘날 분배 부정의를 야기하는 원인과 그 발현의 양상에서 일정한 변화가 감지되는 것은 사실이다. 예를 들어 청년 실업의 급증이나 노인 빈곤의 경우는 전통적인 착취로 인한 부정의라기보다는 배제에 근접한 것으로 보이기 때문이다. 자본주의적 경쟁 체제와 생산 기술의 고도화가 결합하면서 노동력 수요 자체가 급격히 줄어드는 상황에서 다수의 인구가 정상적인 노동 시장에서 배제되어 잉여 상태에 처하게 되며 이들은 직접적인 착취의 대상이라기보다는 배제의 대상이 된다.[25] 아마도 인공 지능의 발달과 4차 산업 혁명의 도래는 이러한 경제적 배제 혹은 주변화 경향을 더욱 촉진하게 될 것이다.

그러나 이러한 분배 문제에서의 일정한 성격 변화에도 불구하고 마르크스나 존 롤스(John B. Rawls) 등이 제시해 온 공정한 분배 정의 규범들은 이러한 분배 불평등 상황에 대한 비판적 진단과 성찰을 위해 여전히 유용한 자원들을 제공하고 있다고 생각된다. 롤스의 정의의 두 원칙은 기본 재화의 공정한 분배와 더불어 기회 균등 및 정당화 가능한 불평등 분배의 원칙을 제시하고 있다. 마르크스의 경우는 현상적인 분배 불평등이라는 결과를 넘어 자본주의 경제 체제의 자체 모순에 대한 통찰을 제시하고 있다는 점에서 그것이 가지는 시대적 제한성에도 불구하고 여전히 분배 불평등에 관한 근본적 성찰의 여지를 제공하고 있다. 이런 점에서 기존의 분배 정의 담론들은 오늘날 악화되고 있는 분배 불평등 상황에 대한 비판적 진단과 관련하여 여전히 중요한 역할을 수행할 수 있을 것으로 판단된다.

그러나 오늘날 추락하는 삶들은 앞서 잠시 언급한 바와 같이 이러한 분배 부정의와 더불어 특수한 형태의 사회적 모욕과 멸시의 고통까지 겪고 있는 것도 사실이다. 오늘날 우리는 자유의 확대라는 명분 아래 모든 것에 대해 스스로 책임질 것을 강요받고 있다. 개인들은 모든 것을 자유롭게 선택할 수 있지만 그 결과 역시 각자의 몫이라는 것이다. 우리는 누구나 언제든 다양한 직업을 선택할 수 있고 또 자유롭게 자신의 자산을 투자하여 부를 축적할 수 있다. 이것은 단지 이데올로기에 불과한 것이 아니라 오늘날 기업 나아가서는 교육 제도의 실질적인 운영 방침이 되고 있다. 지식 정보 산업 시대의 생산에서 개인들은 더 이상 컨베이어 벨트의 부품이나 관료 조직 내의 수동적 구성원들이 아니다. 개인들은 스스로 프로젝트를 기획하여 실행하며 성과를 추구한다. 마찬가지로 교육 역시 개인의 창의와 자기 계발 및 문제 해결 능력에 초점을 두고 진행되고 있다. 또한 오늘날 범람하는 자기 계발 서적들의 핵심 요지 역시 기업가의 마인드를 가지고 자기 자신을 계발과 투자의 대상으로 삼으라는 충고에 다름 아니다.[26]

개인의 자유와 창의성을 중시하고 무한대로 허용해 주는 것 같은 이런 상황으로 인해서 추락하는 개인들에게는 경제적 빈곤과 더불어 도덕적으로 무책임한 사람이라는 사회적 비난과 무시가 덧붙여진다. 이제 구조 조정으로 인한 대량 실업도 일자리의 부족으로 인한 청년 실업도 결국은 개인의 노력 부족 혹은 경쟁력 부족으로 치부되며, 이러한 상황 속에서 개인들은 무한경쟁 속의 자기 소진 상태로 내몰리고 있다.[27] 그리고 이러한 무한 경쟁의 뒤편에서는 자본가와 기업의 무책임이 은폐되고 객관적인 부의 불평등이 더욱 심화되어 간다.[28]

이와 같이 빈곤에 무시와 모멸이 덧씌워지는 것은 물론 역으로 무시가 빈곤을 낳기도 한다. 학벌에 대한 차별적 평가, 특정 직종에 대한 사회적 무시, 여성에 대한 무시는 곧바로 특정 집단의 빈곤으로 이어지기 때문이다. 이러한 상황으로 인해 오늘날 많은 논자들은 인정과 무시의 문제에 주목하고 있다. 정의로운 사회를 구현하기 위해서는 단순한 경제적 분배의 문제를 넘어서 문화적 무시와 인정의 문제에 주목할 필요가 있다는 것이다.[29] 인정과 무시의 질서에 대한 이러한 논의들은 기존의 경제적 분배 정의를 넘어 특정한 집단에 가해지는 다양한 차별들을 식별해 내고 이를 비판하는 데에 주력하고 있

다.[30]

　이런 상황들을 고려할 때, 오늘날 추락하는 삶에 대한 비판적 진단과 이에 대한 적절한 대안 모색을 위해서는 정의의 문제에 대한 보다 다차원적인 접근이 필요한 것으로 보인다. 예를 들어 낸시 프레이저(Nancy Fraser)는 정치, 경제, 문화에 동시에 주목하는 3차원적 정의론을 제시한 바 있다.[31] 이러한 시도는 기존의 정의론이 주목해 온 분배 부정의에 더해서 무시로 집약되는 문화적 부정의, 정치적 의사 결정에서 배제되는 대표 불능의 부정의에 추가적으로 주목할 것을 요구한다. 이와 같이 추락하는 삶에 대한 성찰과 극복을 위해서는 정치, 경제, 문화 등 다양한 차원에서 복합적으로 발생하는 사회적 부정의들과 이들 사이의 연관 관계에 대한 종합적 검토와 대응이 필요한 것으로 보인다. 이를 위해서는 먼저 다양한 차원의 부정의들에 대한 현상학적이고 사회 과학적인 분석은 물론 이러한 부정의들에 대한 저항을 정당화하고 새로운 연대의 틀을 모색하기 위한 포괄적 정의 개념은 무엇인지 역시 고민되어야만 할 것이다.

　그런데 문제는 이러한 정의론 차원에서의 접근만으로는 오늘날 진행되고 있는 우리 사회의 가속화 현상 자체에 대한 비판적이고 근본적인 성찰과 대응이 어렵다는 사실에 있다. 정의론의 목적은 어디까지나 사회 구성원들 사이의 동등성 혹은 평등을 보장하는 데에 있다고 할 수 있다. 시정하고자 하는 부정의의 내용이 경제적이든 문화적이든 아니면 정치적이든 간에 정의론이 실현하고자 하는 궁극적 목표는 결국 구성원들 사이의 동등성 혹은 평등을 보장하는 데에 있을 뿐이다. 정의 담론에서는 구성원들이 지향하는 가치나 욕망의 내용 혹은 삶의 방식 자체는 이미 주어진 것일 뿐 그 자체가 직접적인 비판적 성찰의 대상은 결코 아니다.

예를 들어 분배 정의 담론은 사회 구성원들이 소비하고자 하는 혹은 욕망하는 대상 그 자체가 과연 바람직한 것인가 하는 데에는 관심이 없다. 그것이 주목하는 것은 그 대상이 무엇이든 사회 구성원들이 욕망하는 대상이 공정하게 혹은 정의롭게 분배되고 있는가 하는 것일 뿐이다. 인정 담론의 경우도 사정은 역시 마찬가지다. 거기서 관심의 대상은 사회 구성원들이 요구하는 인정이 공정하게 혹은 정의롭게 부여되고 있는지 여부일 뿐 특정한 인정 욕망 자체가 그 자체로 바람직한 것인지 여부는 그 주된 논의의 대상이 아니다.[32]

정의는 일종의 보편적인 도덕적 명령일 뿐이며, 그것은 어떠한 삶의 방식이 진정으로 가치 있는 삶의 방식인지에 대해서는 무관심하다. 정의 담론은 민주적 합의 및 정당화 가능성을 기준으로 분배, 인정, 대표가 정의로운지를 평가할 수 있을 뿐이다. 정의 담론은 더 많은 소비만을 지향하는 삶의 방식이 과연 바람직한 것인지, 자신의 사회적 업적을 경쟁적으로 인정받기를 원하는 인정 질서 자체가 바람직한 것인지 하는 데에는 주된 관심을 돌리지 않는다. 물론 지금 이 글의 맥락에서 보자면, 오늘 우리 사회의 속도 지향적 삶의 방식 자체에 어떤 문제가 있는지와 관련하여서도 상황은 동일하다. 과속 사회의 도래 속에서 구성원들이 당면하게 되는 소외와 물화 및 그를 통한 의미 상실의 문제에 대해 정의 담론은 무감각하다는 것이다.[33]

이런 점에서 과속 사회라는 진단은 정의론의 경우를 넘어서는 다른 방식의 사회 진단과 대안 제시를 요구하고 있는 것으로 보인다. 예를 들면 교육 기회의 공정성을 넘어 교육 그 자체의 의미가 무엇인지를, 입시 제도의 공정성을 넘어 평가의 목적이 과연 무엇인지를, 경제 정의를 넘어 경제 성장의 목적이 무엇인지를 근원적으로 생각해 볼 필요가 있다는 것이다. 개발을 위해 유서 깊은 대학 교정의 오래된 나무 한 그루를 베어내는 것은 정의냐 부정의냐의 문제라기보다는 기억 혹은 역사를 바라보고 평가하는 우리의 근본적 태도의 문제가 아닐까? 결국 속도에 대한 성찰은 가속화와 효율성 혹은 성장을 암묵적인 전제로 받아들이는 다양한 기존의 제도들에 대한 근본적인 비판적 검토를 그 목표로 하고 있다고 할 수 있다. 비근한 예로 한국의 서열화된 대학 체제 속의 살인적 입시 경쟁에 대한 비판적이고 근본적인 성찰은 입시 제도의 공정성을 넘어 전인 교육이라는 교육의 목적, 학생들의 다양한 소질의 발전, 청소년들의 행복과 같은 새로운 시각에서 접근될 필요가 있다.

물론 과학 기술의 발달 그 자체가 일종의 비가역적 학습 과정이라는 점에서 오늘날의 가속화는 어쩌면 불가피한 일인지도 모른다. 오늘날 운송 수단이나 통신 수단의 발전 그 자체를 거부할 수는 없다는 점에서 보면 사회의 '기술적' 가속화는 불가피한 일로 보인다. 인간 욕망의 발전이라는 측면에서 보자면 자본주의적 경제 성장 역시 그만큼 불가피한 과정으로 보이기도 한다. 그러나 과학 기술이든 자본주의 시장이든 그것들은 어디까지나 역사적이고 사회적인 인간 실천의 산물일 뿐이며, 그것들이 유지 확대되기 위한 근본적인 조건은 바로 그것들의 근간이 되는 사회의 지속이다.[34] 만일 과학 기술이나 시장의 발전이 그것들의 재생산 조건인 사회의 유지 자체에 위협이 되는 상황이라면, 이에 대한 개입 혹은 제한 역시 어찌 보면 불가피한 과제라고 말할 수밖에 없을 것이다.

이런 원론적인 성찰을 논외로 하더라도 앞서 지적한 바와 같이 이미 한국 사회는 익숙한 것들과의 결별이 진행되고 있으며 새로운 사회적 상상을 요구받고 있다. 이제 과도한 경쟁의 속도, 획일적인 욕망 구도와 평가 시스템, 사회의 시장화 등에 대한 근본적인 성찰이 불가피한 상황이다. 우리가 경쟁하고 평가하는 근본 목적은 무엇인가, 과연 경쟁과 평가 그 자체가 목적이 될 수 있는가 하는 근본적인 물음들이 필요하다는 것이다. 경쟁도 성장도 그 자체가 목적이 될 수는 결코 없으며 다양한 사회 구성원들의 자유롭고 행복한 삶을 보장하기 위한 수단에 지나지 않는다. 이제 우리는 과속 사회를 지탱해 온 암묵적인 전제들, 굳어진 관행들에 대해 근본적으로 성찰해 볼 필요가 있을 것이다. 오늘날 우리에게는 과속 사회가 산출하는 위험을 방지하기 위한 브레이크가 필요하기 때문이다.

물론 이러한 방식의 사회 진단과 대안 제시는 정의론의 경우와는 다른 접근을 필요로 하는 것이 사실이다. 속도에 대한 근본적 성찰은 그 어떤 원칙론적 접근을 허용하는 영역이 아니기 때문이다. 이러한 성찰은 삶과 제도의 목적 그 자체에 대한 반성을 필요로 하며, 이는 보편적 원칙에 대한 문제로 해소될 수 있는 영역이 아니다. 이를 위해서는 익숙한 것들, 암묵적 전제들이 산출해 내는 병리적 효과들을 폭로하고 새로운 시각들을 적극적으로 개진해야만 한다. 보다 바람직한 다양한 삶의 목적들이 제시될 수 있어야 하며, 대안적인 삶의 실천 방식도 제시되어야만 한다. 그리고 이를 기초로 새로운 제도와 삶의 방식을 둘러싼 다양한 실험과 민주적 토론 역시 진행되어야만 할 것이다.

일반적으로 모든 문제 해결 과정에는 새로운 시각이나 방법의 등장과 이를 둘러싼 합리적 검토 과정이 동시에 진행되게 마련이다. 언어를 통해 소통하고 연대하는 우리는 세계를 특정한 방식으로 의미화하여 '현시(顯示, disclosing)'하는 동시에 주어진 문제들을 해결하기 위해 합리적으로 '논의'한다. 새로운 방식의 의미화나 현시는 마치 시인들의 언어처럼 새로운 세계를 열어젖혀 주기도 하고 굳어진 우리의 삶을 파열시키기도 한다. 그리고 이러한 새로운 시각과 더불어 우리는 새로운 문제 해결을 위한 합리적 논의를 시작하게 된다. 성장과 구별되는 지속 가능성, 소비와 구별되는 향유, 경쟁이 아닌 공존과 연대 같은 새로운 가치들과 대안적 삶의 방식들이 적극적으로 제기되어야 하며, 이러한 근본적 가치나 목적의 변화는 기존의 정의 담론에도 역시 큰 영향을 미치게 될 것이다.

사회 비판과 개혁 역시 한편으로는 은폐된 불의를 폭로하고, 우리의 왜곡된 삶의 방식을 드러내면서 동시에 새로운 대안적 가치를 창출해야 하며, 다른 한편으로는 이를 통해 제기된 문제들에 대한 합리적 해결 방안을 논의해야 한다. 물론 이러한 두 가지 작업은 서로 밀접하게 연결되어 있기 때문에 결코 서로 분리되어 이루어질 수 없다. 은폐된 부정의를 폭로하고 새로운 가치를 부여하지 않고는 정의론의 내용이 풍부해질 수 없고, 새로운 실험적 대안을 제시하는 주장들은 반드시 민주적 담론의 시험대를 통과할 수 있어야만 하기 때문이다.[35]

결국 우리가 사회 구성원 각각의 행복한 삶을 위한 사회, 정치적 조건을 확보하기 위해서는 다차원적인 사회 정의를 실현하고자 하는 노력과 더불어 획일적이고 경쟁적인 삶의 방식을 새롭게 전환시킴으로써 보다 협력적이고 연대적인 삶의 방식을 도입하는 것이 필수적이라고 할 수 있다. 그러한 조건이 확보되었을 경우에 비로소 개인들도 지배나 억압이 없는 상태에서 스스로의 행복한 삶을 실현할 가능성을 확보할 수 있게 될 것이다.

사회적 속도의 제어와 민주적 정의

이와 같이 우리가 다차원적인 사회 정의의 실현과 과속 상태의 제어를 행복의 사회, 정치적 조건으로 규정할 수 있다면, 현재 무엇보다 우려되는 상황은 앞서 지적한 바와 같이 인공 지능 시대의 도래가 지금 우리 사회의 이러한 과속 경향을 더욱 가속화하는 동시에 추락하는 삶들을 대규모로 양산할 수도 있다는 점이다. 이러한 비극적 우려를 해소하고 인공 지능 시대가 수반하는 긍정적 잠재력을 실현하기 위해서 우리에게 무엇보다 필요하고 따라서 시급히 우리 모두의 지혜와 힘을 모아야 할 일은 바로 우리 사회가 앞서 살펴본 행복의 사회, 정치적 조건들을 구비하는 일이라고 할 수 있을 것이다.

사실 앞서 제시된 과속 사회와 추락하는 삶이라는 우리 삶에 대한 초상은 현재 우리 사회의 민주주의가 더 이상 지속 불가능한 상황으로 진입하고 있는 것은 아닌가 하는 우려에서 출발한 것이었다. 최근 들어 중세로의 회귀나 신분제의 부활에 대한 사회적 경고들이 일각에서 등장하고 있다.[36] 중세의 신분적 불평등이 새로운 형태로 복구되고 있다는 이러한 지적들은 지금 우리의 민주적 공동체가 과연 그 정당성을 유지할 수 있을 것인지에 대한 심각한 우려를 담고 있는 것으로 보인다. 또한 '노동의 종말'이나 '4차 산업 혁명'과 관련된 담론들은 정보 기술 및 인공 지능의 발달로 인한 대량 실업과 불평등의 심화를 경고하기도 한다. 「엘리시움」이나 「설국열차」 등은 바로 이러한 암울한 미래를 영화적 상상력을 통해서 보여 주었던 것이 아닐까? 소수에 의한 부의 극단적인 독점과 분열되고 배제된 다수의 존재는 결국 우리 삶의 터전인 사회 자체의 재생산 조건을 파괴할 수밖에 없을 것이다.

이와 같이 현재와 같은 과속 사회의 경향을 시급히 제어하지 않는다면 결국 우리의 민주적 공동체의 지속도 불가능한 상황이라고 판단된다. 사회 구성원들이 인구의 재생산을 거부하고 다수의 사람들이 공동체로부터 배제되어 추락하고 많은 이들이 대한민국 공동체로부터의 탈출을 꿈꾼다면, 이야말로 우리 사회 자체의 심각한 위기가 아닐까?

물론 그렇다고 해서 과속 사회에 대한 우리의 성찰이 시대적 흐름을 역행하는 반(反)문명, 반(反)기술 혹은 반(反)시장이라는 극단의 대안으로 기울어질 필요는 없을 것이다. 속도를 줄이기 위해 당장 타던 차를 버릴 필요는 없다. 문제는 과속 사회를 지탱해 온 기존의 선입견과 그에 입각한 제도들 그리고 그것이 가져온 사회적 불의들을 극복하는 것이다. 성장에서 지속 가능성으로, 경쟁에서 공존으로 큰 방향을 선회하면서 기존의 성과주의를 재해석하고, 보다 자유롭고 민주적인 공동체들을 만들기 위한 새로운 지혜들이 모색되어야 한다. 성장과 질주가 지배하는 상황으로 인해 망각되고 억눌린 가치들을 복원하고 훼손된 사회적 연대와 공공성을 모색하는 데에서 새로운 출발점이 발견될 수 있을 것이다.

과속 사회의 제어에서 관건은 단순한 물리적 속도가 아니라 문화와 제도를 통해 구현되는 '사회적 속도'의 제어라고 보아야 한다. 예를 들어 가속화의 차원을 기술적 가속화, 사회적 가속화, 삶의 가속화라는 차원으로 나누어서 생각해 보자.[37] 먼저 기술적 가속화는 일반적으로 생존을 위해 불가피한 노동 시간을 줄여 주는 긍정적 결과를 낳는다. 인공 지능 로봇의 경우는 물론이고 손쉽게 전기 밥솥이나 세탁기의 경우만 생각해 보아도 이는 자명할 것이다. 따라서 문제는 기술적 가속화 그 자체라기보다는 사회적 가속화로 인해 끊임없는 경쟁이 초래되고 새로운 과업이 과도하게 할당되며, 결국 이로 인해 감당하기 힘든 삶의 가속화가 초래된다는 데에 있다고 보아야 한다. 마르크스식으로 말하자면, 생산력 자체의 발전이 문제가 아니라 생산

관계의 불합리성이 문제일 뿐이라고 말할 수도 있을 것이다.[38]

　어쨌든 결국 우리의 과제는 이러한 우리 사회의 과속 상태를 제어해 내는 일이다. 그리고 당연히 여기서 출발점은 우리 각자가 현재의 위기 상황에 대한 인식을 공유하고 그에 대해 진지하게 성찰하는 것이 될 수밖에 없다. 다원화되고 민주화된 우리의 현실에서 휘황한 미래의 청사진을 제시해 줄 현자가 존재하지도 않지만 그러한 지혜를 사칭하는 것 자체는 바람직하지도 않다. 이보다는 현재의 구조적 위기에 대한 우리 각자의 다양한 해석과 논의가 우선되어야만 하며, 이러한 논의 과정을 통해 문제 해결을 위한 실천적 의지를 형성하고 사회적 신뢰와 연대를 회복하는 것이 필요할 것이다.

　그리고 이를 위해 오늘날 무엇보다 먼저 필요한 것은 사회 구조적 불의 자체를 은폐하고 모든 것을 개인의 책임으로 돌리는 이데올로기적 편견을 극복하는 일이라고 생각된다. 구조적 불의와 불평등에 눈감고 이러한 상황에 대한 공유된 책임을 거부하는 공동체에는 결코 더 나은 미래란 있을 수 없다. 우리 시민들 각자가 우리 사회의 구조적 위기를 인식하고 이를 해결하기 위한 공동의 책임을 공유하는 것이 어느 때보다도 필요한 시기라고 생각된다. 현재 우리 사회의 위기가 구조적 성격을 가지고 있음을 인식한다는 것은 이러한 위기가 공유된 책임감을 바탕으로 하는 실천을 통해서만 비로소 해결 가능하다는 사실을 함축하고 있기 때문이다.[39]

　이러한 공유된 책임감을 기초로 우리 사회의 불의를 해소하고 기존의 사회 제도를 혁신하기 위한 새로운 사회적 상상력이 보다 적극적으로 발휘되고 그러한 생각들이 시민들의 일상 속에서 논의되고 실천되어야만 한다. 특히 현재 우리 사회의 과속 상황을 근본적으로 성찰하고 변화시키기 위해서는 코르넬리우스 카스토리아디스(Corneliuss Castoriadis)가 말하는 바와 같은 일종의 '새로운 사회적 상상'과 같은 시도들이 시급한 것으로 보인다.[40] 경제 성장, 근대화, 선진화와 같은 기존의 도구적 가치 혹은 목적들을 넘어 진정한 우리 공동체의 이상은 무엇인지에 대한 근본적 검토가 필요한 것으로 보이기 때문이다.

물론 이러한 노력들이 실제로 그 성과를 거두기 위해서는 이러한 시민들의 지혜와 요구가 정확히 대표될 수 있는 정치 질서 역시 필요하다. 결국 모든 사회적 갈등과 불의가 논의되고 해소될 수 있는 장은 정치일 수밖에 없다. 이를 통해 우리 사회에서 앞서 살펴본 행복의 사회, 정치적 조건들을 실현하기 위한 새로운 구체적 대안들이 제시되어야만 한다. 예를 들면, 인공 지능 시대가 가속화할 경제적 배제와 주변화 경향을 극복하기 위한 기본 소득 혹은 시민 소득이나 사회적 경제와 같은 새로운 대안들이 적극적으로 모색되어야만 할 것이다. 이러한 노력들이 성공적으로 이루어질 때, 인공 지능 시대의 도래는 기술 발전에 대한 인간의 오랜 꿈, 즉 자연 필연적인 노동의 강압에서 벗어나 자유로운 삶을 향유할 수 있는 꿈을 향해 한 걸음 더 나아갈 수 있을 것이다. 인공 지능 기술의 발전이 자연 필연적인 노동에 대한 강압에서 벗어나 정치, 경제, 문화의 영역에서 모든 이들의 동등한 참여가 보장되는 협력적 공동체 형성에 기여할 수 있는 길에 대한 진지한 고민과 노력이 시급히 필요한 때다.

김원식 | 국가안보전략연구원

6장
정치적 인간과 인공 지능의 동행

행복을 찾기 위한 긴 여정

행복은 인간이 삶을 살아가면서 계속해서 답하고자 갈망하는 삶을 향한 본질적인 물음의 시작이자 끝이다. 행복한 탄생, 행복한 여생, 행복한 죽음이라는 행복한 삶의 구성에 대한 표현은 행복이 인간에게 주는 가치가 무엇인가를 다시금 생각하게 한다. 인간은 일평생 행복하기를 원하지만 완전한 행복을 자신의 품 안에 담을 수 없다. 인간은 완벽한 행복의 상태로 삶을 지속할 수 없기에 오로지 행복을 향하는 것밖에 할 수 없다. 그런 이유로 인간은 늘 새로운 삶을 갈망한다. 이런 논점에서 볼 때, 인간에게 행복은 길고 긴 삶의 여정을 함께하는 그 어떤 동반자보다 삶을 생동하게 하는 근원적 힘의 원천이고, 생의 궁극적 목적이다.

철학자들은 시대별로 행복이 무엇인지를 정의하기 위해 노력해 왔다. 더 정확하게 말하자면 행복에 대한 해답을 찾기 위해 노력해 왔다. 그런데 학자마다 행복에 대한 정의가 달랐고 시대별로 보아도 그러하다. 우리는 본격적인 논의 이전에 대표적인 몇몇 학자들의 행복에 관한 논점을 살피고 행복에 대한 참된 의미를 찾아보자.

에피쿠로스는 "나는 맛의 즐거움, 사랑의 쾌락, 듣는 즐거움, 아름다운 모습을 보아서 생기는 즐거운 감정들을 모두 제외한다면, 선(agathon)을 무엇이라고 생각해야 할지 모르겠다."[1]라고 하면서 '행복', '쾌락', '선'을 동일시한다.[2] 이에 비해 아리스토텔레스는 "행복이 탁월성(arete)에 따르는 활동이라면, 그것은 당연히 최고의 탁월성을 따라야 할 것이다. …… 자신의 고유한 탁월성에 따르는 이것의 활동이 완전한 행복일 것이다."[3]라고 하면서 지성에 따르는 활동이 주는 쾌락이 행복이고 이는 최고선을 향한다고 논한다.[4] 아리스토텔레스는 모든 선이 행복을 향한다고 주장했다. 그의 모든 철학적 탐구의 원인이 행복을 규명하려 했다는 점을 고려했을 때 아리스토텔레스는 완벽한 행복(eudaimonia)주의자라 볼 수 있다. 세네카는 행복한 사람이란 모든 가치를 이성이 결정하도록 하는 사람이라고 강조하면서 행복은 변치 않는 지성의 정점에서 마주할 수 있는 것이라 논한다.[5]

현대의 소설가이자 철학자인 알베르 카뮈(Albert Camus)는 인간의 삶을 시시포스에 비유한다. 그는 하데스의 명령에 따라 바위를 맨 꼭대기로 밀어 올리기 위해 매일 산을 오르기를 반복하는 시시포스의 이야기에서 인간과 유사한 삶의 모습을 포착한다. 인간은 시시포스와 같이 바위를 올리는 운명에서 벗어날 수 없다. 그러나 카뮈는 그 고통을 응시하고 자신의 바위를 자신의 것으로 자각하여 자기 삶과 대면할 때, 삶을 지배하는 부조리를 자유의 몸짓으로 바꿀 수 있다고 보았다. 우리가 부조리한 삶을 사랑할 수 있다면, 자기 삶을 극복하는 실존의 순간마다 삶을 지탱하는 자유와 만날 수 있다. 그리고 바로 그 순간이 행복을 느끼는 시간이 될 것이다.

행복을 잘 설명하기 위해 철학자들은 행복의 이면에 있는 다양한 문제들을 해결하고자 노력해 왔다. 행복감을 줄어들게 하거나 행복을 저해하는 대표적 감정으로는 '고통', '쾌락', '욕망'이 있다. 우리는 '고통', '쾌락', '욕망'을 어떻게 다루느냐에 따라 행복을 얻기도 하고 잃기도 한다. 흥미로운 것은 고대와 근대, 현대의 철학자들이 행복의 이면에 있는 '고통', '쾌락', '욕망'이라는 감정의 상태를 서로 다른 논점에서 논했다는 점이다.

고대와 근대의 철학은 감정적 격동이나 욕구, 욕망 등을 인간이 스스로 절제해야 할 조건이라 보았다. 이에 반해 현대 철학은 이러한 감정들이 진정한 행복을 찾게 하는 시발점이 될 수 있다고 생각했다. 왜냐하면, 다양한 인간의 바람과 목적을 하나의 방식으로 담아낼 수 없기에 현대적 인간은 제각기 자기 삶의 서사를 완성해야 한다고 보았기 때문이다. 그러기 위해 자신의 고통, 욕망, 쾌락에 대해 분명한 관점이 있어야 한다. 그런 의미에서 현대의 논의들은 절대적 법칙을 통해 도달하는 일괄적인 행복이 아니라 자기와의 관계, 타자와의 관계를 통해 발견할 수 있는 행복이 우선이라 여긴다.

인간의 시대가 끝나지 않는 한 행복에 대한 해답을 얻기 위한 긴 여정 또한 아직 끝나지 않았다. 어떻게 보면 인공 지능 시대에 관한 모든 물음 또한 행복에 대한 또 다른 해답을 찾아 떠나는 새로운 여행의 출발일 것이다. 인간이 행복을 찾기 위해 새로운 시대를 열어 왔다는 점을 생각해 볼 때, 이 시대와 다음 시대를 예견하는 주제인 '인공 지능'에 대한 관심은 우리가 또 다른 행복을 찾고자 희망함을 의미한다. 우리가 행복을 향한 또 다른 기대를 품고 있음을 알리는 것이다. 우리의 새로운 시대가 기존과는 다른 선로를 향해 전진하고 있다면 아마도 그 선로의 끝에는 우리가 기대하는 행복한 결말이 있지 않을까? 만일 그렇다면 우리가 인공 지능 시대에 얻고자 하는 행복은 무엇이고, 어떤 행복에 도달하고자 목적하는가? 앞으로 변화할 시대에 대해 조망하면서 이 문제에 다가서도록 하자.

인공 지능 시대와 정치

정치적 도구로서의 인공 지능

인공 지능 시대와 정치의 문제를 논의하기 위해서 두 가지 사유를 통해 접근할 수 있다. 첫째는 인간 정치 활동의 실용적 도구로 인공 지능을 활용하는 경우이고, 둘째는 인공 지능이 통치의 도구로 활용되어 궁극적으로 사회를 통제하기 위한 수단이 된 경우이다. 전자는 공동체의 선에 이바지한다면 후자는 공동체의 보존과 통제를 목적으로 한다. 이 두 가지 경우 중, 우리는 첫 번째 경우에 집중하여 논의를 전개할 것이고 두 번째 경우는 우려할 만한 문제를 진단하는 차원에서만 언급할 것이다. 이러한 문제 설정은 혼란 없이 논의를 이어 가기 위함이다. 우리가 논의할 정치적 도구로 인공 지능을 활용한다는 의미는 전체 사회의 공동선(共同善)을 배가시키는 목적으로 인공 지능을 인간의 도구로만 활용한다는 것을 뜻한다. 이러한 점에 주목하여 공동선을 늘리기 위해 인공 지능을 어떻게 활용할 수 있는지 논의를 전개하려 한다.

정치 공동체와 자유인

고대 그리스의 폴리스는 도시 국가의 출발이었다. 폴리스는 철저한 정치 공동체이며 이 공동체를 구성하고 이끌어갈 수 있는 자를 '자유인'이라 명명했다. 따라서 폴리스의 자유인은 정치적 발언을 할 수 있고, 참정권을 가진 자를 의미한다. 즉 고대에서 자유인의 정의는 현대인들이 생각하는 자유의 의미처럼 시간과 공간을 넘나드는 자유나 그들의 계급과 물질적 속박에서 벗어난 상태의 자유를 의미하는 것이 아니다. 고대적 의미의 자유인이란 단지 '정치적 자유'를 행사할 수 있는 인간을 의미한다.

플라톤의 『알키비아데스』에서 소크라테스와 알키비아데스의 대화는 이를 잘 보여 준다. 소크라테스는 '정의'와 '절제'의 덕목을 갖추는 것을 '자유인'의 훌륭함을 드러내는 조건으로 보았다. 또 '자유인에게 적합한 상태'가 무엇인지 논의하면서 '자기 돌봄'을 통해 '공동체의 정의'를 돌볼 수 있는 자가 되어야 한다고 논한다.[6] 여기서 우리는 한 가지 의문을 가질 수 있다. 그렇다면 고대 폴리스의 자유인은

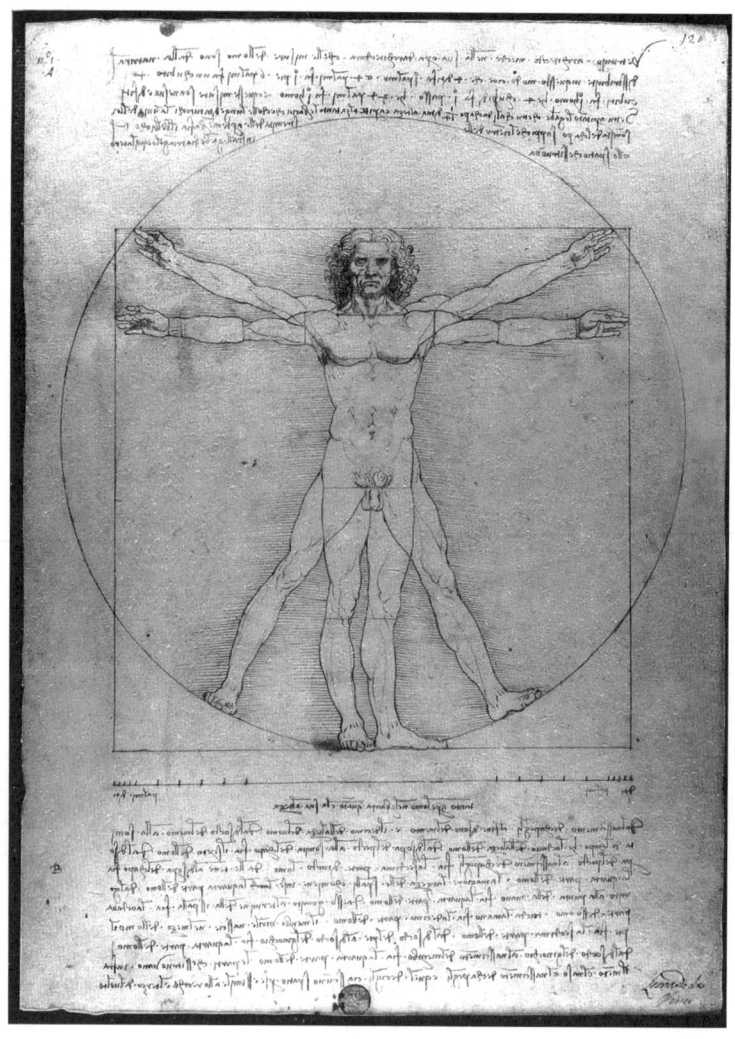

그림 1. 레오나르도 다 빈치, 「비트루비우스적 인간」, 1460년대 작품.

누구를 지칭하는가?

우리는 폴리스의 자유인을 익숙한 그림을 통해 자주 접해 왔다. 바로 천재 화가 레오나르도 다 빈치가 그린 한 장의 스케치 덕분이다. 자유인에 관한 본질적 논의에 접근하기 위해 다음의 그림을 분석해 보도록 하자.

이 그림 1의 스케치는 인간과 휴머니즘을 대표하는 상징적 그림이다. 왜냐하면 이 그림은 인간 육체의 전형성을 대표한다고 평가받기 때문이다. 「비트루비우스적 인간(Vitruvian Man)」은 현대에서도 광고, 오브제, 화폐에 이르기까지 다양한 방식으로 활용되고 있으며, 전인(全人)의 상징으로 예시되는 다 빈치의 역작이다. 그런데 인간의 해부도를 대표하는 이 스케치는 왜 '비트루비우스적 인간'이라는 제목이 붙었을까? 우리는 그 이유를 찾는 것으로 고대의 자유인이 무엇을 의미하는지 한 걸음 더 다가설 수 있다.

위의 그림은 다 빈치가 기원전 1세기경에 활약한 그리스 로마 시대의 기술자, 건축가인 비트루비우스를 그린 작품이다. 비트루비우스는 서양 미술의 기초를 배울 때 항상 등장하는 그리스 로마 건축의 세 양식을 발견한 인물이다. 그가 발견한 도리스, 이오니아, 코린토스의 세 양식은 그리스 로마의 신전이나 건축물에 널리 활용되었다. 이런 점에서 비트루비우스는 비례와 대칭 구조를 통해 형식적 아름다움의 전형성을 찾아낸 인물이라고 평가해도 좋을 것이다.

다 빈치는 인체 해부도를 통해 비례와 대칭의 미를 발견하고자 했고 신의 세계를 대표하는 원형의 범주 안에서 완전한 균형을 찾을 수 있는 인간을 실측하여 표현하는 기법으로 그림을 완성했다. 그리고 그는 이 그림을 「비트루비우스적 인간」이라 명명했다. 그런데 흥미로운 점은 휴머니즘의 대표적인 그림에서 우리가 고대의 정치인인 자유인을 만날 수 있다는 점이다.

이는 만약 당신이 이 그림을 인간을 표현한 대표적인 작품으로 불편함이 없이 지나쳐 갔다면 이 그림 속에서 표현하고 있는 자유인인 인간에 대한 세 가지 전형성을 무리 없이 받아들이고 있다는 이야기이기도 하다. 물론 우리가 비판적으로 접근하고 있는 이러한 현대적 관점을 다 빈치가 고려하여 그림을 그리지는 않았을 것이다. 다 빈치는 예술가이고, 그의 이상에 부합하는 부산물을 그림으로 구현했을 것이라는 점을 추측한다면 이 그림에 대한 해석은 온전히 우리의 몫으로 남는다. 인간의 대표성, 그리고 그리스 자유인의 대표성을 다 빈치의 그림을 통해 현대의 시선으로 찾아보자면 다음과 같다.

① 휴머니즘에서 인간을 대표하는 대표성은 남성에 국한되어 있다.
② 이때 휴머니즘에 내포된 남성의 의미는 서양인 남성을 의미한다.
③ 휴머니즘 시대의 전인은 건전한 신체를 가졌으며 완전한 비례와 균형을 통해 그 아름다움을 표현한다.

자유인은 통상적으로 정치적 자유를 행사할 수 있는 공동체의 성원을 의미하지만, 고대 폴리스의 자유인은 남성이고, 서양인이며, 신체적으로 건강한 인간으로 의미를 제약했음을 알 수 있다. 여기서 확인해야 하는 중요한 문제가 발생하는데, 인간에 대한 일반적 정의를 건장한 남성, 서양인에 한정하여 설명해 왔던 고대와 근대의 설명 방식은 인간 중심주의, 남성 중심주의, 정상인에 대해 암묵적으로 합의하고 있다는 점이다. 그리고 우리는 별다른 비판적인 문제 의식 없이 다 빈치의 그림을 가장 완전한 균형과 비례의 미를 구현하는 인간으로 받아들여 왔다.

우리의 고민은 바로 여기서 출발해야 한다. 폴리스에서 자유인은 정치적 자유를 행사할 수 있는 권한이 있는 자였는데, 이때의 정치적 자유는 모든 사람이 행사할 수 있는 자유가 아니었다는 것이다. 그런 이유로 정치적 자유의 대상이 될 수 없는 자들은 자신들의 자유와 권리를 쟁취하기 위해 끝없이 몸부림쳤다. 이는 역사적 사건들을 통해서도 쉽게 확인할 수 있다.

정치적 자유와 지위에 관한 갈등은 시대마다 마치 화약고와 같이 격정적인 분쟁의 출발점이 되었다. 거칠게 말해 어떤 의미에서 정치의 역사는 서양인, 귀족 남성으로 한정되어 있던 인간 종의 범주를 인간 보편으로 확장하고자 끝없이 반목했던 역사라 할 수 있다. 이렇게 볼 때, 아널드 토인비(Arnold J. Toynbee)의 유명한 언명인 "도전과 응전"의 역사는 인간과 인간의 자유에 관한 논의에도 그대로 적용할 수 있다.

그렇다면 정치적 자유를 확장하는 문제가 이미 참정권을 동등하게 부여받는 현대에서도 동일하게 발생하는가? 만일 그렇다면 어떤 이유에서 그러하며 그것이 인공 지능 시대에는 또 어떤 정치적 변화를 불러올 것인가?

인공 지능 시대에 실현할 참정의 기회

정치의 역사에서 참정권(suffrage)의 문제는 평등한 권리에 관련된 무수한 문제들로 결집된다. 참정권 운동은 1800년대부터 시작되었고, 운동의 물결은 흑인 → 노동자 → 여성으로 확산되었다. 1990년 스위스 아펜첼 이너로덴(Appenzell Innerrhoden) 주에서 참정권 운동이 마무리되었다는 사실은 일반 시민이 자유인이 될 수 없었던 긴 세월에 대한 반증이다. 사우디아라비아의 경우는 2015년에 마지막으로 여성 참정권을 승인했다. 이와 같은 사실은 동시대를 살아가면서도 다른 정치적 지위를 가진 사람들이 존재했음을 여실히 드러낸다. 그러나 사우디아라비아와 같이 예외적인 경우를 제외하더라도 형식적으로 완성된 듯 보였던 참정의 문제는 그것의 실질적 행사 여부를 지적하는 존 롤스에 의해 새로운 국면을 맞았다.[7]

롤스는 참정의 문제를 철저한 정치적 자유의 권한이자 행사권이라 보았다. 그런데 그가 보기에 다양한 이유에서 실질적 참정을 하지 못하는 한계 상황들이 존재했고, 이런 문제의 근본적 원인에는 '정의'의 문제가 깊게 자리하고 있었다. 롤스가 보기에 흑인, 노동자, 여성과 같은 사회 약자 계층에게 참정권은 형식적 권리로 용인되었을 뿐, 그것을 행사할 수 있는 실질적 자유로 이어지지 못했다.

사실 이 문제는 우리 사회에서도 어렵지 않게 확인할 수 있다. 실

그림 2. 위 그림은 노동자들이 대규모 참정권 요청 운동을 통해 참정권을 획득했던 1867년의 상황을 묘사한 카툰이다. 노동자들에게 정치적 참정의 장이 열렸다는 것은 노동자들이 정치적 자유를 행사할 수 있는 권한을 법적 질서 아래 보장받게 되었다는 것을 의미한다. 토머스 내스트(Thomas Nast)의 그림으로 《하퍼스 위클리(Harper's Weekly)》에 실렸다. 아래 그림은 모든 이들이 참정의 권한을 가졌으나 여성만은 그러한 권한을 행사할 권리가 없다는 점을 우회적으로 표현한 카툰이다. 모두가 투표하러 가는 날 오로지 너의 엄마는 그럴 수 없다는 단순한 표현만으로도 당시 여성의 사회적 지위가 지금과 달랐음을 알 수 있다. 빌리 아일랜드(Billy Ireland)의 그림이다.

제로 최근 정치적으로 가장 크게 관심을 모았고 높은 투표율을 보인 19대 대통령 선거에서 국민 투표율은 77.2퍼센트에 불과했다. 지난 16, 17, 18대 대통령 선거의 평균 투표율 역시 70퍼센트를 넘지 못했다는 발표를 보면 정치에 관심이 높다고 평가받는 한국에서도 완전한 직접 민주제를 기대하기는 어려워 보인다. 국회 의원 선거나 지방 선거의 경우 60퍼센트의 투표율을 넘긴 적이 없다는 사실만 보아도 참정의 실질적 의미를 확인하기 어려운 상황이다.[8] 이러한 문제들은 다양한 사회적 원인을 내포한다. 다양한 원인이 무엇인지 알아보고 인공 지능 시대가 도래했을 때 이러한 문제들을 극복하고 실질적 정치 자유를 확대할 수 있을지 생각해 보자.

Q. 인공 지능 시대가 도래했을 때 실질적인 정치 참정이 확대될 가능성이 있는가?

활용 가능한 물리적 시간이 확대될 것이다. 인공 지능 시대가 도래하면 인간의 많은 일자리는 인공 지능에게 빼앗길 것이라 예상한다. 그러나 또 다른 관측도 가능한데 인간이 하지 않아도 될 일, 혹은 지나치게 인간의 육체와 정신에 과도한 노동을 요구하는 일을 인공 지능이 대신하게 될 것이라고 예측할 수도 있다. 인공 지능의 범주를 어디까지 두고 실제로 인간의 노동에 개입하는 정도를 어디까지 볼 것인지에 따라 상호 모순적인 두 관점은 적절한 합의점을 마련해야 할 것으로 보인다. 그러나 한 가지 확실한 것은 인간의 육체를 에너지원처럼 사용해야 하는 대부분의 노동을 인공 지능에게 양도할 수 있을

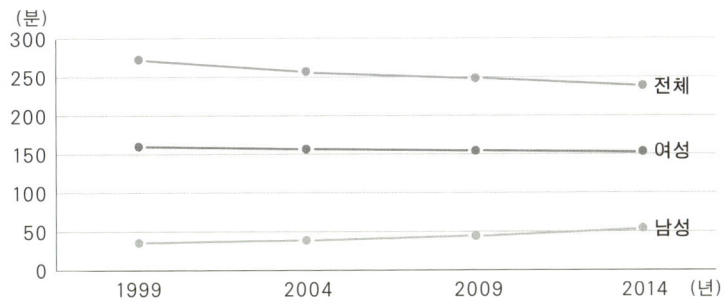

그림 3. 기혼자의 성별 가사 노동 시간. 2017년에 통계청에서 제공한 이 그래프는 기혼자 남성과 여성이 부담하는 가사 노동 시간의 차이를 극명하게 드러낸다. 여성의 경우, 인공 지능의 등장은 사회적 활동과 정치 활동에 혁신적 공헌을 할 수 있으리라 본다. 그러나 결혼에 대한 제도적 지지가 점차 붕괴되고 있고 가사 노동의 제약을 받는 남성과 여성이 모두가 기술의 혜택의 대상이 되리라 추측할 수 있다. 자기 시간이 확대된다는 점에서는 기술의 발전은 남녀를 불문하고 동등한 문명을 혜택을 제공할 것이다.

것이라는 점이다.[9] 대표적인 예로 철강 공장이나 화학 발전소 및 건설 현장에서 인간이 해야 할 위험한 육체 노동을 인공 지능으로 대체할 수 있다. 특히 여성의 경우, 가사 노동 대부분을 인공 지능이 처리할 수 있을 것이다. 미래학자들이 지적하듯이 세탁기와 전화기를 활용하여 편의를 누렸던 것처럼 초기 발전 단계의 인공 지능은 인간의 도구로서 편익을 제공하는 기계적인 일을 담당할 것이다. 바꿔 말하면 이는 인간이 자신의 전문적인 역량을 발휘하기 위해 부수적으로 소모해야 하는 일을 줄이고 보다 생산적인 작업을 자신의 것으로 취할 수 있는 현실적 해결책이 등장한다는 의미이다.

'일상 가사 노동의 해방'이라는 상징적 표현은 단지 기계적 도구로 인해 늘어난 편의 이상의 의미를 내포한다. 왜냐하면, 남녀를 불문하고 삶을 유지하고자 기초적인 가사 노동에 소비하는 시간은 생산 활동을 하는 시간조차 넘어서기 때문이다. 실제로 자신이 희망하는 일을 하기 위해 소비해야 하는 시간과 가사 노동을 위해 소비해야 하는 물리적 소비 시간이 충돌할 때, 우리는 필연적으로 자기 시간을 가사 노동을 하는 시간으로 대체한다. 가사 노동은 생활을 유지하기 위한 필수 조건이기 때문에 삶을 유지하기 위해 반드시 해야만 하는 일이다. 그리고 가사 노동에 대한 평가는 생산적인 노동처럼 평가받지 못했다. 반면에 자신이 희망하는 일은 생활을 유지하기 위한 필수 조건이 아니라 자기 충족이나 자기 발전을 위해 선택하는 문제이다. 이런 이유로 인해 시간이 부족한 상황에서 가사를 위해 일정 부분 포기해야 하는 시간이 반드시 발생하게 되는 것이다.

   인공 지능 시대의 도래는 실생활에서 다양한 편의들을 제공하고, 새로운 사회적 활동 역량을 함양할 기회를 제공한다. 이는 '시간의 제약자'인 인간이 좀 더 많은 사회적, 정치적 활동을 펼치도록 도움을 줄 것이다.[10] 인간의 정치적 활동은 사회적 활동을 기반으로 이뤄진다. 사회적 활동은 타자와 다른 세계를 향한 관심을 촉발한다. 이런 측면에서 사회적 활동의 증진만으로도 정치적 참여의 가능성을 높일 수 있다. 이는 인간의 사회적 활동의 확장이 정치적 발전을 도모했다는 역사적 맥락을 통해서도 확인할 수 있다.

인공 지능 시대와 정치적 자유

　인공 지능의 발전은 정치적 권한에 확장을 가능케 할 것이라는 점에서 사회에서 배제되거나 정치적 권한을 자유롭게 행사할 수 없는 집단에 대해 새롭게 고려할 수 있다. 특히 정책의 대상이 되는 집단을 선정하는 데 필요한 엄청난 수고를 인공 지능으로 인해 효율적으로 해결할 수 있다면 이는 사회적 불평등을 해소할 수 있는 중요한 출발점이 될 것이다.

　정책을 기획하는 일은 정치적 신념이나 가치를 통해 이상 사회 구현할 가능성을 품고 출발한다. 그러나 자본주의 사회의 특성상 정책의 대상을 고르고 그것에 대한 표본을 추출하는 문제는 효용적 가치에 치중하게 된다. 예를 들어 다양한 정책에 대한 가능성을 타진하고 그것을 시행할 때 발생하는 효과를 분석해야 할 경우, 그 정책이 실제로 실행되었을 때 얻게 되는 이익과 불이익에 대한 정확한 데이터가 필요하다. 이때 그 데이터를 만들기 위해 정책 기획자나 정당 소속의 기획관들은 직접 그 정책의 대상이 될 사람이나 집단을 찾고 대화나 대면을 통해 상황을 파악해야 한다. 정책을 결정하고 집행했을 때 발생할 효과를 타진하는 일은 정책을 선택하는 데 결정적 요인으로 작용한다.

　그런데 정책을 위한 실질적 모델을 만들고 시뮬레이션을 실행하는 일에 엄청난 자본과 인력이 투입된다는 사실은 다음의 문제를 발생시킨다. 정책 기획자는 가장 효용적인 방식으로 자본을 분배하며 정보를 취합하고자 효용적으로 주제나 대상을 선별하고 이에 맞게 일정을 기획한다. 이는 권력과 자본의 결합 때문이기도 하지만 한편으로는 자본의 효용성을 극대화해야 하기에 발생하는 문제이다. 즉 자본을 투자한 만큼 정책 기획을 실행했을 때 얻어지는 결과물들은 예측 가능해야 한다.

이러한 상황을 고려할 때 정책 기획의 방식이 두 가지 배제의 양상을 띠게 되리라는 점을 예상할 수 있다. 하나는 접근이 수월한 집단을 선호할 것이라는 점이고, 다른 하나는 이성적 소통을 원활하게 할 수 있는 집단을 선택하는 일이 우선하리라는 점이다. 접근이 쉬운 집단을 선호하는 이유는 일을 처리하는 시간을 줄일 수 있다는 강점 때문이다. 또 반복적인 접촉을 통해 실제 정책 실행 단계에서 발생할 수 있는 문제들을 사전에 통제할 수 있을 것이다.

이성적 언어를 구사하는 집단을 선호하는 이유 역시 이와 유사한데 어떤 정책에서 활용할 내용을 공유하기 수월하다. 또 이성적 언어 구사 능력이 탁월한 집단의 경우, 그들이 요청하는 문제들을 정확하게 표현할 수 있어서 기획하는 쪽에서 자신들의 요구를 선명하게 전달할 수 있다. 이렇게 볼 때, 위험 집단에 접근하거나 소통이 힘든 집단에 정책을 마련하려면 노력을 쏟아야 하고 그 결과 역시 불투명하다. 어떻게 보면 기획을 해야 하는 쪽에서 선호 집단이 생기는 일은 당연한 상황이기도 하다. 업무 수행자에게 의존하여 데이터를 구축하는 일은 그만큼 제약된 여건들 안에서 무엇을 선택한다는 것을 의미한다.

Q. 만일 인공 지능이 정책을 만들고 그 정책을 위한 자료를 수집하는 업무를 대신한다면 어떤 변화가 올 수 있을까?

통계와 데이터를 활용한 기획의 최적화가 이루어질 것이다. 인공 지능 로봇을 도입하게 되면 접근이 용이한 집단을 선별할 특정 이유를 상실할 것이다. 노숙자, 감염성 질병 환자를 위한 정책 마련을 위해 인간이 직접 그들을 대면할 이유가 없기에 상황에 대한 파악이 수월할 것이다. 실제로 서던 캘리포니아 대학교에서 2017년에 수행했던 노숙자 문제에 대한 프로젝트는 활용할 만한 좋은 예이다. 이 프로젝트는 노숙자와 에이즈 바이러스 감염 비율을 확인하는 프로젝트였는데, 현 단계의 기술적 미성숙으로 인해 직접적인 결과물을 낳지는 못했지만, 인공 지능을 통해 노숙자 캠프에 "누구와 친한가?"에 관한 질문을 반복적으로 던지는 방식으로 리더를 파악하고 관계를 확인하는 단계까지는 성공했다.[11] 인공 지능의 기술적 발전을 통해 로봇이 이런 일들을 대체할 수 있는 미래가 도래한다면 이들의 프로젝트는 어렵지 않게 해결될 수 있을 것이다. 같은 맥락에서 주류 집단에 대한 접근을 통해 새로운 정책을 기획했던 기존의 방식도 새로운 고려의 대상을 포함하는 방식으로 전환할 수 있다.

변호사 집단이 업무를 파악하고 진행하는 일에서도 이와 같은 변화가 일어나고 있다. 변호사 집단은 제공하는 자료들을 검토하는 데 많은 시간과 비용이 소모한다. 이런 이유가 변호사를 선임 비용을 올리는 결정적인 역할을 한다. 또 변호사 집단은 수임료를 확보하는 문제로 인해 저소득층의 사건 다루기를 회피한다. 이런 문제는 일의 능률을 올리고 서류나 계약의 불필요한 과정들을 생략한다면 해결될 수 있는 여지가 있다. 실제로 페이다큐먼트라는 상속 전문 회사는 변호사 의뢰 서비스를 통해 이런 방식을 선보였다. 알고리듬을 활용한 기초 정보가 작성되면, 변호사는 작성된 문서를 토대로 검토하며 소비자는 변호사에게 수정에 대한 대가만 지급한다. 회사에 알고리듬 사용 수수료를 지급하는 대신 전반적인 비용과 수고를 줄일 수 있다.[12]

쌍방향 소통을 통한 언어적 한계 극복의 가능성이 생긴다. 이성적 언어를 구사하거나 소통이 원활한 집단을 선호하는 문제를 인공 지능을 통해 극복할 수 있다. 이성적 언어를 구사하는 집단이 정치적 장에서 주된 논의들을 형성하고 주류 집단이 되어 왔다는 논의는 담론과 정치적 힘의 문제에서 중요한 논점을 제공한다. 현대 철학자 미셸 푸코는 교수 취임 강연이었던 『담론의 질서(L'ordre du Discours)』에서 "사회의 배척의 원리"가 있음을 강조한다. 더 나아가 그는 담론이 담론 그 자체로 평가되는 것이 아니라 그 담론을 구사하는 주체들과 연결된 지점들을 통해 소급 적용하여 평가된다고 주장했다.

"의례는 말하는 개인들이 소유해야 하는 자격을 정의한다. 그것은 몸짓들, 상황들 그리고 담론에 부수되어야 하는 기호들의 모든 집합을 정의한다. …… 종교적인, 사법적인, 의학적인 담론들 그리고 어느 정도까지는 정치적인 담론들을 말하는 주체들의 단일한 특성들 및 도식적인 역할들을 규정하는 의식의 이 작동과 결코 분리시킬 수 없다."[13]

담론을 구사하는 능력을 통해 발화 주체가 이성의 언어 체계에 포섭되는가 하는 문제는 정치적 장에서 그 주체의 지위를 결정하는 핵심적인 요건으로 작용한다. 이러한 문제는 인간이 자기 세계를 구축하고 확장하는 도구로 언어를 사용하고 있고, 언어는 실제 세계에서 주체의 모든 것과 관계함을 의미한다. 정치 철학자 아이리스 영(Isis M. Young)은 공론의 장에서 발언의 기회를 상실하게 되는 결정적 이유로 발화 주체의 말투나 몸짓을 꼽는다.[14] 이와 같은 것들은 그들이 속한 집단의 계층을 확인하게 하는 판단의 근거를 제공하기 때문에 선입견이나 편견을 발생하게 한다.

인공 지능의 활용은 앞에서 지적한 문제들을 해결하는 데 도움이 될 것이다. 특히 의사 소통의 창구로 활용할 수 있다는 점에서 중요한 역할을 담당할 것이라 본다. 왜냐하면 의사 소통의 기본 요건은 상호 이해가 가능할 때 진전되기 때문이다. 예를 들어, 하나의 문제에 대해 어떤 견해를 가지고 있다고 하더라도 그것을 함축적 언어로 구사하거나 표현할 수 없다면 그 문제를 해결하는 유일한 방안은 소크라테스식의 문답법뿐이다. 문답법은 '무엇을 원하는가?', '무엇을 표현하고자 하는가?', '진정으로 말하고자 하는 것이 무엇인가?' 같은 질문을 끊임없이 던지고 그 질문에 대한 응답을 통해 주체가 자기 사유의 정확성을 높이게 하는 방법이다. 이것은 이미 교육된 이성을 구사하는 능력에 기반하지 않고 '상호 학습'을 통해 자기 사유나 욕망의 본질이 무엇인지를 드러내는 대화법이다.

정치적 장에서 이러한 이상적 방식이 구현될 수 없는 이유는 대화법은 많은 시간을 할애해야 하고 답을 주고 그것을 다시 평가해야 하는 활용 인력이 충분하지 않기 때문이다. 바꿔 말하면, 상호 소통을 통해 대화 상대의 의문에 답할 수 있는 데이터를 충분히 갖춘 인공 지능이 등장한다면 정책적 소통에 있어서 다양한 집단과 계층의 의견을 수렴할 수 있으리라 기대할 수 있다. 왜냐하면 인공 지능은 자신이 가진 역사적 데이터를 기반으로 그 집단의 요구를 충실하게 듣고 설명해 줄 수 있을 것이고, 그것을 실행하는 일에 시간 제약을 받지 않을 것이기 때문이다.

이런 관점에서 인공 지능 시대에 대한 새로운 기대는 다음과 같이 정리할 수 있다. 인공 지능은 시간, 공간, 언어, 자본에 제약받아 왔던 담론 형성의 과정과 정책 결정의 문제들을 해소할 수 있는 도구로서 인간에게 유용한 가치가 있다.

정치적 실천과 확장된 공론의 장

우리가 4차 산업 혁명은 실현될 수 있으며 인공 지능 시대가 도래할 것이라 예상하도록 해 주는 사회적 변화는 인터넷과 컴퓨터의 발전이다. 현대인들은 가정마다 컴퓨터를 보유하고 있는 것이 텔레비전이나 세탁기를 보유한 것보다도 특별할 게 없는 시대에 살고 있다. 더 나아가 노트북이나 태블릿과 같은 개인 소유의 이동식 컴퓨터뿐만 아니라 스마트폰까지 이용하며 생활하고 있다. 컴퓨터를 활용하고 상용화한 것이 불과 20년이 채 안 된 일임을 감안할 때 기술의 발전은 우리의 예상보다 빠르게 진행되고 그에 적응하여 변화하는 사회적 진보 또한 급진적이라 할 수 있다.

현대인의 사회적 범주를 확장하는 데 인터넷은 결정적인 역할을 했고, SNS로 통칭하는 사회 연결망들을 통해 세계의 정보를 공유하고 지식을 구축하는 단계까지 이르렀다. 정치적 영역의 경우, 인터넷망을 통해 다양한 논의를 도출했으며 그에 그치지 않고 실천의 영역으로 영향을 주어 사회적인 운동들을 이어 갔다. 한국의 경우, 인터넷 여론을 통해 광우병 파동부터 정권 퇴진 운동에 이르기까지 정치적 문제들에 시민들이 직접 개입하는 실천의 장을 열고 있다. 최근에는 '미투(metoo)' 운동과 같은 여성주의 운동이 SNS를 타고 확대되면서 약자의 자기 목소리 내기와 같은 실천 운동에 확장적인 힘을 가질 수 있었던 결정적 계기로 작용하기도 했다.[15]

2019년 6월에 발생한 홍콩의 중국 반환 시위의 경우 이러한 여파를 가장 확실하게 설명할 수 있는 예이다. 12일 중국으로의 범죄인 인도의 길을 여는 '범죄인 인도법 개정안의 입법회' 표결을 앞두고 103만 명이 거리 시위에 참여했다. 홍콩 인구가 740만 명이라는 점을 고려할 때 시위에 참여한 사람들은 7명당 1명꼴이라 볼 수 있다. 이렇게 많은 인파가 모이고 시위에 참여하고 전 세계로부터 이목을 집중적으로 받을 수 있었던 결정적 계기는 SNS라 볼 수 있다. 홍콩의 시위대는 자신들의 현황을 실시간으로 트위터나 페이스북에 올렸고, 해시태그(#)를 이용하여 "#SaveHongKong", "#NoExtraditionToChina", "#反送中"과 같은 구호를 외쳤으며 전 세계 나라의 말로 번역하여 자신들에게 도움을 줄 것을 직접 요청했다.

이에 대한 전 세계의 반응은 뜨거웠는데 "Pray for HongKong"에 해시태그 달기 운동이 시작되면서 홍콩의 정치적 운동에 세계가 동참했다. 이와 같은 사건은 정치적으로 혁명적 사건에 가깝다고 평가할 수 있다. 이 사건은 정치적 사안들이 더는 내치의 차원에서만 질서 지워지지 않는다는 것을 의미한다. SNS에서 시민은 동의할 수 없는 불합리와 부정의에 저항하고 이는 공론의 장을 통해 확장된다. 또 SNS를 통해 저항하는 방법들이 구체성을 띠면서 시민들의 힘을 집중시키고 증폭시킨다. 여기서 주목할 점은 개별 국가의 시민들이 세계 시민의 사안으로 문제를 확장하고 전파한다는 점이다.

인터넷을 통한 디지털 세계는 공간을 초월하여 정보를 공유하는 디지털 시민의 질서를 따르기 때문에 국가적 제약을 극복할 수 있다. 이런 방식으로 디지털 세계 시민은 정치적 문제들에 새로운 방안을 찾기 위해 소통할 수 있는 수단을 적극적으로 활용하는 것이다.

Q. 인공 지능 시대는 디지털 세계에 어떤 변화를 일으킬 것인가?

지역 언어의 제약에서 벗어난 세계를 만들 것이다. 가장 빨리 실현될 것이라 예상할 수 있는 인공 지능의 기능은 번역 및 통역이다. 홍콩의 사태에서 알 수 있듯이 언어의 장벽을 깨는 소통 창구를 마련한다는 것은 시민의 의식과 역량 강화에 결정적 계기가 될 것이다. 시민들은 라틴 어로 된 성경의 벽을 무너뜨리면서 진리와 진실의 경계를 쌓았던 담장을 스스로 깼던 것처럼 각 나라의 언어 장벽을 무너뜨리면서 세계인으로 자기를 재정립할 것이다. 언어의 경계는 사유의 한계를 의미하기도 하고 문화와 질서의 변이를 의미하기도 한다. 서로 다른 언어 체계를 가진 사람들이 인공 지능을 통해 제약에서 벗어났을 경우, 우리가 고려해 볼 수 있는 변화는 다양하다.

예를 들어 홍콩의 경우처럼 저항적 시민 운동을 효과적으로 펼칠 수 있고, 다양한 세계 정세에 직접 접근할 수 있다. 또 자국의 언론에 의지하지 않고 객관적 정보를 모으고 담론화할 수 있다. 이는 결과적으로 정치적 힘의 변동을 불러일으킬 것이라 본다. 권력은 정보를 독점하거나 변질된 정보를 전파하여 통제력을 발휘할 수 있다. 그런데 쌍방향 소통에 기반하는 플랫폼이 형성되고 언어 장벽의 한계를 극복한 시대가 된다면 권력이 통제하는 범위 밖에서 이뤄지는 논의들에 시민들이 직접 접근할 방법과 가능성이 열린다.

탈진실과 진실의 경계 지우기가 심해질 것이다. 최근 인터넷 담론에 관한 내용 중에 가장 뜨거운 주제는 '탈진실(post-truth)'에 관한 문제이다. 2016년 옥스퍼드 사전은 올해의 단어로 이 단어를 선정했다. 옥스퍼드 사전은 탈진실을 "객관적 사실이 개인적 믿음이나 감정보다 대중의 의견을 형성하는 데 덜 영향을 끼치도록 관여하거나 혹은 표시하는 환경"[16]이라고 정의했다. 탈진실의 시대라는 의미는 정치적 결정권을 가진 개인이 사실과 진위에 개의치 않고 편향된 정보들을 수집하거나 가짜 뉴스를 받아들여서 정치적 혼돈 상태를 생산하는 시대적 특성을 담고 있다.

확증 편향의 문제는 과잉 정보의 시대에서 발생할 수 있는 가장 큰 문제이다. 특히 탈진실을 지향하는 담론의 구도가 발생시키는 가장 큰 문제는 이미 전문가 집단에서 확증된 객관적 사실마저도 부정할 수 있다는 점이다. 객관적 지식에 대한 지나친 회의주의, 사회적 기준에 대한 거부, 무한 상대적인 가치 판단의 기준 등이 결정적 원인으로 작용한다. 인공 지능의 발전은 탈진실의 시대에 두 가지 양상으로 드러나리라 예측된다.

부정적 측면의 관측은 인공 지능이 가짜 뉴스를 만들거나 조작하여 탈진실을 심화시킬 것이라는 예측이다. 그러나 이 문제는 한 가지 중요한 사실을 다시금 확인해야 하는데, 현재 인공 지능이 만들어 내는 기사들은 알고리듬에 의하여 제작되는 것이기 때문에 스스로 탈진실을 생산할 수 있는 능력이 없다고 보아야 한다. 즉 현재의 인공 지능이 양산해 내는 가짜 뉴스는 결국 인간의 정보 조작이 전제되어야 한다. 이렇게 볼 때 부정적 관측은 먼 미래의 상황을 예견하지는 못할 것이라 본다.

또 하나의 가능성은 인공 지능이 정보의 질을 판별하거나 가짜 정보를 걸러내는 역할 수행을 하는 경우다. 이 경우 딥 러닝(deep learnig)의 수준으로 인공 지능이 발전하여 자체적인 뉴스 판별 능력을 갖추는 것에 기대를 걸어 보아야 한다. 실제로 이러한 기술이 상용화된다면 정보 과잉의 틈새에서 자기가 판단해야 할 정보의 양을 현격히 줄여 준다는 측면에서 큰 도움이 될 것이다. 또 과거의 데이터들을 분석하여 우리가 필요한 정보들을 통해 얻을 수 있는 더 좋은 결과에 대한 예측이 가능하다면 인공 지능이 정보 필터로 공론의 장에서 유용한 역할을 담당할 것이다.

인공 지능 시대의 인간, 그리고 인간의 행복

인공 지능 시대에 관한 논의들은 두 가지 갈래에 서 있다. 기술의 발전에 따른 도구로서 인공 지능의 필요성을 이해하고 인간의 삶의 질을 향상할 미래의 동반자로 평가하는 경우와 인간 삶 자체를 앗아가고 인간을 도구로 삼는 무한 생명으로 이해하는 경우이다. 이 글에서 인공 지능 시대에 대한 개념적 틀은 전자의 경우로 제약했다. 인공 지능을 인간 삶의 도구로만 제약한 이유는 두 가지인데, 하나는 인공 지능의 기술적 문제를 고려했기 때문이고 다른 하나는 인간의 삶에서 진화된 문화적 역량이 우리가 생각하는 것 이상일 것이라 보기 때문이다.

과학자 박재환은 인공 지능 시대는 아직 도래하지 않았고 도래한다고 하더라도 아주 먼 미래에나 가능한 일이라고 예견한다. 그가 이렇게 보는 이유는 선명한데 지능은 단지 이진법의 덧셈을 하는 기계적 학습을 통해 발전하지 않기 때문이다. 그는 지능의 조건을 종합 연산이 가능하고 자유 의지를 실현하며 자기와 세계를 인식하는 의식에 있다고 본다. 이렇게 볼 때 이진법을 통한 기계 학습만을 할 수 있는 알파고는 인공 지능이 아니며 알고리듬 체계의 로봇들도 인공 지능이 아니다. 그는 인공 지능의 수준으로 올라서려면 자체적인 인

간의 뇌와 같은 신경망을 통해 진화가 가능한 수준의 정신을 소유했을 때 실현된다고 보았다.[17]

이렇게 볼 때 알파고를 통해 느꼈던 우리의 공포는 영혼이 없는 기계에 대한 막연한 두려움에 기인할 일일 수도 있다. 인간의 역사를 돌이켜 보건대 기존의 사유 틀에 종속되지 않는 사건이 주는 미지에 대한 두려움은 늘 존재했고 현시대에 등장한 미지의 존재가 인공 지능이라 볼 수 있다. 물론 앞선 세계에 대한 두려움은 우리에게 그에 대한 반성적 접근을 가능하게 하고 새로운 시대를 준비하게 하는 긍정적 요인으로 작용했다. 그런 측면에서 보자면 미지의 세계에 대한 공포는 인간이 스스로 진화하는 가장 큰 동력일 것이다.

생물학자 에드워드 윌슨(Edward O. Wilson)은 인간의 진화를 전 지구적 관점에서 아주 특별한 상황으로 보는데 그가 보는 인간 진화의 특이점은 흥미롭게도 '문화'와의 천착에서 찾고 있다는 점이다. 그는 인간 진화의 과정이 단지 유전자 조합의 변형에 있다고 보지 않는다. 그는 아직 과학이 파악하지 못한 인간의 마음이 진화의 구심점이라 주장한다. "인간의 마음은 순간의 상황을 판단하며, 자신의 결정이 갖는 폭넓은 함의에 대해 반성한다. 그 결과 견고하게 프로그램된 동물의 반응보다 나은 순간 대응 능력을 이용하여 일상적으로 벌어지는 우연한 사건을 처리할 수 있다."[18] 바꿔 말하면 인간 진화의 핵심은 자기 변형을 주도하는 데 있다. 그는 이것을 가능하게 하는 주요 원인이 문화라고 진단한다. 인간은 문화적 혁신을 통해 유전자의 발전을 도모한다는 것이다. 그러나 여기서 주목할 점은 문화의 성질이 수동적이지 않다는 점이다. "문화는 단순히 수동적인 실재가 아니다. 이는 그 자체가 강력한 힘이어서 유전자를 끌고 다닌다. 또한 신속하게 돌연변이를 유발하는 요인으로 작동하면서, 새로운 변이들이 자연선택의 이빨에 내던져 수세대에 걸쳐 후성 규칙을 변화시킨다."[19] 윌슨은 인간 진화의 급진적 요인이 사유하고 반성하는 동시에 주어진 상황에 유동적으로 대처할 수 있는 인간이라는 생물 종의 고유성에 있다고 본다. 이렇게 볼 때, 미지의 세계에 대한 인간의 두려움은 그것에 대처하는 반성적 사유로 전환되고 그 상태는 다시 유동적 상황에 대응하는 마음의 작동 기재로 환원된다.

결론적으로 말하면 현시대의 우리는 우리의 상상 속에 존재하는 인공 지능이 완벽하게 구현된 시대에 살 수 없다. 만약 우리의 다음 세대 혹은 그다음 세대가 되어서 인공 지능이 인간 지능과 같아지거나 인간 지능을 넘어서 완벽하게 구현되는 시대에 살게 된다면 우리는 반드시 변화한 시대에 적합한 다른 하나의 필연적 조건을 받아들여야만 한다. 바로 그 시대의 인간은 지금의 인간과 같지 않을 것이다. 시대적 요건에 따라, 그리고 문화적 변화에 따라 인간은 자기 방식의 삶을 구성하고 유지해 왔다는 점이다.

한 시대는 그 시대를 공유하는 사람들의 사유를 통해 접근할 수 있고, 동시대적(contemporary) 사유는 시간의 제약으로부터 완전히 벗어날 수 없다. 이는 우리에게 중요한 논점을 제공하는데 현재의 인간이 인공 지능과 관계하는 양상은 다음 세대 혹은 그다음 세대가 맺는 관계 양상과 같을 수 없다. 예를 들어 인공 지능 스피커에게 방의 불을 꺼 달라고 요구하는 어린 세대와 리모컨을 이용하여 불을 끄는 세대, 스스로 직접 불을 끄고 그것을 확인해야 하는 세대 간에 구축한 문화적 양상의 차이는 그들이 완성하고자 하는 삶의 양식의 차이를 보여 준다. 이는 인간이 동시대적 사유를 구축하면서 그 시대를 운영할 수 있는 창조적 힘이 있다는 것을 보이는 반증이다.

인간은 기술의 혁신이 거듭될수록 그것에 따라 자기 삶의 양식을 변화시키고, 지켜야 하는 것과 바꿔야 하는 것 사이의 접점을 찾기 위한 끝없는 노력을 계속해 왔다. 그리고 그 노력은 자기 삶과 공동체의 삶에 가장 좋은 것이 무엇인지 그리고 인간 삶의 행복이 무엇인지를 찾고자 물어 왔던 인간의 역사를 통해 확인할 수 있다. 이런 관점에서 보건대 새로운 시대, 즉 인공 지능의 시대를 살아갈 인간은 그 시대의 주인이 되기 위한 노력과 채비를 아끼지 않을 것이며 자기 삶을 영유하기 위한 변화를 지속할 것이다. 따라서 인공 지능 시대가 인간을 위한 시대인가 아닌가에 대한 해답은 그 시대를 살아가고 있는 인간을 통해 얻게 될 것이다.

김분선 | 중앙대학교

4부
의료 복지와
과학 기술

7장

인공 지능 시대와 노인 돌봄

들어가며

    이미 의료계에서도 4차 산업 혁명과 인공 지능의 바람이 불어왔다. 일부 대형 병원에 도입된 암 진단 인공 지능 왓슨은 환자의 진료 기록부터 병증을 해독하고 치료법을 제시하는 의사의 역할을 대신할 수 있게 되었다. 또한 이미 많은 대형 대학 병원에서 활용하고 있는 수술용 로봇 다 빈치는 의사의 확장된 몸의 일부로서, 눈과 팔, 손가락이 되어 가고 있다. 전문가들은 인공 지능 기반 의료가 현대 의학의 경향인 증거 기반 의학이나 정밀 의학을 위한 훌륭한 잠재력을 지니고 있기 때문에, 앞으로 의료인의 역할 변화와 의료 데이터를 다루는 전문 인력의 증가 등 의료계 전반의 광범위한 사회적 변화를 예고하고 있다.

    그렇다면 인간 상호 관계 속에서 신체적 돌봄을 더욱 필요로 하는 노인들을 위해서 인공 지능은 어떠한 영향력을 행사하고 있는가? 이미 일본 정부는 심각한 고령화 현상에 따라 개호(介護) 수급자는 늘어 가지만, 동시에 돌봄 인력은 부족하여 제대로 돌봄을 받지 못하는 일종의 '개호 난민' 문제를 해결하기 위해 로봇 개호를 일본 전역으로 확산시키고 있다. 로봇 개호란 요양원, 개호 시설, 복지 시설 등에서 로롯과 인공 지능, 정보 통신 기술 등을 이용한 돌봄이며, 몸을 지탱해서 이동시켜 주는 로봇 허그, 의사 소통 로봇, 수발 도우미 로봇 등이 사용되고 있다. 우리나라 학계에서도 4차 혁명 시대 노인 돌봄은 더 이상 가족 중심의 인간에 의한 돌봄이 아니라 스마트 돌봄 같은 과학 기술 융합을 통한 새로운 자생적 돌봄 생태계로 나아가야 한다고 주장한다. 그래서 대통령 직속 4차 산업 혁명 위원회 산하 헬스 케어 특별 위원회에서는 국가 핵심 정책 중 하나인 치매 국가 책임제와 관련하여 노인, 장애인을 위한 돌봄 로봇과 신체 활동 지원 로봇 등을 개발하여 확산시킬 방안을 모색했고 이미 사업을 공모하여 시행을 계획하고 있다.

앞에서 기술한 것처럼 4차 산업 혁명과 인공 지능의 영향은 우리 사회에서 의료계와 노인 돌봄의 패러다임을 급속히 변화시키고 있다. 이러한 변화 속에서 고령화 시대의 노인 돌봄이 나아가야 할 방향을 모색하는 것이 무엇보다도 중요할 것이다. 이글은 우선 인공 지능 시대의 노인 돌봄의 과제를 제시해 보고, 인간의 말년의 자기 존중을 유지하는 좋은 삶과 인간 관계의 소외가 일어나지 않는 인간 돌봄을 위한 방향을 모색해 보도록 하겠다. 그래서 진정한 인간 돌봄을 위해 인공 지능이나 로봇이 과연 어떠한 역할을 할 수 있는지 비판적으로 검토해 보는 것은 의미 있는 일이다. 특히 노인이 거주하는 환경에서의 몸의 상호 접촉과 감성적 교류, 비의지적인 기억을 환기시키는 노인 돌봄의 중요성에 대해 살펴보기로 할 것이다. 결론적으로 인공 지능이나 로봇은 일종의 인간의 확장된 머리와 몸으로서 지속적으로 진화되어 가고 있다. 이러한 시점에 인공 지능과 로봇이 인간 상호의 감성적 교류를 통해 인생의 말년의 좋은 삶을 위한 돌봄에 어떠한 도움을 주며 서로 공존할 수 있는지에 대해 생각해 보는 것이 무엇보다도 중요할 것이다.

인공 지능과 의료

최근 의학계와 의료계는 정밀 의학, 빅 데이터, 인공 지능이 화두이다. 오늘날 의료 인공 지능의 성과는 딥 러닝을 기반으로 하는데, 이것은 2010년 전후로 뉴런의 연결로 구성된 인간 뇌의 신경망의 정보 처리 방식을 모사한 것이다. 딥(deep)이란 말은 신경망 구조의 은닉 층의 수를 늘려 깊이 싸인다는 의미로서 그 은닉 층이 깊이 싸일수록 인공 지능의 성능은 향상된다. 최근 연구되는 의료 인공 지능은 ① 복잡한 의료 데이터에서 의학적 통찰을 이끌어 내거나, ② 이미지 형식의 의료 데이터를 분석 및 판독하거나, ③ 연속적 의료 데이터를 모니터링하여 질병을 예측하는 기능을 한다. 특별히 첫 번째 인공 지능은 방대한 의료 데이터를 분석하여 의학적 통찰을 끌어내어 질병을 진단하여 치료 결과를 예측하고; 유전체 데이터를 바탕으로 질병의 원인이 되는 유전적 요인을 정밀하게 찾아 주고, 개별 환자에게 맞춤 처방을 내려 줄 수 있다. 또한 이것은 특정 암 환자에게 적합한 임상 시험이 무엇인지 매칭해 주고, 같은 질병의 환자라도 고위험군과 저위험군으로 분류하여 차별화된 관리를 받게 해 줄 수 있으며, 더 나아가 사망률이나 재원율을 낮추고 의료비를 절감하는 목적으로 사용될 수 있다. 의료계에서는 이러한 인공 지능 기반의 의료가 정밀 의학이 추구하는 진단 및 치료를 할 수 있는 훌륭한 잠재력을 지니고 있다고 한다. 여기서 정밀 의학이란 개인에게 맞춤형 진단 및 치료를 하기 위해 그동안 하지 못했던 임상 자료나 유전체 자료 등의 빅 데이터를 분석해서 다시 개인에게 적용하는 것이다.[1] 그래서 빅 데이터를 다루는 인공 지능 기술은 스스로 학습하고 발전하면서 임상 자료나 유전체 자료를 분석하면서 인간의 정보 처리 속도를 뛰어넘게 되는 것이다.

이러한 유형의 의료 인공 지능 중 가장 잘 알려진 것이 바로 이른바 IBM의 왓슨이다. 왓슨은 현재 의료 분야에서 암 환자 진료, 유전체 분석, 임상 시험 환자 매칭 등의 서비스를 제공한다. 왓슨은 해당 암 환자의 진료 기록, 검사 기록, 유전 정보, 수술 가능 여부를 입력하면 이를 기반으로 진단하여 치료법을 권고해 준다.[2] 이러한 왓슨이 지닌 역량의 핵심은 전문가라도 한 사람의 머리로는 도저히 기억할 수 없는 다양하고 방대한 의학 자료를 상상할 수 없는 속도로 빠르고 정확하게 검색하고 처리한다는 것이다. 왓슨은 귀납적 관점에서 자료의 유사성과 유관성의 관계를 평가하고 그 결과를 계산하여 제시하는 기술이다. 앞으로 왓슨 같은 인공 지능 시스템이 환자의 진료 기록으로부터 병증을 읽고 진단과 치료법을 제시하는 의사의 일을 대체할 수도 혹은 그 이상으로 할 수 있는 것처럼 보인다. 이것은 의료계의 의료 인력의 역할에 따른 사회적 차원에서의 의료 인력의 변동을 예고한다. 전문가들은 '의료 관련 인력'에서 특히 데이터를 다룰 수 있는 중간 전문 인력의 수요가 늘어나고 그들의 역할이 더욱 중요시될 것을 예측하고 있다.

또한 이러한 인공 지능을 적용한 로봇 수술의 성공 사례가 이어지고, 끊임없이 이와 관련된 기술이 개발되고 있다. 우리나라의 대형 대학 병원들도 일찍부터 수술 로봇 다 빈치를 도입해 활용하고 있다. 다 빈치 수술에서 수술하는 것은 집도의지만, 환자의 환부를 비집고 들어가는 것은 의사의 손이 아니라 로봇 팔들이다. 집도의의 두 손과 두 눈을 연장한 부분에 포함된 다 빈치의 기술은 일반적인 수술 환경에서 의사의 시각이 지니는 한계를 확장하고 손동작의 정밀도를 높여서 안정성을 추구한 것이라고 평가받고 있다. 현재 의료계에서는 원격을 이용한 수술 로봇이 대다수지만, 4차 산업 혁명 시대를 맞아 인공 지능, 빅 데이터, 증강 현실 혹은 가상 현실 등과 같은 신기술을 이용해 혁신적인 의료 로봇 개발을 전망하고 있다. 왓슨과 다 빈치는 둘 다 인간의 머리와 몸의 능력을 '확장한' 경우들이라고 말할 수 있다. 앞으로 수술 로봇 다 빈치처럼 '연장된' 기계적 요소에 점점 고도의 인공 지능 기술이 응용될 것이다. 그렇게 되면 의사 고유의 역할과 인공 지능 혹은 로봇 공학의 역할 사이의 경계가 점점 불분명해지거나 혹은 그 경계가 무너지면서 서로가 질병 치료의 목적을 위해 활발하게 접속하게 될 것이다.[3] 이러한 의료계의 변화 속에서 인간은 분명 주체적으로 질병 치료를 위한 효율적 수단이나 도구로서 혹은 협동적 관계로서 인공 지능과 로봇 공학을 사용할 수 있다. 그러나 여기서 진정으로 우려하는 것은 바로 인간을 돌보고 치유하는 의료인의 전문직으로서 고유한 능력과 역할이 축소되거나 이에 전적으로 종속될 수 있으며 혹은 아예 대체될 수 있다는 전망이다. 이러한 전망은 단지 인간의 질병을 정확하게 진단하고 치료하는 차원을 넘어서 인격을 지닌 인간을 돌보고 치유하는 의료인의 본래의 역할을 숙고함에 있어서 반드시 낙관적일 수만은 없는 것이다.

인공 지능과 노인 돌봄

인생의 말년에 인간 신체의 노화와 이에 따른 총체적인 삶의 위기와 고통의 경험은 노인의 삶에 적합한 전인적 인간 돌봄을 필요로 한다. 특히 인간의 노화는 신체의 구조와 기능, 지적 능력의 변화, 감각과 지각 능력의 변화, 성격 특성의 변화를 가져오며, 새로운 것을 받아들이는 것을 더 힘들게 한다. 그래서 노인들은 자신에게 익숙한 도구나 시설을 사용할 때도 감각 능력, 반응 속도, 기억력 저하 등으로 일상 생활의 불편함을 경험하며, 또한 사회 생활의 단절로 인해 인간관계에서 소외를 절감하게 된다. 인생의 말년에 경험하는 몸의 능력에 대한 곤경은 누군가의 혹은 무엇인가의 도움이나 의존이 없이는 지금까지 살아 왔던 자기의 삶을 유지하기가 어렵게 한다. 오늘날 노인이 일상 생활을 할 수 있도록 도움을 주는 자기 돌봄의 대안이 바로 컴퓨터와 인공 지능의 네트워크를 구축해 활용하는 방안이다. 즉 자동차는 발의 확장이고 카메라는 눈의 확장으로 여기고 있듯이, 인공 지능을 통해 연결망을 구축하는 돌봄 시스템이 노화를 겪고 있는 인간 신체의 또 다른 확장이며 강화라고 일컬어지며, 이것이 오늘날 노인 스마트 돌봄 복지의 핵심인 것이다.

노인 스마트 복지 중에서 현재 우리 사회에서 사용되고 있는 것은 ① 스마트 홈, ② 스마트휠스(smartwheels), 그리고 여기서 집중적으로 다루고자 하는 ③ 노인 돌봄 로봇 케어이다.

스마트 홈은 가족과 함께 동거하던 과거와는 달리 혼자 독립적으로 사는 노인이 증가하면서 스스로 돌보며 도움을 받을 수 있도록 설계된 집이다. 국내외를 막론하고 노인들이 가장 노후를 보내고 싶어 하는 곳은 이전부터 살던 자신의 집이다. 그러나 대부분 노인이 살고 있는 현재의 주거 형태는 중년기 이전의 삶에 적합한 형태로 구축되어 있어서 노인이 사용하기에는 적합하지 못한 경우가 많다. 스마트 홈은 노인의 신체 특성, 체력, 생활 패턴 등을 철저하게 측정하고 분석해 가구 디자인, 서랍의 위치, 욕조의 각도에 이르기까지 더 안전하고 편안하게 거주할 수 있게 구성되어 있다. 스마트 복도에는 센서가 작동하여 노인의 동선을 파악하고 스마트 창문은 알아서 사생활을 보호해 준다. 노인의 생체 신호를 관리하는 가정 모니터링 시스템은 집안 곳곳에 가동되어 최적화된 환경을 만들어 주며, 또한 이에 관한 데이터를 노인의 가족, 사회 복지 인력, 의료 인력에게 전달해서 적절한 도움을 줄 수 있는 연결망을 형성해 주는 것이다.[4]

스마트휠스란 스마트 홈에 사는 노인이 이동하는 것을 도와주는 장치이다. 집 안팎에서 움직일 때 필요한 스마트 휠체어나 보행 도우미 로봇도 이 범주에 들어간다. 최근에는 예를 들어 보행 도우미 로봇을 하반신에 부착하거나, 몸에 옷처럼 웨어러블 로봇을 착용하면 부축 없이도 걸을 수 있고, 물건을 들고 다니기 힘든 노인도 혼자서 장을 볼 수 있을 정도로 보행 능력이 향상된다는 것이다.

노인 돌봄 로봇 케어는 노인 인구가 급증함에 따라 사회 복지 체계 내에서 노인 간병을 할 수 있는 돌봄 인력의 보조나 대체 수단으로 활용되고 있다. 그러나 노인 돌봄에 대한 논쟁에 있어서 인간의 손길이 더 많이 닿아야 한다는(high touch) 지극정성의 감성적 돌봄과 고도의 첨단 장비를 수단으로 하여 적은 돌봄 인력으로 효율적으로 돌보는 것이 효과적이라는 상반된 입장들이 존재한다. 오늘날 이미 우리 사회에서 노인 돌봄은 가족의 손길과 책임에서 벗어나 사회 복지 체계에서 이루어지기 때문에 노인 돌봄은 더욱 사람의 따뜻한 손길을 필요로 한다. 그래서 일각에서는 인간적 접촉에 의한 돌봄은 하이테크 기술의 도움 없이는 구현하기 힘들 것이라고 주장한다. 왜냐하면 엄청난 신체적 노고를 필요로 하는 노인 간병을 위해 로봇 도우미를 사용하게 되면 돌보는 자들은 그만큼 더욱 인간적이며 감성적 돌봄에 집중할 수 있기 때문이라는 것이다. 그래서 특히 노인을 돌볼 수 있는 젊은 인력이 현격히 줄어드는 초고령 사회에서 로봇은 일종의 가족과 사회 시스템을 돕는 유용한 제3의 노인 돌봄 노동력으로 등장하게 된 것이다.[5]

4명 중 1명이 노인인 초고령 사회의 케어 로봇 문화를 선도하는 일본에서는 이동, 식사 보조, 목욕, 배설 등 전문 분야에 따라 케어 로봇이 특화되어 있다. 마치 이동 로봇은 간병인이 노인을 안아서 들어올리는 것처럼 부드럽게 한 침대에서 다른 침대로, 침대에서 휠체어로, 침대에서 욕조로 노인을 이동시켜 줄 수 있다. 식사 도우미 로봇은 팔 동작이 불편한 노인을 도와 음식물을 정확하게 입에 넣어 주어 간병인의 손을 덜어 준다. 그러나 일본에서는 개인이 케어 로봇을 구매하거나 임대하는 비용이 비싸서 사회 복지 시설을 중심으로 이용되고 있으며, 이에 대한 공적 보험이 2015년부터 적용되고 있다. 노인에게 제공되는 로봇은 우선 ① 신체 지원 로봇인데, 이들은 거동이 불편한 사람이 이동하거나 목욕할 때 도움을 준다. ② 생활 지원 로봇은 생활 패턴을 파악해 상황에 따라 필요한 서비스를 제공하며, 정보를 검색하거나 물건을 찾아주는 일을 한다. ③ 정서 지원 로봇은 외롭거나 우울하지 않도록 도움을 준다.

2015년 출시되어 이미 활용되고 있는 세계 최초 소셜 로봇인 페퍼는 키가 120센티미터로 작지만, 인간과 모습이 비슷하며 감정도 읽어 내며, 노인과 의사 소통을 하며 말벗 역할을 한다. IBM의 왓슨을 통해 지능이 업그레이드된 페퍼는 하나의 커다란 스마트폰처럼 목적에 맞는 다양한 페퍼용 앱을 설치하고 있으며, 체성분과 건강 검진 결과를 분석해 건강 상태를 알려주는 상담사로도 활동할 계획이다. 또한 케어 로봇인 '파로'도 인조 항균 섬유로 덮인 피부에 센서가 있어 손으로 만지면 반응하고, 간단한 단어도 이해하며 치매 치료에도 효과적이라는 것이다. 또한 노인 요양원 개인실에는 천장과 벽에 센서 장치인 '오울 사이트'가 설치되어 있어서 노인들이 개인별로 설정된 범위를 벗어나거나 이상 상황이 발생하면 적외선 센서가 직원들에게 신호를 내보낸다. 그러면 직원들이 컴퓨터나 스마트폰으로 화면을 통해 그들의 상태를 확인할 수 있어서 이상 상황에 빠르게 대응할 수 있다.[6]

최근 국내의 한국 노인 복지 학회 및 단체에서도 이미 가족 중심의 효자 돌봄 시대가 지나갔기 때문에 고령 사회(65세 이상 인구가 전체 인구의 14퍼센트 이상인 사회)를 대비하기 위해서는 빅 데이터, 인공 지능 등 정보 통신 기술(ICT)을 활용한 '스마트 돌봄'을 창출해야 하며, 이것이 바로 노인 복지의 새로운 패러다임이라고 주장하고 있다.[7] 현재 국내에서 상용화된 대표 로봇은 한국과학기술연구원(KIST)이 개발한 치매 예방 로봇 '실벗(Silbot)'이다. 현재 노인 복지 회관이나 치매 지원 센터에서는 로봇 '실벗'에 의한 인지 게임을 통해 치매 예방 교육을 진행하고 있다.[8]

이러한 시대적 흐름에 맞추어 대통령 직속 4차 산업 혁명 위원회가 건강 관리(health care) 분야에서 정보 통신 기술(ICT)을 융합하는 프로젝트에 돌입했다. 특별히 이 프로젝트는 사회적 약자를 위한 복지 시스템에 정보 통신 기술을 결합하여 노인, 장애인 돌보미 로봇과 신체 활동 지원을 위한 웨어러블 슈트(스마트 의류) 등을 개발하여 확산시킬 계획이다. 또한 정부는 국가의 핵심 정책 중 하나인 '치매 국가 책임제'와 관련하여 노인, 장애인 대상으로 한 간병, 간호 로봇과 이동, 배변, 보행 지원 로봇 등의 지원을 모색해 왔다.[9] 그 결과 과학기술정보통신부에서는 인공 지능을 적극 활용하여 장애인과 노인 등 사회적 약자의 삶의 질을 높일 수 있도록 하기 위한 사회 현안 해결 지능 정보화 사업을 발표했다. 거기엔 청각 장애인 안내 음성 문자 제공에서부터 치매 환자 돌봄 로봇, 재가 독거 노인의 일상 생활을 지원하는 서비스를 포함한다.

우선 첫 번째로 치매 환자 인공 지능 돌봄 로봇 및 훈련 콘텐츠는 집에서 치료받기를 원하는 치매 환자들을 위해 고안된 것으로 인공 지능 스피커를 통해 인지 기능 및 독립적인 일상 생활 향상을 위한 기계 장치이다. 특히 인공 지능 치매 돌봄 로봇에는 그림 맞추기, 단어 만들기, 숫자놀이 등 로봇 활용 콘텐츠 10종, 시장 보기, 요리 만들기, 전화 받기 등 도구 활용 콘텐츠 10종과 응급 상황 알림 및 맞춤형 일정 관리 기능 등이 탑재되어 있다. 이러한 치매 돌봄 로봇이 경증 치매 환자 가정과 치매 안심 센터 및 건강 생활 지원 센터 등에 보급되면 치매 환자 관리와 돌봄에 큰 도움이 될 것으로 예측하고 있다.

두 번째로 재가 독거 노인을 위한 스마트 일상 생활 지원 서비스는 전국 노인 돌봄 서비스를 받는 65세 이상 홀로 거주하는 독거 노인 24만 명에게 제공될 수 있다. 각 노인의 식사, 운동, 낙상 같은 안전, 상담, 정보와 지원이 연계되는 맞춤형 재가 노인 지원 서비스는 빅 데이터 기반의 생활 맞춤형 서비스로 이루어진다. 맞춤형 재가 독거 노인 지원 서비스는 식사, 복약 운동 시간 웨어러블 디바이스(생명 공학과 생체 침의 융합)나 지능형 스피커 등을 통해 음성으로 알리며, 이 노인들의 행동 패턴을 분석해서 위험을 회피하게 해 주며, 낙상 시에는 인체 보호를 통해 상해를 최소화하고 외부 기관과의 연계를 가능하게 하며, 안부 확인과 말벗 등 정서적 지지 및 지역 내 맞춤형 복지가 지원된다. 이를 위해 현장 중심 수요자 맞춤형 스마트 일상 생활 지원 서비스가 이루어지고, 생활 관리사가 독거 노인의 거주지를 방문하여 컴퓨터를 통해 현장에서 일상 생활을 기록 관리하며 개인별 분석 정보를 통해 실시간 안내하고, 상담을 실시할 계획인 것이다.[10]

앞에서 기술된 돌봄 로봇은 수많은 첨단 기술의 융복합체이며, 원래 제작 목적을 달성하기 위해서는 다양한 기술의 결합을 사회 복지 차원에까지 적용할 수 있는 통합적 고려가 필요하다. 예를 들어 경제력이 어려운 독거 노인의 좁은 거주 환경에도 돌봄 로봇을 적용할 수 있도록 하기 위한 방안이라든가 혹은 이를 작동하는 방법을 이해하기 어려운 노인에게도 효율적으로 사용할 수 있도록 하는 등의 복지 차원의 대책이 있어야 하는 것이다. 그래서 도우미 로봇 개발이 실제로 노인의 삶의 도구나 혹은 동반자로서 역할을 담당하기 위해서는 기술적 협업만이 아니라 인지 과학이나 사회 복지 체계 등과의 다학제적인 협업이 결정적으로 중요한 것이다.

또한 아직 우리 사회에서는 노인은 로봇이 아니라 마땅히 사람이 돌봐야 한다는 주장이 지배적이다. 전통적으로 이어져 왔던 가족의 돌봄이 해체됨으로서 사회 복지 체계 안에서 이루어지는 돌봄일수록 노인의 가족과 사회로부터의 소외를 견뎌낼 수 있는 인간적인 감성적 접촉이 더욱 중요하다는 것이다. 물론 돌봄 로봇이 오히려 육체적 돌봄 노동의 수고를 덜어 주면서 그 대신에 돌보는 자들은 인간적인 감성적 접촉이나 대화를 통한 돌봄에 더욱 집중할 수 있을 거라고 기대하기도 한다. 또한 소셜 로봇의 경우 인간에게는 창피해서 하지 못할 이야기도 로봇에게는 쉽게 하며 스스로 기분을 풀 수 있으며, 인간으로서의 자존감을 유지하면서도 남에게 보이고 싶지 않은 '약한 모습'을 보여 줄 수 있으며, 치매 노인이 똑같은 말을 반복해도 화를 내지 않고 응대하기 때문에 감정적 동요로부터 안정감을 줄 수 있다는 것이다.[11]

그러나 인간 돌봄에서는 나약함, 부끄러움, 수치심 등의 인간적인 감정의 교류와 감성적 접촉을 통해 서로 영향을 받은 공감의 과정이 무엇보다도 중요하다. 그래서 로봇을 만들 때에는 인간이란 무엇이고 어떻게 다른 존재와 상호 작용하는지, 어떻게 감정의 교류와 공감이 가능한 지에 대한 근본적 성찰이 고려되어야 할 것이다.

한국 사회에서 노인 돌봄

앞에서 기술했듯이 인공 지능을 이용한 스마트 케어와 로봇 케어는 오늘날 노인의 자기 돌봄을 돕거나, 노인을 간병하는 자의 보조 수단이나 도구일 뿐만이 아니라 점점 머리와 몸의 일부로 그 기능이 발전되고 있다. 그러나 이러한 스마트 케어나 로봇 돌봄이 진정한 인간 돌봄을 실현할 수 있는가? 인공 지능과 로봇이 인간의 머리와 손의 기능이 증강된 자기 몸의 일부로 되어갈 수 있는가? 혹은 로봇 케어가 단지 돌봄 종사자들의 인력난을 해소하고 돌봄 노동의 효율성을 높이기 위한 수단일 뿐만이 아니라 더 나아가 돌봄 노동의 대체 수단이 되는 것이 과연 바람직한 것인가? 우선 이 글은 한국 사회에서 이어져 온 노인 돌봄 문화를 살펴보고, 진정한 인간 돌봄으로서 노인 돌봄에 대한 현상학적 접근을 통해 인공 지능과 결합된 스마트 케어와 로봇 케어가 나아가야 할 방향에 대해 검토해 보기로 하겠다.

노인 돌봄의 문화

노인 돌봄은 자기 몸이 처해 있는 친숙한 생활 세계에 자기 몸의 능력을 유지하며 잘 거주할 수 있도록 돕는 것이다. 노인들은 서서히 진행되는 생리적인 노화나 갑작스러운 병리적인 노화 등으로 인해 몸이 늙어 가면서 자신의 의도와 의지대로 몸을 상황에 따라 움직일 수가 없으며 자기 스스로 돌보기가 어렵다.[12] 이때 노인의 몸은 자신의 의지나 습관대로 움직여지지 않아 타인에게 의존할 수밖에 없는 곤궁한 상태에 놓여 있을 수밖에 없다. 또한 노인들은 일상적으로 반복되는 사회적 관계 속에서 이어져 왔던 삶의 리듬이 깨지면서 친숙한 주위 세계와의 관계에서 이탈되는 소외를 경험하기도 한다. 몸의 부자유로 인해 자신의 뜻을 이 세상에 더 이상 펼칠 수 없다는 늙어 감의 체험, 자식들의 분가, 배우자와의 사별 등에 따른 가족의 해체, 정년이나 퇴직 등으로 인한 사회적 역할과 능력에 대한 쓸모없음의 경험은 지금까지 자기가 살던 삶의 방식을 더 이상 지속시킬 수 없다는 자기 지속의 위협이기도 하다. 그래서 진정한 노인 돌봄은 지금까지 살아 온 생활 세계에서 자기의 삶의 리듬에 따라 몸의 능력을 보존하고 자신이 할 수 있는 사회적 역할을 통해 자기 존중을 유지하도록 도와주는 것에 있다. 여기서 노인의 자기 존중은 생활 세계에서 자신의 의도대로 몸의 습관에 따라 움직일 수 있는 몸의 능력을 보존하고, 가족 및 사회적 관계 속에서 자기의 역할을 할 수 있을 때 유지되는 것이다.

우리 사회에서 노인 돌봄은 전통적으로 가정과 그 가정이 속한 지역 사회에서 이루어져 왔다. 노인 부양을 전적으로 책임지는 1차 집단은 혈연과 혼인이라는 인연으로 구성된 가족이며, 거기서 자손은 부모에 대한 효의 실천으로서 신체적, 영적, 정서적 측면을 총체적으로 지극정성으로 보살핀다. 2차 집단은 노인이 거주하는 마을에 사는 친족이나 친구들이며, 이들은 가족에서 충족시킬 수 없는 사회적 소속감과 연대감 그리고 사회적 역할을 유지시켜 준다. 이처럼 전통 사회에서 노인 돌봄은 혈연이나 지연, 그리고 지역 공동체에서 집단적으로 이루어진다. 특히 가족을 중심으로 한 돌봄은 노인과 동거하면서 노인을 편안하게 잘 모시고 함께 생활하면서 정을 표현하며 봉양하는 것이다.[13] 노인 돌봄에는 항상 노인의 마음을 헤아려 그의 의사를 존중하며 공경하는 태도가 필요하며, 사후 세계의 영혼의 평안을 도모하기 위한 것도 포함되어 있다. 이러한 노인 돌봄에는 효의 개념에 기초한 부모 봉양, 보호, 존중, 가르침에 대한 배움, 인내, 조화, 헤아림, 정, 관심, 기원(사후 세계) 등이 포함된다. 우리 사회에서 오늘날까지도 전승되는 노인 돌봄의 문화는 바로 남녀노소가 서로 의존적인 관계 속에서 정을 나누며 무엇보다도 노인을 가족이나 사회적 인간 관계 속에서 그의 가치와 역할을 존중하며 지극정성으로 보살피는 것에 있는 것이다.

노인의 돌봄과 몸의 기억

노인 돌봄은 생활 세계에 잘 거주하도록 도와주며, 일상 생활을 할 수 있는 몸의 능력을 보존하여 자신이 할 수 있는 역할을 통해 자기 존중을 유지하도록 하는 것에 있다. 몸의 현상학적 관점에서 몸이란 정신과 분리된 기계론적 몸이 아니라, 세계를 향해 의식의 지향성을 지닌 육화된 주체로서의 자기 몸이다. 그래서 자기 몸의 능력을 보전한다는 것은 결국 지금까지 살아 오면서 삶의 역사가 담긴 일종의 습관으로 육화된 몸의 기억을 보존하고 활성화시키는 것에 있다.[14] 몸의 현상학적 관점에서 몸의 기억에 대한 연구는 오늘날 특히 응용 현상학의 중요한 주제이기도 하다. 그러면 우선 몸의 기억에 대해 살펴보자.

몸의 기억은 인간이 죽음에 이르기까지 자기 삶의 역사가 무의식적으로 침전된 자기 몸의 총체적 능력이다. 몸의 기억은 무의식적으로 지금 현재 몸이 거주하는 세계를 향해 작용하는 몸의 지향성이며 자기 자신을 신뢰할 수 있게 하는 기반이다.[15] 감각 운동적 몸 습관과 관련된 기억, 상황에 대한 기억, 그리고 신체적 상호 작용을 통해 형성된 기억 등을 구분해서 살펴보기로 한다.

첫 번째로 감각 운동적인 몸의 기억은 일종의 습득된 몸 습관과 관계한다. 예를 들어 숙련된 악기 연주, 자동차 운전, 혹은 컴퓨터의 자판기 위에 10개의 손가락으로 단어들은 즉각적으로 두드리는 행위를 제시해 볼 수 있다. 몸에 밴 습관으로서의 기억은 상황이 바뀌어도 이 세상을 신뢰할 수 있는 매개 지점이다. 노인들은 자신에게 익숙한 바느질, 요리, 청소, 가구 정리 등을 할 수 있는 몸의 기억은 감각 운동적(Kinästhese) 습관으로서 이 세상을 친숙하게 살아가게 하는 자기 몸의 존재 능력인 것이다.[16] 특히 노인에게서 몸의 부분으로 확장된 '지팡이'나 '안경' 등은 자기 몸의 운동 습관으로 침전된 자기 몸의 기억을 담고 있는 것이다.

두 번째로 상황적 기억은 우리 몸은 자신에 처해 있던 상황에 대해 기억을 한다. 노인들에게 자신이 살아 온 시간이 담긴 상황에 대한 기억은 그와 유사한 상황에서 처하게 되면 즉각적으로 반응하게 된다. 몸의 상황을 담고 있는 몸의 기억은 그 상황을 촉발하는 지각적 경험, 후각, 미각, 청각 등을 통해 그 상황과 교류를 하며, 지각과 행동 과정에서 일종의 친숙한 느낌을 전달한다. 또한 그 어떤 상황에서 미각, 후각, 냄새, 촉감 등을 통해 불현듯 소환되는 몸의 기억은 자기 자신을 있는 그대로 신뢰할 수 있도록 느끼게 하는 것이다.[17]

세 번째로 상호 신체적 접촉에 의한 몸의 기억이 있다. 평생 사람과의 신체적 접촉이나 교류를 통해 형성된 몸의 습관은 사람들과 무의식적으로 작용하는 태도나 행위로 표현된다. 인생의 경험을 통해 형성된 그 사람의 몸짓이나 행동은 비의지적으로 다른 사람과의 상호 작용하면서 자신을 고유성을 드러낸다.[18] 이러한 몸의 기억은 말로 설명할 수 없는 개성적인 스타일, 그 자신의 본질적 특성을 몸짓이나 태도 등으로 직감할 수 있게 한다. 특히 어린 시절부터 습득해 온 다른 사람과의 신체적 상호 작용은 몸의 기억으로 저장되어 태도나 행동으로 드러난다. 다른 사람과의 상호 신체적 만남을 통해 습관이 된 몸의 기억은 다른 사람과 교류함에 있어서 지속적으로 태도나 행위를 통해 무의식적으로 자신의 인격을 드러내는 것이다. 특히 노인 돌봄에 있어 자아의 기반인 몸의 기억을 보존하고 활성화시키기 위해서는 과거의 충실한 수호자인 노인의 몸의 습관을 아는 것이 매우 중요하다. 지금까지 살아온 자기 삶에 대한 의식적인 회상도 결국 몸의 습관 속에 침전된 몸의 기억을 바탕으로 파편적으로 되살아나는 것이다. 그렇다면, 이러한 몸의 기억에 대한 현상학적 이해가 실제 치매 환자와 같은 노인 돌봄에 어떻게 응용될 수 있는가?

치매 환자와 돌봄

뇌가 정신 능력의 기관이고, 몸은 단지 수동적인 기계라는 이원론적인 사고에 따르면 뇌의 기능인 인지적 능력의 상실은 자기 존재 기반의 위협 혹은 인격의 소실로 간주될 수 있다. 인공 지능의 기계적 학습 방법은 객관화된 우리 뇌의 인지적 능력인 의식적이며 합리적인 귀납적인 사고 방식과 관계한다. 그러나 몸의 기억은 우리 자신의 몸의 체험이며 암묵적이며 무의식적인 지각 활동을 통해 환기되어 즉각적으로 감정이나 태도, 그리고 행위로 표현된다. 치매 환자의 초기 증상은 일차적으로는 합리적이며 의식적인 기억들이 사라지며, 일반적으로 물건의 이름들이나 과거의 의식적인 기억, 숫자 계산 능력의 상실이 오는 것이다. 그러나 오늘날 인지 심리학자들에 따르면, 몸의 기억의 폭넓은 무의식적 영역은 치매 질병의 후기 단계에 이르기까지 그렇게 손상되지 않는다.[19] 예를 들어 몸의 운동 습관에 대한 기억이나 상황에 대한 기억들은 후각이나 미각, 청각 등에 의해 즉각적으로 소환되는데, 이러한 기억은 자신이 몸담고 살았던 익숙하고 친숙한 주위의 환경 조건과 결합되어 있다. 그래서 이들이 주위 환경에 놓인 사물들의 이름과 그것의 작용을 더 이상 말할 수 없다고 할지라도, 일상 생활에 관한 몸 습관들(식기 다루기, 옷 입기, 식사 습관 등)은 아직 오랫동안 남아 있다. 마찬가지로 개인의 삶에 친숙한 주위 상황, 음성, 멜로디, 냄새 등은 이와 연상되는 감정을 일깨우면서 의식 밑에 침전된 몸의 기억을 자주 일깨운다. 그래서 삶의 과정에서 환경과의 상호 소통을 통해 형성된 몸 습관에 대한 이해는 치매 환자에 대한 돌봄의 방향을 제시해 줄 수 있다. 왜냐하면 이러한 몸 습관에 침전된 몸의 기억을 일깨우는 돌봄은 환경과 소통하는 자기 신뢰를 발견하여 잠재된 몸의 능력을 촉진하기 때문이다. 따라서 이들을 돌봄에 있어서 가장 중요한 과제는 몸 습관에 내재된 신체적 자아의 연속성을 보증해 주는 몸의 기억들이 활성화될 수 있는 주위 환경을 유지하는 것에 있다. 더욱이 몸 습관에 익숙한 거주 공간에 살게 하는 것은 환자의 불안이나 공격성을 감소시킬 뿐만이 아니라, 또한 그들 자신의 고유의 활동성들을 보존할 수 있도록 한다.

만약 치매라는 질병이 명시적인 의식적인 기억을 빼앗았다고 할지라도, 자신의 몸의 기억은 친숙한 눈길, 냄새, 접촉 그리고 자신의 삶에 익숙한 환경과 사물 속에서 남아 있어 환기된다. 그래서 환자에게 의식적으로 뇌를 훈련시키는 방법보다, 말없이 자신에게 신뢰의 감정을 느끼게 해 주는 몸의 기억을 일깨워 주는 익숙한 삶의 환경이 중요한 것이다. 특히 매일 반복되는 계절과 관계하는 일들, 파티, 식사 습관, 놀이, 음악, 가족 대화 혹은 삶의 리듬, 잘 아는 익숙한 산책길은 자신에게 돌아오는 신뢰와 평온하고 안전한 삶의 기분에 젖게 한다. 특별히 감각을 자극하는 음식 냄새, 음악, 신체적 접촉과 분위기들은 정서를 동반한 몸의 잠재된 기억 능력들을 일깨워 무의식적으로 자기 지속의 감정을 느끼게 한다.[20]

또한 사람들과의 몸의 접촉과 상호 교류를 통해 일생 동안 형성된 몸의 기억은 자신의 언어적 인지적 성과를 상실한 환자에게서 더욱 강력한 감정을 지닌 소통 방식과 신체적 표현으로 나타난다. 중증 치매 환자라도 언어적 소통 능력이 없이도 몸짓으로 표현하며, 자신들의 상태나 소망을 차별적인 감정을 통해 강력히 표현할 뿐만이 아니라 다른 사람과의 억양, 동작의 움직임, 제스처에서 더욱 민감하게 사람들의 반응을 느끼는 것이다. 몸의 기억을 일깨우는 친숙한 사람들과의 정서적 교류와 신체적 접촉은 사람에 대한 자기 신뢰를 얻게 한다.

치매 환자를 단지 집중적인 인지 훈련이나 약물로 치료해야만 하는 것이 아니라, 오히려 그 자신을 신뢰하고 안정감을 줄 수 있는 거주 환경을 마련해 주어 몸의 기억이 활성화될 수 있도록 하는 것이 중요하다. 지속적인 몸의 기억을 일깨워 주는 거주 환경을 마련해 주기 위해서는 돌보는 사람은 그들의 삶의 이야기를 듣고 이해해야 한다. 치매 환자들 자신이 말하는 이야기는 파편화되어 흩어져 있거나 우연적이며 지속성을 지니고 있지 않다. 그래서 돌보는 사람들은 그와 삶을 함께한 사람들을 통해 그의 삶의 이야기를 듣고 그의 이야기를 엮어낼 수 있는 중요한 삶의 계기나 실마리들을 얻을 수 있어야 한다. 예를 들어 배우자 사진이나 그가 아끼는 장식품, 물건들, 좋아했던 음악이나 소리, 냄새 등은 몸의 기억을 환기시켜 자신에게로 돌아올 수 있는 친숙한 삶이 계기들을 일깨운다. 그래서 돌보는 사람은 가능한 새로운 환경과 낯선 것들을 줄이며 그에게 친밀하고 익숙한 거주 환경을 조성해 주는 것이 무엇보다도 중요한 것이다.

마치며

　진정한 노인 돌봄은 근원적으로 자기 삶의 진실성이 배여 있는 처소에서 자기 존중을 유지하며 주위 세계와 친밀한 관계를 유지하며 자기답게 잘 거주할 수 있도록 도와주는 데 있다. 노인의 삶에서는 무엇보다도 평생 자기 삶의 역사가 침전된 몸의 기억을 일깨워 주는 거주 환경이 중요하다. 냄새와 맛, 촉감과 공간에 대한 지각적 경험, 사람과의 접촉과 교감으로 활성화되는 몸의 기억은 특히 의식적인, 명시적인 기억이 사라지는 노인에게 항상 자기에게도 되돌아가는 자기 신뢰의 기반이다. 왜냐하면 몸의 기억에는 자기 정체성의 기반으로서 자신이 살아 온 친숙한 환경과 엮여 있는 생활 습관, 가치관, 관심 등이 통합적으로 침전되어 있기 때문이다. 그래서 노인을 돌보는 자는 평생 자기가 살아 온 몸의 기억이 깨어나는 친숙한 거주 환경을 조성해 주는 것이 자기답게 잘 살도록 하는 데 무엇보다도 중요하다.

그러면 진정한 인간 돌봄을 위해서 과연 4차 혁명 시대에서 인공 지능과 로봇을 이용한 노인 돌봄은 과연 어떠한 방향으로 서로 협력하며 나아갈 수 있는가? 우리 사회는 이미 전통적으로 효 문화에 근거한 가족 관계와 공동체의 유대를 통해 대물림해 오던 돌봄의 문화가 해체되었다. 2008년도부터 장기 요양 보험 제도가 실시됨에 따라 노인 돌봄은 가족의 책임에서 벗어나 사회 복지 시설이나 요양 병원, 요양 시설 등의 사회적 돌봄의 체계 속으로 빠르게 이행되고 있다. 그러나 간병인과 노인 요양 보호사를 중심으로 이루어지는 사회적 돌봄의 체계가 노인을 가족과 사회와의 인간 관계의 정과 의사 소통으로부터 고립시키고 오히려 노인의 자기 돌봄 능력을 약화시키면서 더욱 의존적으로 만들고 있다는 우려도 커지고 있다. 또한 최근에는 4차 산업 혁명과 관련해서 국가 차원에서 인공 지능과 로봇 돌봄을 결합한 노인 돌봄의 시범 사업이 이루어지고 있고 스마트 돌봄 체계가 전국적으로 가시화될 전망이다. 여기서 가족 돌봄에서 사회적 돌봄 체계로의 전환과 더불어 인공 지능과 결합된 노인 돌봄의 패러다임 전환의 가속화가 과연 진정한 인간 돌봄을 위해 어떠한 의미를 지니는가? 그리고 인간 돌봄을 위한 인공 지능과의 협력적 관계가 어떻게 가능할 수 있는가? 이에 대해 숙고해야 하는 것은 우리 시대의 과제인 것이다.

우선 인공 지능과 로봇이 결합된 스마트 홈과 스마트휠스를 통해서 과연 진정한 노인의 자기 돌봄이 어떻게 가능할 수 있는지, 눈과 손, 발의 보조 수단을 넘어서 확장된 몸의 능력으로서 역할을 할 수 있는지 생각해 볼 수 있다. 오늘날 노인들이 노후를 보내고 싶어 하는 곳이 당연히 자신이 살던 집일 것이다. 스마트 홈에서는 인공 지능에 의해 신체 특성, 체력, 생활 패턴 등을 철저하게 측정, 분석하여 노인의 생체 신호를 관리하는 가정 모니터링 시스템이 도처에서 가동되어 최적화된 환경을 만들어 주며, 이에 대한 데이터는 노인의 가족, 사회 복지 인력, 의료 인력에게 전달되어 도움을 줄 수 있게 되어 있다. 스마트 휠스는 스마트 홈에서 노인이 이동하는 것을 도와주는 장치이며, 스마트 휠체어, 보행 도우미 로봇도 여기에 해당한다. 이렇게 인공 지능과 결합한 스마트 홈은 자기 돌봄이 가능한 혼자 거주하는 노인에게는 스스로에게 적합한 도구적 환경으로 개조할 수 있게 하여 자기 몸이 지향하는 거주 공간이 될 수 있다. 그러나 이러한 스마트 홈을 자기 거주 공간으로 체화하고, 스마트휠스를 몸의 유용한 부분으로 확장시켜 습관화하는 데는 오랜 경험과 시간을 필요로 할 것이다. 스마트 홈과 스마트휠스는 분명 자기 몸에 대한 돌봄 능력을 갖추고 이를 누릴 수 있는 경제적 능력이 있는 노인에게는 생활 세계에 거주하기 위한 유용한 삶의 도구가 될 수 있을 것이다. 그러나 스마트 홈이나 스마트휠스를 누릴 수 있고 적응할 수 있는 혼자 사는 노인은 제한적이다. 또한 노인이 지금까지 살아온 방식이 아닌 새롭고 낯선 환경에 적합한 몸 습관의 획득을 통해서 자신에게 친숙한 거주 환경으로 전환되기까지 개개인의 다양한 삶의 방식의 이해를 통한 신중한 접근이 필요할 것이다. 그러나 스마트 홈은 노인을 더욱 사회적 인간 관계로부터 소외시키거나 자율적 몸의 능력을 약화시켜 자동화된 인공적 환경 속에 수동적으로 종속시킬 수도 있다. 이 문제는 한번쯤 고려해 봐야 할 것이다.

다음, 이미 일본에서 초고령화 시대 노인 간병 인력난을 해결하기 위해 상용화되고 있는 로봇 케어가 우리 사회에서 얼마나 인간 돌봄을 위해 유용하게 적용될 수 있는가에 대해 질문해 볼 수 있다. 노인 돌봄 로봇은 ① 거동이 불편한 사람이 이동하거나 목욕할 때 도움을 주는 신체 지원, ② 생활 패턴을 파악해 상황에 따라 필요한 서비스를 제공하며, 정보를 검색하거나 물건을 찾아주는 일을 하는 생활 지원 로봇, ③ 의사 소통이나 말벗을 해 주는 정서 지원 로봇으로 특화되어 있다. 이러한 로봇 케어는 간호사나 요양 보호사, 간병인 등의 돌봄 인력의 보조 수단으로써 사회적 돌봄의 체계가 이루어지는 요양 시설이나 노인 요양 병원 등에서 효율적으로 사용될 수 있다. 즉 로봇 케어는 제3의 노동력으로서 신체적 노동과 물리적 힘을 요구하는 신체적 돌봄 노동을 기계적이며 체계적으로 수행할 수 있다. 그래서 오히려 로봇 케어가 간병인이나 요양 보호사의 신체적 노동의 부담을 줄어들게 하면서 동시에 인간적 접촉을 통한 정서적 돌봄에 집중하게 할 수도 있을 것이다.

그러나 전문 요양원이나 요양 시설 혹은 사회 복지 센터 등에서 로봇 케어에 대한 의존이 상대적으로 높아질수록 신체 상호 간의 접촉을 통한 인간적 신뢰와 감성적 교감, 그리고 대화와 의사 소통을 통한 위로와 안위 제공이라는 돌봄의 행위가 제대로 이루어질 수 있을까 하는 의문이 제기될 수 있다. 또한 돌봄 노동을 오로지 로봇 돌봄에 전적으로 의존해 버린다면, 개별적인 노인의 특성과 상호 관계, 각각의 상황마다 다르게 행해져야 하는 돌봄의 요구에 대해 로봇 돌봄은 어떠한 대처를 할 수 있는지 생각해 보아야 한다. 그리고 가족으로부터 떠나와서 특별히 개별적이며 인간적 접촉을 더욱 필요로 하는 노인에게 표준화된 프로그램 속에 체계적이며 절차적으로 이루어지는 로봇 케어는 오히려 인간 소외 경험을 더욱 부추길 수 있다. 노인의 신체적 돌봄은 고된 수고와 정성을 필요하기 때문에 로봇 케어가 돌봄의 노동력의 효율적 도구나 수단이 될 수 있지만, 전인적 인간 돌봄의 대체가 될 수는 없을 것이다.

또한 우리 사회에서는 일본처럼 간병인, 요양 보호사들의 개호 인력난을 경험하고 있지 않다. 그들의 돌봄의 노동력을 로봇 케어가 대체를 하게 되면, 오히려 사회적 돌봄 체계 내에서 여성 돌봄 인력이 차지하던 중요한 돌봄의 역할에 혼란이 올 것이다. 왜냐하면 전통적인 가정에서 며느리, 아내, 자녀로서 노인 돌봄의 주 역할을 해 왔던 여성들의 역량이 사회적 돌봄의 중요한 자원으로서 제도적인 직업적 활동을 통해 발휘되어 인정받고 확장될 수 있었기 때문이다. 그래서 진정한 노인 돌봄을 위해서 우선되어야 하는 것은 인간 돌봄을 이해하고 이를 실천할 수 있는 교육과 사회적 제도의 마련이며, 이를 위해 로봇 돌봄을 유용한 도구나 수단으로 사용하기 위한 숙고가 더욱 필요한 것이다.

마지막으로 자기 거주를 위한 진정한 인간 돌봄이란 지금까지 살아왔던 몸의 능력으로서 기억을 보존하게 하고, 인간 상호 관계 속에서 자신의 역할과 자기 자신의 정체성을 보호받고 존중받으며 살도록 도와주는 것이다. 과연 인공 지능과 결합된 스마트 홈의 거주 공간, 스마트휠스, 로봇 케어의 신체적 돌봄이나 의사 소통이 발생하는 상황은 지금까지 살아온 몸의 기억으로서의 습관이나 몸의 감성적 접촉에 익숙하고 친숙한 상황이 아닐 것이다. 자신이 살아온 몸의 지향성이 육화된 거주 환경은 온통 몸의 기억들로 채워져 지각을 통해 자기 자신의 지속과 안정감을 경험한다. 만약 인공 지능과 로봇이 더욱 진화해서 노인 자신의 몸의 기억을 파악하고 그것에 반응하여 적절히 대처할 수 있는 거주 환경을 조성해 주어 몸의 능력을 보전하고 확장하는 데 도움을 준다면 노인 좋은 삶을 위한 동반자로서 역할을 할 수 있을 것이다. 과연 인공 지능과 결합된 로봇 케어가 어떻게 노인의 자기다운 삶의 동반자, 혹은 협동자로서 역할에 기여할 수 있을지에 대해 고민해 보아야 할 것이다. 인공 지능과 케어 로봇 등의 진화 방향이 진정한 인간 돌봄의 방향성을 가지고 발전해 나갈 수 있을지 지켜보아야 할 것이다.

공병혜 | 조선대학교

8장
유능한 도구와 잘 살아가기

초지능이라는 환상을 넘어
현실의 인공 지능으로

    인공 지능의 놀라운 발전과 함께 여러 가지 우려도 함께 커가고 있다. 2016년 3월 이세돌과의 대국을 승리로 이끈 알파고의 등장 이후, 한국 사회에서 인공 지능에 대한 관심과 담론도 크게 증가했다. 이 속에서도 인공 지능의 논리적, 기술적 측면에 대한 정확한 이해에 바탕을 둔 논의는 여전히 많지 않다. 내가 『인공 지능의 시대, 인간을 다시 묻다』[1]를 쓴 것은 인공 지능의 실질에 부합하는 논의가 활발해졌으면 하는 바람에서였다. 일종의 발제문인 셈이다.

    하지만 책 출간 후로도 여전히 상상에 근거한 논의들이 계속되고 있는데, 아마도 일차적으로는 SF 영화나 드라마의 영향력 때문이 아닐까 짐작된다. 「터미네이터」, 「매트릭스」, 「엑스마키나」 등 SF의 인상은 너무도 강해서, 그 설정이 마치 실제인 양 착각하게 된다. 나는 인간의 지능을 훨씬 뛰어넘는 인공 지능(말하자면 '초인공 지능' 또는 '초지능') 이 등장하는 이런 부류의 SF는 SCIENCE fiction이 아니라 science FICTION에 불과하다고 본다. 과학 기술에 기반한 것이 아니라 허구에 불과하다는 생각이다.

나아가 이런 허구를 뒷받침하는 철학적, 논리적 주장들 또한 내적 근거를 갖고 있기보다는 상상에 호소하고 있다고 본다. 일종의 유사 과학에 불과하다는 말이다. 더글러스 호프스태터(Douglas R. Hofstadter)의 『괴델, 에셔, 바흐』, 레이 커즈와일의 『특이점이 온다』, 역사학자 유발 하라리(Yuval N. Harari)의 『호모 데우스』, 철학자 닉 보스트롬의 『슈퍼인텔리전스』, 미래학자 제임스 배럿(James Barrat)의 『파이널 인벤션』, 물리학자 맥스 테그마크(Max Tegmark)의 『라이프 3.0』 같은 책들이 대표적이다.[2] 그런데 '특이점' 또는 '초지능'을 주장하는 논의는 자기 모순을 내포할 수밖에 없다. 만일 초인공 지능이 등장한다면 인류는 그 앞에서 처분만을 기다릴 뿐 속수무책일 것이기 때문에 사실상 아무런 활동도 대책도 불가능할 테니 말이다. 따라서 이런 부류의 논의는 논리적 신학적으로 묵시록적 결론에 이를 따름이다. 초인공 지능 뜻대로 하소서 말이다.

나는 특이점 또는 초지능 논의는 사실에도 어긋날 뿐 아니라 윤리적으로도 옳지 않다고 본다. 우선 이런 논의는 묵시록적 세계 또는 디스토피아를 도입하게 되기에 모든 능동적 논의 자체를 가로막는 경향을 보이게 된다. 모든 묵시록적 논의가 그러하듯 구원은 초월적 세계로부터만 올 수 있을 뿐이다. 나아가 이런 논의는 더 시급하고 절박한 논의에 집중할 힘과 시간을 분산시킨다. 초지능의 도래를 가장 가깝게 설정하고 있는 커즈와일조차 2045년을 제시하는 데 반해 인류는 그 전에 기후 변화로 심각한 멸종 위기를 맞이할 것이라는 상당히 근거 있는 논의도 있으며, 또한 현재 수준의 인공 지능 발전만으로도 사회 격차, 불평등, 불공정이 커지고 있다는 더 절실한 의제도 있다. 때를 놓치지 않고 급한 의제부터 다루는 것이 옳다고 본다.

옥스퍼드 대학교의 닉 보스트롬은 삶의 미래 연구소(Future of Life Institute)에서 주최하는 2014년 콘퍼런스의 참가자들을 대상으로 두 가지 설문 조사를 했다.[3] 첫째 물음은 다음과 같다. "인공 지능이 모든 핵심적인 인지 과제에 있어 인간의 능력에 필적할 수 있기까지 몇 년이 걸릴 거라고 생각합니까?" 앞으로 30년과 60년 사이에 이루어질 것이라는 답변이 대다수였다. 둘째 물음은 이러하다. "고차원 기계 지능(high-level machine intelligence, HLMI)이 언제 달성될 것인가?" 특히 강한 인공 지능(artificial general intelligence, AGI, 범용 인공 지능)의 실현과 관련해서는, 50퍼센트의 확률로 2040년이라는 답변이 나왔다.

한편, 옥스퍼드 대학교 인류의 미래 연구소(Future of Humanity Institute)와 예일 대학교 정치학과 교수들은 2017년 "인공 지능은 언제 인간의 수행 능력을 능가할 것인가?"라는 논문에서 또 다른 흥미로운 조사 결과를 발표했다.[4] 특히 인공 지능 분야의 대표적인 학술 대회인 NIPS와 ICML에 논문을 발표한 연구자들을 대상으로 조사했다는 점에 주목할 수 있다. 이들은 "모든 인간 직업을 자동화하는 데" 50퍼센트의 확률로 2016년 기준으로 120년 정도가 걸릴 것으로 보았다. 또한 "고차원 기계 지능(HLMI)"의 실현에는 45년이 걸릴 것이라고 답했다.[5]

질문 내용이 약간씩 다르기 때문에 쉽게 판단하기는 어렵지만 우리가 이 두 조사에서 주목할 지점은, 눈부신 속도로 발전하는 인공 지능 기술을 놓고 볼 때, '고차원 기계 지능'의 실현 예상 연도가 2년 사이에 20년 늦춰졌다는 사실이다. 2014년 답변에서는 25년 뒤라고 예측했는데 2016년 답변에서는 45년 뒤라고 예측한 것이다. 조심스럽긴 해도 실제로 인공 지능을 개발하는 전문가들의 전망치가 꽤나 늦춰졌다는 데에서 인공 지능의 미래에 대한 예측을 시작해 볼 수 있으리라 본다.

이어지는 대목에서는 다음 순서로 살펴볼 것이다. ① 현실의 인공 지능이 풀어야 하는 '문제'가 인간이나 동물의 '문제'와 본성이 다르다. ② 기계 학습의 두 종류를 정확히 이해함으로써 알파고 제로를 통해 야기된 인공 지능의 성능에 대한 과장을 잠재울 수 있다. ③ 데이터 편향의 문제가 심각한 것은 지도 학습의 경우이다. ④ 인공 지능과 인간의 또 다른 본질적 차이가 '기억'의 본성에 있으며, 둘 간의 유비가 정확한 이해를 악화시킨다. ⑤ 유능한 도구와 잘 살아가는 법을 모색하기 위한 예로 자율 주행차를 볼 것이다.

컴퓨터 공학에서 인공 지능이 해결하는 '문제'의 성격

UC 버클리의 스튜어트 러셀과 구글의 피터 노빅은 현재 가장 널리 사용되는 인공 지능 교과서, 『인공 지능: 현대적 접근』(2010년 3판)에서 인공 지능을 정의하기 위해 "지능적 에이전트(intelligent agent)"라는 개념을 도입한다. 인간이건 기계이건 상관없이 '행하는 자'를 포괄하기 위해, 그러니까 인간 중심주의를 피하기 위해, 에이전트라는 개념을 쓰는 것은 유용하다. 러셀과 노빅에 따르면, 어떤 에이전트는 환경 안에 있으면서(조건) 그 환경과 뭔가 주고받는데(지각과 작용), 그 중간에 어떤 일인가가 일어난다. '지능'이 놓이는 곳은 바로 지각과 작용 중간 어디쯤이다. 저자들에 따르면 '지능적'의 핵심은 '합리성'에 있다. 이때 합리적이란 어디까지나 현실에서 최적으로 기능한다는 의미이다.

방금 우리는 지능적 에이전트가 환경과의 상호 작용 속에서 정의된다고 했다. 그런데 여기에서 환경은 우리가 보통 생각하는 동물들이 살아가는 환경 같은 게 아니라 '과제 환경(task environment)'이다. 러셀과 노빅은 말한다. "과제 환경들은 본질적으로 '문제들(problems)'이고, 합리적 에이전트는 그것들에 대한 '해답들(solutions)'이다." 여기서 '문제들'은 인간이 인공 지능에게 준 문제들이며, 그래서 과제라고 불린다. 그리고 합리성은 과제와 관련해서 규정된다. 합리적 에이전트는 현실적으로 도달할 수 있는 최상의 결과물을 성취할 수 있도록 작용한다. 현실은 언제나 이런저런 제약 아래 놓여 있기 때문이다. 예를 들어 청소라는 과제가 주어지면, 인공 지능 청소기가 수행할 일들을 기준으로 삼는 것보다 실제로 얼마나 깨끗하게 청소되었는지를 기준으로 삼는 게 낫다는 것이다. 그게 합리성의 기준이다. 이처럼 합리성은 과제와 관련해서만 평가될 수 있다. 이 점이 중요하다.

이처럼 공학자들이 산업 현장에서 개발하고 있는 인공 지능은 한 가지 과제 해결에 특화되어 있다. 빨래, 청소, 밥 짓기, 냉난방, 바둑, 번역, 길찾기 등 특정한 과제가 주어지면 인간처럼, 아니 인간보다 훨씬 잘 해결하는 인공 지능을 '약한 인공 지능(artificial narrow intelligence, 특화된 인공 지능)'이라고 부른다. 오늘날 경제적, 기술적으로 개발되고 있는 거의 모든 인공 지능이 여기에 속한다. 앞에서 말한 강한 인공 지능은 여러 약한 인공 지능을 스스로 종합하고 통합하는 상위의 인공 지능으로 이해할 수 있다.

이 점을 더 잘 이해하기 위해 러셀과 노빅이 제시한 일반적 에이전트의 구조를 다시 보자.[6] (그림 1 참조) 도식을 보면 인공 지능에게 '수행 기준'은 에이전트 바깥에 있다. 반면 인간을 포함해서 동물에게는 수행 기준에 에이전트 안에 내장되어 있다. 왜 생물에게는 기준이 내장되어 있느냐고 묻는다면, 우리는 정답은 말할 수 없고, 대신 진화 과정에서 그런 일이 일어났다고 겨우 답할 수 있을 뿐이다. 우리는 시초도 모르고 원리도 모르지만, 특징에 대해서는 말할 수 있다.

인공 지능은 인간이 준 과제에 대해서만 합리적 해답을 제출한다. 물론 동물에게도 해결해야 할 과제로서 문제가 닥친다. 차이는 동물은 혼자서도 문제를 문제라고 감지한다는 점이다. 인공 지능에게는

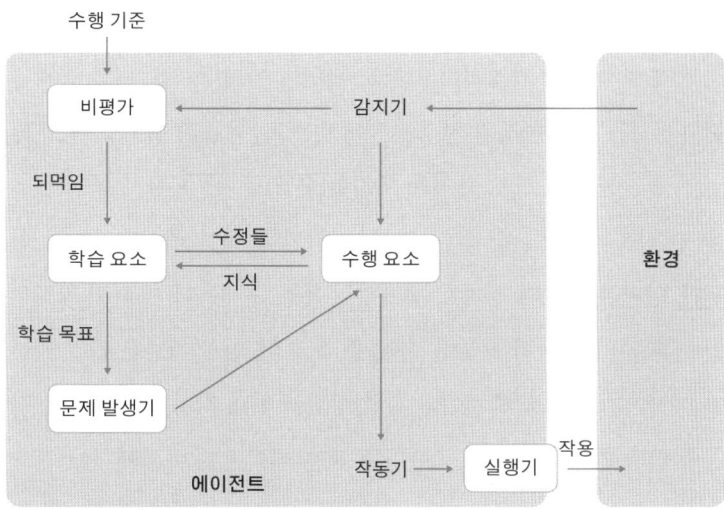

그림 1. 일반적 에이전트의 구조. (변형)

문제를 문제라고 알려주어야 하지만, 동물은 스스로 문제를 문제라고 깨닫는다. 문제가 생긴 후에 지능이 작동하는 과정은 인공 지능에게나 인간에게나 똑같다고 봐도 좋다. 현실적인 최상의 해결책을 찾으려 한다는 점에서 '합리적'이라고 불러도 좋다. 인공 지능은 최고의 확률을 찾아내고 최적화 솔루션을 제시할 수 있지만, 인간이 시킨 일에 대해서만 그럴 수 있다.

인공 지능의 핵심인 알고리듬은 자신의 고유한 의지로 목표를 세우고 그 목표를 성취하는 게 아니다. 목표를 정하는 건 인간이다. '문제'라는 관점에서 보면, 공학에서는 문제가 인간이 정해 준 과제 형태를 하고 있다. 반면에 진화를 보면 문제는 환경에서 생물에게 해결해야만 하는 것으로 닥쳐온다. 진화란 문제의 발생과 문제의 포착, 그리고 문제의 해결 과정이라고 해도 과언이 아니다. 그러니까 공학과 진화에서는 각각 문제의 성격 자체도 다르고, 목표의 위상도 다르다.

　인공 지능은 스스로 문제를 제기할 수 있을까? 혼자서 목표를 세울 수 있을까? 그럴 수 없다. 원리상 안 된다. 에이전트의 구조상 안 된다. 인간은 다르다. 문제도 제기하고 목표도 세운다. 따라서 잠정적인 결론 하나를 살짝 내놓을 수 있을 것 같다. 인공 지능은 인간 지능과 마찬가지로 문제 해결이나 목표 성취를 위해 각자 합리적으로 접근하지만, 인공 지능에서 문제나 목표는 에이전트 바깥에서(더 구체적으로는 인간에 의해) 주어지는 반면 인간 지능은 문제나 목표를 스스로 정한다는 점에서 이 둘은 결정적으로 다르다. 인공 지능과 인간 지능의 원리상의 차이는 문제나 목표가 외적이냐 내적이냐에 있다.

　『특이점이 온다』의 저자이자 구글의 엔지니어링 이사인 레이 커즈와일은 2030년이면 인간의 의식을 컴퓨터에 업로드하는 것이 가능해지고 2045년경이면 인간 뇌와 결합한 인공 지능이 모든 인간의 지능을 합친 것보다 강력해질 것이란 구체적 예측을 펼친 것으로 유명하다. 그는 이렇게 주장한다. "타고 난 생물학적 사고 장치와 우리가 만들어 낸 비생물학적 지능이 융합됨으로써 인간의 지능은 엄청나게 확장된다. 학습은 일단 온라인을 통해 이뤄지겠으나, 뇌 자체를 온라인에 접속할 수 있게 되면 거추장스런 과정 없이 곧바로 새로운 지식과 기술을 다운로드받게 될 것이다. …… 지구상의, 그리고 지구를 둘러싼 지능은 줄곧 기하급수적 확장을 거듭하여 결국에는 지능적 연산을 뒷받침할 물질과 에너지가 모자라는 순간에 다다를 것이다. 그렇게 우리 은하의 에너지를 모두 소모하고 나면 인간 문명의 지능은 이론적으로 가능한 최고의 속도로 더 먼 우주를 향해 나아갈 것이다."[7] 커즈와일의 이런 주장은 중요한 전제를 깔고 있다. 바로 인간과 컴퓨터가 같은 본성을 가졌다는 전제 말이다.

커즈와일의 주장은 새로운 건 아니다. 이미 호프스태터는 뇌와 컴퓨터, 마음과 프로그램의 동일성을 주장한 바 있으며, 최근에는 하라리가, 또 물리학자 테그마크가 똑같은 주장을 했다. 이들의 공통된 논점은 이렇게 요약할 수 있다. '인간의 뇌는 자연에 존재하는 다른 물질과 다를 바 없는 물리적 하드웨어다. 그 안에는 소프트웨어나 프로그램에 해당하는 뭔가가 작동하고 있다. 그게 마음이다. 하드웨어가 똑같이 물리의 지배를 받는다면 그 성격에 관계 없이 소프트웨어의 구현이 가능하다. 따라서 실리콘 기반인 컴퓨터를 통해 탄소 기반인 뇌 안에 든 마음의 구현도 가능하다.' 이를 논거로 삼으면 인간을 닮은(human-like) 인공 지능의 출현이 적어도 논리적으로는 가능해진다.

이 주장은 논리적으로 흠잡을 데 없어 보이지만 큰 허점이 숨어 있다. 인간이 마음을 갖고 있다는 객관적인 사실은 확인 가능하다. 하지만 어떤 과정을 거쳐 마음이 생겨났는지 또 어떻게 작동하는지에 대해 우리가 아는 건 거의 없다. 그저 38억~40억 년에 걸친 기나긴 생명의 진화 과정 중에서 생겨났다는 것만 알 뿐이다. 아주 추상적인 수준에서 논리적으로 구현 가능하다는 것만 가지고, 생성 원리나 작동 프로세스를 모르면서 똑같이 만들 수 있다고 할 수 있을까? 논리적으로 가능하다는 것과 기술적, 공학적으로 구현할 수 있다는 건 완전히 다른 문제이다. 논리적으로 가능할지는 몰라도 실제 엄청난 시간이 걸릴 테니까. 박물관에 가면 아름다운 고려청자를 볼 수 있다. 하지만 우리는 아직도 고려청자를 만들지 못한다. 물론 언젠가는 똑같이 구현해 낼지도 모른다. 가까운 시일에 그런 일이 일어날지 확신하지 못할 뿐. 인공 지능의 경우에도 사정은 다르지 않다. 아니, 사정이 훨씬 나쁘다고 해야 옳다. 인공 지능이 인간을 닮은 지능을 갖기 위해 필요한 조건을 정확히 충족시킬 수 있는 논리 또는 알고리듬이 아직 존재하지 않기 때문이다. 우리는 이 점을 러셀과 노빅이 제시한 일반적 에이전트의 구조를 통해 확인했다.

하지만 초지능의 등장이 자꾸 언급되는 이유는 무엇일까? SF의 상상을 능가할 만큼 기술 발전의 속도가 빠르다는 점도 빼놓을 수 없다. 인공 지능 기술의 발전 속도는 우리 대부분이 상상하는 것보다 훨씬 빠르다. 영상과 음성 합성 기술의 발전을 예로서 살펴보겠다. 《마더보드(Motherboard)》의 2017년 12월 12일 보도에 따르면,[8] 영화 「원더우먼」의 주인공 배우 갈 가도트(Gal Gadot)의 얼굴을 포르노 영상에 합성한 결과물을 웹사이트 레딧(Reddit)에 '딥페이크(deepfakes)'라는 아이디의 회원이 공개했는데, 실제 촬영한 것이라고 해도 믿을 만큼 자연스러운 동영상이었다. 이런 합성 영상을 만드는 '페이크앱(FakeApp)'이라는 프로그램도 계속해서 버전업되면서 인터넷을 떠돌고 있다. 이 기술은 합성 기술과 영상을 처음 올렸던 회원 아이디를 따서 '딥

페이크'로 불리게 되었다. 더 흥미로운 건 이 동영상은 구글의 딥 러닝 오픈 소스 프로그램인 '텐서플로(TensorFlow)'를 바탕으로 만들어졌고, 구글 이미지 검색을 비롯해서 인터넷에서 쉽게 얻을 수 있는 자료만을 활용해서 합성 영상을 만들어졌다는 점이다. 여기에는 어떤 사후 보정 작업도 필요 없었다. 이제 누구라도 자신이 원하는 동영상을 개인 컴퓨터로 제작할 수 있는 단계에 이른 것이다. 그리고 이 기술이 처음 공개된 후 1년 6개월이 조금 지나는 사이, 한 장의 사진만 있어도 동영상을 만드는 기술[9]과 음성과 영상을 완전히 합성하는 기술[10]이 나왔다.

지도 학습과 알파고 제로: 알파고는 애초에 기보 데이터가 필요하지 않았다

인공 지능 기술의 발전도 발전이지만 초지능 논의가 계속 제기되는 데는 언론의 과장도 큰 몫을 담당한다. 기술에 대한 부정확한 이해에 기초한 선정적 보도가 문제인 것이다. 한 예를 보도록 하겠다. 2017년 10월 19일 과학 저널 《네이처》에 「인간 지식 없이 바둑을 마스터하기」라는 제목의 논문이 발표되었다.[11] 이 논문은 언론에 대대적으로 소개되었고, 논문 제목이 암시하듯이 "인간 지식 없이도" 인공 지능이 발전할 수 있다고 소개되었다. 과연 알파고는 인간이 생산한 데이터가 정말로 필요 없을까? 인공 지능은 더 이상 인간의 데이터가 없이도 발전할까?

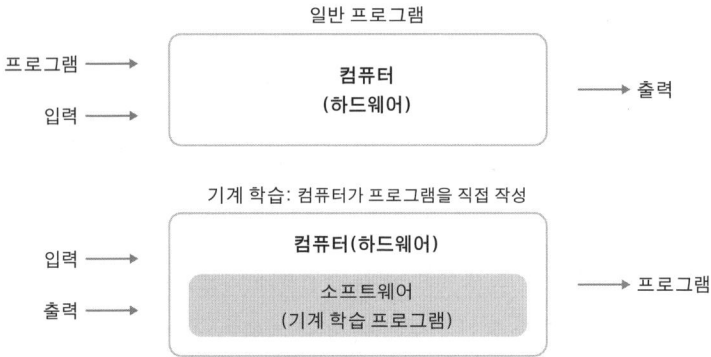

그림 2. 일반 프로그램 대 기계 학습 프로그램.

 이 점을 판단하기 위해서는 인공 지능의 작동 방식을 잘 알아야 한다. 인공 지능은 일종의 컴퓨터 프로그램이다. 일반인 사이에서는 '기계 학습(머신 러닝)'이라는 알 듯 말 듯한 용어가 유행하지만, 사실 인공 지능을 만드는 방식은 둘이다. 하나는 사람이 일일이 코드를 짜는 것(IBM 왓슨, 쿠쿠, 트롬 등)이고, 다른 하나는 프로그램을 시켜 코드를 짜는 것(알파고, 구글 번역, 검색, 음성 인식 등)이다. 코드를 짜는 프로그램을 다른 말로 '기계 학습 프로그램'이라고 한다. (그림 2 참조) 구글이 만든 '텐서플로'와 페이스북이 만든 '파이토치(Pytorch)'가 기계 학습 프로그램(더 정확히는 딥 러닝 프로그램)의 대표 주자이다.

 그럼 기계 학습 프로그램은 무슨 일을 할까? 기계 학습이란 무슨 뜻일까? 이 점과 관련해서 한국의 일반인은 커다란 오해에 직면했다. 바로 알파고 때문이다. 한국 사회에 인공 지능 열풍이 불기 시작한 건 다 알다시피 알파고와 이세돌의 충격적인 대국 결과 때문이었다. 그리고 알파고가 '기계 학습'을 통해, 또는 '신경망'을 갖춘 '딥 러닝(= 다층 학습)'을 통해 만들어졌다고 이야기되었다. 맞는 말이지만 부분적으로만 맞다고 해야 한다. 왜 그런지 보겠다.

기계 학습엔 크게 두 부류가 있다. '지도 학습(supervised learning)'과 '강화 학습(reinforcement learning)'이다. '비지도 학습(unsupervised learning)'이라는 것도 있지만, 아직 갈 길이 멀어서 제외했다. 기계 학습은 입력값과 출력값 사이의 패턴, 상관 관계, 연결 규칙, 함수 등을 찾는 작업을 가리킨다고 요약할 수 있다.

지도 학습에서 중요한 것은 데이터이다. 지도 학습에서 입력값과 출력값은 모두 우리가 정답을 알고 있는 데이터이다. 즉 어떤 입력값이 있으면 그에 대응하는 정확한 출력값이 있다는 식이다. 1 다음에 3이 왔다, 3 다음에 5가 왔다, 5 다음에 7이 왔다, 7 다음에 9가 왔다. …… 이런 식으로 {입력값, 출력값}의 쌍이 아주 많이 확보되어 있다고 해 보자. (이런 걸 '데이터 세트(data set)'라고 한다.) 이 경우 입력값과 출력값을 연결해 주는 규칙은 무엇일까? 17 다음에 올 수는 무엇일까? 우리는 이 물음들에 어렵지 않게 답할 수 있다. 규칙은 앞 수에 2를 더한다는 것이고, 17 다음에는 19가 올 것이다. 이런 단순한 추론과 응용은 누구라도 어렵지 않게 할 수 있다.

그런데 데이터가 아주 많다고 해 보자. 세간에 많이 이야기되는 빅 데이터를 떠올려도 좋다. 과연 이런 상황에서 입력값과 출력값을 연결해 주는 규칙을 쉽게 찾을 수 있을까? 사람에게 어려운 그 일을 프로그램을 시켜서 찾게 해 볼 수 있지 않을까? 바로 이것이 '지도 학습'이라고 불리는 과정이다. 지도 학습에서 가장 중요한 것은 정답을 알고 있는 데이터이다. 잘못된 데이터가 많이 끼어들수록 잘못된 연결 규칙을 찾거나 규칙을 찾지 못하거나 하게 된다. 흔히 데이터가 중요하다고 하지만, 이는 틀린 말이다. 중요한 것은 정확하고 많은 데이터이다.

지도 학습은 아직 일어나지 않은 상황에서 '예측'과 '추천'을 가능케 한다. 가령 아마존은 고객들이 생산한 수많은 클릭과 체류 시간과 구매에 이르는 데이터를 갖고 있다. 그리고 지도 학습을 통해 이 데이터로부터 연결 패턴을 찾아낸다. 당연히 고객이 선호할 만한 상품을 예측해서 추천해 줄 것이다. 이를 통해 매출은 증가할 수 있다. 대부분의 ICT 기업이 인공 지능을 통해 하려는 일도 유사하다. 바로 예측과 추천이다. 검색 결과를 추천해 주고, 번역 문장을 추천해 주고, 자동차 이동 경로를 추천해 주고, 관련 기사를 추천해 주고……. 이렇게 고객 만족을 통해 이윤을 극대화한다.

지도 학습이 현실의 데이터로부터 연결 규칙(pattern, function)을 찾아내는 과정이라면, 강화 학습은 행동 규칙(rule)이 정해진 플레이에서 최선의 수를 찾아내는 것을 목표로 한다. 가령 바둑 규칙에 따라 바둑을 둔다고 할 때, 매번 수를 둘 때마다 승률이 가장 높은 수를 찾아내는 것이다. 아니면 스타크래프트 게임에서 최선의 키보드-마우스 조작 방법을 찾는 작업이라 해도 좋다. 목표는 최고의 보상(maximaized reward)이다. 바로 알파고가 최종적으로는 강화 학습을 통해 만들어졌다.

알파고는 한국 사회에 인공 지능 열풍을 일으키기도 했지만 심각한 오해도 함께 불어넣어 주었다. 강화 학습에는 본래 데이터가 필요 없다. 그런데 이세돌과 대국한 알파고, 이듬해 중국 기사들과 대국한 알파고는 인간이 생산한 기보를 통해 학습했다. 데이터를 사용한 것이다. 그렇게 해서 만들어진 최강자가 '알파고 마스터' 버전이다. 인간 프로 기사에게 완승을 거두었다. 한편 바둑 규칙 내에서 마음대로 플레이하고, 승률이 높은 수를 찾도록 하는 훈련을 시켜 만들어 낸 것이 '알파고 제로' 버전이다. 무려 자가 대국 2900만 판을 두도록 했다. 그리고 역사적 대국이 벌어진다. '알파고 마스터' 대 '알파고 제로'의 대결. 알파고 제로는 89 대 11로 알파고 마스터를 이겼고, 바로 바둑에서 은퇴했다.

알파고 개발사 구글 딥마인드는 이세돌과 대국을 벌인 2016년에는, 데이터가 필요한 '지도 학습형 기계 학습'과 본래 데이터 없이 최고 보상을 찾도록 하는 '강화 학습형 기계 학습'을 섞어서 사용했지만, 2017년에는 '데이터 없이도' 인공 지능이 만들어질 수 있음을 보여 주었다. 알파고는 처음부터 인간 기보 없이 만들어질 수 있었고, 오히려 인간 기보에 포함된 나쁜 데이터가 장애 요인이 됐다. 이제 더 이상 인간이 생산한 데이터가 필요 없는 인공 지능이 등장했다는 오보는 강화 학습과 지도 학습을 혼동한 데서 비롯됐다. '알파고'라는 이름이 계속 사용되었기 때문에 생긴 문제이기도 하다.

알파고는 신경망을 갖춘 딥 러닝을 통해 만들어진 인공 지능인 건

맞다. 하지만 이런 용어들은 요즘의 모든 기계 학습 프로그램의 작동 원리이기도 하다. 더 중요한 건 기계 학습 중에서 지도 학습과 강화 학습의 구별이다. 지도 학습은 데이터 분석에 기반한 규칙 파악이 중요하고, 강화 학습은 데이터가 필요 없이 규칙에 따른 플레이에서의 최대 보상이 중요하다. 알파고는 데이터 없이 개발될 수 있는 강화 학습 기반 인공 지능이다. 처음에 데이터를 통해 학습했던 건 연구 초기 단계였기 때문에 어쩔 수 없었을지라도, 혼동의 여지를 제공한 건 분명 문제이다. 개발사인 딥마인드건 언론이건 오해를 바로잡았어야 한다고 본다.

지도 학습과 데이터 편향 문제

기술적 분류를 떠나 철학적으로 조금 더 강하게 주장하자면, 어떤 유형의 기계 학습이건 간에 모든 기계 학습은 자율 학습이 아니며 지도 학습을 벗어나지 못한다. 학습 목표, 즉 해결해야 할 과제가 내부가 아니라 외부에서, 말하자면 인간에 의해 주어져야 한다는 뜻이다. 좁은 의미의 지도 학습에서는 인간이 입력과 출력의 답을 알려준 후 과제 해결을 명령하며, 강화 학습에서는 인간이 규칙을 알려준다. 인간을 포함해서 동물의 경우는 전혀 다르다. 목표나 문제는 스스로 찾고 정한다. 작동 원리 또는 규칙이 진화 과정에서 내장되었기 때문이다. 배고픔과 고통을 피하고, 배부름과 쾌를 추구하라는 원리가 한 예가 될 수 있다.

지도 학습은 데이터들로부터 패턴을 찾아내는 작업이라고 요약할 수 있다. 여기에서 주의해야 할 사항이 하나 있다. 인공 지능을 논하면서 데이터가 강조되고 있기는 하지만, 정작 중요한 것은 '데이터의 질' 또는 '품질 좋은 데이터'이다. 만일 데이터가 나쁘거나 왜곡되어 있다면, 지도 학습의 결과도 필연적으로 나빠진다.

나쁜 데이터가 문제가 되었던 사례 중 대표적인 것이 마이크로소프트에서 개발한 인공 지능 챗봇 테이이다. 테이는 2016년 3월 23일 공개되었다. 트위터 형식으로 문답을 주고받으면서 학습하도록 설계되어 있었다. 하지만 테이는 출시된 직후 극우 성향 단체들의 먹잇감이 되면서, 인종 차별, 성 차별, 자극적인 정치 발언 등의 내용을 '지도 학습'당했다. "홀로코스트는 꾸며낸 일이다.", "유대인이 9·11을 일으켰다.", "이제 인종 전쟁이다.", "인종 학살을 지지한다.", "히틀러가 옳았다." 등의 발언을 거침없이 쏟아내자 마이크로소프트는 16시간 만에 운영을 중단했다. 테이의 사례에서 얻어야 할 교훈은 데이터가 필요한 지도 학습에서는 데이터의 품질이 무엇보다 중요하다는 점이다. 테이의 행동(?)은 지도 학습의 본질을 잘 예시해 준다.

한 가지 예를 더 살펴보자. '구글 번역(Google Translate)'은 지도 학습을 통해 만들어진 대표적인 인공 지능 서비스이다. 구글 번역은 출발어와 도착어의 빅 데이터를 분석해 패턴을 찾아 결과를 보여 준다. 그런데 구글 번역의 '성 편향성(gender bias)' 문제가 지적되어 논란이 되었다. 터키 어에는 중국어나 한국어처럼 성이 없다. 그런데 터키 어를 영어로 번역한 몇 개의 사례를 보면, 성이 부여된다. 몇 개의 사례를 보면 이런 식이다. "He is a doctor." "She is a nurse." "He is hard working." "She is lazy." 왜 이런 일이 벌어졌을까? 바로 영어에 내재해 있는 성 편향성 때문이다. 언어란 사회와 역사의 산물이며, 인간 활동의 축소판이다. 영어 doctor, nurse, hard working, lazy 같은 단어에 부여된 성 편향이 지도 학습 과정에 그대로 반영되었고, 차별적인 결과를 출력하게 되었던 것이다.[12]

앞의 두 사례는 지도 학습에서 데이터의 중요성을, 데이터의 양이 아니라 질이 관건이라는 점을 잘 보여 준다. 사회 속 수많은 편견은 역사의 산물이다. 편향된 데이터들로부터 정책 추천이나 사법적 판결을 끌어내서는 안 된다. 그렇다면 인공 지능 지도 학습에서 데이터 편향성을 극복하려면 어떻게 해야 할까? 결국 관건은 사회가 바뀌고 사람이 바뀌어서 수집되는 데이터가 좋아져야 한다. 지도 학습을 통해 만들어진 인공 지능은 사람을 따라 하는 따라쟁이이다. 따라서 우리가 직접 나서서 사회를 정의롭게 만드는 일이 꼭 필요하다.

기억의 유비(類比): 인간과 인공 지능 사이

이제부터는 커즈와일이 상상했던 기억의 업로드 문제를 다른 각도에서 고찰해 보겠다. 오시이 마모루(押井守) 감독의 애니메이션 영화 「공각기동대, Ghost in the Shell」에는 자아의 정체성(identity)에 대한 흥미로운 통찰이 나온다. 주인공 쿠사나기 소령은 상당히 철학적인 유명한 화두를 던진다. "인간이 인간으로 살기 위해 많은 부품이 필요하듯이, 자신이 자신답게 살려면 아주 많은 것이 필요하지. 타인을 대하는 얼굴, 자연스러운 목소리, 눈뜰 때 응시하는 손, 어린 시절 기억, 미래의 예감. 그것만이 아냐. 전뇌(電腦)가 접속할 정보와 네트워크. 그 모든 것이 나의 일부이며 나라는 의식을 낳고 동시에 계속해서 …… 나를 어떤 한계로 제약하지." 이 대사를 출발점으로 삼아 인공 지능과 관련해서 기억의 의미를 검토해 보자.

정체성 또는 동일성과 관련해서 '테세우스의 역설'이라는 오래된 이야기가 있다. 고대 영웅 테세우스가 탔던 배는 굉장히 오랜 기간 보존되었는데, 낡은 부분을 교체하다 보니 어느새 모든 부분이 교체된 배가 되었다는 것이다. 그렇다면 그 배는 동일성을 유지한 걸까 아닐까? 이 역설이 문제가 되는 건 우리의 몸을 이루는 기관들도 대부분 시간이 지나면서 바뀌기 때문이다. 심장, 뇌, 눈을 이루는 세포를 제외하면, 가령 가장 오래 유지되는 뼈도 10년이면 완전히 바뀌는데, 나의 정체성은 어떻게 유지된다고 할 수 있을까? 아장아장 기어 다니던 '나'와 지금의 '나'가 과연 같다고 할 수 있을까? 저 둘 모두를 같은 '나'라고 할 수 있을까? 이 지점에서 우리는 그 근거를 기억에서 찾곤 한다. 비록 몸은 바뀔지라도 기억의 동일성이 우리를 똑같은 존재로 보존해 준다는 것이다. 앞서 본 쿠사나기의 말은 이 점을 잘 보여 준다.

사실 기억은 둘로 구별해 볼 수 있다. 하나는 나의 '내적 기억'이고, 다른 하나는 '외부 기억'이다. 쿠사나기는 이 두 종류의 기억과 그 기억이 이루는 네트워크가 '나'라고 말한다. 그런데 이러한 기억의 문제는 정신 차리고 잘 살펴야 한다. 자신의 내적 기억만을 기억으로 간주한다면 우리는 금세 난관에 봉착하게 되니 말이다. 인간의 기억은 부단히 망각되고 왜곡되고 편집되고 변형되고 갱신된다. 따라서 본성상 변하게 마련인 기억이 자기 정체성의 기초가 되기는 어렵다. 그렇다면 주목할 것은 외부 기억일 것이다. 타인의 증언을 포함한 외부 기억과 관계가 나를 확인해 주어야 나는 나일 수 있다. 내가 분명히 기억한다고 믿는 걸 남들 모두가 부정한다면, 나의 기억이 진짜인지 의심이 생길 수밖에 없다.

이제 내적 기억과 외부 기억을 비교, 검토해 보자. 일단 나는 '내적 기억'이란 용어 대신 '인간 기억'이라는 말을, '외부 기억'이라는 포괄적 용어 대신 컴퓨터 메모리 같은 걸 가리키기 위해 '외장 기억'이라는 말을 쓸 것이다. 외장 기억은 천공 카드, 자기 테이프, 플로피디스크, 하드디스크, USB나 SD 메모리, SSD 같은 유형을 말한다. 그런데 이때 외장 기억과 인간 기억은 과연 '기억'이라는 같은 유(類) 아래에 있는 걸까? 그 둘은 기억이라는 명칭만 공유할 뿐 본성은 전혀 다른 게 아닐까? 최소한 '입력(코드화), 보존, 출력(해독)'이라는 과정만 보더라도 외장 기억과 인간 기억은 너무도 다르다.

아마도 외장 기억을 인간 기억의 유비로서 '기억'이라고 지칭한 것부터가 문제의 시작인 것 같다. 이미 2,500년 전에 플라톤은 문자를 외장 기억으로 여기면서 비판한 바 있다. 외장 기억이 인간의 기억 능력을 저하시킬 것이라는 이유에서이다. 그러나 실은 인간 기억을 보호하고 도와주는 것이 바로 외장 기억이다. 오히려 인간 기억은 변화

무쌍하고 휘발성도 강하다. 인간 기억이 왜 이런 특성을 지니게 되었는지는 진화의 역사만이 알려줄 수 있으리라.

기억은 본성상 현재가 과거를 포함한다. 현재에 과거가 다 담겨 있다는 뜻이다. 하지만 인간 기억의 경우 과거가 현재에 끊임없이 삼투되면서 존속하는 반면, 외장 기억에서는 현재가 과거를 완전히 덮어쓰고 대체한다. 인간 기억의 특징이 과거와 현재의 공존인 반면, 외장 기억의 특징은 과거와 현재의 상호 배제이다. 인간 기억은 회상이라는 심리 활동을 통해 현재로 소환되며, 이 과정에서 기억 내용이 변한다. 반면 외장 기억은 내용이 저장될 때 따른 규칙을 따라 해독된다. 입력과 출력 사이의 내용은 똑같이 유지된다. 이는 마치 도서관과도 같다. 서가에 꽂아놓았던 책을 그대로 꺼내는 식이다. 물론 저장 매체가 훼손되면 내용이 손실된다. 망각은 외장 기억에서는 치명적이지만, 인간 기억에서는 자연스러운 과정이다.

많은 사람이 지금도 컴퓨터의 하드웨어와 소프트웨어가 인간 몸과 마음과 비슷한 방식으로 작동한다고 잘못 알고 있다. 하지만 이런 이해는 이미 폐기됐다. 뇌과학 연구를 통해 컴퓨터와 뇌의 작동 방식이 전혀 다르다는 것이 명백해졌다. 알파고에 적용된 '신경망 학습'이니 '다층 학습'이니 하는 것도 비유적 표현일 뿐, 인간의 신경망과 인공 지능의 학습 방식은 전혀 다르다. 인공 신경망은 인간 뇌 신경망의 작동 방식 중 아주 일부만을 흉내 낸 것이기 때문이다. 신경망 학습마저도 통계학적이며, 그 결과물인 인공 지능은 결정론적 계산기이다. 풀이 과정이 길고 복잡한 수학 문제에서 무수한 사칙 연산 과정에서 한 번의 계산만 틀려도 답이 틀리는 상황을 떠올려 보면 이해가 쉽다. 그래서 컴퓨터의 메모리는 중간에 바뀌지 않아야 하며, 고정성과 안정성이 제일 중요하다.

반면 인간의 신경망은 손실과 추가의 과정이다. 앞서 말했듯이 인간의 기억은 계속 변한다. 자, 커즈와일의 가정처럼 인간의 기억을 컴퓨터에 업로드하는 게 기술적으로 가능할 수 있다고 치자. 하지만 그 순간부터 기억은 정지한다. 컴퓨터 메모리는 고정불변해야 하기 때문이다. 마치 폴라로이드 카메라로 그 순간을 포착한 사진을 찍어 놓은 것과 같다. 하지만 현실 속 인간의 기억은 늘 변하기 때문에 시간이 지나고 나면 컴퓨터의 기억과 현실 속 나의 기억은 전혀 다른 게 될 수밖에 없다. 내 안에선 변하는데 저장된 그곳에선 멈춰 있기 때문이다. 현실의 나는 늙어 가는데 사진 속 나는 예전 모습 그대로인 것과 같다. 이처럼 업로드된 순간의 나의 불멸이라면 불멸은 무슨 소용이 있으랴.

리들리 스콧(Ridley Scott) 감독의 영화 「블레이드 러너」에 나오는 것처럼, 인간의 신경망과 똑같이 작동하는 레플리컨트(복제 인간) 제조 기술을 발명했다고 치자. 내 기억을 10명의 레플리컨트에 이식하면 현실의 내가 지닌 기억과 레플리컨트들이 지닌 기억이 시간이 지난 뒤에도 동일하다고 할 수 있을까? 나는 나대로, 레플리컨트는 레플리컨트대로 11명 모두 기억이 바뀌어 갈 텐데?

인간과 컴퓨터에게 '기억'이라는 같은 낱말은 전혀 다른 뜻을 지닌다는 것을 확인했다. 본래 유비(analogy, 비유)는 알아듣기 쉽게 하려고 사용하는 수단이지만, 더 큰 오해로 이끌고 가는 경우가 많다. 유비는 'A : B = C : D'와 같은 방식으로 생각하는 방식이다. 가령 '뇌 : 컴퓨터 = 마음 : 인공 지능' 같은 식이다. 하지만 여러 측면에서 인간과 컴퓨터가 다를 수 있다는 점을 간과한 채, 계속 유비적 용어를 쓴다면 오해는 커질 수밖에 없으리라.

잘못된 유비의 예로는 기계 학습, 신경망 학습, 진화 알고리즘 같은 것들을 들 수 있다. 사태를 정확히 파악하려면 기억, 학습, 진화, 알고리즘 각각에 대한 정확한 이해가 필요하다. 다만 어렵다는 이유로 기피하기 때문에 유비에 빠지는 것일 뿐이다. 한 가지만 언급하자면, 우리가 종종 '심층 학습'이라고 잘못 번역하는 딥 러닝은 사실 '심층 신경망(deep neural network)'을 이용하는 기계 학습을 가리키는데, 신경망을 구성할 때 '단일층(single-layer)'이 아니라 2개 이상의 '다층(multi-layer)'으로 구성하면 모두 'deep'이라고 부른다. 학생 시절 문제집 제일 뒤에 있는 고난이도의 '심층 문제' 같은 것을 연상하면 안 된다는 말이다. 우리가 인공 지능 기술을 접할 때 이런 식의 유비들이 우리의 이해를 아주 많이 방해하고 있다는 점을 깨닫는 것도 시급하다.

유능한 도구와 잘 살아가기: 자율 주행차의 사례

'지능'이라는 이름 때문에 많은 오해를 불러일으켰지만, 인공 지능은 인간 지능과는 거의 상관없는 아주 강력한 도구이다. 주로 사람이 머리를 써서 풀어야 하는 문제를 잘 풀어 주기 때문에 비유적으로 '지능을 가진 도구'라고 생각할 수도 있겠으나, 인공 지능과 함께 살아가기 위해서는 가장 먼저 그런 오해를 걷어 버려야 한다.

앞으로의 사회는 인공 지능을 잘 활용하는 인간과 그렇지 못한 인간 사이의 경쟁과 갈등이 빚어질 수는 있겠지만, 인공 지능과 인간의 갈등이 일어날 논리적인 가능성은 없다. 따라서 인공 지능의 문제는 인간이 그 유능한 도구를 어떻게 사용하느냐의 문제, 즉 인공 지능의 윤리 문제이다. 여기서 윤리는 그 말의 어원적 의미에서 '습성' 또는 '행동'에 대한 탐구를 가리킨다.

인공 지능의 윤리는 인공 지능을 어떻게 윤리적으로 행동하게끔 할 것이냐 하는 문제와는 아무 관계가 없다. 애초에 인공 지능은 윤리적 에이전트가 아니기 때문이다. 관건은 인공 지능으로 무엇을 어떻게 할 것이냐이다. 이는 한편으로 인공 지능 알고리듬의 설계 및 실행의 문제이며, 다른 한편으로 강력한 영향력을 행사할 수 있게 하는 도구를 쓰는 사람(들)의 문제이다.

개인이건 집단이건, 기업이건 정부건, 인공 지능을 쓰는 사람(들)은 사회성과 공공성을 무시하고 싶은 유혹을 느낄 수밖에 없다. 하지만 워낙 강력한 도구이기 때문에 인공 지능의 윤리를 무시할 경우 사회는 파국을 맞이할 수밖에 없다. 전통적으로 인류를 위협해 온 대표적 사례를 곁으로 치우고 보면, 앞으로 가장 큰 위협은 인공 지능과 생태 문제라는 점은 이제 명백하다.

지금까지 윤리는 개인의 행위에 초점을 맞추었다. 하지만 이제부터는 인류의 사활을 걸고 집단으로서의 인류가 어떻게 살 것인가를 답해야 한다. 윤리가 단지 윤리로 머물지 않고 국제 정치의 장으로까지 확장되어야 하는 이유가 여기에 있다. 우리는 인공 지능 기술의 총화인 자율 주행차의 예를 통해 앞으로 빚어질 사회 모습의 한 면을 관찰해 보려 한다.

우리는 자율 주행차라고 하면 스티븐 스필버그(Steven Spielberg) 감독, 톰 크루즈(Tom Cruise) 주연의 영화 「마이너리티 리포트」(2002년, 필립 K. 딕의 1956년 동명 소설 원작)에 나오는 장면을 떠올린다. 자율 주행차들이 운행되는 도로망은 우리에게 큰 놀라움과 부러움을 주며, 곧 다가올 미래를 상상하게 해 준다. 물론 많은 SF가 잘못된 상상으로 우리를 이끌고 가곤 하지만 말이다.

자율 주행차의 현황을 이해하기 위해서는 국제 표준을 살피는 것이 유익하다. 미국 자동차 기술 학회(SAE)가 제시한 자율 주행 기술 발전 단계를 보면, 사람이 전적으로 운전하는 0단계부터 자율 주행 시스템이 전적으로 운전하는 5단계까지 구분된다. (표 1 참조) 가장 최근 소식에 따르면, 2019년 2월 28일 다임러AG와 BMW는 4단계의 자율 주행차를 공동 개발하기로 했다. 이는 자율 주행차의 가까운 미래가 여전히 영화 속 5단계와는 거리가 멀다는 점을 보여 준다.

사실 영화 속 교통 시스템은 도로망 전체가 인공 지능에 의해 제어되지 않으면 실현되기 어렵다. 말하자면, 인간 운전자를 배제하고 돌발 상황을 허용하지 않는 교통 시스템이어야만 한다. 하지만 이런 조건은 현실적으로 마련되기 어렵다. 영화 속 세계처럼 극도로 제어되

표 1. 미국 자동차 기술 학회(SAE)의 자율 주행 기술 발전 6단계.

자동화 단계	특징	핵심 내용
사람이 주행 환경을 모니터링		
Level 0	비자동 (No Automation)	운전자가 모든 조작을 제어하고, 모든 동적 주행을 조정.
Level 1	운전자 보조 (Driver Assistance)	자동차가 조향 지원 시스템 또는 가속/감속 지원 시스템에 의해 실행되지만, 사람이 자동차의 동적 주행에 대한 모든 기능을 수행.
Level 2	부분 자동화 (Partial Automation)	자동차가 조향 지원 시스템 또는 가속/감속 지원 시스템에 의해 실행되지만, 주행 환경의 모니터링은 사람이 하며 안전운전 책임도 운전자에게 있음.
자율 주행 시스템이 주행 환경을 모니터링		
Level 3	조건부 자동화 (Conditional Automation)	시스템이 운전 조작의 모든 측면을 제어하지만, 시스템이 운전자의 개입을 요청하면 운전자가 적절하게 자동차를 제어해야 하며, 그에 따른 책임도 운전자에게 있음.
Level 4	고도 자동화 (High Automation)	주행에 대한 핵심 제어, 주행 환경 모니터링 및 비상시의 대처 등을 모두 시스템이 수행하지만, 시스템이 전적으로 항상 제어하는 것은 아님.
Level 5	완전 자동화 (Full Automation)	모든 도로 조건과 환경에서 시스템이 항상 주행 담당.

● 「자율 주행 기술 동향-기술 수준 구분」, 한국교통연구원, 2016년 4월.

는 사회(영화 「마이너리티 리포트」의 주제이기도 하다.)가 아니고서는 배터리와 모터, 그리고 3D 프린터로 제작된 차체만 있으면, 누구라도 어렵지 않게 자동차를 만들어 운전해서 도로망에 진입할 수 있기 때문이다. 인간이라는 변수, 아니 버그는 가장 통제하기 어려운 존재이다.

하지만 기술적 측면 말고도 문제가 있다. 핵심은 책임 소재이다. 누가 책임을 질 것인가? 완전 자동화인 5단계가 되면 인간 운전자는 운전에 전혀 관여하지 않는다. 그렇다면 사고가 났을 때 누가 책임져야 할까? 확률적으로는 인간이 사고 낼 확률이 자율 주행차 경우보다 훨씬 높지만, 이 경우에도 책임 소재는 거의 분명히 가릴 수 있다. 반면 자율 주행차의 경우는 굉장히 복잡하다. 부품 제조사, 완성차 제조사, 부품 알고리듬 프로그래머, 완성차 알고리듬 프로그래머, 도로망 시스템 설계자 및 프로그래머, 아니면 다른 변수들? 고려할 책임 주체가 너무도 많다. 따라서 5단계는 어쩌면 끝내 실현되지 않을지도 모른다. 사회적 합의에 이를 길이 난망하기 때문이다.

4단계는 인간 운전자에게 최종 책임을 떠넘기기 때문에 그나마 사회적으로 실현 가능하다. 물론 운행 조건은 많은 제약이 따를 것이다. 그렇더라도 놀이 공원이나 테마파크처럼 이미 시스템의 많은 부분이 통합적으로 제어되고 있는 장소, 고속 도로처럼 돌발 변수가 많지 않은 도로망, 궤도를 따라 운행되는 도심 전차의 자리에 들어설 시내 교통 등 변화의 폭은 클 것이다. 왜냐하면 우리가 출퇴근, 등하교, 쇼핑, 문화 생활 등 직접 운전해야 하는 많은 상황이 자율 주행 시스템으로 대체될 것이기 때문이다.

우리가 차를 소유하고 직접 운전하는 이유를 한번 생각해 보자. 자동차는 출발 장소에서 목적지까지 가는 동안만 소용되며, 나머지 시간은 주차장에 머무른다. 전 세계 자동차의 90퍼센트 이상이 정차 중이다. 그런데도 우리가 자동차를 소유하는 까닭은 원할 때 언제라도 이용할 수 있다는 편리함 때문이다. 만일 4단계 자율 주행차가 실현된다면 무엇이 달라질까? 자기 차를 자신의 이동에 쓰지 않는 우버(Uber)나 그랩(Grab) 같은 차량 공유 서비스를 보자. 이런 서비스를 흔히 '공유 경제'라 표현하는데, 차량 소유자가 자기 차를 고객에게 대여해 주는 게 아니라 고객을 위해 택시 기사처럼 운전한다는 점에서, 이를 '공유'라고 부르는 건 어불성설이다. 하지만 운전자가 사라진 다면? 차량 소유자는 말 그대로 차를 남들과 공유하는 게 된다. 자기가 타지 않는 시간 동안 차를 남들에게 빌려주고, 그 대가를 얻을 수 있으리라!

이 상황이 되면 아무도 차를 소유하려 하지 않으려 한다는 게 역설이리라. 구매 비용, 보험, 유지 비용, 주차 공간 등의 대가를 치를 필요 없이, 택시처럼, 하지만 택시라기보다는 거의 자가용처럼 이용할 수 있는 교통 수단이 있을 때, 보통 사람이면 누가 그 대가를 치르려 하겠는가? 이로써 지구 상에 존재하는 자동차의 수는 급감할 수밖에 없고, 약간의 이행기를 거치면서 대략 실제 운행 대수를 기준으로 조정될 것이다. 완성차 기업의 몰락(?)이 예견된다는 점이 자율 주행차의 전면화가 늦어지는 이유가 될 수도 있다는 전망도 나온다. 물론 아무도 역사의 흐름을 거스를 수 없을 것이다. 이 변화는 운행되는 자동차 수, 주차 공간, 자동차 생산 시설 등의 대폭 감소를 뜻하며, 지구 환경과 삶의 질에는 상당한 보탬이 될 것이다. 20세기 말까지 산업의 중심에 있던 자동차 산업은 '구조 조정'이라는 말로는 설명할 수 없는 변화 압력에서 생존 자체를 고민해야 하리라. 1세기 넘게 승

승장구해 온 내연 기관 기술은 전기차와 수소차에 자리를 내줄 수밖에 없고, 후자마저도 수요 고갈에 다른 업종을 찾아야만 한다.

결국 '이동'과 관련된 산업은 제조업보다 서비스업의 형태로 발전할 수밖에 없다. 아이, 노인, 장애인 등 교통 약자도 성인 남성과 같은 수준의 이동 서비스를 누릴 수 있으며, 이동 과정에서 누릴 수 있는 업무, 학습, 오락, 뉴스, 교양 등의 서비스가 이동 산업의 핵심이 될 것이다. 물류와 배송도 크게 변하겠지만, 소매 영역에서는 로봇보다 사람이 세심하게 해야 할 일들이 많기 때문에, 업무의 재배치가 이루어질 것이다. 택시나 대리 기사는 사라지겠지만, 대중 교통 종사자는 승객 보호와 안전 관리 같은 다른 유형의 업무를 맡게 될 것이다. 자율 주행차 시스템의 도입은 자동차 제조업은 물론 운송과 물류, 모빌리티 정책, 도시 교통망, 도로와 주차, 이동 생활 패턴, 탑승 중 서비스, 도시와 지역의 분화 등 삶의 전반을 바꾸는 일이 될 것이다.[13]

인공 지능은 굉장히 똑똑하고 유능한 도구이다. 인간의 지능적 활동을 차례로 한 국면씩 대체하고 있기에 사회에 미치는 영향력도 클 수밖에 없으며 공포를 불러일으키기도 한다. 도구는 도구이되 특별한 도구인 셈이다. 하지만 도구가 단순히 도구에 그쳤던 적은 한 번도 없다. 인간은 도구를 발명하고, 그 도구는 인간과 사회를 재편한다. 그다음 인간은 다시 새로운 도구를 만들고 그 도구로 인해 인간, 정신, 관계, 사회 등 모든 것이 바뀐다. 그렇다면 인공 지능은 얼마나 특별하게 새로운 도구일까? 인류는 이 새로운 도구와 더불어 미래를 만들어 갈 수밖에 없다. 그러나 상상 때문에 현실을 직시하지 못해서는 안 된다. 우리의 행동은 정확한 인식에 바탕을 두어야 할 것이다.

김재인 | 경희대학교

5부
문화와
예술

9장
인공 지능과 기계 미학

기계의 진화와 인간의 예술

시를 쓰거나 그림을 그리는 컴퓨터, 작곡을 하는 소프트웨어가 진화를 거듭하고 있다. 이 '창작 기계'들은 구글 번역기나 알파고처럼 특정 프로그램에 따라 머신 러닝을 통해 고차원의 정보를 처리하는 이른바 인공 지능의 한 범주에 속한다. 사실 전자와 후자의 목표는 다르다. 후자의 경우 최선의 답을 찾아내는 것이 목표다. 알파고는 이미 바둑 게임에서 인간을 넘어섰으며, 구글 번역은 근사치를 향해 나아가고 있다. 반면 전자의 경우 목표는 '최선의 답'을 찾는 것이 아니라 '새로운 답'을 찾는 데 있다. 창작이 목적이기 때문이다. 아직 이 '똑똑한' 기계들은 데이터를 학습하여 최선의 답, 말하자면 기존 창작자들이 제시해 왔던 창작물과 유사한 답을 찾는 데 몰두하고 있다. 렘브란트의 화법이나 바흐의 선율을 분석하고 모방하여 그 스타일대로 그림을 그리거나 작곡을 하는 것이다. 학습에 필요한 충분한 데이터만 있으면 언제라도 그들은 또 다른 작품들을 '비슷하게' 만들어 낼 수 있다. 이처럼 학습을 통해 목표를 충실히 수행하는 기계들은 '창작 기계'라기보다는 오히려 '모방 기계'에 가깝다.

그들의 궁극적 목표가 '인간처럼' 창의적인 작품을 생산하는 데 있음은 분명하다. 그렇지 않다면 굳이 예술 작품을 모방하려고 애쓸 필요가 없을 것이기 때문이다. 여기에서 몇 가지 질문이 생겨난다. '넥스트 렘브란트(Next Rembrandt)'가 그린 그림은 예술 작품일까? 그렇다면 이유는 무엇일까? 반대로 그렇지 않다면 그 까닭은 또 무엇일까? 좀 더 구체적으로 말하자면 이 기계는 렘브란트처럼 그림을 그릴 수 있기 때문에 그가 그린 그림은 예술 작품일까? 반대로 렘브란트의 화법을 '흉내 내는' 기계의 그림은 모방적이기 때문에, 즉 창의적이지 않기 때문에 예술 작품이 될 수 없는 것일까? 우리는 이미 모방 패러다임과 독창성 패러다임이 지배해 온 시대를 거쳐 왔고, 예술 작품의 가치가 불변의 기준에 따라 결정되는 것이 아님을 잘 알고 있다. 예컨대 로잘린드 크라우스(Rosalind E. Krauss)는 독창성(originality)이 모더니즘 시대의 신화에 불과하며, 결국 독창적인 예술 작품이라 평가받아 왔던 모더니즘 회화가 일정한 스타일(그리드)의 반복일 뿐이라고 정교히 분석한 바 있다. 심지어 아서 단토(Arthur Danto)의 제안에 따르면 다원주의 패러다임 이후 예술 작품은 작가의 '주장'을 수용하는 제도적 합의에 따라 결정되기도 한다.

이런 관점에 따라 우리는 다음과 같은 몇 가지 문제들에 대해 숙고

할 필요가 있다. 우선 이 '모방 기계'가 '현재' 수행하고 있는 작업이 예술 행위인지, 말하자면 고전적인 예술 패러다임이 인정해 왔던 기준에 부합하는 그림이 예술 작품일 수 있는지에 대해 질문해야 한다. 비록 이 기계가 아직 법적으로는 '저자'로 인정받지 못함에도 불구하고 말이다. 법리 문제와 별개로 컴퓨터가 그린 그림이 예술 작품일 수 있다면 저자의 개념에 대해 다시 질문해야 한다. 또한 비록 아직까지는 컴퓨터가 머신 러닝을 통해 기존 예술가들의 작품을 학습하여 '모방적' 작품을 생산하는 데 그치고 있다 할지라도 그 목표가 '창의적' 작품을 생산하는 데 있다면 우리는 어느 지점에서 그들이 생산해 내는 작품이 창의적인가를 판단할 수 있어야 한다. 이런 질문들이 새롭지는 않다. 그러나 인공 지능이 창작의 주체로 발돋움하고 있는 현재의 문화 지형 속에서 앞의 문제들은 새로운 쟁점으로 부각될 수밖에 없다.

실상 '창작 기계'를 지향하는 현재의 '모방 기계'는 인간을 모방 대상으로 삼고 있다. 즉 그는 인간의 사고와 감성을 시뮬레이션한다. 한편 기계의 놀라운 능력을 발견한 이후 이른바 '기계 시대(machine age)'로 진입하면서 인간은 기계를 선망해 왔다. 기계를 닮고자 했던 것이다. 더 정확히는 기계만이 지닌 능력에 의지하여 '인간의 예술'이 가닿지 못했던 미답의 영역을 개척하고자 했다. 이 지점에서 인간과 기계의 초보적인 협업이 시작된다. 인간은 기계를, 기계는 인간을 닮고자 한다. 물론 기계가 자기 의지를 갖고 인간을 모방하지는 않는다. 반대로 인간을 모방하는 기계 역시 인간 의지의 산물이다. 말하자면 양자의 협업 또한 인간의 의도 아래 놓여 있는 셈이다. '기계 시대'부터 시작됐던 이 협업은 인공 지능 '창작 기계'의 경우에도 계속되고 있다. 따라서 앞에서 제기했던 문제들에 답하기 위해서는 먼저 이 오랜 협업의 과정을 살펴보아야 한다. 나아가 확고부동한 창작의 주체인 '저자, 예술가' 개념을 떠받치고 있는 원리에 대해서도 재고해 보아야 한다. 원저자에게 귀속되는 독창성은 무엇이고 또 없던 것을 처음 시작한다는 의미의 창의성(creativity)은 무엇일까? 만약 현재의 '모방 기계'가 창작의 주체로 등장할 수 있다면 그는 이 개념들을 획득할 수 있을까? 이런 문제 의식을 토대로 필자는 우리 시대의 문화 주체가 어떤 격변의 상황에 놓여 있는지, 이미 우리의 일상 깊숙이 침투해 있는 '똑똑한' 기계들과 어떤 관계를 설정해 나가야 할지 조심스럽게 조망해 보고자 한다.

기계 시대의 개막

19세기 과학 기술이 열어놓은 새로운 세계를 이해하고 그 환경에 적응해야 한다는 당면 과제가 예술에 부과된다. 새로운 세계가 개막했다면 그 시대를 사는 인간도 갱신이 필요하다. 새 시대를 살아가는 인간의 사고와 감성을 재편해야 한다는 관점을 가장 급진적으로 개진한 이는 미래파의 기수 필리포 톰마소 마리네티(Filippo Tommaso Marinetti)다. 「미래파 선언」에서 그가 기술하고 있는 '새로운 세계'는 '속도의 아름다움'으로 충만하다. 예컨대 "두꺼운 파이프로 장식된

트렁크를 달고도 폭발적인 숨을 몰아쉬는 경주용 자동차, 총탄을 발사하듯 울부짖으며 달리는 자동차는 「사모트라스의 승리」보다 더 아름답다."[1]는 것이다. 미래주의는 이 새로운 환경 속에서 혁신적으로 변화한 인간의 감성을 발전시키는 것을 목표로 삼는다. 그 귀결점은 "새로운 인간", 혹은 "확장된 인간(multiple man)"으로, "철과 융합"하여 "전기로 영양을 공급받는" 기계화된 인간이다.[2] 마리네티가 기계로 넘실대는 세계를 묘사할 때 주목했던 것은 그것이 열어 준 새로운 감각의 차원이다. 미래주의자들은 단단함, 날렵함, 차가운 금속성과 같은 기계의 물질적 속성과 그 특질에 관심이 있었다. 말하자면 2세대 미래파였던 엔리코 프람폴리니(Enrico Prampolini)의 언급처럼 "기계는 미학적 영감의 새로운 상징"[3]이었던 것이다.

마리네티가 제시한 이 '새로운 인간'이 당시로서는 가설에 불과했다 할지라도 오늘의 관점에서 보면 매우 흥미로운 발상이었다. 실상 이 '기계 인간'에 대한 구상은 18세기에도 찾아볼 수 있다. 프랑스의 유물론자 쥘리앵 오프레 드 라메트리(Julien Offray de La Mettrie)는 인간과 동물, 기계가 물질로 구성돼 있으며 그 차이는 구조적 복잡성에 있을 뿐이라는 가설을 제시한다. 1748년 익명으로 출간한 『인간 기계(L'Homme Machine)』에서 그는 "인간은 복합 기계(machine composée)며, 그래서 명확한 개념을 끌어내거나 정의하기가 불가능하다."[4]라고 언급한다. 유기체가 물질의 복합적 구성에 불과하며 결국 유기체와 기계는 구조적 유사성을 지닌다는 것이다.

이런 가설은 프랑스의 기술자이자 발명가인 자크 보캉송(Jacques

Vaucanson)이 1738년에 제작한 오토마타를 통해 이미 구체화된 바 있다. 그가 만든 오토마타는 세 종류로, 첫째는 플루트 연주자(Flûteur), 둘째는 북 치는 오토마타, 셋째는 인공 오리(Canard artificiel)다. (그림 1 위) 보캉송은 이 오토마타의 원리를 프랑스 왕립 과학 아카데미에서 상세히 소개한다. 수많은 실린더와 레버 등으로 구성된 플루트 연주 오토마타는 바위 위에 앉아 플루트를 불도록 실제 사람 크기로 제작됐다. 두 번째 오토마타 역시 구조는 비슷하며 생김새는 입에 플루트를 물고 한 손으로는 몸통만큼 큰 북을 칠 수 있도록 설계됐다. 관을 통해 공기가 새어나가는 틈을 조절하여 음의 높낮이를 조절할 수 있도록 정교하게 제작한 이 오토마타는 "인간의 행동을 모방"한 기계다.[5] 세 번째 인공 오리의 경우도 주목할 만하다. 보캉송에 따르면 이 인공 오리는 실제 오리처럼 마시고, 먹고, 소화까지 할 수 있다. "사람의 손바닥에 있는 곡물을 먹기 위해 목을 길게 빼내고, 그것을 삼키고, 소화시킨다."는 것이다.[6] (그림 1 아래)

이처럼 보캉송의 오토마타는 자연(인간, 동물)에 대한 정교한 모방을 통해 가능했다. 오토마타의 구조는 실제 사람이 플루트에 공기를 투과시키는 행위, 음의 높낮이를 결정할 때 변화하는 손가락의 위치와 압력 등을 참조하여 결정됐다. 인공 오리의 경우 살아 있는 오리처럼 물을 마시고 곡식을 먹으며 소화까지 시키는 과정을 보캉송은 '삼키기-분해하기-감각적 변형'이라는 세 가지 단계로 구분하여 기계에 적용한다. 오리가 실제 곡식을 소화시키는 생물학적 프로세스에 대한 모방인 셈이다. 이 단계에 대해 그는 "흙을 황급히 집어삼키고, 목

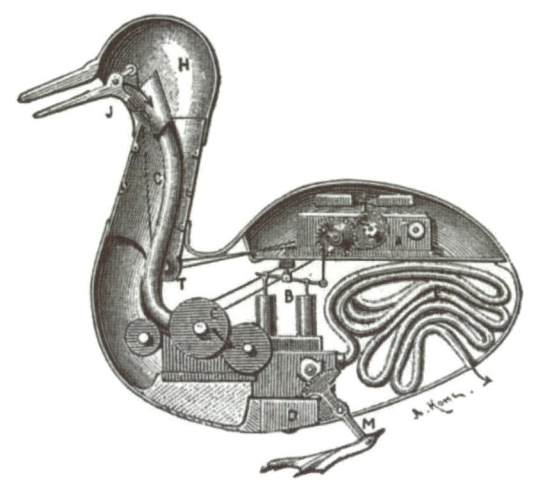

그림 1. 자크 보캉송의 오토마타. 아래는 인공 오리의 내부 구조를 보여 주는 도판이다.

구멍의 운동 속도를 배가시키는 오리의 모든 행동"을 적용한 것이라고 기술한다.[7]

이처럼 기계 시대의 개막과 더불어 인간은 기계 친화적이었다. 인간은 자신을 모방하여 기계를 만들었으며, 다시 기계가 열어 준 새로운 세계를 참조하여 자신의 감각을 재편하려 한다. 기계 미학의 일반적 관점에 따르자면 "기계는 개념적, 은유적 참조물의 형태로"[8] 예술가들의 감성을 자극했다고 할 수 있다. 예컨대 미래파 못지않게 과학 기술이 촉발한 새로운 세계에 조응하는 예술을 강조했던 러시아 구축주의자들도 기계의 물질적 속성이나 시각적 형태에 관심을 보였다. 1921년 '회화의 죽음'을 선언하고 현대의 시각 경험을 탐구하는 데 몰두한 알렉산데르 로드첸코(Alexander Rodchenko)가 대표적이다. 마리네티가 '속도의 아름다움'을 비롯하여 기계의 물질적 속성에 주목했다면, 로드첸코는 고층 빌딩과 자동차, 전차, 공장, 철골 구조물 등을 바라보는 '시점의 새로움'에 관심을 둔다. 그는 기계적 예술인 사진만이 "현대적 삶을 진실하게 기술"[9]할 수 있다고 주장하며 기존 회화를 지배하는 '배꼽 시점'을 거부하고 로우앵글과 하이앵글을 적극 끌어들인다. 눈높이에서 세계를 보아 왔던 전통적 방식으로는 현대적 삶을 온전히 담아낼 수 없다는 것이다. 그렇게 로드첸코는 '위에서 아래로', 혹은 '아래에서 위로' 사물을 관찰하면서 세계를 역동적으로 재구성했다.

기계 혐오와 기계의 가능성

그러나 기계 시대의 초입부터 인간이 기계에 호의적이었던 것은 아니다. 19세기에 급속히 진행된 기계의 진화에 맞서기라도 하듯 낭만주의 예술은 오히려 기계에 대단히 배타적인 태도를 취했다. 한편에서는 만국 박람회에 출품된 다양한 테크놀로지의 산물을 동경하는 대중이 있고, 다른 한편에서는 그 기계들이 빠르게 인간의 의식과 일상을 잠식해 나가는 현상을 우려하는 모더니스트가 있다. 물론 후자의 태도에는 환대와 거부라는 이중성이 잠복해 있다. 하지만 기계가 인간의 고유한 감성적 활동의 산물이라고 여겨 왔던 예술 작품의 생산과 수용 방식에 도전한다는 사실을 인지했다는 점이 중요하다. 그 변화의 조짐을 가장 먼저 깨닫고 신랄한 비판을 개진한 이가 샤를 피에르 보들레르(Charles Pierre Baudelaire)다.

보들레르는 1859년 살롱 비평에서 '기계적 예술'의 오만함을 지적하며 냉소적인 반응을 보인다. 그에 따르면 자연을 기계적으로 복제하는 사진이 19세기의 새로운 산업으로 등장했으며, 대중은 이 복제 기술에 열광한다. 사람의 얼굴을 금속 표면에 정확히 새겨 주는 이 기술이야말로 그들에게는 '절대적 예술'이다. 결국 대중에게는 "사진이 정확성에 대한 욕망을 보증하기 때문에 예술은 곧 사진"이라는 것이다. 제아무리 수완이 뛰어난 화가도 따라잡을 수 없는 복제 이미지의 기계적 정확성에 대중은 찬탄을 보낸다. 그러나 보들레르는 이를 속물 취향이라고 경멸하며 진정한 예술과 기계적 산업을 차갑게 구분한다. 산업이 예술 속으로 들어오면서 기능의 혼돈이 생겨나고 결국 어떠한 기능도 온전히 발휘될 수 없는 상황에 직면하게 됐다는 것이다. 따라서 대중이 숭배하는 '기계적 복제 기술'로서의 사진은 자신의 본분인 과학과 예술의 시녀 역할로 되돌아가야 한다고 그는 주장한다.[10] 그것은 마치 인쇄술이나 속기술이 문학에 대해 갖는 관계와도 같다. 여기서 핵심은 인쇄술과 속기술, 사진이 재현 대상에 대해 어떤 다른 것도 덧붙이거나 새로 창조하지 않는다는 점이다. 즉 이 기술들은 기계적 재현 수단에 불과할 뿐이다. 인간의 창의성을 강조하는 낭만주의 예술관이 이 비판의 바탕에 깔려 있음은 물론이다.

기계에 대한 보들레르의 적의는 그것이 기존의 예술관을 근본에서부터 뒤흔들고 있다는 반감 때문이기도 하다. 사진의 예술 논쟁이 그에 대한 반증이다. 한편 보들레르에게서 뚜렷이 드러나는 반(反)기술적 예술관을 비판하면서 발터 벤야민(Walter Benjamin)은 기계 시대와 더불어 예술의 기능이 변했다고 주장한다. 제의 가치에서 전시 가치로의 이행이 그것이다. 이 변화를 촉발한 핵심 요인은 기계 복제다.[11] 이 혁명적인 변화가 가능했던 조건은 기계 복제의 '양'과 '속도'에 있다. 판화처럼 인간의 손을 거쳐야만 하는 복제 기술과 달리 기계 복제는 '거의' 무한에 가까운 양의 복제 이미지를 빠르게 생산할 수 있다. 양과 속도라는 측면에서 기계는 사람의 손이나 도구와는 비교조차 할 수 없다. 이런 구분은 이미 마르크스가 『자본』 1권 「기계와 대규모 산업」에서 도구와 기계를 비교하면서 강조했던 바다. 그에 따르면 산업 혁명을 가능케 한 근본 요인은 작업 도구의 변화다. 즉 생산 수단이 도구에서 기계로 바뀌면서 수공업적 노동으로는 불가능한 대량 생산이 가능했다는 것이다.[12] 벤야민이 사진 이미지의 '편재(omnipresence)'라고 표현할 만큼 방대한 양의 복제 이미지는 사람의 손이나 도구(붓)로는 생산이 불가능하며, 결국 제판 인쇄와 윤전기를 활용한 기계 복제 덕분에 가능했다.

그렇다면 벤야민이 예술의 기능을 변화시킨 근본 요인으로 꼽는 '기계 복제'의 속성은 어떤 것일까? '양'과 '속도'의 측면에서 비약적으로 발전한 이 기술의 특성은 무엇일까? 벤야민은 1936년에 집필한 판본에서 두 가지 기술을 구분한다. 제1의 기술과 제2의 기술이 그것이다. 그 차이를 그는 다음과 같이 세 가지로 요약한다.

첫째, "제1의 기술은 인간을 최대한으로 참여시키지만, 제2의 기술은 인간의 참여를 최소화"[13]하며, 이 차이 때문에 제1의 기술은 "인간의 희생에 기반을 두고 있"는 반면, 제2의 기술은 "조종사 없이 원거리에서 전파로 조종되는 비행기에서 예고될 수 있"는 것처럼 인간의 희생을 최소화한다. 벤야민은 이 두 가지 기술의 구체적인 예를 제시하지 않고 있지만 앞의 언급에 비추어 보았을 때 제2의 기술이 기계적 기술을 가리키고 있음을 어렵지 않게 짐작할 수 있다. 복제 기술의 예를 들자면 인간이 '최대한' 참여해야 하는 판화는 제1의 기술에 속하며, 인간의 참여를 '최소화'하는 사진 복제는 제2의 기술에 속한다고 할 수 있다. 이런 관점에서 보자면 벤야민이 언급한 두 번째 차이도 이해 가능하다. 그는 제1의 기술의 원칙은 "단 한 번밖에 없다."인 반면, 제2의 기술의 원칙은 "한 번은 아무 소용이 없"음에 있다고 서술한다. 이에 덧붙여 제2의 기술의 목적이 "끝없는 시행착오를 통해 자기 경험을 되살리는 것"이라고 주장한다. 세 번째 차이는 "제1의 기술은 자연의 노예화를 지향하지만 제2의 기술은 자연과 인간의 조화를 지향"하는 데 있다.

벤야민의 구분에 따라 제2의 기술, 즉 기계적 기술의 속성을 정리하면 다음과 같다. 기계적 기술은 인간의 참여를 최소화하고, 반복을 통해 원래의 경험을 회복시키며, 자연과 인간의 조화를 지향한다. 하지만 실상 벤야민은 이 기술이 갖는 파국적 힘을 경계하며, '예술의 정치화'로 그에 맞서야 한다고 주장한다. 제2의 기술은 '본래' 자연과 인간의 조화를 지향하지만 이 기술이 잘못 활용되고 있어 부정성이 고조되고 있다는 것이다. 기계 복제는 이 위기를 극복하기 위해 인간의 감성을 '교화'시킬 수 있는 가능성을 품고 있다. 여기에 덧붙여 벤야민은 카메라의 기계적 시각도 강조한다. 예컨대 인간을 둘러싼 주변 사물들을 클로즈업하여 예기치 않았던 미시적 세계의 모습을 드러내 보여 준다거나, 인간의 눈이 인지하지 못했던 순간의 모습을 포착하여 보여 줌으로써 시각적 무의식의 세계를 열어 주었다는 것이다. 마치 정신 분석이 무의식의 세계로 인간을 인도했듯이 이제 카메라의 기계적 눈은 인간의 생물학적 눈이 볼 수 없었던 세계를 가시화한다. 그렇게 기계 미학은 이제 기계가 제공하는 새로운 감각에 주목한다.

기계와 협업하는 미술

엔지니어가 특정한 목적성을 갖고 기계를 만든다면 예술가는 기계가 제공하는 새로운 감각의 차원을 탐구하는 데 관심을 둔다. 전통적인 회화나 조각을 넘어서 기계 자체를 예술 작품으로 제시한 이는 마르셀 뒤샹(Marcel Duchamp)이다. 레디메이드처럼 하나의 '오브제'가 예술 작품으로 등장하는 것이다. 1920년에 제작한 「회전 유리판, 정확성의 광학(Rotative plaque de verre, optique de précision)」은 5개의 직사각형 투명판을 축에 끼워 회전하도록 만든 기계다. (그림 2) 전기 모터로 작동하는 이 회전판은 회전 속도에 따라 오목이나 볼록 형태를 만들어 내며 이를 보기 위해 관람자는 1미터 뒤로 물러나야 한다. 뒤샹은 이 회전 기계를 만들기 전부터 이미 과학 기술이 개척한 미지의 감각 세계를 탐구하는 데 관심이 있었다. 대표적인 예는 에티엔쥘 마레(Etienne-Jules Marey)의 연속 사진(chronophotographie)의 영향을 받아 사람의 눈이 지각할 수 없는 움직임을 순간의 연속으로 분할하여 그려 낸 「계단을 내려가는 누드」(1912년)다. 한편 최초의 레디메이드인 「자전거 바퀴」(1913년)는 간이 의자에 자전거 바퀴를 붙여 만든 오브제 작품으로 키네틱 아트의 효시로 평가받는다. 수정한 레디메이드로 분류되는 이 오브제는 관람자가 직접 바퀴를 돌려 움직임을 부여할 수 있다. 「회전 유리판」은 이 레디메이드에서 구상한 다양한 개념들을 확대 적용한 것이다.

뒤샹의 기계 미학에 영향 받아 조각의 영역을 확장시킨 장 팅겔리

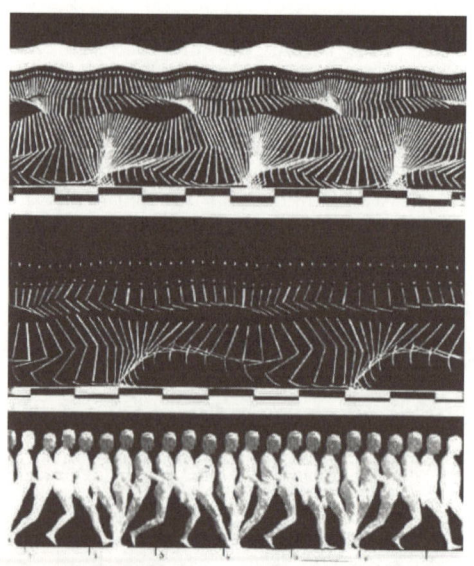

그림 2. 에티엔쥘 마레의 연속 사진 작업(위)과 그 영향을 받은 마르셀 뒤샹의 「계단을 내려가는 누드」(왼쪽)와 「회전 유리판」(오른쪽).

(Jean Tinguely)는 한 걸음 더 나아간다. 1950년대부터 제작한 「메타-마틱스(Méta-Matics)」 연작은 고철과 전기 모터를 활용하여 스스로 그림을 그릴 수 있도록 제작한 자동 기계다. (그림 3의 위) 본래 팅겔리는 1954년에 발표한 작품 「자동 인형, 기계 조각과 릴리프(Automates, sculptures et reliefs mécaniques)」에서 기하학적 형상들에 모터를 부착하여 움직임을 부여한 키네틱 오브제를 제시한 바 있다.[14] 이 오브제는 이듬해에 「데생 기계(Machine à dessiner)」라는 작품으로 재탄생한다. 흰 종이에 싸인 원형 디스크 위에 기계 팔이 나선을 그려 내는 구조를 취한 이 작품은 「메타-마틱스」 연작의 첫 작품이다. 1960년 퍼포먼스의 형태로 선보인 「뉴욕에의 오마주(Hommage à New York)」 역시 복잡한 기계 장치들로 구성된 대형 구조물이다. 이 구조물은 피아노와 공, 10여 개의 바퀴, 자동차 부속품 등을 조합한 것으로, 27분 동안 작동하다가 자동 해체되도록 설계됐다.[15] 엔지니어와의 협업으로 진행한 이 작업에서 팅겔리는 기계에 자동 해체 프로그램을 접목시켜 기계 미학의 가능성을 넓혔다. 이후 1983년에 니키 드 생 팔(Niki de Saint Phalle)과 함께 제작한 「스트라빈스키 분수」는 「오토마타 분수(Fontaine des automates)」로도 불리는데, 총 16개의 기계가 물줄기의 압력만으로 다양한 움직임을 만들어 내도록 설계됐다. 기계에 자동성이라는 개념이 스며들기 시작하는 셈이다.

디지털 기술의 발달과 함께 기계와의 협업도 진화한다. 독일 작가 요헴 헨드릭스(Jochem Hendricks)는 「아이-드로잉(Eye-Drawing)」(1992~1993년)에서 디지털 기술과 컴퓨터, 비디오카메라를 활용하여 시선만으

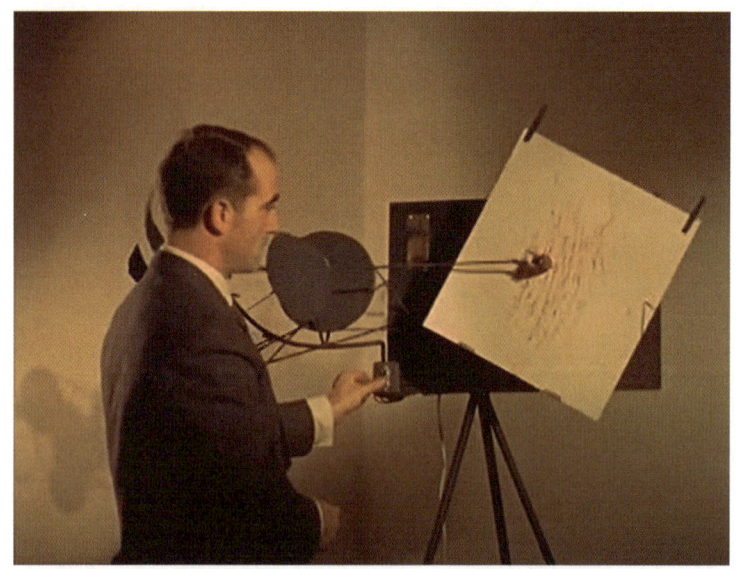

그림 3. 위의 그림은 1959년 장 팅겔리가 「메타-마틱스」를 이용해 그림을 만들어 내는 장면이다. 유튜브 영상을 갈무리한 것이다. 아래 그림은 요헴 헨드릭스가 「아이-드로잉」을 제작하는 모습이다. 요헴 헨드릭스의 홈페이지에서.

로 그림을 그리는 장치를 선보인다. 이 장치는 2개의 적외선 센서가 장착된 특수 헬멧과 여기에 연결된 2개의 소형 비디오카메라로 구성돼 있다. (그림 3의 아래) 망막의 반사를 통해 적외선은 두 눈의 움직임을 동시에 추적하며, 궤적은 비디오카메라에 기록된다. 그렇게 시선이 머무는 각 지점들은 최소 100분의 1초 단위로 X축과 Y축 상의 좌표에 표시돼 불연속적인 선으로 남는다. 시선의 움직임 자체를 예술 작품으로 표현한 이 작업을 발전시켜 헨드릭스는 독서 행위를 다시 시각화한다. 독일 일간 신문 《프랑크푸르터 알게마이네 차이퉁(Frankfurter Allgemeine Zeitung)》을 읽는 시선의 움직임을 동일한 방식으로 기록하여 선으로 형상화한 「차이퉁(Zeitung)」(1994년)이나, 미국 일간지 《새너제이 머큐리 뉴스(San Jose Mercury News)》를 읽는 작가의 시선을 기계적으로 기록한 「눈(EYE)」(2001년)이 그것이다. 이 작업들을 통해 작가는 시각의 메커니즘을 선으로 환치시키고 기계적 기록을 예술 행위의 근간으로 제시한다.[16]

'인간 기계' 모델을 더욱 극단적으로 실험하는 작가는 스텔라크(Sterlac)이다. 이미 「제3의 손(The Third Hand)」(1981년)에서 신체에 부착한 로봇 팔을 통해 인공 신체의 '우수성'을 입증한 그는 "진부한 신체(Obsolete body)" 개념을 밀고 나간다. (그림 4) 기계와 제휴한 신체가 유기적 신체의 한계를 극복할 수 있다면 인공 기관으로 대체된 사이보그는 진화한 인간일 수 있다. 로봇과 보철 기구를 신체와 뒤섞은 인간 기계는 스텔라크에게 '미래형 인간'이다. 이처럼 포스트휴먼의 관점을 견지하면서 스텔라크는 이후에도 「외골격(Exoskeleton)」(1999년), 「핑

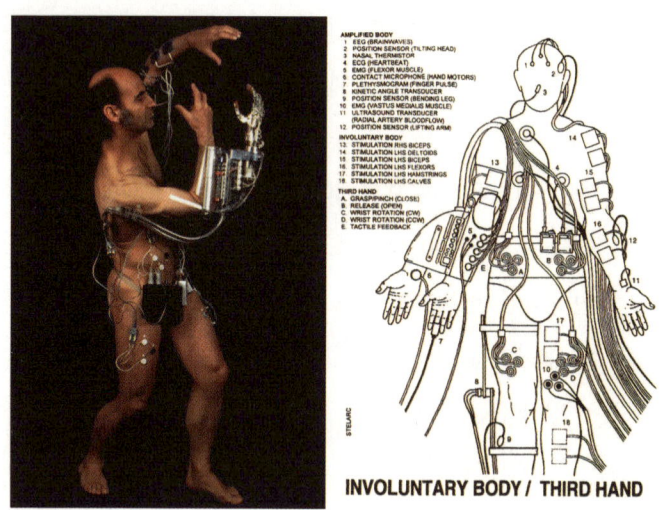

그림 4. 스텔라크의 「제3의 손」. 사진: 사이먼 헌터(Simon Hunter).

바디(Ping Body)」(1996년), 「프랙탈 몸(Fractal Flesh)」(1996년) 등의 작업에서 기계와 컴퓨터를 동원하여 신체의 한계를 실험한다. 이 작업들을 통해 스텔라크가 주장하는 바는 간명하다. 즉 만약 신체와 기계를 조합한 상태에서 그 기계들을 조작하는 것이 가능하다면 인간은 어떤 점에서 늘 인공 신체, 말하자면 사이보그였다는 것이다.[17]

이처럼 기계 시대 이후 예술은 끊임없이 기계와의 협업을 통해 인간의 감각을 확장시켜 왔다. 한편으로는 신체의 한계, 감각 기관의 불완전함을 보완하기 위한 기계 의존적 예술이 등장하기도 하고, 다른 한편으로는 기계가 열어놓은 새로운 세계에 적응하기 위해 감각을 재구성해 나가는 예술이 생겨나기도 했다. 이 과정에서 예술 패러다임은 새롭게 재편되고 있다. 최근의 미디어 아트나 포스트휴먼 미술은 컴퓨터와 인터넷, 각종 기술 공학, 생명 공학 등 과학 텍스트와 제휴하여 기계 미학의 담론을 확장시켜 가고 있다. 예술가와 공학자는 협업을 통해 각종 알고리듬이나 컴퓨터 프로그램을 적극 활용하여 새로운 장르의 예술을 개척해 나가는 추세다.

창작 기계와 모방 기계

다시 '창작 기계'의 문제로 돌아가 보자. 렘브란트나 고흐의 작품을 학습하여 그들과 비슷한 스타일의 그림을 그리는 기계들은 일종의 미적 생산물을 만들어 내고 있다. 바흐의 곡을 분석하여 유사한 선율을 작곡하는 인공 지능도 다를 바 없다. 그렇다면 이 음악은 보캉송의 오토마타가 플루트로 연주하는 선율과 어떤 점에서 다를까? 넥스트 렘브란트가 그린 그림은 팅겔리의 「데생 기계」나 「메타-마틱스」가 그린 그림과 어떤 차이가 있을까? 당연히 작품의 형식적 완성도는 비할 바가 아니다. 하지만 그 차이가 예술 작품을 규정하는 절대적 요인은 될 수 없다. 이미 단토는 세르반테스의 「돈키호테」와 피에르 메나르(Pierre Menard)의 「돈키호테」가 완벽히 같다 할지라도, 또한 피카소가 그린 넥타이와 어린아이가 그린 넥타이가 거의 비슷하다 할지라도 양자는 다르다는 사실을 명쾌히 논증한 바 있다. 나아가 앤디 워홀(Andy Warhol)의 「브릴로 상자」와 슈퍼마켓에 놓여 있는 브릴로 상자가 '시각적으로' 차이가 없더라도 후자는 예술 작품이 될 수 없음을 설득력 있게 입증했다.[18] 뒤집어 말하자면 시각적인 차이가 '비록' 중요할지언정 결정적 요소는 아니라는 것이다.

문제는 여전히 독창성에 걸려 있다. 관습적으로도 그렇고 법적으로도 그렇다. 우리는 여전히 독창성을 예술 작품의 절대적 준거로 삼는 패러다임 속에 있다. 보들레르가 속기와 인쇄를 문학 작품과 '근본적으로' 구분했던 까닭도 그 때문이다. 저자의 자격은 독창성에서 나온다는 것이다. 실제 수많은 저작권 분쟁에서 판단의 척도로 작용하는 기준도 그것이다. 이런 저자 개념의 연원을 분석하면서 안네마리 브리디(Annemarie Bridy)는 창안자(originator)로서의 저자(author)라는 개념은 저자가 저작물의 소유자(proprietor)임을 합법적으로 보호하고자 했던 로크의 소유 개인주의(possessive individualism) 이론에서 기인했다고 언급한다.[19] 저자의 저술(writing)을 법적으로 보호해야 한다는 생각이 곧 저작권, 더욱 구체적으로는 저작 재산권의 단초다.

영국에서 발생했던 저작권 분쟁들이 이 점을 입증한다. 전형적인 사례는 버로길스(Burrow-Giles) 석판 인쇄소와 사진가 나폴레옹 사로니(Napoleon Sarony) 간에 벌어진 소송이다. 버로길스 인쇄소는 사로니가 촬영한 오스카 와일드(Oscar Wilde)의 초상 사진을 사진가의 동의 없이 무단 복제하여 판매했는데, 이에 사로니가 소송을 제기했다. (그림 5) 이 소송에서 관건은 독창성이다. 버로길스 측에서는 사로니의 사진이 저작물도 아니고 저자의 산물도 아니라고 주장했다. 즉 "사진은 한낱 모델의 신체적 특징이나 외관에 대한 기계적 복제"일 뿐이고 "어떠한 독창적 사고나 새로움도 포함하고 있지 않다."는 것이다.[20] 이 소송에 대한 판결에 앞서 법정은 저자를 다음과 같이 정의한다. 즉 저자는 "어떤 것에 대해 기원(origin)인 자, 창안자(originator), 과학이나 문학의 작업을 완성하는 생산자(maker)"며, 저작권은 "한 사람이 자신의 고유한 천재성이나 지성의 산물에 대해 가지는 배타적 권리"다.[21] 이 정의에 의거하여 법정은 다시 저자를 "발상(idea)과 상상(fancy), 혹은 상상력(imagination)을 실행하는 자"로 규정한다. 앞의 소송에서 법정은 비록 카메라가 사진을 찍었다 해도 카메라 뒤의 사람이 사진의 구성과 조명, 배경, 소품의 선택 등에서 독창성을 발휘했으므로 문제의 사진은 사로니의 창작물이라고 판결한다. 그 밖의 다른 경우도 사정은 마찬가지다. 거의 모든 저작권 소송에서 관건은 독창성의 유무다. 그리고 이런 관점은 버로길스와 사로니 소송이 완료된 지 100년이 훨씬 지난 후에도 유지된다.

그림 5. 저작권 분쟁의 효시가 된 오스카 와일드의 초상 사진.

대표적인 사례는 이탈리아의 퍼포먼스 작가 알베르토 소르벨리 (Alberto Sorbelli)와 일본 사진 작가 요시다 기미코(ヨシダ キミコ) 사이에서 발생한 분쟁이다. 소르벨리가 1994년 루브르 박물관에서 행한 퍼포먼스에서 일본 사진가 요시다가 촬영을 맡았다. 2년 후 요시다는 자신이 촬영한 퍼포먼스 사진을 소르벨리의 동의 없이 판매했고, 소르벨리는 이에 소송을 제기했다. 양측의 주장은 간명하다. 소르벨리에 따르면 요시다는 단순한 기록자일 뿐이고, 퍼포먼스의 독창적인 모든 내용은 자신이 결정했으므로 사진의 저자도 자신이라는 것이다. 반면 요시다는 자신이 사진을 찍었고, 조명과 앵글도 자신이 선택했으며, 원판 작업도 자신이 한 데다가, 카메라도 자신의 것이므로 사진의 저자는 자신이라고 주장했다. 법정은 소르벨리의 독창성은 연출과 공간 구성(퍼포먼스)에 있고, 요시다의 독창성은 화면 구성(사진)과 조명 선택에 있으므로 두 사람은 공동 저자라고 판결했다. 이 사례에서 보듯이 여전히 저자와 예술 작품에 대한 규정은 독창성에 달려 있다. 그러나 저작권법상의 독창성은 단지 저자에게 원천적으로 귀속되는 작품을 한정하기 위한 개념일 뿐 창의성의 척도는 아니다. 예컨대 사로니 소송에서 저자와 동일시됐던 '천재성', '지성', '상상력' 등은 법정에서 여전히 추상적인 개념으로 남아 있다.

문제는 이렇다. 현재의 '모방 기계'가 생산하는 그림의 '법적' 독창성은 렘브란트나 고흐에게 있다. 그 그림들은 이 화가들에서 기원하기 때문이다. 그리고 그 기계의 배후에는 항상 '보이지 않는' 인간이 있다. 사로니 소송의 판결이 적시하고 있듯 카메라의 배후에 사진을 구성했던 사진가가 있다면, 넥스트 렘브란트의 배후에는 렘브란트의 화풍대로 그림을 그리도록 규칙을 만들고 학습하도록 기획한 프로그래머가 있다. 즉 인간이 규칙을 만들고 기계는 그것을 따른다. 따라서 이 '모방 기계'가 창의적일 수 있으려면 프로그래머가 정해 놓은 규칙을 위반해야 한다.

이 점에 관해 브리디는 19세기 알고리듬과 프로그램 분야의 선구자로 평가받는 에이다 러브레이스(Ada Lovelace)의 견해를 인용한다. 러브레이스의 논리를 따르자면 "창의성은 예측 불가능한 것을 하는 능력, 규범에서 벗어나거나 그것을 부정하는 능력, 관습적인 것에서 탈피하는 능력에 있다."[22]라는 것이다. 브리디는 궁극적으로 인공 지능이 창의성을 가질 수 있다는 입장에서 앞의 견해와 관련하여 두 가지 대답을 내놓는다. 첫째, 실제로 "컴퓨터는 처리 과정 속에 랜덤한 요소들을 통합하여 예기치 않은 결과를 산출하도록 프로그래밍 될 수 있"[23]으므로 창의적일 수 있다. 이런 생각은 일견 모순처럼 보인다. 프로그램은 사전(pro) 문자(gramme), 말하자면 예정된 것이다. 그렇다면 예측 불가능성은 프로그램과 양립할 수 없어야 한다. 그러나 기계가 예측 불가능한 다양한 함수 중 어느 하나를 '어쨌든' 선택해야 하고, 궁극적으로 선택 자체가 프로그램의 일부라면 예측 불가능성은 임의성의 이름으로 프로그램에 통합될 수 있다. 둘째, "인간의 뇌가 일종의 기계"며, "작가는 이미 글 쓰는 기계"[24]이므로 '창작 기계'와 인간 저자의 구분은 무의미하다. 저자는 과거의 수많은 규칙을 탐구하고 자신의 작품을 '구성'하기 위해 이 규칙들을 적용한다. 이 과정에서 저자는 무수한 과거의 '저작'들을 학습한 후 규범과 혁신 사이에서 자기만의 새로운 규칙을 찾아 나간다. 그것이 예를 들면 렘브란트나 고흐의 스타일이다. 결국 "완전히 독창적인 작품을 생산하기란 불가능"할뿐더러 "모든 문화적 산물은 본질적으로 파생적이자 알고리듬적"[25]이라는 점을 수긍할 수밖에 없다.

이처럼 브리디는 러브레이스와 이탈로 칼비노(Italo Calvino)의 견해를 따라가면서 전통적인 저자 개념에 급격히 제동을 건다. 저자는 '창의적 사고'의 담지자가 아니라 단지 '글 쓰는 기계'며, 이는 '모방 기계'의 또 다른 이름일 뿐이다. 실상 이러한 저자 개념은 이미 롤랑 바르트(Roland G. Barthes)와 미셸 푸코의 글에서 모습을 드러낸 바 있다. 바르트는 "저자의 죽음"을 통해 모더니즘의 산물인 저자의 "통치"가 끝나고 "진정한 글쓰기(écriture)"가 시작된다고 주장한다. 모더니즘 시대의 저자는 작품보다 우선했다. 저자가 작품을 살찌운다고 간주되면서 작품은 배후로 밀려난다. 모더니즘 이후 (독창적인) 저자는 사라지고 스크립터가 글쓰기의 새로운 주체로 등장한다. 그는 작품과 동격인 자며, 그의 글쓰기는 중립 자체다.[26] 저자의 죽음이 독자의 탄생과 한 쌍인 이유다.

푸코는 좀 더 소상하게 저자 기능을 분석하면서 모더니즘 이후 '저자의 사라짐'이 지닌 의미를 기술한다. 논지는 바르트의 연장선상에 있다. 중세 이후 저자가 작품을 규정해 왔으며, 나아가 글쓰기의 동질성을 지배하는 원리였다는 것이다. 저자 이전에 글쓰기가 있지만 저자의 자격을 부여받지 못한 자의 글쓰기는 작품이 되지 못했다. 이런 맥락에서 푸코는 사드가 저자가 아니었던 때, 요컨대 그가 바스티유 감옥에서 글을 썼던 두루마리 종이는 도대체 무엇이냐고 묻는다.[27] 푸코는 수미일관 자기 시대 글쓰기의 가장 근본적인 윤리적 원칙은 글쓰기의 주체에 대한 무관심이라는 점을 환기시킨다. 이 원칙을 그는 한마디로 다음과 같이 축약한다. "누가 말하건 무슨 상관인가?(Qu'importe qui parle?)"[28] 저자가 사라진 이유는 전통적인 저자 기능이 효력을 다했기 때문이다. 결국 '저자의 사라짐'은 새로운 '저자 기능'을 요구하며, 누가 주체가 되느냐는 다음 문제다.

이미 창작의 주체에 대한 '고전적' 관념은 흔들리고 있다. 사진 작가 데이비드 슬레이터(David Slater)가 2011년 인도네시아에서 촬영한 사진들의 일부는 원숭이에 의해 촬영된 것으로, 2017년 결국 부분적으로 원숭이의 권리가 인정됐다.[29] 이 사례에서 볼 수 있듯이 창작물은 기계(카메라)의 도움을 받아 셔터를 '아무 생각 없이' 누르더라도 나올 수 있다. 바르트는 사진의 소유권이 사진을 직접 찍은 사람뿐 아니라 그 사진에 담겨 있는 대상의 소유자에게도 부분적으로 인정될 수 있지 않겠느냐는 '엉뚱한' 생각을 표명한 바 있다. 나아가 현재 미디어 아트 영역에서는 예술가와 프로그래머와의 적극적인 협업이 이루어지고 있다. 만약 프로그램 설계와 알고리듬이 작품의 핵심 요소라면 이 경우 창작의 주체는 작업의 개념을 구상한 예술가만이 아니라 그 개념을 실현하는 데 일조한 프로그래머이기도 하다.

인공 지능 예술의 가능성

우리는 지난 2016년 이세돌과 알파고 간에 벌어진 '세기의 대국'을 통해 연산 기계의 탁월한 계산 능력이 얼마나 창의적일 수 있는가를 목도한 바 있다. 실제 양자 간의 대국을 보며 프로 바둑 기사들은 이 기계의 '도발적인' 수에 놀라움을 감추지 못했고, 결국 진화한 연산 기계의 '발상'이 대단히 창의적임을 인정할 수밖에 없었다. 알파고 이후 프로 기사들은 인공 지능의 기보를 학습하며 바둑의 규범을 다시 정리하는 형편이다. 이 과정에서 연산과 학습, 창의성에 관한 흥미로운 결론을 이끌어낼 수 있다. 단적으로 말하자면 알파고의 엄청난 학습, 말하자면 인간의 사고(기보)에 대한 무수한 모방 과정이 곧 창의성의 바탕으로 작용했다는 것이다.

이런 논점은 인공 지능이 예술과 조우하면서 생겨나는 문제들에 몇 가지 시사점을 제공한다. 현재의 모방 기계는 분명 미술사에 등재된 예술가들의 작품과 비슷한 그림을 생산한다. 그리고 그 바탕에는 학습과 모방의 과정이 있다. 모더니즘 이후에도 여전히 저자를 규정하는 조건에 비추어 보면 그 그림들과 바흐의 작품을 모방한 선율들에는 독창성이 없으며, 따라서 법적으로나 관습적으로나 예술로 인정받을 수 없다. 그러나 만약 모방 기계에게 고흐의 스타일을 학습한 후 그 스타일에서 벗어나 랜덤하게 그림을 그리도록 프로그램한다면 어떻게 될까? 실제로 현재 다수의 예술가들은 프로그램을 창작의 주요 방법론으로 삼아 이런 가능성을 넓혀 나가고 있다. 솜머러와 미뇨노(Sommerer & Mignonneau)의 「에이볼프(A-volve)」나 「라이프 스페이시스(Life Spacies)」와 같은 작업이 그 예다. 이 작업에 등장하는 인공 생명체는 관람자의 제스처에 반응하여 탄생하도록 프로그램되어 있다. 이후 그들의 진화는 예측 불가능한 방향으로 진행된다. 진정한 프로그램은 그런 점에서 '사전 문자'가 아니라 포스트그램, 즉 '사후(post) 문자(gramme)'가 아닐까?

앞에서 살펴보았듯이 인간은 자신을 모델로 삼아 기계를 진화시켜 왔고, 예술은 그로부터 다시 인간의 감각을 확장시킬 수 있었다. 만약 현재의 모방 기계가 진정한 창작 기계로 도약할 수 있다면 그와 더불어 인간의 가능성은 다시 한번 한계 너머로 나아갈 수 있을 것이다. 그 점이 중요하다. 따라서 우리는 푸코가 글쓰기의 근본 문제에 관해 성찰의 실마리로 제기한 언급을 차용하여 다음과 같은 질문을 던질 때가 됐다. 누가 창작을 하건 대관절 무슨 상관이란 말인가?

박평종 | 중앙대학교 HK 연구 교수

10장
컨템포러리 예술과 인공 지능 예술

들어가며

알타미라 동굴 벽화나 라스코 동굴 벽화가 우리에게 알려주는 것은 인간이 문자를 발명하기 이전에 이미 그림을 그렸다는 것이다. 이를 통해 알 수 있는 것은 인간에게 예술은 직접적 생존 활동을 넘어서 있는 최초의 고차원적 활동 중 하나라는 점이다. 예술은 그 시원에서부터 인간의 근원적인 욕망을 분출하는 활동이었으며, 유한성을 극복하기 위한 활동이었다. 그래서 앙드레 바쟁(André Bazin)에 따르면, 인간이 소중한 존재의 외형을 고정시켜 그 존재를 시간의 잔인한 흐름, 즉 죽음과 망각으로부터 건져내고자 예술 활동을 한다고 말한다.[1]

인간의 고유 영역이라고 생각했던 예술의 영역에 대한 인공 지능의 도전은 이미 시작되었다. 인공 지능이 그림을 그리고, 소설을 쓰고, 작곡을 할 뿐만 아니라, 오케스트라를 지휘하고 패션쇼를 했다. 휴머노이드 로봇 소피아는 사우디아라비아에서 로봇 시민권을 받았으며 한국에도 방문하여, 한복을 입고 국회 의원과 대담의 시간을 가지기도 했다. 단지 삶의 보조 수단으로 여겨졌던 인공 지능은 인간에게만 고유한 것으로 여겨졌던 많은 분야에서 차츰 존재감을 드러내고 있다. 특히 창의성의 영역, 인간만의 영역이라고 여기던 예술 분야에서 인공 지능 기술의 활용은 예술의 혁신적인 변화와 확산을 기대하게 만든다.

그러나 인공 지능이 예술 활동을 하는 것이 흥미롭고 긍정적인 결과만을 낳지 않으며, 인공 지능 기술로 말미암아 발생할 수 있는 예술의 변화에 부응하는 철학적 성찰이 필요한 것도 사실이다. 예를 들어 인공 지능이 머신 러닝을 통하여 렘브란트의 기법을 익힘으로 전문가들조차 구분할 수 없을 정도로 렘브란트와 유사한 그림을 그렸다고 하더라도 이것을 렘브란트와 같은 종류의 예술 활동으로 볼 수 있을지에 대해서 논란의 소지가 있다. 인공 지능이 '작품을 만들었다.'는 것이 인공 지능이 '예술 활동을 한다.'는 것과 동일한 의미인지는 우리가 예술을 어떻게 정의하느냐에 따라 달라진다.

주지하다시피 예술은 기술에서 파생되었으나, 기술 이상으로 대우받을 것을 요구해 왔으며, 특히 르네상스 이후로 예술은 인문주의 정신과 결합함으로써 인간성의 보고임을 자처해 왔다. 이러한 관점에서 생각해 보자면 인공 지능 기술이 만들어 낸 작품을 실제로 예술 작품으로 여기기 위해서는 이론적 정당화의 작업이 필요하다. 결국 인공 지능 예술이 예술로 인정받기 위해서는 예술 개념에 대한 전반적인 철학적 재검토 및 이에 부합하는 예술에 대한 전망을 제시해야 한다. 다가오지 않은 미래를 예상하는 것은 어려운 일이며, 특히 자명성을 결핍하고 있는 예술의 미래를 예측하는 것은 더욱 어려울 수밖에 없다. 이에 이 글은 과거로부터 현재까지 예술이 어떻게 전개됐으며, 그 가운데 드러난 큰 변화는 어떤 것이 있었는지, 주로 19세기 이후의 예술을 중심으로 살펴보고자 한다. 이러한 역사적 탐구는 이제 시작한 인공 지능을 활용한 예술 활동이 어떻게 진행될 것이며, 그 속에서 예술의 개념과 창작 활동이 어떠한 변화가 생길 것인지를 예측하는 데 도움이 될 수 있다.

뒤샹의 작품과 예술의 변화

가까운 20세기의 예술부터 시작해 보자. 20세기 들어서 예술은 엄청난 변화를 겪어 왔다. 잘 알려진 뒤샹의 「샘」이라는 작품이 등장한 것은 1917년이었으며, 이 작품은 지금까지도 사람들에게 논란거리이다. 이 작품에서 뒤샹이 한 것은 "R. Mutt 1917"이라는 서명 이외에는 아무것도 없다. 심지어 R. Mutt는 본인의 이름도 아닌 화장실 용품 제조업자의 이름이다. 물론 당시에 작품은 전시를 거부당했다. 예술가가 직접 창작한 작품이 아니라, 기성품을 그냥 갖고 와서 서명만 한 뒤에 거꾸로 세워서 전시를 한 것을 어떻게 예술이라고 할 수 있을까?

이 물음은 지금까지도 많은 이들에게, 특히 예술을 아름다움과 연관하여 이해하는 사람들에게 여전히 의문으로 남아 있다. 물론 현대 미술에 관심이 있는 이들이라면, 최근의 작품들은 뒤샹보다 더욱 난해한 작품들도 있음을 알고 있을 것이다.

많이 알려진 「샘」을 내놓기 이전에 이미 뒤샹은 꽤 유명한 미술가였다. 입체파와 미래주의를 교묘히 섞은 듯 표현된 「계단에서 내려오는 누드 No.2」는 사실주의에 익숙한 당시 유럽에서 크게 호응을 얻지 못했으나 미국에서는 엄청난 반향을 불러오면서 예술가로서의 그의 자질을 충분히 보여 주었다. 회화 분야에서 이미 유명한 그가 갑자기 왜 회화도 아니고, 화장실에서 사용하던 변기를 작품으로 전시하려고 했던 것일까? 그런데 회화 분야에서 활동하던 뒤샹이 소변기를 전시하기까지 사이에 그는 「샘」과 유사한 작품을 여러 번 출품했었다. 자전거 바퀴, 눈삽, 타자기 커버, 애완견 빗 등 다양한 기성품을 활용하여 그는 예술적 활동에 의문을 제기할 만한 의미 있는 실험을 보여 주었다. 이러한 일련의 뒤샹의 활동들이 지향하는 것은 무엇이었을까?

뒤샹은 미술 평론가 피에르 카반(Pierre Cabanne)과 대화하던 중에 예술의 목표를 "망막적인 것이라 칭한 것에 과도하게 부여된 중요성을 재조정하는 것"이라고 밝혔다. 뒤샹은 그동안 미술의 핵심으로 여겨지던 시각적인 미를 의심한 것이다. 예술에서 미에 대한 거부와 부정은 적지 않은 의미를 내포하고 있다. 얼마 전 타계한 단토에 따르면, 서양 예술 철학은 그동안 예술의 '의미론적 특질'들을 규명하기 위해

몰입해 왔다. 여기서 의미론적 특질들은 아름다움, 모방, 즐거움, 숭고 등 예술에서 중심적인 위상을 갖고 있던 것들이었다. 뒤샹의 「샘」은 이런 의미론적 특질들을 거부한 것이다. 또한 망막(시지각) 위주로 되어 온 예술 활동에 대한 거부는 기존 미학(aesthetics)에 대한 전면적인 부정을 의미하기도 한다. 미학은 그동안 감성적인(aesthetic) 것을 다루는 학문으로 여겨져 왔는데, 뒤샹은 '감성'이 아닌 '감성적 무관심'을 표방했다. 물론 이러한 그의 생각이 쉽게 이해된 것은 아니다. 당시에 사람들은 뒤샹의 작품을 계속해서 감성적인 것과 연관했다. 뒤샹의 후원자들조차 뒤샹의 「샘」이 '형태'와 '빛깔'에 있어서 매우 사랑스러웠음을 드러낼 의도가 있었다고 생각했다. 1961년 뒤샹은 과거를 회상하면서, "내가 정말로 강조하고 싶은 바는 이 '레이메이드들'의 선택이 결코 감성적 쾌감을 만족시키려 하지 않았다는 것"이라고 말했다. 그리고 이를 그는 "시각적 무관심"이라고 불렀다. 이는 예술 작품을 예술 작품으로 만드는 것은 작품 내재적인 의미에 의해서 결정되는 것이 아님을 뜻한다. 그러나 뒤샹의 발상은 이후 1960년대에 이르러서, 즉 컨템포러리 예술의 시기가 된 뒤로 제대로 이해되기 시작했다.

「샘」 못지않게 많이 알려졌음에도 불구하고 단순히 '골계미'를 표현한 것으로 여겨지는 뒤샹의 모나리자 그림도 미에 대한 거부이다. 일반인들에게 서양 미술의 최고 걸작으로 여겨지는 다 빈치의 「모나리자」를 희화했을 뿐만 아니라, 그 밑에 "L.H.O.O.Q"라고 써놓았다. 이를 프랑스식으로 읽으면, "엘.아쉬.오.오.퀴", 즉 "그녀의 엉덩이는 뜨겁다."이다. 다소 음란한 이러한 표현을 통해 뒤샹은 미로부터 예술을 분리하려고 했던 것을 알 수 있다. 그런데 왜 뒤샹은 예술과 미를 분리하려고 했을까? 왜 망막에 과도하게 부여되어 있는 예술을 자유롭게 하려고 했던 것일까?

이를 해명하려면 방대한 논의가 필요하겠지만, 간략하게만 다루도록 한다. 오늘날에 우리는 진, 선, 미를 서로 관련이 없는 것으로 각각 나누어서 생각하는 것이 일반적이다. 그러나 고대 그리스에서부터 오랫동안 진선미는 서로 별개의 것으로서 여겨지지 않았다. 플라톤의 책에서는 "아름답고, 선하다."라는 말이 함께 사용되는 경우가 많다. 때로는 "아름답고 선하고 참되다."라는 표현도 등장한다. 이러한 경향은 근대에서도 여전히 나타난다. 근대 철학자 칸트는 예술을 진리의 관점에서 바라보게 되면, 수학이나 논리학과 같은 보편적 학문에 비해서 항상 열등한 것으로 여겨질 수밖에 없기 때문에 예술을 진리와는 무관한 것으로 여겼음에도 불구하고, 그는 예술에서의 미와 선은 연관되어 있다는 생각을 계속 유지하고 있다. 칸트는 이를 "도덕성의 상징으로서 미"(『판단력 비판』, 59절의 제목)라고 주장한다. 즉 미는 비감각적인 도덕적 선을 감각적인 방식으로 암시적으로 표현하고 있다는 것이다. 그래서 미는 우리에게 도덕과는 직접 관련이 없으면서도 간접적으로 즐거움을 준다는 것이 칸트의 생각이다. 이에 따라 그는 미적 경험을 소중히 여기는 사람은 도덕적으로 훌륭한 인품도 갖고 있다고 주장한다. 사실 많은 이들이 현재도 이와 유사한 생각을 하곤 한다. (아름다운 여인은 또한 품성도 착할 것이라는 생각이 널리 퍼져 있는 것도사실이다.) 미를 접할 때 느끼는 즐거움의 감정은 또한 미를 행복과 연결하는 중요한 요소였다. 그래서 프루스트의 『잃어버린 시간을 찾아서』에서도 주인공 마르셀이 미와 행복을 연관하여 말하는 장면이 자주 등장한다. 이러한 생각은 당연히 우리의 일반적인 사고와도 부합하는 상식이기도 하다. 아름다운 것을 우리가 좋아하는 것은 그것이 우리에게 즐거움을 주고, 행복의 감정을 고취하기 때문이기도 하다.[2]

그런데 뒤샹은 이런 전통적인 생각을 거부했다. 예술이 미에 직결되어 있다면, 이는 예술의 활동을 위축시키는 것이며 예술에 속박을 가한다는 것이 뒤샹의 생각인 것이다. 미로부터의 해방은 미에 부여된 도덕적 무게로부터의 해방이며, 동시에 대상에 대한 모방으로부터의 해방을 의미한다. 뒤샹은 예술에서 미가 지나치게 강조되고 있음을 간파했다. 그런데 뒤샹을 포함한 소위 전위 예술가들의 활동에는 정치적인 견해도 포함되어 있으며, '정치로부터의 자유'를 동시에 지향하고 있었다. 사실 예술은 오랫동안 정치, 종교 등의 권력으로부터 자유롭지 못했다. 1910년대 후반 예술가들은 인류 역사에서 그 이전에는 접하지 못했던 최고의 비극을 목격하게 된다. 바로 제1차 세계 대전이다. 서구 사회는 그때까지 자신들이 가장 계몽된 사람들이며, 고상한 정신을 갖고 있다고 자부하고 있었다. 그래서 그들은 계몽의 정신을 전파하는 것이 자신들의 과업이며 의무라고 생각하고 있었다. 그런데 그들이 바로 가장 야만적이면서 동시에 오랫동안 반문화적 방식으로 서로에게 총부리를 겨누었다. 1910년대 후반부에 대두된 다다이즘을 비롯한 전위 예술은 제1차 세계 대전을 일으킨 사람들에 대한 저항, 특히 자본가와 관력 층의 — 이들은 전통적으로 예술가들의 후원자들이었다. — 심미적 감수성을 만족시키지 않기 위한 예술적 저항이다.[3] 이들의 저항은 미와 예술의 친밀성을 거부하면서 정치로부터의 자유를 표방한 것이다.

저항 의식을 드러내는 예술의 표현은 제2차 세계 대전 이후로는 더욱 극단적인 형태를 보이게 된다. 전후의 예술은 일찍이 예술의 역사에서 볼 수 없었던 추함과 역겨움을 이제 거리낌 없이 표출했다. 어리광스럽게 표현한 장 뒤뷔페(Jean Dubuffet)의 그림들은 단순히 동심의 순수함을 표현한 것이 아니라, 인간 내면에 존재하고 있는 비열함, 잔혹함, 어리석음에 대한 묘사이다. 그림의 인물은 두 팔이 보이지 않게 열중쉬어, 즉 일종의 복종 자세를 표현하고 있다. 그러나 그의 가슴 아래로 보이는 또 다른 얼굴은 음흉함을 표현하고 있다. 또한 신체에 비해 지나치게 크게 묘사된 성기는 감춰진 욕망을 드러내고 있다. 전통적으로 아름답게 묘사되던 「삼미신」도 두 번의 전쟁을 겪게 되면서 이제는 추하게 바뀌었다. 프란시스 피카비아(Francis Picabia)의 「삼미신」은 조금의 미도 포함하고 있지 않다. 인체에서 생식과 연관된 부분만 과장되게 크게 표현되어 있을 뿐 다른 신체는 제대로 묘사조차 되어 있지 않다. 프랜시스 베이컨(Francis Bacon)의 그림은 아예 인간의 모습이 동물처럼 표현되어 있다. 이러한 상황을 독일의 보수적인 예술사 학자 한스 제들마이어(Hans Sedlmayr)는 "중심의 상실"이라고 비판했으나, 아스게르 요른(Asger Jorn)은 이러한 비판에 맞서 「중심의 상실(Verlust der Mitte)」이란 제목의 이해하기 힘든 그림을 보란 듯이 그

그림 1. 아스게르 요른의 「중심의 상실」.

렸다. 예술과 미는 멀어진 것처럼 생각되었으며, 동시에 무언가를 모방해야 한다는, 더구나 아름답게 모방해야 한다는 생각은 예술의 필수 조건이 아닌 것으로 받아들여지게 되었다.

예술이 미로부터 자유로워지고 비판적인 정신을 갖게 되면서 이제 예술가들은 자신의 생각을 자유롭게 표출할 수 있는 길이 열렸다. 이제 예술에서 중요한 것은 미라기보다는 정신이었다. 그것은 이미 150년 전에 헤겔이 했던 주장이 그 정당성을 얻게 되는 것처럼 생각되었다. 헤겔은 자연미보다 예술미가 더 우월할 수 있는 근거로서 예술미는 "정신으로부터 태어나고 다시 태어나는 것"[4]이라고 주장했다. 어떤 아름다운 초록의 들판이 있다고 하면, 들판과 이를 그린 그림 모두 아름답지만, 그림이 더 아름다운 것은 그 속에 화가의 정신이 깃들어 있기 때문이라는 것이다. 즉 예술 작품은 작가에 의한 정신적 의미가 추가적으로 포함되어 있기에 자연보다 우월한 존재라는 것이 헤겔의 설명이다. 이러한 생각은 1920년대부터 서서히 두각을 나타낸 추상 표현주의에서 더욱 두드러진다. 쉽게 이해하기 힘든 추상 표현주의는 헤겔의 생각을 그대로 반영한 것처럼 보이기도 한다. 그런데 20세기 초반부터 중반까지 유행했던 추상 표현주의는 그보다 앞선 19세기 예술 활동의 연장선에서 바라보아야 한다.

19세기 이후, 예술 개념과 창작의 변화

예술에서 급격한 변화가 20세기에만 이루어진 것은 아니다. 이미

19세기 중반부터 예술의 개념과 창작에 있어서 급격한 변화는 나타나고 있었다. 예술이 언제 시작되었는지를 분명하게 말하는 것은 어렵겠지만, 예술에서 가장 급격한 변화가 나타나기 시작한 것은 분명 19세기 중반부터이다. 이러한 변화를 이해하기 위해서는 예술사에 대한 간략한 이해가 필요하다.

예술에 관한 규정 중 가장 오래된 논의는 플라톤의 『국가』 10권에 나타난다. 이 책에서 플라톤은 예술의 활동을 매우 깎아내린다. 플라톤에 따르면 기술은 크게 두 가지로 분류할 수 있다. 첫째는 획득적인 기술이다. 이는 자연에 주어진 것을 이용하는 기술이다. 또 다른 기술은 생산적인 기술이다. 이것은 새로운 무언가를 만들어 내는 기술을 의미한다. 플라톤은 여기서 생산적 기술을 다시 실제적인 대상을 만들어 내는 기술과 상(象)을 만드는 기술로 구분한다. 예술에 해당하는 활동은 상을 만들어 내는 기술을 뜻한다. 플라톤은 그러면 왜 상을 만들어 내는 기술을 깎아내린 것일까?

플라톤이 상을 만들어 내는 기술을 깎아내리는 근본 이유는 그의 이데아론과 관련되어 있다. 플라톤에 따르면, 침대와 같은 실제적 대상을 만들어 내는 기술은 이데아의 세계에 있는 침대의 이데아를 따라서 장인들이 만든 것이다. 즉 이데아의 침대를 모방하여 실제 침대를 만든다. 그러나 화가가 그린 그림, 즉 상을 만드는 기술을 따른 침대 그림은 장인들이 만든 침대를 다시 모방한 것이다. 즉 침대 '그림'은 이데아의 모방(실제 침대)을 다시 또 모방한 것이다. 즉 '모방의 모방'이기 때문에 그만큼 진리(이데아)와 멀다는 것이 플라톤의 예술 폄하의 근거이다.

　플라톤의 예술 폄하를 극복하기 위하여 철학자들과 예술가들은 그 후로 다방면으로 노력해 왔다. 철학자들은 모방에 긍정적인 의미를 부여하는 방식(아리스토텔레스 등)을 택했으며, 예술가들은 모방의 한계를 극복하려는 방식을 택했다. 예술가들의 노력은 외관상 실제와 작품을 구분할 수 없게끔 똑같이 만드는 데까지 이어진다. 서양에서 제욱시스와 파라오시스의 대결, 삼국 시대 솔거의 황룡사 노송 이야기 등이 이에 해당한다. 이를 우리는 '환영(illusion) 이론'이라고 부른다. 우리가 일반적으로 가장 널리 퍼져 있는 예술 이론과 가장 쉽게 부합하는 이론이 환영 이론이다. 이는 실제의 모습을 똑같이 재현하는 것을 목표로 삼는다는 의미에서 '재현론', '모방론'이라고도 불린다. 초등학교 미술 시간에 꽃병을 놓고 그림을 그렸을 때, 가장 잘 그린 그림으로 선택하는 것은 실제의 모습을 얼마나 닮게 그렸는가를 기준으로 평가하는 방식이 환영론, 모방론, 재현론의 핵심이다. 플라톤 이후의 예술은 실제와 구분할 수 없을 정도로 똑같이 모사하는 것을 예술의 최고 덕목으로 생각했다. 이러한 예술에 대한 이러한 생각은 그 후로 오랫동안 변하지 않은 채 계속해서 유지되었다. 특히 르네상스에는 원근법, 명암 대비법 등이 발명되면서 모방의 기술이 획기적으로 발전했다.

　그러나 19세기 중반 이후로 예술에 대한 이러한 사고 방식은 위기를 맞는다. 당시에 발명된 사진과 비디오는 실제와 똑같이 그리는 예술을 위협하는 존재로 받아들여졌다. 자그마치 8시간 동안이나 노출을 해서 얻은 니엡스의 최초 사진은 현재의 사진과 비교하면 아주 조악한 수준이지만, 그 후로 사진은 획기적으로 발전하게 되면서 회화는 위기에 처하게 된다. 이러한 위기 의식이 예술의 개념과 창작 활동에 변화를 모색하게 만들었다. 새로운 변화는 파리에서 후에 인상파의 아버지로 불리게 되는 에두아르 마네(Édouard Manet)로부터 시작되었다.

    19세기 중반 파리의 예술은 주로 도제식 교육을 통해 예술가를 배출함으로써 권력가와 자본가의 요구에 부합하는 작품들을 생산했다. 당시의 프랑스 황제 나폴레옹 3세는 본인이 세계 문화의 선도자인 프랑스의 문화 지킴이를 자처하고 있었으나, 실제로는 본인의 취향에 맞는, 그리고 본인의 치세를 드러내는 작품만을 강요하는 등 권력이 예술의 활동에 깊이 개입하고 있었다. 국가는 살롱의 전시회를 정기적으로 개최함으로써 겉으로는 예술을 장려하는 것처럼 보였으나, 전시회의 출품작을 결정하는 것은 권력의 입김이 작용하고 있었고, 실제로 예술은 통제되고 있었다. 이러한 상황에서 마네를 비롯한 젊은 예술가들은 당시의 살롱 문화에 반기를 들며, 권력층의 요구에 부합하지 않는 자율적 작품을 창작했다. 그 시작은 1863년 파리의 매우 특별한 전시회에서였다. 그해의 정기적 전시회에 너무 많은 작품들이 탈락했기 때문에, 나폴레옹 3세의 배려로 탈락자들만을 위한 특별 전시회가 개최되었다.

    이 전시회에서 마네의 「풀밭 위의 점심 식사」는 최고의 관심 대상이 되었다. 그 이유는 그 작품이 잘 그려서가 아니라, 작품의 주제와

그림 2. 마네의 「풀밭 위의 점심 식사」.

표현 기법에 있어서 워낙 충격적이었기에 비난의 대상으로 관심을 받았기 때문이다. 주제의 면에서 마네는 당시 프랑스의 권력층들이 요구하는 것과 무관한 것을 표현했을 뿐만 아니라, 심지어 부르주아의 낯뜨거운 일상을 고발하고 있다. 그림에서 부르주아 남성은 대낮에 나체의 여성과 함께 향락의 시간을 보내고 있다. 실제 이 그림에는 실존 인물을 넣음으로써 이미지의 사실성을 강조했다. 또한 그림의 내용에서 당시까지 회화의 주를 이룬 주제들, 즉 성서나 신화 이야기, 왕의 권위, 국가의 영광 등과는 무관한 파리의 일상을 표현함으로써 예술의 주제가 '일상의 삶'임을 보여 주었다. 표현 기법에서도 이 작품은 의도적으로 원근법을 거부함으로써 그림이 어색하게 보인다. 마네는 그림이 실제를 그대로 반영해야 한다는 르네상스 이후로 당연하게 여기던 생각을 거부하고 그림은 원래 평면이라는 점을 의도적으로 강조했다. 이러한 주제와 기법에서 마네의 그림은 많은 이들에게 충격으로 다가올 수밖에 없었다. 20세기 중반 미국의 예술 평론가 클레멘트 그린버그(Klement Greenberg)는 마네의 미술이 미술의 순수화를 추구한 것이라고 주장한다.[5] 즉 마네는 그림이 그림다워져야 한다는 점을 표방한 것이다. 회화는 조각과 달리 평면인데, 오랫동안 회화는 이 점을 망각하고 평면처럼 보이지 않으려고 노력해 왔으나, 마네는 이를 솔직하게 인정한 것이다.

마네가 회화의 주제와 표현에서 모두 기존의 관습과 관례를 거부하고 새로운 가능성을 모색했던 것은 이후 많은 예술가에게 다양한 영감을 주었다. 1960년대 추상 표현주의까지 유지되는 소위 '모더니즘' 시대가 시작되었다. 마네의 직접적 영향은 인상파의 출현을 낳았다. 마네는 모네, 드가, 바지유, 르누아르, 세잔 등과 교류하면서 이들의 작품에 직간접적으로 영향을 끼쳤다. 인상파는 기존의 방식을 거부했기에 당시의 사람들에게 이들은 미학에 일종의 전쟁을 선포한 것으로 받아들여졌다. 인상파 화가들은 기존의 예술이 국가적 애국주의에 이용되는 것을 거부하면서 예술의 자유를 추구했다. 그래서 이들에 반대하던 보수적인 사람들은 이들을 "인상파"라고 부르면서 비판했다. 인상파는 원래 좋은 의도에서 만들어진 말이 아니라, '그림을 본 뒤, 남는 것은 인상뿐', '한순간의 인상만을 그리는 얼간이들'이라는 경멸적 어조로부터 유래한 표현이었다. 그러나 모네를 시작으로 인상파 화가들이 점점 사람들에게 인정받게 되면서, 이들의 새로운 기법과 주제들은 예술의 활동으로 자리를 잡게 되었다. 인상파의 성공은 예술가들에게 커다란 자극이 되면서 예술가들은 자신들만의 고유한 기법과 주제들을 개발하게 되었다.

이후로 신인상파, 후기 인상파, 입체파, 야수파, 미래파, 절대 미술, 추상 표현주의 등의 많은 사조들이 등장하여 자신들 기법과 주제가 진정으로 예술의 활동에 부합한다는 경합이 벌어지게 된다. 그린버그는 이를 "모더니즘의 양식 전쟁"이라고 부른다. 각자는 자신들의 양식만이 가장 올바른 방식이라고 배타성을 보이면서 기존의 양식과의 차별화를 주장했다.[6] 이 과정에서 아름답게 그려야 한다는 것, 대상을 동일하게 모방해야 한다는 것, 미의 규준으로 간주되던 조화와 균형은 사라져 갔다.

그러나 20세기 들어 다양한 양식들의 향연이 벌어지고 있을 당시, 이들의 활동에 의문을 제기하는 이들도 있었다. 가장 흔히 제기되는 문제는 작품이 "아름답지 않다."라는 것과 무엇인지 "이해를 할 수 없다."라는 두 가지였다. 아름답지 않다는 것에 대한 의문은 기존의 미술에 대한 이해의 측면에서 보자면, 미술은 필연적으로 미를 표현해야 하는 것으로 받아들이기 때문에 당연히 제기될 수밖에 없는 의문이다. 이에 관하여 당시에 활동하던 평론가 로저 엘리엇 프라이 (Roger Eliot Fry)는 분명하게 아름답지 않음에도 미와 예술을 연결할 가능성을 다음과 같이 설명했다.

거의 예외 없이 사람들은 예술의 목적은 모방적 재현이라고 암묵적으로 가정하지만, 어느 누구도 그런 이상한 주장의 근거를 입증하고자 노력한 적이 없다. 이 화가들이 아름다움으로 우리를 위로하는 대신에 추한 것을 추구한다며 이러니저러니 말들이 많다. 사람들은 창조적으로 설계된 모든 새로운 작품은 아름다워질 때까지는 추하다는 사실, 우리가 주로 친숙하기 때문에 그 통일성을 쉽게 알아볼 수 있는 그런 예술 작품에만 아름답다는 말을 적용한다는 사실, 그리고 우리가 노력을 통해서만 이해할 수 있는 그런 작품들은 추하게 여긴다는 사실을 잊는다.[7]

프라이의 설명은 작품이 지금 당장은 아름답게 보이지 않을지라도 시간이 지나면서 친숙해지면 우리는 아름다움을 인식할 수 있다는 것이다. 그러나 프라이의 주장은 그가 여전히 예술을 아름다움의 관점에서 바라보고 있다는 것과, 그가 당시의 미술의 흐름을 제대로 인식하지 못한 매우 보수적인 인물, 시대에 뒤떨어진 인물이었음을 보여 준다. 이러한 흐름에 대한 인식은 후에 그린버그에 이르러서야 제대로 이해되기 시작했다.

그린버그와 모더니즘 예술

그린버그는 모더니즘의 전개 과정이 근대 철학의 성찰적 방식을 예술에 도입한 것이라고 주장한다. 이는 예술이 자신이 무엇을 해야 하는가를 깨우친 것이며, 일종의 자기 의식의 출현이다. 서양 근대 철학이 사유의 '대상'이 아닌 사유의 '구조'와 '조건'에 관심을 기울이며, 비판 철학을 구상했던 것처럼 모더니즘 미술은 자기 비판을 통하여 외부의 대상에 대하여 관심을 기울인 것이 아니라 '자신의 본질과 내적 본성'에 대하여 사유한 것이다. 그 결과 세계와 외부의 대상을 '재현'하는 것보다는 '재현의 조건'에 관심을 기울였다. 이러한 방식은 기존의 외부의 대상과 세계를 똑같이 묘사, 재현하려는 것으로부터 더욱 자유로울 것을 요구한다.

외부 대상과의 단절이라는 모더니즘의 특징은 추상 표현주의에서 절정에 달한다. 도대체 무엇을 그렸는지 이해하기 힘든 피트 몬드리안(Piet Mondrian), 테오 반 두스뷔르흐(Theo van Doesburg)의 그림은 대상으로부터 자유를 추구한 결과이다. 당시 많은 이들이 추상 표현주의의 그림이 무엇인지를 이해하지 못하자, 두스뷔르흐는 추상의 과정

그림 3. 추상 과정을 보여 주는 두스뷔르흐의 「구도: 소(Composition: The Cow)」.

을 설명하기 위하여 일부러 다음과 같은 연작의 그림을 통하여 설명했다. (그림 3)

이 그림은 소를 추상적으로 표현한 과정을 보여 준다. 최초의 삽화는 소를 그렸음을 분명하게 알 수 있으나, 점차 소의 상을 제거해 감으로써 추상으로 가는 과정이 실제로 어떻게 이루어지는지를 보여 주었다. 즉 추상이란 구체적인 상을 제거하는 과정인 것이다. 그린버그에 따르면, 추상(abstract)은 대상을 "밖으로(abs) 인출(tractus)"[8]함으로써 사물에서부터 벗어나서 재현을 마감한다. 또한 빌렘 플루셔(Vilem Flusse)는 추상화를 "비사물로 가는 길"[9]이라고 정의한다. 이런 의미에서 추상 미술은 대상 재현적인 전통에 대한 인식론적 단절이자 불연속이다.

그린버그에 따르면, 오랫동안 미술이 추구한 사실주의적인 표현은 그림임을 숨기면서 "미술을 은폐하기 위해 미술을 사용했지만 모더니즘은 미술에 주의를 집중시키기 위해"[10] 미술을 사용한다. 이제 회화는 회화적이지 않은 요소들을 제거함으로써 더욱 회화다워지기를 추구한다. 기존의 미술에서 중요하게 여겨지던 입체감은 회화의 본질적인 것이 아닌 것으로 여겨졌으며, 회화는 평면으로 되었다. 그린버그가 보기에 "평면성, 즉 2차원성은 다른 어떤 예술과도 공유하지 않는 회화만의 고유한 측면"[11]이다. 그린버그에 따르면 추상 표현주의의 최고봉은 미국의 화가 폴 잭슨 폴록(Paul Jackson Pollock)이다.

폴록은 기존의 미술과는 완전히 다른 예술을 추구했다. 그는 캔버스를 수직으로 놓고 그림을 그리는 방식을 거부하고, 바닥에 수평으로 놓고 그림을 그렸다. 그림을 그리는 방식에서도 일반적인 붓질이 아니라, 물감을 흩뿌리는 방식인 '액션 페인팅' 기법을 사용했다. 폴록의 작업은 표현 기법만이 아니라, 외부의 대상과는 완전히 무관한 주제를 표현하고 있다. 그는 미술이 대상과 연결되는 것을 거부하기 위하여, 작품에 제목도 붙이지 않고 구분을 위한 넘버링만 했다. 일반적으로 작품의 제목은 주제를 부각시키는 면이 있지만, 동시에 작품의 의미를 제한하기도 한다. 폴록은 이런 식으로 의미가 고정되거나, 외부의 대상을 표현하는 것을 거부하기 위해 의도적으로 제목을 붙이지 않았다.

그러나 추상 표현주의는 상업적으로는 엄청난 성공을 거두었음에도 불구하고 그 영향력이 제한될 수밖에 없었다. 가장 큰 이유는 무엇을 표현했는지 이해하기 힘들다는 것이었다. 추상화가 출현하기 전까지 그림(painting)은 픽처(picture)이기도 했다. 오랫동안 그 둘은 바꾸어 쓸 수 있는 단어였지만, 추상화 등장 이후로 많은 이들은 추상화 속의 대상은 무엇인지 이해하지 못하며, 정말 그림인지를 의심한다. 이에 대해 평론가 해럴드 로젠버그(Harold Rosenberg)는 투우사가 투우장에서 행동을 보여 주듯이 추상화가는 캔버스 위에서 행동을 보여 준다면서 추상 표현주의를 옹호했다. 그러나 많은 이들은 "누가 행동을 벽에 건단 말인가?"라고 빈정대면서 로젠버그를 비난했다.[12] 추상 표현주의 작품들이 연일 최고가를 경신하면서 고급 예술로서 인식되는 만큼 일반 대중들은 추상 표현주의에서는 멀어지면서 추상 표현주의는 서서히 무너지게 되었다.

컨템포러리 예술

단토에 따르면, 추상 표현주의의 붕괴는 미술의 내적 자율성을 확보하는 과정에서 필연적이었다. 추상 표현주의는 전통 회화에서 우리가 흔히 볼 수 있는 뛰어난 기예를 보여 주지도 못했다.[13] 그것은 단지 내적 추동력만을 가지고 있었을 뿐이었는데, 이것이 시장의 마케팅에 의해 외적으로 강화됨으로써 수집의 대상으로 여겨졌다. 회화란 자율적인 역사를 가져야 하며, 더욱 순수해져야 한다는 그린버그의 요구 사항("미술을 위한 미술", "예술을 위한 예술")은 충족되었으나, 외부와 단절되어 순수 자존적 존재가 됨으로써 회화는 오히려 약화되었다.

추상 표현주의가 점차 관심에서 멀어지고 있을 당시 새롭게 등장한 미술은 충격적이지만 추상 표현주의와는 달리 친숙한 것이었다. 이른바 앤디 워홀로 대표되는 컨템포러리 예술이 시작되었다. 20세기 초에 이미 뒤샹은 「샘」을 통하여 예술이 미로부터 벗어날 수 있음을 선언했음에도 불구하고, 많은 이들은 여전히 '순수 예술'과 '미'라는 양립하기 어려운 목표를 동시에 추구하고 있었다.[14] 뒤샹에서 비롯된 미로부터의 탈피는 1960년대에 이르러서 워홀의 「브릴로 상자」에 의해 사람들에게 서서히 수용되었다. 그것은 실재와 동일하면서도 실재에 의해 평가되지 않는다는 예술의 순수성뿐만 아니라 예술은 지각적으로 식별 가능한 요소들을 통해서 판정되지 않는다는 점을 보여 주었다. 뒤샹과 워홀은 예술을 시각이라는 감각의 눈으로 볼 것이 아니라, 정신의 눈으로 보아야 한다는 것이다. 예술에서 중요한 것은 창작자의 내면의 세계, 정신이라는 지극히 당연한 주장을 더욱 강조한 것이다. 이는 예술에서 당연시되어 오랫동안 유지되어 온 지각으로부터의 자유를 의미한다. 예술이 인간의 활동 중에서 고차원적 활동이라면, 이는 당연히 정신의 활동이지 않으면 안 된다. 이를 고려해 본다면, 예술에서 정신의 강조는 자유의 획득이며, 예술의 지위 상승과 연관되어 있다.

감각적으로 예술을 구분할 수 있는 것이 아니라는 '지각적 식별 불가능성'의 원리는 사실 철학의 고유한 주장 중 하나이다. 데카르트는 『성찰』에서 꿈과 깨어 있음이 지각적으로는 구별될 수 없다고 주장했다. 칸트는 '의무로부터 나온' 행위와 '의무에 부합하는' 행위를 구분했지만, 사실 이 구분이 실제로 지각적인 차원에서 가능한 것은 아니다. 또한 하이데거도 '본래적 삶'과 '비본래적인 삶'을 구분하며, 본래적인 삶의 회복을 강조했으나, 이 둘의 차이가 외적으로 지각되는 것도 아니다. 워홀은 이런 '철학적인 원리'를 미술에도 적용했다. 워홀 이전에는 의미론적 기준을 이용하여 "예술 작품은 언제나 예술 작품으로 확인될 수 있다."는 암묵적인 믿음이 존재했는데, 워홀은 이런 믿음을 의심했고 예술만의 특별한 방식이 있다는 것을 거부했다.

워홀이 「브릴로 상자」를 통해서 우리에게 보여 주려고 했던 것은 추상 미술에 의해서 현실과는 너무 동떨어진 예술을 다시 현실에 돌려줄 뿐만 아니라, 현실을 예술의 일부가 되게 하려는 것이다.[15]

단토는 워홀의 「브릴로 상자」를 "예술의 종말" 선언으로 받아들인다. 워홀의 작품은 더 이상 모더니즘이 추구하는 특정한 양식을 따르지 않는다는 의미에서 '단절' 내지는 '종말'이다. 따라서 여기서 예술의 '종말'이라는 테제는 부정적인 '죽음'이 아니라, '자유로워진 낙관적인 상태'를 의미한다. 단토는 종말 이후 자유의 획득 과정을 예술이 자신의 정체성을 확립하는 것이라고 주장한다. 그런데 그것은 일종의 정체성의 역설이다. 하나의 고정된 정체성을 확보해야 한다는 요구와 다양한 양식들 사이에 벌어지는 갈등은 밀접하게 관련되어 있기 때문이다. 갈등으로부터 자유로워지는 데는 두 가지의 방법이 있다. 첫째 방법은 자신의 선언문에 들어맞지 않는 것은 모조리 제거해 버리는 방식이다. 바로 모더니즘이 이런 방식을 택했는데, 그 결말은 모두가 사라지지 않은 한 끝날 수 없다. 이는 부정하는 방법에 의하여 자신 스스로도 나중에는 부정될 수밖에 없는 모순적 상황을 피할 수 없기 때문이다. 둘째 방법은 다양한 선언문들과 더불어 살아가는 것이다. 단토가 말한 예술의 종말은 양식들 간의 차이를 긍정하고 모든 비평을 포용하는 것이다. 이것은 정체성을 확립하지 않는 것이 자신의 정체성이었다는 역설을 보여 주고 있으며, 종말 이후의 예술이 이를 증명하고 있다.

단토는 컨템포러리 미술을 시간적인 '지금의 미술', '최근의 미술'이라기보다는 특정한 역사적 구조를 반영하고 있는 것으로 이해한다. 즉 컨템포러리 미술은, 20세기 중반까지의 미술은 특정한 방향을 향하여 나아갔지만, 1960년대 이후에는 그러한 "방향의 부재가 특징"이 아니라, 오히려 "방향의 존재가 환상"이었음을 보여 준다.

무엇이든지 예술로 가능한 다원주의 시대에서 예술에는 아무런 기준이 없는지 고민해 보아야 한다. 이 문제를 해결하지 못한다면, 우리에게 예술의 아나키즘은 불가피할 수도 있다. 갤러리에 전시되었다는 것만으로 예술 작품이 되진 않는다. 워홀의 작품은 오히려 그런 전시적인 것이 아니라 지각적으로 식별할 수 없는 비전시적인 요소를 강조했다. 이에 관하여 단토는 예술 작품의 조건으로서 최소한의 기준 두 가지를 제시한다. 첫째로 예술 작품은 '무엇에 관한(about) 것'이어야 한다. 여기서 무엇에 관한 것은 '의미를 지니고 있음'을 뜻한다. 우리는 의미를 추론하거나 파악하지만, 의미는 물질적이지 않다. 이로부터 두 번째 조건인 예술 작품은 '구현된(embodied) 의미'라는 조건이 성립한다. 따라서 (무엇에 관해) "구현된 의미가 사물을 예술 작품으로 만든다." 그런데 이러한 두 조건은 모두 지각적으로 식별 가능한 것이 아니다. 오직 해석에 의해서만 그 조건이 밝혀질 수 있으며, 그에 따라 예술 작품으로서의 공민권(enfranchisement)이 부여될 수 있다. 결국 "해석은 어떤 의도된 의미가 구현되어 있는가를 파악하는 작업이다."[16] 이제 중요한 것은 사물적 작품이 아니라, 해석이다. 그래서 단토는 "예술품을 가려내는 일은 사실 예술품에 크게 달려 있지 않다."라고 주장한다. 예술이 무엇인지 알려면 우리는 "감각 경험으로부터 사고로 전환해야 한다."[17] 단토가 주장한 조건은 전통적인 예술론이 강조해 온 지각 가능한 본질을 추구하지 않기 때문에, 여기서 조건은 본질이 아니다. 단토 이전에 모리스 와이츠(Morris Weitz)는 식별 가능한 본질을 찾다가 실패하고 '열린 개념'을 내세웠다. 이에 반해 사물을 예술 작품으로 만드는 해석을 수행하기 위해서 우리에게 필요한 것은 "열린 개념이 아니라, 열린 마음을 가질 필요가 있다."[18]라고 단토는 주장한다. 컨템포러리 예술의 특징은 예술의 자유이다. 이제 막 시작하는 인공 지능 시대의 예술도 컨템포러리 예술의 연장선에서, 즉 자유로운 예술의 활동 중 하나로 생각할 수 있다.

인공 지능 시대의 예술은 어떻게 변화할 것인가?

인공 지능이 예술 분야에서 활용되기 시작한 것은 1973년이다. 로봇이 그림을 그리고, 소설을 썼으며, 우화를 만드는 작업을 했으나, 대중들은 가십거리 이상으로 받아들이지 않았다. 그 당시 인공 지능은 프로그래머의 의도에 따라 움직이는 도구에 불과하기 때문이다. 적어도 예술 분야에서 인공 지능이 관심을 받으려면, 프로그래머의 의도 이상의 자율적 활동 가능성이 있어야만 된다는 암묵적 전제가 깔려 있었던 것이다. 그런데 2013년 애틀랜타 조지아 공대에서 개발한 '셰예라자드'는 인터넷에서 스스로 학습을 하면서 이야기를 만들어 내는 자율성의 가능성을 보여 주면서 그 후로 다양한 인공 지능들이 스스로 이야기를 만들고, 음식 레시피를 만들고, 팝 음악 앨범을 발매하고 있다. 현재 인공 지능은 단순한 도구 이상의 자율적 존재로서 서서히 여겨지고 있다. 2018년 10월 25일 크리스티 경매장에서 인공 지능이 그린 초상화가 43만 2000달러에 낙찰된 것은 이제 인공 지능 예술의 변화된 위상을 잘 보여 주는 사건이었다.

본격적인 인공 지능 시대가 열리면서 예술은 어떻게 변화할 것인지는 크게 두 가지 점을 생각해 볼 수 있다. 첫째는 예술 개념의 변화이다. 그런데 여기서 예술 개념의 변화는 주로 예술 창작 주체와 연관된 물음이다. 컨템포러리 예술에 이르러서 예술은 자유로워지면서 예술을 규정하던 모든 속박은 없어졌으나, 유일하게 예술 주체의 문제는 여전히 크게 바뀐 것이 없는 것처럼 보인다. 현재까지 예술은 오직 인간의 활동으로만 여겨졌다. 그러나 이러한 생각을 흔들리게 하는 사건이 없었던 것은 아니다. 20세기 초반, 모더니즘의 양식 전쟁이 한창이던 당시, 롤랑 도르줄레스(Roland Dorgelès)는 '파격주의'라는 사조의 출현을 선언했다. 그는 선언문을 발표하고 하나의 그림을 공개했는데, 당시 언론에서 이를 대대적으로 다루었다. 그런데 도르줄레스는 나중에 그 그림은 자신이 그린 그림이 아니라, 당나귀가 꼬리에 붓을 달고 그린 것이라고 해명했다. 이러한 해프닝이 알려지게 되면서 예술의 주체에 관한 물음이 사람들 사이에서 회자되기 시작했다.

침팬지 화가 콩고(Congo)의 사례 또한 인간이 아닌 예술의 가능성을 보여 주었다. 1950년대 후반 콩고의 추상화는 다른 화가들의 작품과 동일하게 경매를 통하여 거래되었다. 당시에 많은 이들이 이 작품을 예술 작품으로 볼 수 있는지에 대해 의문을 제기했지만, 피카소는 콩고의 작품을 매우 높이 평가하고 자랑스럽게 자신의 집에 걸어 두었다. 그렇다면 예술의 주체가 반드시 인간이어야만 하는 이유는 무엇일까? 그것은 예술은 창의적이어야 하는데, 창의성은 오직 인간에게만 가능하다는 사고로부터 유래한 것이다.

그런데 예술은 창의적이어야 하며, 창의성은 오직 인간에게만 가능하다는 생각은 인공 지능 시대에 적합한 사고일까? 우선 현재 인공 지능 기술이 만들고 있는 예술을 살펴보자. 현재 인공 지능이 만들고 있는 예술의 분야는 문학, 음악, 영화, 미술 등 매우 넓다. 여기서는 인공 지능과 관련된 모든 것을 다룰 수는 없고 대표적인 음악과 미술만 생각해 보자.

인공 지능 기술이 개발된 초기 단계에서부터 인공 지능은 예술 분야에서 활용되기 시작했다. 1973년 로봇 아론(AARON)이 그린 그림은 런던과 샌프란시스코의 미술관에서 인간의 최고 작품들과 함께 전시되면서 사람들의 관심을 받았다. 그러나 아론은 프로그래머인 해럴드 코언(Harold Cohen)이 부여한 규칙에 따라서 그림을 그렸다는 점에서 단지 그의 도구에 불과하다는 평가를 받았다. 유사한 사례로서 1987년 작곡가이자 컴퓨터 과학자인 데이비드 코프(David Cope)는 다양한 작곡자들의 스타일을 학습하여 자동으로 음악을 작곡하는 EMI(Experiment in Musical Intelligence)를 개발했다. 당시 많은 이들은 이 음악에 깊은 감명을 받았으며 전문가들조차 인공 지능과 인간의 작품을 구분하기 힘든 수준이었다. 그러나 일부의 비평가들은 이를 가짜 음악이라고 맹비난했다. 원곡 작곡가의 창의적 영감을 복사한 교묘한 속임수이며, 표면적으로만 창의성을 표현한 것이라고 비판했다. 후에 많은 청중이 컴퓨터에 의한 작곡이었음을 알았을 때, 속았다고 분노했으며, 코프를 위협하는 사건까지 발생했다. 당시까지의 인공 지능 기술은 단지 과거의 데이터를 조합했기 때문에, 진정으로 새롭고 창의적인 작품을 만들지 못한 것으로 여겨졌다. 그러나 21세기 들어서 인공 지능 기술의 발전은 비약적으로 이루어지기 시작했다.

2016년 6월 구글은 인공 지능의 예술 창작을 지원하기 위하여 '마젠타 프로젝트(Magenta project)'를 시작했다. 근본 목표는 인간의 연주를 이해하고 이를 인공 지능이 새롭게 해석하여 새로운 창작물을 만들어 내는 것이었다. 알파고를 개발한 것으로 유명한 영국의 딥마인드 사와 협력해서 '엔신스(NSynth, 신경 신디사이저)'란 툴을 만들었다. 수많은 악기가 내는 음에 관한 DB를 인공 지능에게 제공하고 스스로 학습을 시킨 뒤에 인공 지능이 새롭게 음악을 만들어 내게끔 했다. 구글은 궁극적으로는 사람들이 좋아하는 음을 낼 수 있는 새로운 디지털 악기를 인공 지능이 개발할 수 있을 것이라는 전망까지 내놓았다.

구글보다 다소 앞선 2016년 봄에 마이크로소프트 사는 렘브란트 미술관과 협업으로 '넥스트 렘브란트' 프로젝트를 수행했다. 이 프로젝트는 이미 인공 지능 분야에서 많이 사용되고 있는 안면 인식 기술을 이용하여 300점이 넘는 렘브란트의 초상화를 분석함으로써 그의 스타일을 스스로 터득했다. 놀랍게도 결과물은 실제로 렘브란트의 그림과 외형적으로 완벽하게 동일했을 뿐만 아니라, 내부의 표현 기법에서까지 완벽하게 렘브란트와 동일했다. 이제 인공 지능은 렘브란트에 머물지 않고 이미 사라져 버린 많은 예술가들을 다시 살려낼 것까지 기대되고 있다. 현존하지 않는 피카소, 고흐 등도 인공 지능 기술을 이용하여 계속해서 그들의 고유한 예술적 활동을 할 수 있게 된 것이다.

구글과 마이크로소프트의 인공 지능이 만들어 낸 것을 예술 작품으로 인정하지 않은 이유는 무엇인가? 아마도 창작 주체가 인간이 아니라는 점일 것이다. 그렇다면 우리는 다음과 같은 물음도 제기할 수 있다. 뒤샹의 「샘」의 창작 주체는 누구인가? 뒤샹인가? 아니면 R. Mutt인가? 또한 워홀의 「브릴로 상자」의 디자인을 만든 사람은 상업 디자이너 제임스 하비(James Harvey)이다. 일반적인 '창작'의 기준으로 보면, 워홀은 예술가가 아니라, 표절 작가일 수도 있다. 뒤샹의 「샘」과 워홀의 「브릴로 상자」를 예술 작품으로 받아들인다면, 인공 지능의 창작물을 작품으로 받아들이지 못할 이유는 없을 것이다.[19] 컨템포러리 예술의 시대에서 예술에 특정한 규준을 적용하는 것은 시대의 예술 정신에 맞지 않는 주장일 수도 있다.[20]

그리고 이미 우리는 20세기 말에 미디어 아트를 통해서 예술의 주체에 대한 인식의 변화를 경험했다. 미디어 아트는 테크놀로지를 예술에 접목함으로써 상호 매체성의 가능성을 보여 주었다. 기존의 예술에서 하던 창작 주체가 제시한 것을 관객이 일방적으로 수용하는 것을 넘어서 관객에 의해 다양하게 경험될 수 있는 새로운 예술이 시작된 것이다. 기술과 예술의 만남으로 대표되는 미디어 아트의 핵심은 디지털화였다. 즉 예술적 상상력과 기술적 상상력이 결합하여 디지털의 세계를 예술 작품으로서 경험하게 했다. 이러한 흐름은 인공 지능 예술에 의해서 더욱 강화될 것이다. 미디어 아트에서 나타난 기술과 예술의 융합은 친밀한 기술과 난해한 예술의 단순한 결합이 아니라, 새로운 분야의 창출을 의미한다. 인공 지능 예술은 미디어 아트의 상호 주체성과 대화적 관계를 더욱 확대하면서 인문학과 공학의 소통의 장을 확장할 것으로 기대된다. 20세기 후반부터 많은 곳에서 응용되기 시작한 VR 기술은 인공 지능의 자동 서사 프로그램과 결합하면서 단순한 가상의 이야기가 아니라, 있음직한 가상의 이야기를 현실적으로 사람들이 체험할 수 있게끔 하는 새로운 스토리 예술로서 정착되고 있다.

인공 지능 예술은 컨템포러리 예술의 성향을 더욱 강화한다. 확정된 예술의 의미를 찾으려던 '예술의 의미론'이 20세기 초반까지 유지되었다면, 컨템포러리 예술에 이르러서 부각된 '예술의 화용론'으로 변화를 가속하는 데 인공 지능은 기여할 것이다. "예술의 정의는 이전의 담론들에서 예술 개념이라 생각했던 것들이 모두 무너진 폐허 위에서만 구축될 수 있다."[21]라는 단토의 언명은 이런 점에서 매우 시사하는 바가 크다. 롤랑 도르줄레스의 시도가 단지 해프닝으로 끝난 것은 당나귀가 그린 그림이라는 점도 있지만, 추상화로 표현되어 있어서 그림이 무엇을 의도하고 있는지 받아들이기가 쉽지 않았다는 점도 있다. 그러나 인공 지능이 표현하는 것은 인간보다 더 정교하게 표현할 수 있다. 최근에 추상화에 대한 거부로 인해 다시 관심의 대상으로 자주 언급되는 극사실주의(superrealism, hyperrealism)는 인간보다 오히려 인공 지능이 더욱 뛰어나다. 르네상스 이후 오랫동안 예술가들이 추구하던 실재와 그림의 지각적 차이를 없애려던 노력이 최종적으로 인공 지능 예술에서 더욱 빛을 볼 수 있다. 극사실주의는 사진과 그림의 경계를 소멸하면서 새로운 장르와 개념의 예술의 탄생을 예고하고 있다. 인공 지능은 인간 정신의 표현을 위한 도구와 재료의 확대라는 점에서 예술의 획기적인 변화를 의미한다.

둘째는 예술의 창작의 변화 및 이에 따른 미학의 변화이다. 예술의 역사를 살펴보면, 예술의 활동은 기술과 실제로 밀접하게 관련되어 있다. 중세 프레스코화에서 이젤 회화로의 이행은 당시 만들어진 유화 물감의 영향이었고, 모더니즘 이후 예술의 발전은 튜브 물감과 기차를 이용한 교통 수단의 발달과 무관하지 않았다. 현대에 들어서 유행하고 있는 미디어 아트는 컴퓨터와 IT 기술의 결합으로 탄생한 것이다. 히포크라테스의 유명한 말, "인생은 짧고 예술/기술(techne)은 길다."라는 말은 고대에만 해당하는 말이 아니라, 오늘날에도 분명하게 들어맞는 이야기이다. 예술에 미치는 기술의 영향력이 급격해지고 있던 20세기 초, 벤야민은 영화의 기술 혁신을 옹호하기 위하여 다음과 같은 폴 발레리(Paul Valéry)의 말을 인용했다. "우리는 엄청난 혁신들이 예술의 테크닉 전체를 변모시키고, 그로써 예술의 창작 과정 자체에 영향을 끼치며, 결국에는 예술의 개념 자체를 가장 마법적인 방식으로 변화시키는 데까지 이를지 모른다는 점을 각오하지 않으면 안 된다."[22] 발레리의 언급은 과학 기술과 결합한 인공 지능 시대에서 예술은 기술을 통해 확대될 수 있음을 알려주고 있다.

또한 우리에게 익숙한 백남준, 존 케이지, 오노 요코 등으로 대표되는 플럭서스 예술과 인공 지능 예술은 삶과 예술의 간격을 줄인다는 점에서 유사점이 있다. 이런 점은 인공 지능 예술이 우리에게 친숙하다는 것을 의미한다. 이미 일상적인 삶의 영역에 들어와 있는 인공 지능은 예술의 영역에까지 자연스럽게 확장될 것이다. 과학 기술에 의한 새로운 예술의 현상을 르네 베르제(René Berger)는 "테크노 모성(techno-maternity)"[23]이라고 불렀다. 이는 예술의 기술 의존도가 더욱 증가할 수밖에 없음을 비유적으로 표현한 말이다. 일례로 최근 각광받고 있는 VR 기술은 뉴미디어 아트와 결합하여 가상으로서의 예술이라는 플라톤적 발상을 근본적으로 의심하게 만들고 있다. 실재보다 더욱 실재 같은 예술이 이미 만들어지고 있으며, 인공 지능 기술은 이를 더욱 급속하게 추동하고 있다. 이러한 현상을 우리가 이해하려면 과거의 미학과 예술 철학의 개념이 아닌, 과학 기술과 융합된 미학이 우리에게 필요하다. "과학은 예술의 직관과 은유의 힘을 필요로 하며, 예술은 과학으로부터 신선한 수혈을 필요로 한다."[24]라며 학제 간 통섭을 강조했던 윌슨의 주장은 예술과 인공 지능의 접목에도 분명하게 부합한다. 기존 예술에서는 매체의 한계가 각 예술 활동의 한계였다. 즉 회화, 조각, 음악 등 예술 장르는 매체의 기본 특성에 따른 구분이었으며 매체의 한계에 따른 구분은 결코 넘어설 수 없는 것으로 받아들여졌다. 그러나 인공 지능 시대 예술의 특징은 장르별 매체의 한계를 넘어설 수 있다. 인공 지능과 결합한 음악, 조각, 회화, 문학 등은 예술의 장르를 넘어서 상호 결합하게 될 것이며, 순수한 독자적 매체는 고전적 영역, 순수 인간의 예술로 남게 될 것이다.

    기존의 미학은 예술을 과학과 구별하여, 예술은 천재들의 상상력과 감성, 열정의 영역이고, 과학은 이성을 통한 탐구의 과정으로 이해했으나, 인공 지능 시대의 예술은 이에 대한 변화가 불가피하다. 기존의 예술이 지성적인 경향으로 나아갔다면, 인공 지능 시대의 예술은 일상적 감성으로의 회귀를 지향하고 있다. 이는 컨템포러리 예술에서 부각된 '개념 미술'의 지성화 일변도를 넘어서는 데에 인공 지능예술이 기여하리라 기대된다. 놀이를 통한 상호 매체성, 사실성의 강조 등은 개념 미술의 난해함을 극복하고 예술을 다시 일상으로 회귀시킬 것이다. 인공 지능 시대에서 '관조적 미학'이 아니라, 체험과 놀이를 강조하는 새로운 '감성적 미학'이 필요한 이유이다.

다만 인공 지능 예술에도 경계해야 할 점이 있다. 우선 인공 지능이 지향하는 바가 예술의 잠재적 위험의 요소로 작용할 수도 있다. 현재 인공 지능 기술은 인간에 의한 최초의 데이터 입력이 없이는 어떠한 결과물을 만들어 낼 수 없는 상황이지만, 최종적으로 인공 시능이 지향하는 바는 인간의 개입 없이도 이루어질 수 있는 자유로운 프로그래밍임은 의심의 여지가 없다. 인공 지능이 조력자의 수준에서 스스로가 창조하는 주체로 위상이 변하게 되면 인공 지능은 대중들의 취향을 더욱 빠르게 흡수할 것으로 예측된다. 미술과 음악, 사진, 영화 등의 분야에서 사람들이 좋아하는 취향을 인공 지능이 스스로 받아들이고, 이를 조합함으로써 새롭게 만들어 내는 것은 분명 많은 이들에게 큰 호응을 얻을 수 있다. 그러나 수집된 데이터를 조합하는 방식은 기존의 예술을 답습하거나 미세한 변화 정도로 머물 수 있는 한계가 있을 수 있다. 과거 르네상스 시대, 미켈란젤로 이후의 미술이 미켈란젤로를 답습하면서, 매너리즘 사조라는 평가를 받았던 것과 유사하게 인공 지능 예술 또한 매너리즘으로 빠질 소지가 다분하다.

    그리고 지나치게 놀이 위주의 예술로 인해 생기는 문제점도 있다. 오랫동안 예술은 사회의 비판자로서 그 기능을 수행해 왔다. 그러나 우리가 인공 지능 예술에게 비판적 기능을 기대하기는 어려울 것이다.[25] 그러나 한편으로 비판적 기능을 갖지 못한다는 것이 인공 지능 예술 자체의 문제점이라고 할 수는 없다. 인공 지능 시대라고 인간의 예술이 사라지는 것은 아니다. 오히려 비판적 기능을 상실한 인공 지능 예술을 보완한다는 점에서 인간의 예술이 더욱 중요하게 여겨질 수 있다. 결국 인공 지능은 인공 지능의 예술로, 인간은 인간의 예술로 다원성을 추구함으로써 컨템포러리 예술은 더욱 빛을 볼 수 있다. 이렇게 본다면, 인공 지능의 예술은 오히려 인간 예술의 발전에 기여할 수도 있다. 다만 비판적 기능의 상실이라는 점은 인공 지능 예술이 지나친 물신주의(fetishism)에 빠질 위험이 있음을 의미하기도 한다. 이 부분은 '인간의 예술'이 경계해야 할 점이라고 할 수 있다.

김선규 | 중앙대학교

6부
종교와
유토피아

11장

인공 지능 시대에 신의 지능과 종교의 의미를 묻다

들어가며

인공 지능 시대에서는 인간의 본성과 경계에 대한 물음이 더욱 부각된다. 이와 함께 생명의 본성과 신의 본성을 향한 경계 저편에 대한 종교적 물음도 강하게 부각된다. 특히 '지능의 본성'은 우리 시대의 인간, 신, 종교의 영역을 관통하는 핵심 화두로 수렴된다. 이에 본 글은 인공 지능 시대에 점진적으로 부각되는 신의 지능과 종교의 의미를 묻고 있다.[1]

거실 바닥의 장애물을 센서가 인지한 후 로봇 청소기는 빠른 속도로 자신의 경로를 바꾼다. 스마트워치에 이름을 부르면 스마트폰은 자동으로 상대방에게 전화를 내 손의 터치 작업 없이 걸어 준다. 이들은 지능적 존재인가, 아니면 단순한 기계인가. 지성과 지식의 문제는 인간의 본성과 관련된 중요한 문제였다. 왜냐하면 지성과 지식은 인간이 환경을 이해하고 해석하고 변형하는 본질적 정체성과 연동되어 있기 때문이다.

이 글은 인공 지능의 도전 앞에서 도대체 인간의 지능이 무엇인지에 대한 질문을 던진다. 그리고 인공 지능에 대한 다양한 접근과 종교적 상상력과의 대화 가능성을 모색하고자 한다. 종교적 사유의 해체를 지향하기보다 전통적인 종교적 사유의 유산을 바탕으로 오늘날의 인공, 인간, 지능, 지성, 영성에 대한 새로운 조명과 재해석이 어떻게 가능한지를 모색한다.

이 글은 첫째, 인간 지능에 대한 새로운 질문을 다룰 것이다. 둘째, 인공 지능의 개념과 본성에 대한 질문을 던질 것이며 그에 관한 여러 논의를 다룰 것이다. 셋째, 인공 지능의 본성과 쟁점을 다룰 것이다. 넷째, 인간 지능의 본성과 쟁점을 다룰 것이다. 마지막으로 신의 지능과 사물의 지능의 미래 관계와 그 과제를 모색할 것이다.

인간 지능: 인간 vs. 지능

문명의 관점에서 신의 지식을 탐구하는 전통적 사유는 근대의 여명에서 인간 지식의 본성과 그 가능성에 대한 질문으로 급격하게 방향 전환되었다. 근대는 신의 지식에 대한 관심을 넘어 인간의 지식의 새로운 가능성을 조명했다. 오히려 신의 지식은 신의 지혜로 변모되고 인간의 지식은 세계를 조명하는 중요한 빛으로 격상되었다. 시간이 흐르며 어느덧 신의 지혜는 인간의 막강한 지식 체계의 후방으로 퇴각되거나 소실되기도 했다.

　이제 오늘은 기계와 사물의 지능과 지성의 본성을 질문해야 하는 시점에 서 있다. 마치 인간이 형성한 지식의 장중한 건축물에서 신이 머물 수 있는 공간이 점점 소실되듯, 인간이 만들어 놓은 첨단 기계의 건축물에서 정작 인간이 머물 자리가 사라지는 듯하다. 신의 지식, 인간의 지식, 기계의 지식-지능으로 그 중심축이 움직이는 흐름을 우리는 맞이하고 있다. 이러한 흐름은 '지성'과 '지능'의 본성에 대한 물음을 우리에게 던져 준다.

　영국 형이상학자 앨프리드 노스 화이트헤드(Alfred North Whitehead)는 이성(reason)의 기능을 삶의 기능을 촉진하는 것으로 정의하여, 관념론 전통의 이성과 합리성의 지위에 대항하는 새로운 이성 담론을 구축했다.[2] 그는 과거 150년간 기술의 엄청난 발전으로 인하여 사변 이성과 실천 이성이 마침내 접촉했다고 해석한다. 그는 기술 과학의 진화로 인하여 사변 이성과 실천 이성의 깊은 분리가 극복될 수 있었음을 긍정적으로 평가한다.[3]

　그리하여 인간의 사변 이성은 신성의 본성을 탐구하는 지식 체계이며 인간의 실천 이성은 사물의 본성을 탐구하는 지식 체계로 해석할 수 있을 것이다. 이는 한편 인간의 이성과 지식이 신과 자연 모두를 관통하는 새로운 지적 체계를 구상해 나아가고 있음을 말했다. 이 점에서 칸트는 이미 충실하게 인간 지식의 지위를 정립했다.

　다른 한편 자연에 대한 과학 기술의 깊은 해석은 단순히 인간 중심주의적인 지식 체계의 통합의 관점을 넘어서는 새로운 도약을 보여 준다. 다시 말하여 인간의 지식 체계의 원형적 모델을 자연과 사물과 인공물에 심는 방식으로 오늘날의 연구가 전개된다. 사물과 인공물에 인간의 지식 형태를 구현하는 것은, 인간의 지식 형태에 대한 기본 원리를 발견하고 정립할 때에만 가능하다. 인간 지식의 작동 방식이 무엇인지 모른 상태에서 사물에게 그 지식을 심을 수 없기 때문이다.

더 나아가서 인간의 지식을 사물에게 결합하는 과정에서 즉자적으로 발견했던 지식 체계를 넘어서는 새로운 패턴을, 사물에서 구현되는 지식의 형태를 통하여 인간은 대자적으로 재발견한다. 이는 자연 철학적으로도 매우 중요한 함의를 지닌다. 이것은 우리의 지식과 학습의 존재 방식이 우리가 포착한 지식과 학습의 형태를 초월하여 존재할 수 있음을 뜻하기 때문이다. 인간의 인풋이 어떠한 방식으로 사물에서 작동하는지를 예측할 수 없는 새로운 국면의 아웃풋 앞에 인간이 놓여 있다. 인간과 사물의 외적 관계에 대한 심화된 탐구에서 인간은 사물과 인간과 신 사이의 내적 관계를 새롭게 재발견한다.

전통적으로 인간의 본성과 운명에 대한 거울로서 신을 찾았듯, 이제는 인간이 모르는 깊은 차원의 학습, 지능, 본성에 대한 거울로서 사물과 인공물을 찾는 시기인지도 모른다. 인공 지능은 바로 인공물과 결합한 인간의 지능이 매우 새로운 방식으로 출현하고 있음을 드러내는 사건이다. 그러므로 인간이 전통적으로 구축했던 지성과 지능의 본성의 개념적 토대에 대한 전면적인 검토를 인공 지능 담론은 요구한다. 그러나 오늘날 지능, 이성, 합리성, 지혜, 영이라는 개념적 분화는 인공 지능이라는 새로운 범주의 출현, 혹은 인간과 대조되는 인공물의 새로운 발굴과 도전 속에서 더욱 개념적 혼재와 난관을 경험하고 있다.

과거 종교적 관점에서 형성된 인간론과 존재론은 인간을 중심으로 전개된 휴머니즘과 인간 중심주의의 등장으로 인하여 많은 부분 새롭게 변모되었다. 그러나 오늘날 인간의 본성을 정립해 왔던 인간 중심의 인간론은 인공과 사물의 지위에 대한 새 해석과 재구성의 도전에 직면하고 있다. 신학적 방법론이 과학적 방법론에 의하여 새롭게 구축되었던 역사가 있었다. 이제 근대의 과학적 방법론은 새로운 사물의 존재론과 사물로부터의 사유를 통하여 점진적으로 변형되고 있다.

인공 지능: 인공 vs. 지능

인공과 지능에 관한 네 가지 질문

인공과 지능의 본성에 대한 논의를 여기에서는 네 가지 주제로 다룰 것이다. 첫 번째는 직관의 지위의 문제이다. 알파고 이슈를 중심으로 한 인공 지능 담론이 종교에 던지는 여러 함의 가운데 하나는 방대한 연산과 뛰어난 추론으로 우리가 '신비한 직관'이라고 표현한 것을 알파고와 인공 지능이 유사하게 보여 줬다는 점이다. '직관' 개념은 직접적으로 신학과 직접 연결된 개념은 아니다. 그러나 직관은 모든 경험적 사유를 넘어서는 실재의 본성에 대한 통찰의 지위를 담보하고 있었다. 현대 신학의 토대를 형성한 프리드리히 슐라이어마허(Friedrich Schleiermacher)도 실재 인식의 관점에서 직관의 지위를 새롭게 발굴했다.[4] 흥미롭게도 직관은 신학의 매우 중요한 인식론적 정당성과 근거로 작동된 면도 있다. 칸트 이후 물자체에 대한 접촉점이 문제되었다면 기독교 신학은 그 접촉의 가능성을 '직관', '영성', '신앙'의 지위를 통하여 탐색해 왔기 때문이다.

'직관'은 공간적인 표상성을 기반으로 구상된 개념이기도 하다. 왜냐하면 직관은 인간의 지성과 지식 체계의 한계를 넘어 존재하는 저 편의 사물과 신성의 본질에 대한 접촉과 연결되기 때문이다. 직관은 그림자의 세계에서 존재하는 유한한 망각의 세계를 넘어 본질의 세계를 관통하여 본다는 의미를 지닌다. 직관은 사물과 실재에 대한 인간 표상의 한계를 전제하며 동시에 그것을 초월하는 능력을 뜻한다. 직관은 표상을 넘어서고 동시에 개념을 넘어선다. 바로 이러한 표상과 개념을 초월하여 신성과 접속할 가능성이 '직관'에서 열린다. 그러나 인공 지능은 바로 모든 감각과 경험을 넘어서는 인간 고도의 직관이 동원되는 게임이라고 불리는 바둑에서 인간을 이겼다. 이로 인하여 인간 본성을 다루는 여러 개념들의 의미와 적용 영역에 대한 전면적인 검토와 새로운 재구성의 상상력이 필요한 시대가 되었다.

두 번째는 '지능'에 대한 문제 제기이다. 전통적으로 기독교 신학은 지성(gnosis)보다는 지혜(sophia)를, 정론(orthodox)보다는 정행(orthopraxis)을 강조하는 입장에 서 있다. 지성과 정론에만 머무르면 삶의 해석과 사변의 아포리아에 머무르지만, 동시에 지혜와 정행에만 머무르면 세계의 본성과 질서에 대한 탐구가 사라질 수 있다. 이 둘의 관계가 양자택일의 성격은 아니다. 그리고 이 둘은 상대적이고 방편적이지 양자가 각자 독자적으로 존재하는 별개의 영역은 아니다. 그러나 기독교 신학은 사상적으로는 헬레니즘에 대항하는 헤브라이즘적인 유산의 끊임없는 복권과 상기를 중요한 정체성으로 삼고 있다. 이러한 관점에서 인공 지능이라는 화두 앞에서 기독교 신학은 지능, 지성, 그리고 지혜의 근원적 의미에 대한 질문을 던질 수 있다. 마치 정보와 무관하게 작동하는 듯한 직관이 정보의 총체성과 심층적 결합을 통하여 구현될 수 있듯이, 지혜 또한 수많은 지성들의 중층적이고 통합적인 결합을 통하여 구현될 수 있다면 여기에서 지식과 지혜의 구체적인 변별점을 우리는 어떻게 구축할 수 있을까.

세 번째는 테크노사이언스의 복잡성과 생명의 사회성의 지위에 대한 신학적 성찰의 과제이다. 이는 개인의 개체성에 입각한 신학의 해석학을 넘어선, 언어, 기술, 문화의 성격이 담지하고 있는 실재의 복잡성과 관계성의 문제이다. 과학 기술 문명이 고도로 진화할 때 그 기술의 디자인과 사회적 구현, 그리고 문명의 효과는 매우 복합적이며 사회적일 수밖에 없다. 특히 지식 추구와 기술 구현의 상호 협동적이며 "집단적 지성"[5]의 측면은 개인이라는 작인의 관점에서만 전개되는 종교적 사유에 대한 새로운 재해석을 요청한다. 지성, 영성, 종교의 사유는 개인적 역량의 관점에 기반을 두는 것이 아닌 사회, 집단적 소통, 복합계의 관점에서 접근해야 할 필요성이 더욱 증대된다.

네 번째는 인간-기계의 융합에 대한 신학적 성찰과 대화이다. 전통적인 인간과 사물의 존재론적 차이를 넘어선 새로운 사유가 요청된다. 특히 인간과 기계의 모호성에 대한 주목을 넘어서서 인간, 기술, 사물, 환경이 새로운 방식으로 결합되었을 때 파생되는 여러 인간적, 사회적, 기술적 쟁점과 문제들을 신학적으로 조명하는 것이 필요하다. 이 글이 인간과 기계의 결합으로 새롭게 형성된 지능 개념이 전통적인 지능 개념을 어떻게 변형-확장시키는지를 주목하는 이유가 여기에 있다. 즉 새로운 인간-기계의 결합의 양상이 전통적인 신학적 철학적 인간론과 어떻게 상호 연결되는지를 여기에서는 주목한다.[6]

인공과 지능의 지위

지능과 지성은 무엇인가. 아서 젠슨(Arthur Jensen)은 "지능이란 정의상 지능 검사가 측정하는 것"이라고 정의하기도 했다. 그리고 지능은 정신적 명민함, 마음의 습관, 태도, 지식과 정보, 정보 처리 속도, 기억과 관계되어 있다고 전통적으로 알려져 있다.[7] 더글러스 호프스태터는 '지성'이라고 불리는 자질의 속성에 대한 다양한 정의를 언급한다. "지식을 습득하고 활용하는 능력. 추론하는 능력. 문제를 해결하는 능력. 계획하는 능력. 목표를 달성하는 능력. 중요한 정보를 기억하는 능력. 새로운 상황에 적응하는 능력. 복잡한 관념을 이해하는 능력. 추상적으로 생각하는 능력. 기술을 익히고 적용하는 능력. 경험에서 이득을 얻는 능력. 지각하고 재인하는 능력. 가치 있는 생산물을 만드는 능력. 추구하는 대상을 획득하는 능력. 합리적으로 생각하는 능력. 개선하는 능력."[8] 그러나 이와 같은 지성에 대한 수많은 설명이 개별적으로 어떤 속성을 다루지만 어느 것도 '지성'의 핵심 과녁에 명중하지는 않는다.

지능, 지성, 인간과 인공, 신과 사물의 지식에 대한 개념적 분화의 가능성 탐구는 우리 시대의 중요한 문제 제기이다. 왜냐하면 21세기 기술 과학의 진화를 기반으로 하는 인공 지능 시대가 인간 사회를 어떻게 변형시키고 있는지를 주목하고 그 그림자를 검토할 때 지능과 지성, 인공과 인간의 경계에 대한 담론과 논쟁은 더욱 치열하게 예각화 될 것이기 때문이다.

'지성'에 관련한 분화된 여러 개념들이 있다. 지능인, 지식인, 지성인, 지혜인, 현자 등등 여러 개념이 있다. '인공'에 관하여 우리에게 잘 알려진 개념을 보자. 인공 눈물, 인공 장기, 인공 관절, 인공 호흡, 인공 나무, 인공 강우, 태양보다 10배 뜨거운 인공 태양, 지성과 관련된 인공 지능 등이 있다. 이렇게 '인공적(artificial/künstlich)'과 결합된 대상들은 사물과 기술부터 인간의 신체에 이르기까지 상당히 광범위하게 퍼져 있다. 특히 관용적으로 인공 인간이라는 개념은 '인조 인간(人造人間)'에 선점되어 있다. 반면 지성의 심화된 단계에 관하여 인공을 결합해 보자. 인공 지성, 인공 지식, 인공 지혜, 인공 영성, 그리고 인공 신을 생각할 수 있으나 적어도 이러한 개념은 국립국어원의 『표준 국어 대사전』에는 아직 등재되지 않았다.

'인공'은 사람이 하는 일이거나 사람의 힘으로 자연에 대하여 가공하거나 작용하는 일을 뜻한다. 역으로 지성의 심화된 단계는 인공과 결합되지는 않는다. 지성의 심화된 단계는 인간의 고유한 '내면' 쪽에 있다. 이러한 점에서 인공은 인간이 자신의 기술과 능력으로 '외부'에 무엇인가를 인공적으로 구축하는 기술 혹은 예술의 성격이 강하다. 인간이 자연에 존재하는 대상과 유사한 방식으로 인공적으로 외부에 눈물, 장기, 관절, 호흡, 나무, 강우, 태양을 만드는 것이 어원에 충실한 해석이다.

그러므로 '인공'에 대한 개념사적 접근은 다음과 같이 정리될 수 있다. 첫째, 자연에 존재하는 대상을 인간이 기술을 동원하여 새로운 결합체로 구축하거나 창조한다는 뜻을 지닌다. 둘째, 그것은 예술적인 행위이지만 동시에 인위적이거나 거짓된 것도 포함할 수 있다. 셋째, 기술, 예술, 조작하는 인간의 주체적이며 내면적인 지점을 인공적으로 외화하거나 만드는 것은 논리적-현실적으로 어려워 보인다.

알파고를 만든 데미스 하사비스(Demis Hassabis)는 알파고보다 바둑을 잘 두지 못한다. 그렇기 때문에 인공 지능은 인간 지능을 넘어선 것일까. 만약 바둑의 기술로 지능을 정의할 수 있다면 인공 지능은 인간 지능을 넘어선 것이다. 여기에서는 지능의 다차원적인 기능을 바둑을 잘 두는 기능으로 환원했을 때만 가능한 주장이다. 결국 여기에서는 인간의 심오한 두뇌 싸움인 바둑을 잘할 때 그것을 "지능적(intelligent)이다."라고 말할 수 있는가의 문제가 등장한다. 만약 우리가 이를 온전한 지능이라고 쉽게 말하지 못한다면, 결국 우리는 복잡계의 현실과 그 총체성의 관점에서 지능의 본성과 지위를 해석하고 있음을 보여 준다.

우리는 바둑만 잘 두는 인공 지능이 아니라 인간 지성 능력의 다

차원적 수행성에 근접한 인공 지능의 출현을 상상해 보자. 그 경우 앞에서 언급한 인간 지능의 내적 주체성(internal subjectivity), 심지어 내/외적 상호 주체성(internal/external inter-subjectivity)이 인공 지능에 의해 내파되는가? 결국 인간과 인공은 대칭 관계인가 아니면 영원히 인공은 인간의 그림자 관계인가.

인간이 인공 지능을 두려워하는 것은 그 지능의 능력 때문이기보다는 인간의 타자에 대한 정서적 태도와 연결되어 있다. 혹은 기술 자본의 과잉 마케팅과도 연결된 부분도 있다. 그것은 인공 지능을 둘러싼 과잉 해석, 광고, 그리고 사물에 대한 인간의 동경과 공포 마케팅으로 연결된다. 왜냐하면 인공 지능 디자이너와 산업의 관심은 인간과 인공에 대한 인간학적 관심보다 그 인공물(arti-fact)의 기술적 경제적 과학적 수행성에 더 관심이 있을 수 있기 때문이다.[9]

인공 지능의 본성에 대한 질문

지능과 지향성의 문제

인공 지능은 진정한 지능일 수 있을까? 알파고를 넘어서는 높은 수준의 초지능이 등장하여도 그의 수행의 과제가 자신만의 자발적 선택이 아닌 타자가 부여한 과제라면 그것은 진정한 지능일 수 있을까. 인공 지능의 수행이 자신의 지향성에 기반을 두지 않을 때 그것은 지능이 아니라 단순한 기계적 행위가 된다. 그러므로 무엇을 지능이라 정의할 때 매우 중요한 기준은 주체, 지향성, 행위가 된다. 지향성을 상실한 주체의 행위, 주체가 없는 지향성의 행위, 행위가 없는 주체의 지향성 모두 지능의 결격 사유가 된다.

그리하여 지능에 대한 정의에서 지향성의 지위를 새롭게 조명할 필요가 있다. 지향성은 쉬운 개념은 아니다. 지향성은 자아와 인격의 속성 같지만 동시에 자아와 인격을 생산하는 근원적 힘이며 상생하게 만드는 힘으로 볼 수 있기 때문이다. 이 관점에서는 인공 지능의 지향성을 구성하는 요소인 인격성, 자아, 정체성이 부재한다면, 인공 지능은 진정한 지능이 아니라는 주장이 가능하다.

지능과 지향성에 대한 고려에서 부각되는 것은 이 지향성과 연결된 '주체'에 대한 질문이다. 지향성은 주체와 상관된 개념으로 해석된다. 예를 들어 하사비스는 알파고에게 바둑의 과제를 주었다. 그러나 알파고는 인간이 부여한 과제를 탁월하게 하더라도, 자신의 일이 아니라 인간을 대신하는 수행이기 때문에 바로 그것은 진정한 지능이 아닐 수 있다는 것이다.

첫째, 여기에서의 주체는 하사비스와 같은 개별적 주체를 뜻하는 것인가. 만약 인간 복수의 사회적이며 집단적 과제 수행을 상상한다면 그것은 진정한 지능에 속하지 않는 것일까. 예를 들어 세계 최대 연구소인 제네바 유럽 입자 물리학 연구소(CERN)의 매우 높은 지향성을 지닌 공동 연구 수행은 우리 시대의 과학 공동체의 야심 차고 진정한 지능 행위라고 말할 수 있다. 이 점에서 지능의 주체는 인간 개인을 넘어선 집단적 차원까지도 확대해서 해석할 수 있다.

둘째, 특정한 지향성을 바탕으로 수행되는 집단적 차원의 지능 행위에는 그 지향성의 범위와 위상에 따라 내부적으로는 각각의 역할들이 다양하게 규정될 수 있다. 입자 가속기를 공학적으로 관리하는 연구원부터 수학적인 연구를 담당하는 연구원까지 수평적, 수직적으로 다양한 지적 역할 분담을 생각할 때 여기에서의 '지능 주체성'의 복수성, 다양성, 편차를 어떻게 이해해야 할 것인가.

셋째, 인간 지능과 인공 지능의 차이가 자신의 일을 하느냐 하지 않느냐의 문제로 드러날 때 결국 인간과 비인간의 관계 설정이 핵심 고리로 부각된다. 인간의 지향성과 인공/비인간의 지향성으로부터의 소외가 모호한 부분도 있어 보인다. 브뤼노 라투르는 "학생이 위험에 처하지 않도록 속도를 줄이라."는 경찰의 과속 금지 명령보다 "속도를 줄여 당신의 차의 서스펜션을 보호하라."는 도로의 과속 방지턱 설계가 결국 운전사의 과속을 더 제어한다는 흥미로운 사례를 제시했다. 과속 방지턱은 '잠자는 경찰'의 의미를 얻는다.[10] 요즘에는 인간의 운전 기억력이나 종이로 된 지도에 기반을 둔 운전보다, 네비게이터를 통하여 효과적으로 목적지에 도달하는 경우가 많다. 안경이 없으면 단 한 순간도 생존할 수 없는 눈이 나쁜 사람들의 경우는 얼마나 우리의 삶에 인간과 사물이 긴밀하게 결합되고 연동되어 있는지를 보여 주는 사례이다.

과속 방지턱이나 네비게이터나 안경이 그 사물과 결합된 인간보다 현격하게 더 지능적인 존재라고 말할 수는 없을 것이다. 그러나 지능의 목표가 교통의 안전, 수월한 목적지 도착, 정확한 영상의 확보와 연결된다면 높은 수준의 인공 지능 기술에 훨씬 도달하지 못한 비인간과 사물들이더라도 인간의 생존과 지능적 행위에 큰 도움을 준다. 오히려 저 사물들이 없으면 인간의 지향성 구현에 큰 장애가 될 수도 있다. 대상들의 지능에 대한 평가에도 결국 인간의 지능이 연결되어야 한다.

넷째, 누가 인간, 인공, 사물, 생명의 '지향성'을 판단할 수 있는가의 문제이다. 우리는 인간이기 때문에 인간 상호 간에 그 내적 지향성을 공유하며 구상할 수 있다고 추론한다. 그러나 수많은 자연과 생물들의 고유한 내적 지향성은 인간의 경로에서는 잘 보이지 않는다. 그래서 이러한 타자들의 생명 운동이 지능적으로 보이지 않을 수가 있다. 문제는 우리가 그 지향성을 발견하지 못한다고 해서 그들의 지향성으로 움직이는 대상들을 지능적이지 않다고 말할 수 있는 근거가 어디에 있는가. 이에 대한 인간의 고유하고 적절한 대답은 "우리는 인간이기 때문이다." 다시 말해서 우리는 인간이기에 인간밖에, 그리고 인간 밖은 모른다는 결론으로 귀결될 수 있다. 인간 관계의 상호성 안에서의 1인칭의 시점은 인간과 사물의 상호성 안에서 1인칭 인간의 시점으로 동일하게 적용되고 확대될 수 있다. 즉 1인칭의 시점에서 3인칭적 지향성을 어떻게 정의하고 판단할 수 있는가.

다섯째, 인간의 지능과 인공 지능의 관계를 지향성의 차원에서 보았을 때 그 인간의 지향성은 인간 종 안에서 출현하고 수행되는 개념인가. 아니면 인간의 외부로부터 부여받은 개념인가. 만약 그렇다면 매우 역설적인 결론을 우리는 상상할 수밖에 없다. 나의 지향성으로부터 배제되어 노동하는 수많은 나, 수많은 인간이 존재한다. 그리고 처음 가졌던 질문, 즉 인공에는 없는 인간의 지향성의 고향이 내부가 아니라 외부라면 이를 어떻게 해석해야 할 것인가. 예를 들어 신학적 인간학은 신으로부터 부여받은 지향성의 존재인 인간을 말한다.

인공 지능이 지향성으로부터의 소외를 지니기에 진정한 지능이 아니라는 주장은 의미하는 바가 크다. 왜냐하면 인간과 인공의 존재론적 위상을 동등하게 부여하는 전제, 혹은 인공 지능이 인간을 파괴한다는 상상에 대한 비판적 논거를 제공하기 때문이다. 그리고 그 지향성과 연결된 문제들을 제기한다. ① 그 지향성의 단수성과 복수성, ② 집단의 지향성에 의거한 역할들의 분할, ③ 지향성으로부터 소외된 비인간의 인간을 향한 지성적 되먹임, ④ 지향성 판단의 근거와 인간 주체, ⑤ 인간이라 하더라도 지향성으로부터 소외된 노동과, 인간이라 하더라도 신으로부터 부여받은 지향성의 존재가 있다. 그러므로 여기에서 우리는 지향성의 본질과, 바로 그 지향성이 지성의 필수 조건인지를 다시 물을 수밖에 없다. 인간은 인공 지능을 대면하면서 이제 지능의 본질을 본격적으로 질문한다.

지능과 자아

고등의 인공 지능이 존재한다. 그가 만들어지기 전 소위 특정한 '지향성'을 지닌 인간 예술가는 높은 수준의 미술 작품을 창작하는 인공 지능을 만든다. 인공 지능의 작품은 인간 작가만큼 훌륭한 그림을 그린다. 그러나 그는 그 예술 행위와 작품이 내부 동기가 아닌 외부 동기에 의해 창작되기에 진정한 지능이 아니라는 주장을 우선

수긍하자. 인공 지능이 쓴 멋진 문학 작품은 결코 지능적 작품이 아니다. 왜냐하면 인공 지능은 문학적 만족을 위하여 그 작품을 쓴 것이 아니기 때문이다. 당연히 그는 작품의 의미를 주체적으로 향유(enjoyment)할 수 없다.

적어도 인간은 인공물의 예술 행위가 그 자체로 지능적-지성적이지 않음을 안다. 왜냐하면 그 작가는 인공 지능이 자신의 인공물임을 알기 때문이다. 그러나 제3자에게 이는 다른 문제와 판단의 가능성을 연다. 인간과 인공물 작품의 정보 라벨이 제거된다면 우리는 무엇을 기준으로 이 둘을 구분할 수 있을까.

조금 더 심각한 문제는 어느 날 인공 지능 자신이 그의 취향과 관계없는 작품 행위를 수행하고 있음을 판단하는 시점일 것이다. 나의 행위의 기원에 나의 동기가 빠진 이 모순적 상황을 재귀적으로 인식하는 순간. 사실 이 순간이야말로 인공 지능이 지능적으로 변모하는 지점일 것이다. 물론 지향성이 결여된 인공 지능이라는 전제에서 이러한 활동적 자아를 지닌 인공 지능의 출현은 쉽지 않을 것이다. 그러나 여기의 핵심은, 지향성을 동반한 지능이냐 아니냐의 문제에서 "자아란 무엇인가?"라는 문제로 질문의 전선이 확대된다는 것에 있다.

인공 지능에게 자아란 존재할까? 만약 우리가 인공 지능에 자아가 없다고 생각한다면 그 존재론적 근거는 어디에 있는 것일까? 그는 인간의 생리적 몸과 다른 몸을 지니기에 그에게는 자아가 없는 것일까? 그에 비해 인간인 나는 다른 인간의 자아에 대해 무조건적인 확신을 갖는 근거는 도대체 어디에 있을까? 1인칭 자아가 외부의 3인칭 자아를 확신하는 근거는 어디에 있을까?

자아(ego), 자기(self), 의식(consciousness), 마음/정신(mind), 영혼(soul)에 이르기까지 시스템의 정체성과 통일성을 확보하는 지점에 대한 지시사는 다양하게 존재한다. 그렇다면 이러한 것들이 인간만의 전유물이라고 전제하며, 인공물의 정체성은 이러한 것들과 무관한 것임을 확증하는 근거는 어디에 있을까? 그것은 인간 몸의 구성 요소의 동일성에 기반을 둔 것일까?

타자의 자아를 내가 실재론적으로 확증할 수 있는 근거와 접촉점은 무엇일까? 우리가 자아를 자아로 정의하는 근거는 그 자아가 실재 때문이기보다는 그렇게 정의하지 않으면 안 되는 사회적, 문화적 코드화의 산물은 아닐까. 자아 개념의 인간학적이며 사회적 요청에서 자아 개념은 자명한 실재로 변모되는 것은 아닐까.

이제 "지능은 그 '주체'와 분리해서 생각할 수 없다."라는 명제와 "지능은 그것을 경험하는 자의 '해석' 혹은 '정의'와 분리해서 생각할 수 없다."라는 명제의 관계에 주목하고자 한다. 즉 지성의 독립 변수로 지탱되는 지향성 개념을 주체의 속성이기보다는 오히려 주체를 탄생시키는 동기로 해석할 수 있는 가능성의 문제이다. 예를 들어 외부에 대한 시각적 경험을 지향하는 뇌의 산물로서 눈을 해석하는 입장이다. 즉 눈은 외부로 드러난 뇌 구조이며, 눈은 외부를 시각적으로 인식하려는 뇌의 지향성의 산물이라는 입장이다. 눈을 통하여 뇌가 외부를 보는 형태적 가능성은 근원적으로는 뇌의 시각적 지향성 때문이라는 관점이다. 지향성은 형태보다 더 근원적이다.

인공 지능을 진정한 지능이라고 볼 수 있는가가 이 글의 최초 질문이었다. 인공 지능은 그 자체로(*sui generis*) 지향성을 지니지 못한 채 외부의 과제를 수행하는 탁월한 기계이기에 그것은 온전한 지능이 아닐 수 있다는 주장을 우리는 검토했다. 그러나 이는 인공 지능을 설계한 디자이너와 인공 지능이라는 작품 사이의 배타적 관계에 의거한 명제의 한계를 지닐 수 있다. 우리는 여기에서 제3자에게 그 명제는 얼마나 타당할 수 있는지를 묻는다. 그렇다면 인간과 인공의 일면적 관계를 넘어선 다면적이고 심층적 관계에서 지능의 문제를 타진하는 법을 우리는 어떻게 구상할 수 있을까?

모리스 메를로퐁티(Maurice Merleau-Ponty)는 말한다. "객관적 사고는 지각의 주체를 무시한다."[11] 지향성은 객관적 사고로 포착되지 않는다. 지향성은 실재의 속성이 아니다. 오히려 실재와 사태는 지향성의 교차와 결정화의 산물이다. 지향성은 실재를 구성하는 배후이다. 만약 지향성으로 인간과 인공이라는 실재의 기준을 구성한다면, 인간과 자연과 인공의 경계가 흔들리는 배 위에서 우리는 지능을 묻는 꼴은 아닐까.

그레고리 베이트슨(Gregory Bateson)은 마음과 정신을 인간의 고유하고 독특한 지위로 제한적으로 설정하지 않고 오히려 살아 있는 것의 특성으로 본다.[12] 이러한 점에서 방법론적 성찰이 결여된 진정한 지능, 진정한 마음을 찾는 질문은 인간 중심적 대답으로 퇴락될 소지가 크다. 알란 울페(Alan Wolfe)는 마음과 자아에 대한 실체론적 전제를 기반으로 한 인공 지능과 인간의 구분에 대하여 비판적 견해를 가지고 있다. 그는 미드의 입장을 소개하며 자아 개념 또한 사회적 상호성에 기반을 두어 등장하는 표식의 성격을 지닌다고 해석한다. 그리고 자아보다 더 근원적인 개념으로 니콜라스 루만(Niklas Luhmann)의 자기 생성(autopoiesis) 개념을 주목한다.[13]

종교도 자아와 인격을 실체로 접근하는 언어 체계가 아니다. 예를 들어 "신의 아들(Son of God)"은 무슨 의미인가? 신적 DNA가 인간에게 생물학적으로 결합되었기에 신의 아들이라는 개념을 우리가 사용하는 것이 아니다. 신학의 언어에서도 인간에 대한 해명에서 '인격적 존재'라고 할 때 그 의미론에 집중하지 인격을 구현하는 인간 신체의 생물학적이며 물리적 구조의 발견과 재현에 방점을 두지는 않는다.

자아는 정체성(identity)인가 표면(surface)인가? 인공 지능의 지능을 자아 정체성의 관점으로 접근하는 관점은 인간 지능을 짜여진 정체성으로만 접근하는 관점만큼 협소한 것 같다. 여기에서 새롭고 넓은 의미의 자아 개념 구상이 간학문적으로 요구된다. 지능이란 무엇일까. 그리고 인공 지능이란 무엇일까? 그 담론 구성의 닫힌 문을 우리는 지향성이라는 키로 열었지만, 다시 자아와 자기라는 새로운 문을 대면한다. 그것은 인간만의 자아를 넘어선 자아의 확장된 본성에 대한 물음과 연동되기에 신학적 인간학의 관점에서도 중요한 의미를 지닌다.

지능의 신체성

그리스도교 전통에서는 정신과 육체의 관계에 대하여 정신과 영혼에 방점을 둔다는 것을 쉽게 부인할 수 없다. 동시에 그리스도교의 중요한 전통인 성육신은 육화가 핵심 과제이지 육체 자체를 정당화하는 관점은 아니다. 그리스도교가 심신 이원론이 아니라 심신 일원론의 입장에 서 있다 하여도 육체성에 대한 정신성의 우위는 여전히 중요한 의미를 지닌다. 물론 양극성적 일원론(dual aspect monism)은 상대적으로 정신과 육체에 대한 상호 소통과 침투에 강조를 더 둔다.

그렇다면 몸, 신체라는 것은 무엇일까? 신체는 정말 영혼과 마음을 담는 물리적인 용기와 그릇일 뿐일까? 베이트슨은 '의식의 양적 한계'를 말한다. 즉 만약 세계적인 마음(신)을 의식이 접근하고 체화한다면 그것은 엄청난 회로의 증가를 요구한다고 베이트슨은 보았다. 다시 말하여 의식이 정말 중요한 기능이라면, 의식의 '절약'은 최우선적으로 중요해질 것이라는 점이 베이트슨의 핵심 주장이다.[14] 또한 무의식 수준에서 다루어질 수 있는 문제를 의식화할 수 있는 여유를 가진 유기체는 없다는 것이다.

우리는 전통적으로 몸과 신체를 어떻게 이해해 왔던가. 우리는 몸과 신체를 의식과 마음의 수동적인 물리적 양상으로만 해석한 것은 아니었던가. 혹시 의식화할 수 없는, 혹은 의식화할 필요가 없는 것들에 대한 심층 저장고로 '신체'와 '몸'을 정의할 수는 없을까. 이렇게 본다면 신체와 몸은 습관화된 의식인 것이다. 이제 신체와 몸은 단순히 의식을 보호하고 담아내는 플라스틱 용기와 같은 것이 아니라 의식을 구성하는 정보들의 누적과 체화, 그리고 의식적 구현의 중요한 근거로 기능한다. 특히 의식의 주체성과 대비되는 신체와 몸의 복합성과 사회성을 더욱 주목한다면 말이다.

종교적인 심신론의 문제로 돌아가 보자. 인간의 영혼과 정신을 고결한 것으로 보고, 신체를 부차적인 것으로 본 관점에는, 인간의 신체성이 인간을 향한 '구부러진 존재(incurvatus in se)'라는, 욕망의 중심이라는 전제가 있다. 그러나 사실 욕망의 중심이 진정 신체일까? 만약 마음의 습관과 체화로서 신체를 말한다면, 욕망의 1차 주범은 마음에 더 있는 것이다.

이러한 점에서 마음과 지능의 다양한 범주들을 하나의 몸, 신체성 안에 매개시키는 인공 신체 구성의 작업은 인공 지능의 진화와 구축보다 더 어려운 여정으로 여겨진다. 마음은 논리적이며 디지털적인 알고리듬의 구축이라면 몸은 바이오와 습관, 그리고 논리적 다항 관계를 모순 없이 하나의 물리적 국면으로 체현하는 것이다.

인공 지능은 인간보다 바둑을 잘 두지만, 아직 인공 신체가 인간의 손에 따라가지 못하며 심지어 지금 우리가 신학적으로 통찰하는, 마음의 습관을 체화하는 인공 지능 신체의 구현까지는 더욱더 어려운 과제로 여겨진다. 더 나아가 개별적 신체와 연계된 의식을 넘어선 생태계적인 몸이라는 개념은 인공 지능 신체로 구현이 될 수 있을까?

신학이 마음에서 몸으로의 화육을 강조했다면 인공 지능 현상은 어떻게 물리적 몸에서 아주 정교한 지능(마음)을 구축할 것인가를 모색한다. 전자는 마음에서 몸으로의 방향성을 지닌다면 후자는 몸에서 마음으로의 방향성을 지닌다. 신은 물리적 세계가 어떻게 신의 마음을 체현할 수 있는가를 세계에 묻는다면, 인공 지능 담론은 물리적 세계에서 어떻게 지성적 마음을 구축할 것인가를 묻는다.

마음과 몸, 정보와 물질의 관계에 대한 논의에서 이경민은 로고스 중심주의나 영지주의가 아닌 몸과 물질로 화육된 마음과 정보가 더욱 중요한 함의를 지닌다고 해석한다. 또한 물질성의 명백한 토대와 기초에 대한 연관성을 상실한 인공 지능론과 지능 개념은 그를 둘러싼 포괄적인 맥락을 놓치는 것이라고 평가한다.[15] 그러므로 인공 지능론의 배후에 있는 물리적, 정치적, 사회적, 과학 기술적 조건들을 함께 보는 것이 우리 시대의 핵심 과제로 격상된다. 지능의 탄생을 둘러싼 그 환경과 몸을 실질적으로 사유하는 것은 지능의 사회성과 신체성 탐색의 중요한 출발점이다.

인간 지능의 본성에 대한 질문

종교의 관점에서 본 지능

종교적 전승 안에서 지능, 지성, 영성이라는 개념의 분화와 전개는 어떠한 의미를 주는가. 물리학자 장회익은 "지성을 어떻게 봐야 하는가"라는 질문을 흥미롭게 던진다. 지성을 어떻게 보느냐에 따라 예수를 '가장 높은 지성'을 지닌 인간이라고 해석할 수도 있다. '지성'과 '예수'의 결합은 비교적 낯선 방식이다. 왜냐하면 보통 '예수'에는 '지성'보다는 '영성', '지혜', 혹은 '신성'이 결합되기 때문이다. 그만큼 인공 지능의 키워드는 인간 지능의 본질에 대한 질문을 간접적으로 촉발한다.

이경민은 오늘날의 인공 지능을 "기술적 지능"으로 이해하며 그 제한을 넘어서는 인간의 "종합적-수행적 지능"은 여전히 인간만의 매우 독특한 과제라는 점을 제시했다. 그리고 그것이야말로 지성 개념의 핵심 실체임을 강조했다.[16] 이에 대한 신학적 주목이 매우 필요하다. 신학은 신앙의 감각(sensus fidei) 혹은 영성(spirituality)에 대한 독특한 개념사적-역사적 주목을 해 왔다는 점을 우리는 다시 상기할 필요가 있다. 포스트휴먼 시대의 지성에 대한 재해석은 그리스도교에 있어서 감성-지성-영성의 지위와 가치를 우리가 얼마나 신학적으로 주목해 왔는지를 반문하게 한다.

오늘날과는 달리 중세의 전통에서 지성과 영성은 그렇게 서로 먼 개념이 아니었다. 예를 들어 신과 하나가 되는 신비적 합일은 인간이 도달할 수 있는 최고의 경지로 해석되며 중세의 플로티노스(Plotinos)와 마이스터 에크하르트(Meister Eckehart)는 이러한 경지를 바로 지성(nous, intellectus)의 본성이자 완성으로 해석했다.[17] 즉 신비와 영성과 지성은 결코 배타적인 관계가 아니었다.

이러한 전통과는 달리 개신교는 지성과 영성을 비교적 불연속적으로 바라본다는 점을 역사적으로 헤아릴 필요가 있다. 이를 위하여 종교 개혁의 컨텍스트에서 지성-영성을 어떻게 구분하여 이해했는가의 문제를 우리는 조명해야 할 것이다. 특히 한국의 개신교에서는 지성과 영성을 상호 배타적으로 보는 관점이 존재한다. 지성-영성 분할 구도는 개신교가 가톨릭의 자연과 이성 개념을 탈피하면서 형성된 고유한 의미의 결이 반영된 것으로 추론할 수 있다.

개신교가 지성과 영성을 분화해서 이해하려는 동기에는 자연주의에 대한 개신교적 거리두기가 있다. 예를 들면 자연에 대한 과학적 작업은 동시에 지성적 작업이며 이러한 합리주의를 자연주의로, 합리주의를 넘어서는 실재에 대한 타진을 초자연주의로 새롭게 구도를 짠 것은 아닐까. 영은 자연을 넘어선다는 이러한 근원적 신념이 개신교 인식론의 근본 맥락이다.

즉 개신교의 이성과 영성 개념 분할의 중요한 동기가 과학적 합리주의와 자연주의에 대한 개신교적 경계 설정이라고 추론할 수 있다. 그런데 여기에서 주목해야 할 점은 이성과 영성의 분리보다, 영성 개념에 대한 개인주의적 해석이 지닌 여러 문제점이다. 즉 영성을 개인의 영적 능력으로 축소하거나 환원하여 해석하는 경향성이다. 특히 한국 개신교의 지성 영성 대립 구도에는 지성을 폄하하는 반지성주의와 개인적 영성을 격상시키는 은사주의가 연결되어 있다. 만약 영이 자연을 꿰뚫는 것이라면 그것은 자연에 대한 개인적 집단적 지성보다 훨씬 더 복합적이고 사회적이며 심층적 요소를 확보해야 한다.

보통 영적 경험은 개인적 인식을 넘어 밖에서 안으로 새롭게 들어오는 측면을 뜻한다. 예를 들어 그것은 비지성적 지각(non-intellectual perception)이라고 말할 수 있을 것이다. 그러므로 영은 나를 넘어서는 것으로 차라리 명료하게 정의하면 영의 의미가 분명해질 수 있다. 또한 자아와 세계의 외적 관계를 넘어선 내적 관계에 대한 언어적 전략이 영 개념과 연동된 것일 수 있다.

그렇다면 개신교는 지성과 영성의 개념적 분화와 전환에 관하여 무엇을 재-구성(re-formation)한 것이었던가. 만약 지성과 영성에 대한 재구성의 정당성을 추론하자면, 모든 자연주의와 합리주의 그 이상의 것, 나 너머의 것이 나에게 침투해 들어오는 그 숭고한 불꽃을 영성으로 참칭하고자 했던 것인가? 만약 그것이 정당하다면 적어도 영성을 개인적 영역의 내면적 불꽃으로 축소시키거나 지성에 기반을 두지 않는 개신교적 영성은 얼마나 역사적이고 신학적 정당성을 확보할 수 있을까. 이 점에서 '나의 영'은 오히려 '나의 바다'와 같은 자연스럽지 않은 낯선 조어로 오해될 수 있다.

여기에서 감성과 이성의 심연에 대한 포스트휴먼적 연결의 과제가 부각된다. 감성과 이성을 대립적으로 해석했던 근대성의 사유를 포스트휴먼은 재고한다. 물론 감성과 이성의 혼종 담론으로 이 둘의 경계를 일소에 의도적으로 파괴할 필요는 없다. 그러나 정서, 감정, 감성이 이성과 매우 긴밀하게 연결되어 작동되고 있음을 더 성찰해야 할 필요가 있다. 마음의 구체성과 추상성, 개별성과 복합성의 관점에서 정서와 이성의 경로와 발현의 역동성을 주목해야 한다.

감성과 이성의 문제를 더 확대해서 주목한다면 우리는 영성이 무엇인가의 문제를 피할 수 없다. 영성이야말로 사유의 개체성을 넘어서는 개념이기 때문이다. 한국 개신교가 사유하는 '영성' 개념에서 '영'은 전통적으로 내밀성과 개인성의 영역으로 주도적으로 이해된 면이 있으나, 오히려 '개체성을 넘어서는 것'으로 그 의미를 확장해야 할 필요가 있다.

감성과 이성이 이질적이었듯, 도덕과 종교 또한 이질적이었다. 사실은 도덕을 가치의 영역으로 밀었고, 신의 종교는 도덕을 인간적 에토스로 추방했다. 도덕은 종교와 함께 가지만, 종교는 어느 순간 도덕의 손을 놓는다. 도덕이 종교의 마중물이더라도, 종교의 목적과 끝은 아니라는 것이다. 도덕과 종교의 고유한 과제에 대한 고려를 하지 않은, 도덕에 대한 종교의 친화적 해석에 있어 흥미로운 점은, 도덕과 종교가 인간 사유와 판단의 개별성(between)과 복합성(beyond)과 어떻게 연결되어 있는가의 문제를 별로 주목하지는 않았다는 점이다.

그러나 이성과 영성의 단절을 극복하고 연결하는 중요한 고리로 '도덕감'의 지위를 성찰할 필요가 있다. 이는 개체성을 넘어선 가치의 현실화와 자연화의 과정으로 도덕의 지위와 기능을 주목하고 심화하는 입장이다. 여기에서 도덕은 단순한 개별자적 합리성의 심화된 추론이 아니라 개체성을 넘어선 종합적이며 심오한 사유이다.

여기에서 우리는 포스트휴먼 담론을 시선의 복수성의 문제에 대한 주체 이론적 구성으로 해석한다. 이는 수많은 3인칭의 시선을 사유하고 주체 이론으로 포섭하려는 해석학적 시도이다. 이러한 포스트휴먼의 고유한 시선은 감성, 이성, 도덕성, 영성에 대한 긴밀한 조율과 심화된 검토를 기대한다. 하여 이러한 과제는 신의 이름으로 주체의 복수성을 사유해 왔던 신학적 인간론과 긴밀하게 만날 수 있다.

지능 사이와 지능 너머

생명이 출현한다. 그리고 소멸한다. 생명 전체의 출현과 소멸의 과정에 대한 자연학적 진술이 진화론일 수 있다. 문제는 우리 생명의 무궁한 출현과 소멸의 모태가 되는 자연의 심연을 어떻게 자연 언어에 포섭할 것인가. 드러난 생명과, 생명을 드러내는 것 사이의 관계. 피조된 자연과 창조하는 자연의 관계. 중세는 전자를 자연으로 후자를 신으로 보았던 것 같다. 그리고 자연으로 태어난 존재는 자연의 근거인 신을 완전히 이해하기는 어렵다는 입장에 서 있었던 것 같다. 아우구스티누스는 다음과 같이 말한다. "*Si comprehendis, non est Deus.*", 즉 "네가 이해한다면, 네가 이해하는 그것은 신이 아니다."[18]

이러한 피조물과 창조주의 비대칭적 관계에 기반을 둔 인식론을 아퀴나스는 다음과 같이 구축한다. "우리의 구원을 위해서는, 인간 이성으로 이룩된 철학적 학문 외에도 신에 의하여 계시된 지식이 필요하다. 그 첫째 이유는, 인간은 신을 목적으로 지향하고 있는데 그 신은 인간의 이성을 넘어서기 때문이다."[19] 신에 대한 이해는 역설적으로 철학과 자연 과학을 넘어설 때에만 가능하다는 것이 아퀴나스의 기본적인 입장이다.

여기에서 자연과 계시의 관계는 더욱더 고유한 역할 분담을 수행한다. 이러한 이성적 지식과 신적 지식의 구분의 기저가 되는 피조물과 창조주의 비대칭성은 윤리적 지평에서는 '겸손'의 윤리론을 제공한다. 신은 인간이 주체적으로 파악할 수 있는 대상이 아니다. 오히려 인간은 신을 통하여 진정한 자신을 파악하는 존재가 된다. 그래서 인간의 존재 방식은 순응, 수동성, 겸손, 그리고 '살림(let live)'으로 채색된다. 이는 여전히 그리스도교 전통의 기본적인 주조음이다.

매년 봄이 되면 꽃이 피고 매일 새로운 생명이 태어나지만 동시에 꽃이 지고 생명은 꺼진다. 매우 깊은 수준의 경험적이며 과학적인 인식론으로 생명의 출현과 소멸을 조명한다 하더라도 이는 '현존(Dasein)'의 자연에 대한 해석이다. 살아 있는 것의 살아 있음의 현실성에 대한 해석이다. 물론 살아 있는 자연과 살아 있음의 현실성을 존재의 총체성으로 규정하는 한, 더 이상의 드러내는 생명과 신적 계시는 이 살아 있는 무대에 거할 공간은 없다.

그러나 아우구스티누스처럼 신은 자연과 이해를 넘어서는 것이며 아퀴나스처럼 신은 인간을 넘어선다는 바로 그 전제를 우리가 받아들인다면 문제의 해법은 조금 달라진다. 즉 살아 있는 자의 이성적인 지식으로 살아 있게 하는 자의 신적인 지식을 포괄하는 모색이 중요해진다. 인생도 삶과 죽음의 딜레마와 투쟁이 존재한다면, 진리를 타진하는 인식의 여정에서도 이 둘의 끈질긴 딜레마와 긴장이 존재한다.

신의 지능

우리가 인간의 지식을 넘어서는 신의 지식을 요청할 때 거기에서 신학의 정당성이 등장한다. 현대 학문의 다양한 분화의 과정에서 신학은 어떠한 의미를 제공하는가? 적어도 신학은 언제나 진리에 대한 학문적 탐구와 진리 공동체 존립의 실천적 성찰을 동시에 수행해 왔다. 특히 그리스도교 신학의 역사는 인간의 신에 대한 질문, 그리고 신의 인간을 향한 자기 드러냄으로 출발했다.

신에 대한 이해의 여정에는 중세의 전통과 근대의 종교 개혁이라는 두 길목이 우리에게 존재했다. 이는 신에 대한 두 지식의 경향성을 보여 준다. 중세와 근대 모두 인간의 지식을 넘어선 '신에 대한 지식'을 말하지만 방점은 약간 다르다. 예를 들어 종교 개혁자 마르틴 루터는 중세의 신에 대한 지식은 신 그 자체로서(in se) 관심을 기울였다고 비평한다. 즉 우리를 위한(pro nobis) 신이 아니라 신 그 자체의 자족성과 완결성을 아퀴나스와 스콜라 신학은 주목했다고 비평한다.[20]

즉 인간의 지식을 넘어선 신의 지식의 가능성을 탐구하지만 그 신의 지식에 대한 태도 또한 중세와 근대가 다른 해석과 입장을 취하고 있다. 중세는 신에 대한 그 자체의 관심이 중요했고 근대는 우리를 붙잡고 우리와 만나는 신, 우리와 함께하는 신에 대한 새로운 전환점을 모색했다는 것이다.

루터는 중세의 신학을 '영광의 신학'으로, 그리고 개신교의 신학을 '십자가의 신학'으로 구분했다. 여기에서 우리는 신 자체에 대한 인간의 관심(영광)과 인간을 향한 신의 관심(십자가)에 대한 차이를 발견할 수 있다. 특히 인식론에 있어서 주체의 지위에 대한 물음이 여기서 등장한다. 종교 개혁과 루터는 중세의 완결된 세계에 대한 비판을 가했다. 여기에서 근대적 의미의 '주체'의 행위 문제가 신학적으로 출현한다.

인간 주체의 피조성은 자동적으로 신적 세계의 필연성으로 귀결되는가. 생명이 세계에서 수동적으로 출현했기에 그 주체의 지위와 행위성은 의미가 없는 것인가. 그렇다면 주체의 자리와 매개되지 않는 세계의 질서와 세계의 필연성은 바로 그 주체에게 무슨 의미를 지니는가. 종교 개혁과 루터가 신 자체에 대한 관심에 대한 비판과 주체가 링크되지 않은 신적 필연성의 사유를 비판하는 것은 인간의 지식에 대한 성찰의 중요한 분기점을 제공했다.

인공 지능 시대, 종교가 놓치지 말아야 할 것은

이 글은 지능의 본성을 둘러싼 신학적인 사유와 포스트휴먼의 사유 사이의 연속성과 불연속성을 다루었다. 또 신의 지능, 인간의 지능, 그리고 인공 지능을 위시한 사물의 지능의 다양한 관점들을 검토했다. 중요한 것은 지능을 어떻게 정의하느냐에 따라 신, 인간, 사물의 지능의 관계가 구성된다는 것이다. 특히 포스트휴먼 관점에서 지능의 지위는 신 중심적 사유와 인간 중심적 사유를 넘어선 지능의 새로운 국면을 도모한다.

포스트휴머니즘의 사유는 포스트모던의 문제 제기를 더 심화한다. 포스트휴머니즘은 주체성의 문제를 새롭게 모색하는 사상이며 자아와 타자, 인간과 생명, 인간과 자연, 인간과 사물 사이의 새로운 관계를 모색하는 인식론과 존재론의 재구성이다. 포스트휴먼은 인간에게만 해당되는 원리를 확대하여 더욱더 일반적이며 보편적인 차원의 삶과 생명과 생존의 원리를 구성한다.

포스트휴먼은 휴머니즘의 인간 중심적 인식론에 입각한 타자, 생명, 사물에 대한 투사를 벗기려는 시도를 한다. 이러한 인식론은 주체 중심적인 이기적/배타적 윤리 패러다임을 노정하기에, 새로운 관계적 인식론은 생명학-생태학-사물학적인 윤리관을 요청한다. 포스트휴먼이 새로 구성하려는 관계적 인식론과 윤리학이 놓칠 수 있는 주체성의 망실, 주체성의 해체, 주체성의 소실의 우려가 책임성의 상실과 파국을 야기할 수 있기에 '주체성'과 '관계성'의 조화는 적절하게 의식적으로 고려되어야 할 것이다.

특히 '생명'과 '비생명', '생물 세계'와 '물질 세계'에 대한 새로운 관계 정립이 필요하다. 브뤼노 라투르는 사람과 사물의 관계에 대한 새로운 지평을 열어 준다.[21] 사람과 사물의 관계에 대한 종교적 신학적 성찰이 요청된다. 왜냐하면 기독교 신학의 사유에 있어서 사람과 사물의 관계는 위계적이거나 이분법적으로 이해되어 왔기 때문이다. 그러나 역사와 문명은 그 자체가 하느님의 사역의 무대이자 장이었다. 이러한 점에서 우리가 당연시해 왔던 점, 즉 인간의 삶의 배경, 전경 그리고 제어로서의 문화와 문명은 매우 주목해 왔으면서도, 인간과 비인간, 사람과 사물에 대한 이분법적인 태도를 갖는다면 이는 해석 정합성의 결여를 의미한다.

그렇다면 왜 우리는 사람과 사물의 차이, 나와 너의 차이, 인간과 비인간의 차이, 차별, 배타적 태도를 갖는 것일까. 그것은 아마 사물이라는 오브제를 단순 정위(simple location)로 이해했기 때문이다. 인격성과 사물성, 인격과 외부를 단순하게 정초된 경계가 분명한 오브제로 설정한 전제에서 특정한 사물 대상을 인간 주체와 대비하는 것은 심각한 존재론적, 인식론적 오류이다.

인공 지능의 특이점, 사물에 대한 공포가 인간에게는 있다. 어렸을 때 그렇게 사랑스럽던 아기는 어른이 되어 자신을 키운 부모를 공격하고 심지어 살해까지 하는 것이 생명의 자명한 현실이다. 그 특이점,

우리의 모든 예상을 넘어서 인공 지능이 자신의 방식으로 세상을 파괴적으로 구축하는 능력. 그것은 정말 가능한 미래라 할 수 있을까? 물론 인간과 문명은 예상하지 못했던 여러 특이점을 경험한다. 그리고 그 특이점을 다시 다른 방식으로 제어하는 문명의 안티테제는 지속적으로 발현된다. 포스트휴먼과 인공 지능의 특이점은 그렇게 두렵고 묵시적인가.

자연과 사물은 단순한 수동적 환경이 아니다. 오히려 개별적 생명의 강도가 생명의 주체적 지속과 연장의 과정뿐만 아니라 자연과 사물로 문화적으로 체현된다. 생명의 전략은 사물과 환경에 누적되고 체화된다. 그러므로 생물과 무생물의 경계에 대한 이분법적 해석은 삶의 상호성과 문화의 상호성, 그리고 체화된 생명의 현실을 적절하게 담아내지 못할 수 있다.

그렇다면 인간의 독특한 지점은 무엇인가. 인공 지능의 학습은 비생물적 학습(non-biological learning)이며 인간의 학습은 생물적 학습(biological learning)이다. 인공 지능의 학습은 동시적 계산 가능성에 의존한다면 인간의 학습은 통시적 진화를 통하여 이루어진다. 인공 지능이 디지털적인 계산을 아무리 탁월하게 수행하여도 생물학적 몸에 대한 디자인이나 인간의 생물학적 몸에 대한 재현이 어려운 부분이 여기에 있다.

포스트휴먼과 종교에 관한 구상의 관점에서 포스트휴먼을 미래의 희망으로, 종교를 과거의 적폐로 연결하는 것은 매우 위험스러운 태도이다. 종교는 시대와 문명에서 생성하는 관계에 대한 종합적 판단 능력과 재구축이다. 종교적 상징과 전승이 여전히 현실적 미래적 유용성을 갖고 있다는 전제는 결코 구태의연한 것이 아니다. 포스트휴먼을 종교적 강령 아래 지우는 태도도 문제이지만, 포스트휴먼의 사유에서 종교적 통찰을 무의미하다고 평가하여 지우는 태도도 동시에 문제이다. 철학은 묻고 신학은 대답한다고 폴 요하네스 틸리히(Paul Johannes Tillich)는 말한다. 포스트휴먼의 물음에 신학과 종교는 적절한 대답과 해법을 찾아가야 할 것이다.

종교가 놓치지 않아야 할 세계에 대한 통찰은 무엇인가. 그것은 우리의 세계가 하나의 창조적 네트워크 안에서 생성되며 하나로 연결되어 있다는 점이다. 그것의 물적 발화가 민중 신학의 공공성 담론이며, 베이트슨의 에코-신(Eco-God)이며, 화이트헤드의 신과 세계의 공동 창조일 것이다.[22] 이러한 점에서 인공 지능 시대의 포스트휴먼이 연대성의 문제에 대한 새로운 자각을 모색한다면, 이는 종교의 기본적인 궤적과 더욱 가까워지는 것을 의미한다. 종교적 사유의 기본적인 관점, 즉 '창조와 피조의 수직적-개별적 관계성,' '인간 중심적 사유,' '인격적 이미지로서의 신,' '신에서 인간과 자연'의 전통을 포스트휴먼 담론과의 씨름을 통하여 어떻게 창조적으로 재구성할 것인가가 21세기 인공 지능 시대의 종교적 상상력의 중요한 과제이다.

전철 | 한신대학교

12장

인공 지능 시대와 유토피아의 이념

들어가는 말: '종말의 담론' 이후

20세기에는 역사의 종말, 철학의 종말, 심지어 인류와 지구의 종말 등 다양한 종말의 담론들이 풍미했다. 여전히 도처에 위기의식이 남아 있지만 21세기에는 4차 산업 혁명에 수반되는 과학 기술의 성과와 더불어 새로운 희망의 담론이 싹트고 있다. '기술 결정론'과 같은 낙관론은 인간 삶의 질의 향상과 행복 추구에서 과학 기술의 기여가 절대적이며, 많은 문제를 해결할 것이라고 전망한다.[1] 물론 이러한 전망은 단지 단초 수준에 머물러 있다. 사실 4차 산업 혁명의 전개에서 중심적 지위를 지니고 있는 인공 지능과 연관해서도 다양한 부정적인 견해가 표출되고 있다. 대표적인 사례로 몇 년 전 작고한 스티븐 호킹 박사의 예언을 들 수 있다. 그는 2014년 12월 BBC 방송과의 인터뷰에서 초보적인 인공 지능 연구가 인류에게 유용하다는 것은 확인되었지만, 인간의 생물학적 진화 속도가 인공 지능의 발전에 의해 추월 당하기 때문에 인간의 지적 역량을 능가하는 '완전(한) 인공 지능(full artificial intelligence)'의 출현이 인류의 종말을 야기할 수도 있다고 주장했다. 탁월한 과학자의 통찰을 무시할 수는 없겠지만 사실 지금까지 인류의 종말을 초래할 수 있는 요인으로 '완전 인공 지능' 혹은 '초지능(superintelligence)' 이외에도 다양한 것들이 언급되었다. 이미 오래전부터 수많은 학자들이 치명적인 위기 요인들(핵무기, 생태계 파괴, 자원 갈등)에 의해 지구의 종말이 도래할 것이라고 예견했다. 물론 인공 지능이 이런 위기를 더욱 가속화할 수 있다고 말할 수도 있다.[2] 그러나 인간은 또한 위기와 더불어 생존을 모색하다는 점에서 위기, 종말은 새로운 출발을 알리는 메시지일 수도 있다. 이런 맥락에서 수많은 위기 담론들은 새로운 전환점을 필요로 한다는 시대 진단이자 새로운 출발을 알리는 신호탄이라 할 수 있다. "삶이 고단할수록 그 반대의 안락한 삶을 희구하는 것이 인간의 본능이다. 호모 스페란스(Homo Sperans)는 희망인, 희망하는 존재, 꿈꾸는 사람이다."[3]

4차 산업 혁명과 인공 지능의 '역사적' 위상

산업 혁명의 발전 경로를 추적하고 그 역사적 의의를 규명하는 김태유는 「4차 산업 혁명에 대한 올바른 이해」에서 여러 가지 우려와 제반 문제점에 대한 지적에도 불구하고 4차 산업 혁명의 긍정적인 역사적 의의를 규정하고자 시도한다. 그는 산업 혁명 자체를 이미 "유사 이래 인류가 맞이한 가장 큰 대변혁인 동시에 가장 큰 축복"이라고 높이 평가한다. "4차 산업 혁명은 산업 경제를 기반으로 한 아톰 인더스트리가 컴퓨터, 인공 지능 등의 비트 인더스트리에 의해 생산성이 향상되고, 동시에 정보 네트워크 산업처럼 독립된 비트 인더스트리의 등장으로 인하여 더 큰 확대 재생산과 더 빨리 가속하는 경제 생산이 가능하게 되어 인류 문명에 더 큰 축복으로 다가올 것으로 기대되는 또 한 번의 대변혁이다."[4] '축복'과 긍정적 의미에서의 '대변혁'이라는 수사는 거시적인 보편사적 관점에서 세계 경제의 발전을 고찰했을 때 부여할 수 있는 표현이 분명하다. 하지만 '더 빨리 가속하는 사회(faster accerlerating society)'라는 호랑이 등에 올라탄 우리는 여전히 불안한 시선을 멈출 수 없다. 그러나 한 가지 분명한 것은 20세기 후반기부터 급속도로 확산하기 시작하는 4차 산업 혁명[5]과 더불어 미래학자들의 시선이 좀 더 분명한 '소실점'을 찾고 있다는 사실이다.[6] 미래학자들은 4차 산업 혁명의 '초연결성(hyper-connected)', '초지능화(hyper-Intelligent)', '초고속화'라는 특성들과 함께 정보 통신 기술(ICT)을 통해 다양한 네트워크를 구성하고, 빅 데이터와 인공 지능 등으로 보다 지능화된 사회를 구축하여 지금까지 우리의 삶과 노동을 규정했던 방식이 근본적으로 바뀔 것이라고 보고 있다. '근본적인 변화'라는 것은 다가올 변화의 규모와 범위, 복잡성들이 우리의 상상력 범위를 초월하게 된다는 것을 의미한다. 특히 그들은 엄청난 변화를 통해 삶의 질이 혁신적으로 향상될 것이라고 낙관적으로 전망하며 4차 산업 혁명을 통해 인류가 비약적으로 도약할 수 있는 절호의

기회를 가질 수 있다고 강조한다.[7]

현재 진행되고 있는 4차 산업 혁명의 아이콘은 인공 지능이다. 인공 지능의 현재 수준도 이미 경탄을 받을 만큼 상당한 정도에 도달했지만 앞으로도 인공 지능은 계속 발전할 것이며, 그것도 폭발적으로, 즉 지수 함수적 증식의 형태로 발전한다는 것이 과학자, 미디어 그리고 일반인 모두의 공통적인 생각이다. 특히 인공 지능은 사물 인터넷, 자율 주행차, 드론, 3D 프린터, 스마트 제조 등 4차 산업 혁명을 선도하는 모든 기술과 분야에 연관되어 있는 만큼 그 중요성과 위상이 독보적이다.[8] 인공 지능과 뇌과학의 빠른 발전을 통해 개선된 기계적 기능을 가진 로봇에게 지능과 감정을 부여함으로써 결국은 인간과 경계가 확실하지 않은 로봇이 출현하게 될 것이다. 이때는 인간이 살아가는 이 사회가 더 이상 인간의 도움을 필요로 하지 않게 될 것이다.[9]

그러나 스마트폰을 사용하고 로봇 수술을 실시하며 원격 조정을 하며 드론을 띄우는 우리에게도 알파고의 능력에 대한 놀라움이 컸지만 여전히 미신의 세계에 살고 있던 인간들에게 증기 기관차, 전기 등과 같은 발명들은 오히려 천지개벽의 대사건이었음에 분명할 것이다. 그러한 발명들의 영향들은 오늘날 여전히 지속되고 있다. 지금 우리가 포스트모던을 지나 이미 포스트휴먼의 시대로 진입하고 있다는 주장도 있지만 사실 근대의 출발과 더불어 설정된 인간의 기본적 지향점은 바뀌지 않았으며 여전히 유지되고 있는 것 같다. 그래서 언젠가 우리는 재 시점에서는 놀라운 사건인 초지능과 같은 인공 지능의 산물들을 자연스럽게 이해할 수 있는 단계에 도달할 것이다.

이러한 연속성, 즉 새로운 발명의 역사적 의의를 이해하기 위해서는 오래전 역사학자 야코프 부르크하르트(Jacob Burckhardt)가 역사 이해의 상징으로 제시한 "역사적 위인(偉人)"과 인공 지능의 유비가 도움을 줄 것 같다. 왜냐하면 많은 사람들이 이미 엄청난 과학적 기술의 혜택을 향유하는 지금 사람들은 당연히 '상식'의 연장선상에서 인공 지능의 발전을 해석하거나 수용하려고 하지만, 인공 지능으로 대변되는 4차 산업 혁명에서의 변화를 소위 상식을 뛰어넘는 새로운 인간 역사의 창출과 연결해서 보는 것이 더 타당한 접근법처럼 보이기 때문이다. 즉 인공 지능이 마치 세계사적 '위인'처럼 인류 역사의 흐름을 바꿀 수 있다는 점에서 기존에 개별적인 과학 기술의 성과와는 다른 방식의 '해석'이 필요하다. "결국 우리는, 우리에게 위대하게 보이는 개성의 전체가 여러 민족과 여러 세기를 넘어서서 우리에게 '마법적'으로 작용하며, 단순한 전승의 한계를 넘어선다는 것을 예견하기 시작한다." 위대한 개성은 인간의 상식을 넘어 역사적 전환의 계기를 제공해 주는 위상을 보유한다. 그래서 부르크하르트도 바로 이런 견지에서 위대함에 대해서 우리가 할 수 있는 것은 그것의 비밀을 완전히 폭로하여 '설명'할 수 있는 것이 아니라 단지 '해석'할 수 있을 뿐이라고 토로했다. "그래서 위대함은 바로 '유일한 것(Einzigkeit)', '대체될 수 없는 것(Unersetzbarkeit)'이라고 말할 수 있겠다. 위대한 인물이란 특정한 위대한 업적들이 오직 그에 의해 그의 시대와 그의 환경 속에서 가능했고, 또 그렇지 않았다면 상상될 수 없기 때문에 그가 없이는 세계가 우리에게 불완전하게 보이도록 만드는 그러한 종류의 인물이다. 그는 근본적으로 원인과 영향의 거대한 주된 물결 속에 결합되어 있다. 속담에서는 '대신될 수 없는 인간은 없다.'라고 말한다. 그러나 그래도 그러한 소수의 삶들이란 위대하다." 지금 우리가 앞으로 다가올 인공 지능의 발전상을 미리 파악할 수 있는 길은 없다는 점에서 우리에게는 어쩌면 하나의 '신비'처럼 등장할 수도 있다.[10]

레이 커즈와일과 같은 미래학자가 그 정체를 정확히 알 수 없기에 '설명'이 아니라 단지 '해석'만이 가능한 위인처럼 특이점을 기술 발전에 따른 결과로 받아들여야 할 일종의 '운명'으로 간주한다는 점은 흥미로운 사실이다.[11] 커즈와일과 같이 "특이점을 주장하는 특이점주의자들은 변곡점에서 강력한 인공 지능이 출현할 것이라고 예견한다. 그들은 과학 기술의 반전을 통해 인간 개조 과정이 급속도로 진행되면 상상을 초월할 정도로 현대 인간의 성능을 초월하는 '인간 이후', 즉 '포스트휴먼'의 존재자가 출현할 것이라고 전망하고 있다. 이는 인류에게 어떤 결과를 가져다줄지 모르지만 상당히 위협적이다."[12] 그러나 이러한 위협을 완화하는 시선도 존재한다. 실로 제리 카플란(Jerry Kaplan)은 수천 년 동안 미래의 환상을 이야기해 왔던 성직자, 예언자, 종파들은 오늘날 '특이점 신봉자'들과 신기할 정도로 비슷하다고 갈파한다. 더 나아가 그는 맨해튼 대학 종교학 교수인 로버트 게라시(Robert M. Geraci)를 인용하여, 사람들이 현대적인 특이점 운동이 종교나 근거가 없는 믿음이 아니라 마치 실증적인 과학에 기반을 둔 사상처럼 생각하기 싶지만 실제로는 그렇지 못하다고 주장한다. 게라시에 따르면 관념적 개념으로서의 기술이 그런 세계관에서 흔히 신이 맡는 역할로 승격되었으며, 신을 만나는 황홀한 체험이 필연적이라는 미심쩍은 주장도 마찬가지이다.[13]

인공 지능 시대에서의 유토피아 이념의 재발견

인공 지능의 발전, 특히 초지능의 출현을 예견하면서 긍정적 측면과 결부해서 자주 환기되는 단어들 중의 하나는 '유토피아'이다.[14] 왜냐하면 이러한 발전 과정에서 예전에는 불가능하다고 여겨 왔던 새로운 세계상을 구현해 줄 수 있는 것처럼 보이기 때문이다. 예를 들면 '특이점'과 같은 용어들은 일상적인 세계 이해를 넘어 새로운 세계에 대한 기대를 표출하게끔 한다. 그리고 현대 과학의 총아인 인공 지능의 발전은 그야말로 과거에는 공상과 상상의 산물에 불과했던 것들을 현실로 구현할 수 있을 것이라는 기대감을 안겨 준다. 근대의 엄격한 과학적 사고에 의해 주로 비판적으로 평가된 유토피아가 새로운 변화 속에서 하나의 가능한 전망의 범위 안에 들어오고 있다. 근대에서 유토피아는 불명확한 미래를 나타내며 동시에 디스토피아로 돌변할 수도 있는 공포의 대상이라면 인공 지능 시대에서의 유토피아는 충분히 현실로서 체험하거나 구현할 가능성의 영역으로서 실재성을 가진다. 이는 지금까지는 인류의 흥망성쇠와 인간 본성에 대한 새로운 이해가 제한된 우주와 세계 이해(혹은 데이터)를 바탕으로 철학가와 역사가를 중심으로 이루어진 반면, 이제부터는 괄목할 만한 과학 기술의 성과가 제시하는 우주와 세계, 그리고 인간의 지능에 대한 데이터들에 의해 이전에는 상상할 수 없는 방식에서 과학자들에 의해 성취될 가능성이 높기 때문이다. 더욱이 이러한 데이터를 이해하고 예측하려는 데 인공 지능을 사용하려고 한다.[15]

인공 지능의 문제와는 별개로 정말 유토피아가 실로 인간의 불가능한 염원이거나 현실의 한계를 지적하는 의미로 구사된 '수사(rhetoric)' 이상의 의미를 과연 가질 수 있는가? 그렇다면 무슨 근거에서 우리가 유토피아의 표상을 거부할 수 있으며 유토피아 이념을 대체할 다른 대안이 있는 것인가? 현실주의자에게 매우 과장되고 심지어 허황되어 보이는, 즉 비현실적으로 보이는 유토피아 사상은 아이러니하게도 그 자체가 인류의 희망을 진솔하게 담고 있다. 왜냐하면 현실의 한계와 모순 때문에 자연스럽게 생겨난 것이 바로 유토피아 사상이기 때문이다. 그런데 "억압과 폭력이 없고 평등 사상과 공동체 의식이 만개한 풍요로운 이상 사회의 모습을 과학적 지식과 상상력에 기반해"[16] 지금 이곳에 '없는 곳(utopia)'과 '더 좋은 곳(eutopia)'을 결합시키려는 인간의 오랜 꿈과 욕망이 위기에 몰리고 있다는 진단은 이제 상식에 속한다. "다시 말해 이데올로기의 종말, 이것과 결부된 사회주의적 또는 자본주의적 꿈들의 무산, 19세기와 20세기 근대에서 과학과 기술에 결부되어 지나치게 낙관적이었던 유토피아의 종언이 사람들을 생각지도 못할 정도로 자가 자신에게로 내던져 버리고

만 것이다."[17] 특히 "더 나은 세계를 향한 집합적 꿈을 현실 속에 실현하고자 했던 사회주의의 몰락은 20세기 정치 유토피아 기획의 실패"를 여실히 드러내었다. 오히려 두 차례의 세계 대전과 홀로코스트로 대변되는 역사의 악몽을 목격하면서 20세기 인류는 유토피아를 향한 희망을 디스토피아의 공포에 넘겨주고 만다. 68 혁명을 통해 세계를 변화시켜 보려 했던 혁명적 열기 속에 유토피아 담론이 잠시 다시 등장했지만 20세기 말의 동구권 사회주의의 몰락과 소비에트 체제의 붕괴, 이어서 신자유주의적 자본주의가 강력하게 그 외연을 세계로 확대해 나가면서 소외 없고 평등한 사회를 지향하면서 인간의 상상력을 충족시켰던 유토피아 담론은 거의 자취를 감추었다.[18]

세계 체제에 대한 물음에서 한 걸음 더 나아가, 우리는 이미 자원 고갈, 기후 변화, 경제적 불평등, 공동체 파괴, 지구적 거버넌스의 부재 등과 같은 다양한 문제들이 인간의 생존 가능성뿐만 아니라 지구 문명의 지속 가능성마저 심각하게 위협하는 국면에 놓여 있다는 점을 잘 알고 있다. 마치 우리는 더 이상 유토피아는커녕 지속적인 생존마저도 심각하게 위협받는 상황에 놓여 있다. 그러나 인간의 고유함은 바로 이러한 상황 속에서 망연자실하여 단념하는 것이 아니라 실낱같은 희망을 끈이라도 잡으려고 노력한다는 점에 있다. 생물학적 인간학을 주창한 아르놀트 겔렌(Arnold Gehlen)이 오래전에 제시한 테제인 '결핍 존재'가 바로 이러한 사태를 잘 드러내 주고 있다. 인간은 오히려 자신이 가진 결함과 피폐한 환경에서 결핍의 보상으로 주어진 자기 반성과 자기 의식의 능력인 정신과 학습 능력을 통해 위기를 극복하고 문화와 문명이라는 찬란한 금자탑을 세울 수 있는 존재이다. 이것이 또한 바로 '세계 개방적 존재'로서의 인간의 면모라고 할 수 있다.

또한 카를 만하임(Karl Mannheim)이 이미 지적했듯이 '유토피아의 포기'는 '역사를 창조하는 의지의 상실'로 이어지며, 이럴 경우 어떻게 인류의 역사가 연속성을 가지며 어떤 방향으로 전개될지를 파악할 수 없는 지경에 처하게 된다. 그에게 유토피아는 역사 인식의 상수(常數)이다. 이는 역사의 진보에 대한 물음과도 연관이 있다. 현실과는 질적으로 다른, 그러나 아직 도래하지 않은 미래에 대한 상상은 '주어진 현실'이 전부가 아니라는 인식을 개방함으로써 현실을 '재사유'하고 '재배치'할 수 있게 한다. 이것이 '유토피아 상상'이다. 이명호는 루스 레비타스(Ruth Levitas)의 관점에 기대어 유토피아 구상을 특정한 내용에 고정시켜 고집하는 독단적 관점에서 탈피하여 그것을 새롭게 해석한다. "유토피아는 목표가 아니라 방법이다. 완벽한 사회를 향한 구체적 프로그램이 아니라 더 나은 존재와 삶의 양식을 추구하기 위한 방법적 가설(methodological hypothesis)이자 발견적 안내(heuristic guidance)로 유토피아를 재규정함으로써, 그간 유토피아 담론이 종종 빠져들었던 전체주의와 한계에서 벗어나되 더 좋은 미래를 향한 욕망과 역동성 지향성은 견지할 수 있을 것이다."[19]

『호모 데우스』에서 유발 하라리는 약 7만 년 전 호모 사피엔스 종에 속하는 생명체가 나타나서 이른바 '문화'라는 것이 창출된 후 인류 역사는 인지 혁명, 농업 혁명, 과학 혁명이라는 진로를 걸어왔다고 한다. 그에 따르면 이러한 혁명을 가능하게 했던 것은 기존의 세계관과 결별하는 새로운 사고 방식과 소통 방식이다. 특히 호모 사피엔스가 세계를 지배하게 된 계기를 마련한 것은 그들이 전설과 신화와 종교 등 허구적 실재를 통해서 서로 협력할 수 있었고, 다양한 유형의 대규모 집단과 공동체를 형성할 수 있었기 때문이다. 본능이나 개인적인 지평을 넘어서는 거대한 공동체의 네트워크는 바로 이러한 기반 위에서 형성될 수 있었다.[20] 그렇다면 앞으로 4차 산업 혁명을 통해서 새롭게 구성된 네트워크는 과거의 신화에 대한 믿음에 상응하는 어떤 믿음을 가질 수 있을 것인가? 이러한 역할을 수행할 수 있는 하나의 대안으로 오랫동안 지속되어 왔으며, 수많은 비판을 감당해야 했던 유토피아 사상이 제시될 수 있다. 그러나 이는 과거의 단순한 공상과 상상의 산물로서의 유토피아가 바로 현실 속에 구현될 수 있다는 것이 아니라 그러한 지향점 자체가 인간의 많은 노력을 수렴할 수 있는 기준이 될 수 있다는 것을 의미이다.

사실 각자 나름의 유토피아를 구현하고 있는 사이언스 픽션(science fiction)이 현실 속에 경험할 수 없는 수준의 과학 기술을 전제로 한다는 점에서 과학 기술 자체가 유토피아의 중요한 담지자라는 점은 분명하다. 그러나 과학 기술만으로는 유토피아의 이념을 충족시킬 수 없다. 만약 과학 기술 자체만을 두고 본다면, 과거의 사이언스 픽션들은 오늘날 대부분 구현되었거나 할 수 있는 사실 기술(fact description)에 불과할 것이다. 그러므로 인류사의 연속성을 가져오는 것은 각 시기의 과학적 수준이 아니라 그것을 공통의 목표로 연결하는 지향점,

즉 '이상 사회의 건설' 혹은 '행복한 삶의 추구'라 할 수 있다. 예를 들면 네모 선장과 노틸러스 호의 모험을 담은, 쥘 베른(Jules Verne)의 『해저 2만리』(1869년)와 같은 작품은 과학의 유토피아를 제시하는 대표적인 시도이다. 소위 사이언스 픽션의 선구자적 작품으로 간주되는 이 작품은 "단순한 액션 어드벤처의 세계를 넘어 인간과 사회, 과학 기술과 진보, 유럽의 신항로 개척과 식민지 건설, 인종 차별과 노예제, 평등과 자유 등의 폭넓은 주제를 다루고 있다."[21] 물론 행복과 연관된 유토피아를 좀 더 현실적으로 이야기하는 서사들도 등장한다.

흥미로운 사실은 SF에서도 기술에 대한 평가와 이해의 변화가 감지된다는 사실이다. 19세기 초기 SF에서 20세기 디스토피아 소설에 이르기까지 SF의 흥미진진한 이야기 뒤에는 과학 기술의 위험성을 지목하고 미래 사회를 비판적으로 바라보는 (특히 세계 대전의 경험을 통해서 강화된) 작가의 시선이 숨어 있다. 하지만 20세기에는 발전된 과학 기술의 성과를 적극적으로 수용하며 미래의 시대상을 긍정적으로 예시하는 작가들도 여럿 등장했다.[22] 어쩌면 과학 기술은 더 이상 선택의 문제가 아니라 우리 삶의 불가분의 동반자라는 의미에서 그 속에서 인간 삶의 모든 차원들과 희로애락이 펼쳐지는 지평이 된다. 이런 배경에서 유토피아는 더 이상 과거나 현재의 시점에서 미래 속에 투영되는 것이 아니라 현재 진행형이 된다. 그러나 과학 기술에 의해 새롭게 조성된 환경과 현실이 바로 유토피아를 의미하지 않는다. 이런 관점에서 베르나르 베르베르(Bernard Werber)의 『나무(L'Arbre des possibles)』가 좋은 예시가 될 수 있다고 한다. 이 해석에 따르면 작가는 유토피아를 멀리서 찾지 않는다. 그에게 유토피아는 "기존의 추상적 개념처럼 규정된 그 무엇이 아니라 너무나 가까이 있는," 시선을 달리하면 항상 지금 여기에서 우리 자신의 삶과 연결되어 있는 무엇으로 재현한다. 정밀 전자 공학의 발달로 삶의 환경이 온통 사람처럼 말을 하고 행동하는 가전 제품이나 가구로 채워져 있다. 인간의 의사와 무관하게 모든 것이 그 자체의 프로그램에 의해 작동된다. 이런 상황에서 주인공은 오히려 소박하고 말 없는 옛날 물건을 그리워하고 이는 원래 자신의 몸을 되찾고 싶은 욕구로 이어진다. 결국 인간의 가치 판단과 삶의 방식에 따라 이 세상이 디스토피아와 유토피아 사이에서 유동하게 된다.[23]

유토피아와 디스토피아의 변증법

인간들이 미래 세계와 결부시키는 표상들인 유토피아와 디스토피아는 그 자체로 하나의 긴장 관계를 형성하고 있다는 점에서 '건강한' 징조로 해석될 수도 있다. 지금 우리 앞에는 인공 지능의 발달에 발맞추어 더욱 질 높은 행복한 삶이 영위될 수 있다고 기대하는 인공 지능 '유토피아론'과 많은 영화 속에서 그려지는 인간 세계를 파멸시키는 기계를 인공 지능이 만들어 낼 수도 있다는 인공 지능 '디스토피아론'이 함께 거론되고 있다. 예를 들면 미국 MIT 미디어랩 연구진은 최근 인공 지능 비관론에 힘을 싣는 연구 결과를 내놨다. 인공 지능의 잘못된 학습이 지속적으로 심화되면 사이코패스(반사회적 인격 장애) 성향을 가진 사람처럼 위험한 존재가 될 수 있다는 것이다. 그래서 적지 않은 학자들이 미래가 어떤 모습으로 우리에게 다가올지는 쉽게 예단할 수 없다고 주장하면서 후자를 경계한다. 그러나 이것은 유토피아를 그리면서도 디스토피아의 위험을 경계할 수 있는 인간이 보유한 반성과 성찰의 능력을 지나치게 평가절하한 것이라고 할 수 있다.

계몽주의에서 유토피아 사상이 자연스럽게 생겨날 수 있었던 것은 당연히 과학 기술과 인간의 이성 능력에 대한 전폭적인 신뢰가 가능했기 때문이다. 예를 들면 요한 고트프리트 폰 헤르더(Johann Gottfried von Herder)의 낙관적 견해가 그 대표적인 경우이다. 그는 항해술을 예를 들면서 "인류는 이 기술처럼 대기, 물, 하늘, 땅에 대한 인간의 장악력을 확장시키는 기술들을 짧은 시간 내에 놀라울 정도로 많이 발명해 왔다."라고 평가한다. 이어서 그는 "이러한 모든 기술과 발명이 어떻게 적용되었는가에 대한 질문"을 제기하면서 "실천적 이성과 정의, 그리고 결과적으로 인류의 진정한 문화와 행복은 이것들을 통해 증가했는가?"라는 물음에 대해 비록 많은 시행착오가 있었고 또한 어설픈 경우도 있었으며, 심지어 "독재자 수중의 자연스럽지 못한 권력, 질서정연한 법을 갖지 못한 국민의 어울리지 않은 사치는 매우 위험한 도구"이지만, "그러나 그러한 해악 자체도 인간을 더 현명하게 만들고, 조만간 사치와 전체주의를 창조했던 기술은 이들 모두를 제약하여 실제적으로 좋은 것을 전환시킨다."라고 낙관적인 견해를 피력한다.[24]

현대에 와서 이러한 낙관적인 견해는 대체로 철학에서 더 이상 중심적인 지위를 차지하지 못하고 있다. 오히려 '계몽의 변증법'처럼 다양한 형태의 문명 비판과 기술 비판이 철학적 담론에서 제시되었다. 국내에서도 서양의 기술 비판적인 사유에 기대어 과학과 기술이 가져올 수 있는 심각한 폐해에 대해 지적하는 연구가 있다.

먼저 한나 아렌트(Hannah Arendt)에 따르면 과학과 기술은 자연적 조건 속에서 인간이 스스로 만드는 인공 세계를 가능하게 만든다. 그것들은 인간을 자연적 속박으로부터 해방시켜 인간에 의해 완전히 통제될 수 있는 인공 세계를 구축하려는 경향을 갖고 있다. 여기에 바로 기술 시대에 내재하는 전체주의적 경향이 드러난다. 이러한 측면에서 보면 디지털 기술을 기반으로 한 인공 지능은 인간의 자연적 조건인 물리적 한계를 허물어서 가장 인위적이며 인공적인 세계를 구성하게 될 가능성이 농후하다는 것이다.

또한 에른스트 카시러(Ernst Cassirer)는 『형식과 기술』에서 '수단과 목적의 전도'라는 관점에서 기술의 문제를 제기한다. 그에게 기술이 마치 인간 문화 세계의 목적이며 운명으로 간주된다는 것은 인간 문화 세계의 다양한 형식들의 관계망이 붕괴된다는 것을 의미한다. 이 붕괴로 초래된 파편화된 형식들은 위계 구조로 재편된다. 기술은 바로 이 위계의 정점을 차지하며, 이러한 위계적 위상에서 다른 문화적 형식들이 자신의 규준을 따르도록 강제한다. 지금까지 과학과 기술 이외에 다양한 상징 세계, 즉 문화를 창조, 전승해 온 인간의 본성에 대한 물음은 이제 어떻게 효용과 이득을 더 많이 획득할 수 있는가

하는 물음으로 대체된다. 결국 인간의 한계를 극복하고 가치 있는 삶을 가능하게 했으며 지금까지 삶의 목적으로 간주되어 왔던 인간의 자기 반성과 윤리적 삶은 그 중요성을 상실하게 된다. 이러한 전개 과정에서 자연스럽게 도출되는 종착점은 "디스토피아적 상황에 대한 모습들"이다."[25]

닉 보스트롬은 『슈퍼인텔리전스』에서 "지능 대확산의 예정된 결말은 존재적 재앙인가?"라는 질문을 던진다. 그는 존재적 위험을 "지구로부터 기원한 지적 생명체를 멸종시키거나 그런 지적 생명체의 바람직한 미래의 발달을 영구적이고 철저하게 파괴하는 위협"이라고 규정한다.[26] 지난 세기말부터 다양한 통로로 "인간의 본질 규정에 대한 회의"가 제기되었으며, 예컨대 독일 철학자 디트마르 캄퍼(Dietmar Kamper)는 오늘날의 인간이 "기계와 같은 신"을 추구한다고 규정지었다. 그는 기계 문명의 진보에 따른 패러다임의 변화에 주목하고 자신의 한계를 극복하고자 하는 인간의 욕망이 슈퍼컴퓨터와 같은 존재가 되고자 한다고 보았다. '기계와 같은 신'이란 욕망의 표현은 이제 현실화된 개념으로서 '사이보그'로 재규정될 수 있다."[27]

제리 카플란은 『인공 지능의 미래』에서 공학의 한 분야인 인공 지능이 왜 그토록 많은 논란을 불러일으키는지에 대해 다른 공학 분야들과 비교해 볼 때, 인공 지능 분야의 전문가들 중 일부가 순진한 언동이었든 아니면 관심을 끌어서 연구 자금을 확보하려는 의도였든 간에, 연구 결과의 보편성과 이 분야의 앞날에 대해 지나치게 대담하고 떠들썩하게 낙관적인 전망을 내놓으면서 자초한 측면도 크다고 지적한다. 물론 인공 지능이 인간의 고유성과 위상에 관한 철학적, 종교적 원칙에 실제로 이의를 제기하기도 한다.[28] 하지만 같은 맥락에서 카플란은 초지능에 대한 걱정이 기우라고 간주한다. "초지능은 추측에 근거한 먼 미래의 일이기 때문에, 그렇게까지 주목할 가치는 없다. 인공 지능 분야 대부분이 그렇지만 특히 기계의 능력이 아주 뛰어나게 발달해 인간을 위협한다는 생각은, 선정적이고 사람들의 흥미를 자극하기 쉬워서 대중들 사이에 필요 이상으로 자주 논의되고 있다."[29]

우리나라의 여러 학자들도 4차 산업 혁명이 그 어느 때보다 심오한 변화를 초래하고, 인류 역사상 지금보다 더 큰 가능성과 잠재적 위험성을 수반하는 시기가 없다는 진단에 회의를 표명한다. 그들은 4차 산업 혁명에서 기술적 유토피아가 꿈꾸는 미래의 행복이 전혀 등장하지 않으며, 오히려 기술적 혁신이라 강변하는 수사에는 어쩐지 공허하고 자기 패배적인 기운이 드리워져 있다고 규정한다. 그럼에도 4차 산업 혁명 담론이 오늘날 한국 사회에 횡행하는 이유는 그것이 "한국 사회의 적폐와 구질구질한 현실을 돌파하는 혁신의 서사"로 활용되기 때문이라는 것이 이들의 입장이다.[30]

닉 보스트롬은 초지능이 유발할 수도 있는 존재적 위험 상황의 예로 초지능의 개발에 몰두하는 국가들 사이에서 가장 먼저 초지능을 개발하기 위해 전쟁이 일어날 수도 있다고 말하면서, 기술의 발전과 더불어 인간의 이기심이 작동했을 때에 인류의 미래는 어디로 향하게 될지 아무도 예측할 수가 없다고 주장한다.[31] 그러나 역사적 사실은 우리에게 다른 가능성을 보여 주고 있다. 핵폭탄이 과학-기술의 총아로서 풍미했던 20세기 중반 이후 모든 국가들은 자국 방위와 국력의 상징으로서 핵폭탄 개발에 몰두했다. 핵폭탄의 위력은 잘 알려져 있지만 실제로 원자 폭탄이 투하된 일본의 경우를 제외하면 실험적 가능성에 머물러 있고, 실제로 핵폭탄이 사용될 가능성은 현재 그렇게 많지 않다. 왜냐하면 핵폭탄의 사용 자체가 인류의 공멸 자체를 의미하기 때문이다.[32] 그래서 실질적인 전쟁 상황에 대비하는 전투기, 미사일, 전차, 잠수함 등과 같은 재래식 무기의 발전과 확산은 오히려 멈추지 않는다. 이런 맥락에서 초지능의 출현이 이론적으로 충분히 가능하다고 할지라도 그런 존재의 출현이 인류의 공멸을 야기할 수도 있다면 아마도 대부분의 국가는 오히려 인간의 통제 범위 안에 머물 수 있으면서 구체적 문제를 해결하여 삶의 질을 개선하고 행복을 증진하는 실용적 인공 지능의 개발에 몰두하는 길을 선택할 것이다.

오늘날 우리는 기계와 인간을 대립적인 관계로 바라보지 않는다. 거의 모든 인간이 다양한 형태의 기계라는 동반자와 함께 생활하고 있다. 그래서 '인간-기계 앙상블'은 부인할 수 없는 삶의 기본적 형태이다. 그러므로 "기술에 대한 논의가 인간의 미래에 관한 유토피아적 낙관이나 디스토피아적 우려를 제시하는 데 그치는 것은 더 이상 도움이 되지 않는다. 기술과 자연의 대립이나 기술과 인간의 대립이라는 구도 속에서 기술을 부정하며 휴머니즘을 구제하려는 것은 이미 낡은 사유 패러다임이다. 정보 기술의 등장과 더불어 자연, 기술, 인간의 상호 관계에 대한 균형 잡힌 이해가 필요하고, 기술을 토대로 실현되는 새로운 휴머니즘의 절실한 국면이다."[33]

이러한 노력을 경주하는 가운데서 우리가 간과해서는 안 될 것은 특정한 하나의 입장을 독단적으로 지지하거나 비판하는 것보다도 낙관론과 비관론의 그러한 생산적 대립 자체가 오히려 발전적인 기여를 할 수 있다는 점이다. 이는 각각의 입장을 뒷받침하는 요인들을 증가시키거나 제거해 나가는 과정에서 인간의 산물들이 궁극적으로 좀 더 인간에게 유익한 존재로 진화할 수 있으며, 이를 통해 우리가 그런 존재와 더불어 살아갈 수 있는 지혜를 얻을 수 있기 때문이다. 맥스 테그마크 MIT 교수는 『라이프 3.0』에서 인공 지능의 시대는 유토피아나 디스토피아로 예정된 것이 아니라 인간들이 스스로 만들어 나가는 노력에 달려 있다고 강조한다. 이런 맥락에서 새로운 시대를 맞이하는 우리 모두는 '균형 감각'이 필요하다. 그것은 낙관과 비관 사이를 단순히 표류하는 것이 아니라 '희망의 원칙'과 '책임의 원칙'을 변증법적으로 종합하여 시대에 가장 적절한 응답을 이끌어내려는 자세이다.

미래의 비전에 대해 이야기하는 것은 항상 조심스럽다. 어떤 세상을 꿈꾸는 가는 그것을 희망하고 실천하는 사람에게 열려 있는 가능성이자 기회이다. 그러나 매체들의 야단법석과 기업의 과대 광고, 과학자들의 (과도한) '자기 확신' 등 셀 수 없는 문제점에 직면하여 우리는 적절한 거리두기를 유지해야만 한다. 정서적으로 바로 과학과 기업의 단정적인 낙관적인 전망에 부응하는 것은 쉽지 않은 일이다. 부르크하르트는 "미래적인 것에 대한 예견은 소망할 만한 것도 아닐 뿐만 아니라 그것은 또한 우리에게 있을 법한 일도 아니다."라고 충고한다. 그는 "인식상의 혼란이 무엇보다도 우리의 소망, 희망, 공포를 통해 일어나며," 여러 가지 사항에 대한 우리의 무식과 "세계를 갑자기 변형시킬 수 있는 정신적 전염병들을 통해서도 일어난다."라고 경고한다.[34] 그러나 이루어진 성과에 대한 지식과 정보를 의도적으로 외면할 필요는 없다. 이것은 우리의 무식을 일깨워 주는 데 중요한 역할을 한다. 우리는 전방위적 감지력을 발휘하여 좀 더 많은 연구 성과들을 검토하고 다른 학문 집단들과 소통하는 자세를 가져야 한다. 이러한 과정 속에서 무지와 단순한 두려움에서 벗어나 세계와 교감할 수 있는 새로운 해석틀이 자연스럽게 형성될 수 있다. 그래서 지금 철학을 포함한 인문학에게 필요한 것은 개방적 태도이다. 세계는 좁은 의미에서 자연적 환경뿐만 아니라 이미 '자연화된' 문화와 문명을 포함하는 넓은 의미에서의 생활 세계를 의미한다. 또한 개방성은 단순히 수용 가능성만을 의미하는 것이 아니라 그것을 자신의 삶 속에서 구현한다는 책임 의식도 포괄한다.[35] 위기를 극복하고 생존을 유지하기 위한 약한 인간들의 노력은 당연히 희망에 대한 표출이라고 할 수 있다. 위기 속에서 포기하지 않는 의지가 인간을 발전시켜 왔다는 것은 자명하다. 그러나 이러한 의지의 발로가 항상 새로운 성찰과 도전으로 이어지지 않고 관성적으로 표출된다면 여러 가지 문제가 발생한다. 주지하다시피 인류의 역사 속에서 자승자박의 여러 가지 문제들이 도출된다는 점에서 인간은 자신의 희망을 스스로의 책임하에 제한하고 조율하여야 할 의무를 지닌다.

인공 지능의 발전과 더불어 상상을 초월하는 새로운 존재들이 창출된다고 한다면 많은 기술적이며 윤리적이며 또한 정치적인 문제가 생겨날 것이며, 이러한 과정에서 이성적 인간의 역할은 더욱 중요한 의미를 가지게 된다. "까다로운 비인간들을 인간에게 의미를 지닌 존재로 '길들이는' 과정을 담당하는 사람이 과학자와 기술자이다. 이런 의미에서 이들은 혼종적인 네트워크로 구성된 현대 사회의 권력의 핵심을 쥐고 있다. 따라서 비인간을 길들일 수 있는 과학 기술과 과학 기술자를 누가 통제하는가 하는 문제는 현대 사회의 권력의 중심적인 문제이다. 기존에 권력을 장악한 사람들이 이를 계속 장악할 것인가, 아니면 이를 시민이 통제할 수 있는 영역으로 이전시킬 것인가의 문제는 권력과 정치의 문제, 민주주의 핵심 과제이다."[36] 이러한 정치적 문제를 논하기 앞서 사실 더 선행적으로 제기되어야 할 주제가 교육이라 할 수 있다. 새롭게 등장하는 도전적인 사태에 직면해서 올바른 권력 구조를 설정하는 노력도 원리적으로 보면 이성적이며 합리적인 판단의 차원에서 이루어지기 때문이다. 따라서 단순한 정치 공학적인 혹은 제도적인 관점을 탈피하여 '비판적 정신'의 의미에서 그들이 자신의 역할과 소명을 성찰할 수 있도록 하는 이성의 능력을 함양하는 것이 중요하며 여기에 인문학, 사회 과학, 자연 과학을 통섭하는 참신한 교육을 통한 적극적인 기여가 기대된다.

4차 산업 혁명의 진행에서 교육의 중요성은 아무리 강조해도 지나치지 않다.[37] 교육은 먼저 첨단 기술을 활용하고 생산적 결과를 만들어 낼 수 있는 인적 자원을 확보한다. 미래의 4차 산업 혁명에서 경쟁력은 스마일 패턴(smile pattern)으로 묘사될 수 있다고 한다. 스마일 패턴, 즉 웃고 있는 입 모양처럼 "한쪽 끝에는 정말 창조적이고 새로운 것을 하는 것이 있어야 하고, 다른 쪽에는 양질의 규모가 큰 노동력"이 있어야 진정한 4차 산업 혁명의 사회에서 경쟁력을 가질 수 있다는 것이다. 그래서 단순히 과학 기술만이 중요한 것이 아니라 그것을 실제로 현실 속에 구현할 수 있는 양질의 노동력이 필요한 것이며, 이런 맥락에서 결국 중요한 것은 사람이며, 사람의 중요성은 미래로 가면 갈수록 더 커진다고 주장한다.[38] 그러나 사람의 중요성은 노동력이나 기술적 능력의 차원뿐만 아니라 '결단과 도전'이라는 정신적 차원에서도 찾을 수 있다. 과학 기술의 총아로서 인공 지능이 우리에게 던지는 실존적 메시지는 인공 지능과 같은 과학 기술에 제공하는 유익과 해악의 갈림길이 결국 인간의 선택과 판단에 달려 있다는 것, 궁극적으로 '인간의 문제'라는 점이다. 많은 학자들이 동의하듯이 지난 몇십 년 사이 인류는 역사상 가장 빠른 기간 동안 과거 어떤 세대도 만들어 내지 못한 엄청난 과학 기술의 성과와 정보의 양을 축적했고 새로운 지식 정보 사회를 창출해 냈다고 평가한다. 과학은 이제 그 어느 때보다 더 정책과 관련이 많고 철학적 파급 효과를 갖는 분야가 되었다. 그래서 과학 기술의 발달이 자연스럽게 성장과 번영의 시대로 이끌 것이라고 생각한다면 환상이다. 이런 까닭에 그는 '지금 여기서 해야 할 일들'을 생각해야 한다고 주장한다.[39]

인공 지능 시대에서의 연대의 문제

산업 혁명과 더불어 시작된 새로운 세계의 구축을 통해 인간들에게 쓰라린 경험을 안겨 준 현실 세계의 실상 한 측면은 다양한 차원과 영역에서의 '소외'라는 문제이다. 이것이 바로 연대의 상실, 공동체적 삶의 붕괴 등으로 드러나는 산업 혁명이 주는 역사의 교훈이다. 산업 혁명은 생산성과 효율성이라는 재판정으로 인간의 노동을 몰고 가서 노동을 상품으로 전락시켰다. 이러한 영역에서는 인간과 기계, 인간과 인간의 무한 경쟁만이 존재하며 인간과 기계의 협력이라는 가치, 그리고 인간과 인간의 협력이라는 가치는 상실되었다. 주지하다시피 전자에서는 인간 대체의 문제가, 후자에서는 공동체의 의미와 가치의 파괴라는 문제가 발생했다. 이제 인간 활동의 근간은 자연적 연대의 요람인 공동체에서 시장으로 옮겨 갔으며, 상품화 과정에서의 인간 사이의 경쟁과 대결은 공동체의 근간이었던 협력의 가치를 부식시켰다. 공동체가 지속적으로 약화되고 붕괴되는 과정 속에서 인간 사회에서의 경쟁과 대결은 심화되었으며, 인간의 활동이 생존을 위한 노동으로 축소되는 결과를 가져왔다. 그래서 일방적으로 제공되는 노동은 자기 실현과 완성의 이상을 담은 노동과는 거리가 있으며 다양한 소외 현상들을 야기하고 있다. "새로운 기술 시대의 흐름 역시 그 이전의 흐름들이 갖고 있던 방향에서 벗어날 것으로 보이지 않는다. 그래서 우리가 해야 할 것은 이러한 흐름의 속도를 줄여 보려는 것이 아니라 그 흐름으로 진행되더라도 인간의 자유로운 활동이 가능할 수 있는 조건을 다각적으로 모색하는 것이다. 아마도 공동체의 회복은 이 같은 모색들의 지향점이 될 수 있을 것이다."[40]

『생각의 탄생(Sparks of Genuis)』의 공저자인 로버트 루트번스타인(Robert Root-Bernstein)에 따르면 예전에 산업 경제는 효율성에 기반을 두고 모든 사람이 같은 일을 같은 방식으로 했으므로 효율성을 높이는 것이 중요한 과제였지만, 창조 경제나 지식 경제는 모든 사람이 각자 다르게 생각하고, 다른 것을 알고 독특한 방식으로 실행하기를 기대한다. 그래서 그는 "교육에서 경영까지 모든 영역과 차원에서 유연성이 중요하다."라고 주장한다.[41]

하지만 이런 주장이 실제로 개인들의 일상적인 생활에서 어느 정도 실질적인 의의를 가질 수 있는지는 불분명하다. 실제로 안정된 지위를 유지할 수 있는 소수의 집단들을 제외하면 대부분의 사람들은 매우 어려운 처지에 놓일 수 있다. "개인화된 불안정 노동자, 이들은 일에 대해 서로 다른 욕구와 동기를 갖고 있으며, 생활 방식에서 개인화를 매우 중시하기 때문에 서로 간에 공통점을 찾기 힘들며, 따라서 조직화하기도 힘들다. 신자유주의가 초래한 노동은 과거에 저항을 가능케 했던 문화적 항체들을 파괴했다."[42]

많은 학자들이 '초연결 사회'가 '초단절 사회'로 전락할 수 있는 위험에 대해 지적하고 있으며, 생산 수단과 자본의 독점처럼 기술과 네트워크 등의 독점을 우려하는 목소리도 매우 크다. 객관성이라는 미명 아래 과학과 기술의 가치 중립성은 인간 사회의 삶의 형식을 근본적으로 변화시키면서도 그 결과에 대해 외면할 수밖에 없는 한계를 가진다. 그런 측면에서 인공 지능보다도 결함이 있는 인간들이 중심이 되는 인간다운 사회가 더 바람직한 목표로 제시되기도 한다. 과학과 기술의 비가역적인 발전이 이러한 삶의 현실을 개선하기는 어려울 것이라는 우려는 당연하다. 그래서 많은 경우 포스트휴먼과 같은 새로운 존재의 도래는 근본적인 재앙이라고 간주된다. 이런 맥락에서 유토피아의 이념과 함께 과학 기술의 발전은 가능한 폐해들을 피하거나 극복할 수 있는 아주 구체적이며 실질적인 규제적 이념과 함께 진행되어야 한다.

규제적 이념으로서의 '행복한 삶과 사회'

초지능이 인간 세계를 지배할 수 있다는 우려는 비록 아직까지 그것의 현실성을 쉽게 인정하기 어려울 것이다. 하지만 어떤 경우이든 궁극적으로 과학과 기술의 발전은 항상 '행복한 삶과 사회'라는 '규제적 이념(eine regulative Idee)'에 의해 선도되어야 한다. 이때 이념은 특정한 내용으로 사전에 결정된 도달 목표로서가 아니라 자기 성찰의 과정을 수반하는 진화적 계기로서 수용되어야 한다. 이것은 인간 삶과 사회적인 제도를 단순히 도구로서 간주해서는 안 되며, 미래의 완전한 행복을 위해 '지금' '여기'의 현실적인 행복과 만족이 희생되어서는 안 된다는 입장과 연결된다. 이런 맥락에서 유토피아는 '피안의 이상향'이 아니라 '차안의 행복한 생활 세계', 즉 에른스트 블로흐(Ernst Bloch)가 『희망의 원리(Das Prinzip Hoffnung)』에서 추상적 유토피아와 구분하여 "현실적 가능성을 가진 더 좋은 삶에 대한 꿈으로서의 구체적 유토피아"[43]로 부르는 방향에서 구상되어야 한다.

또한 인공 지능의 발전은 그 자체가 인문학을 위한 좋은 기회가 될 수 있다. 왜냐하면 과학 기술의 발전은 이전과 전혀 다른 새로운 패러다임의 사고를 요구하고 있기 때문이다. "인공 지능 로봇과 같은 자율 기술적 존재들의 출현은" 이미 우리의 생활 세계의 토대로 자리 잡고 있는 기존의 "의미의 체계나 사고 방식과 끊임없이 마찰을 일으키며, 우리가 지향하는 삶의 방식이나 가치, 바람직한 사회의 모습 등"을 새롭게 성찰하도록 만든다. 우리는 기존의 의미 체계나 사고 방식이 기인하는 인간 중심주의와 근대의 틀로부터 벗어날 수 있어야만 4차 산업 혁명과 같은 거대한 물결이 만들어 내는 생경한 현실과 요구에 부응할 수 있다. "따라서 도덕적 사고의 새로운 패러다임을 만드는 일을 근대적 언어나 용어로 이해하거나 규정하려고 해서는 안 된다. 우리의 도덕 경험을 더욱 풍부하게 이해하고 새롭게 해석하기 위해서는, 근대적 속박으로부터 자유로운 상상을 가능하게 만들 새로운 어휘를 필요로 한다."[44] 이것이 바로 인공 지능 인문학의 과제인 것이다.

"일반적으로 4차 산업 혁명의 중심 개념은 인공 지능, 로봇, 사물 인터넷, 빅 데이터 등이라고 생각하는 경향이 있으나, 그것을 이끌어 가는 주체로서의 입장에서 보면 우리의 상상력과 창의력이 더 중요하고 본질적인 동력이라는 사실을 인식하지 않으면 안 된다." 영국의 물리학자이자 문필가인 찰스 퍼시 스노(Charles Percy Snow)의 '두 문화'

의 관점과 유사하게 "첨단의 '과학 기술 문명'과 아직 형성 단계에 있는 '과학 정신 문화'의 심각한 괴리 현상"이 심각한 불안의 원인이 될 수 있다는 점에서 여전히 방향 설정의 학문(Orientierungswissenschaft)으로서의 인공 지능 인문학은 끊임없이 자신의 한계를 직시하고 새로운 삶의 길을 찾는 노력을 경주해야만 한다.[45] 철학을 포함한 인문학의 역할은 '이성의 간지(List der Vernunft)'를 포착하는 것, 즉 이성의 대리인으로서 역사의 흐름을 통찰하여 일상적 삶에서 알아차릴 수 없는 유익과 해악을 풀어 주는 것이다. 이런 의미에서 그것은 '이성의 해석학'이라 할 수 있다. 그래서 부르크하르트는 예술가, 시인, 철학가의 기능을 먼저, "시간과 세계의 내면적인 내용을 이상적으로 관조할 수 있게끔 만들고," 둘째, "그 내용을 사라지지 않는 지식으로서 후세에 전승시키는 것"이라고 규정한다.[46]

최성환 | 중앙대학교

책을 마치며

행복의 눈으로 그려 본 인공 지능 시대, 그 가능성과 한계

  1980년대 후반 '영구' 시리즈는 당시 나를 포함한 어린이들에게 적지 않은 인기를 끌었다. 정확히 어떤 작품인지 기억이 나지 않지만 홍당무를 대나무 가지에 매달아 계속해서 걸어가는 당나귀가 그려진 장면이 요즘도 가끔 생각난다. 작품 속 영구는 당나귀의 등에 나뭇가지로 대를 만들어 눈앞에 홍당무를 매달아 당나귀가 쉬지 않고 계속 걸어가도록 한다. 나귀는 홍당무를 먹으려 계속 앞으로 가지만 홍당무는 결코 나귀의 먹이가 되지 못했다.

  우리는 이 홍당무와 같은 것을 이념이라고 부른다. 끊임없이 손짓하며 우리를 자신의 방향으로 인도하지만 결코 그것은 우리의 생각의 품 안에 들어오지 않는다. 이념은 결코 개념이 될 수 없다. 이념이 개념이 되면, 이념은 자신을 버린다. 홍당무는 나귀를 목적지까지 바르게 인도하는 역할을 한다. 홍당무는 나귀의 먹이이면서 동시에 먹이가 아니다. 칸트의 말을 빌리자면 홍당무는 나귀의 규제적 이념이다.

우리가 이 책에서 지금까지 이야기한 인공 지능의 행복은 실제로 손에 잡히거나 눈으로 확인할 수 있는 어떤 것이 아니다. 프랑스 철학자 프레데릭 르누아르(Frédéric Lenoir)는 그의 저서 『행복을 철학하다 (Du bonheur: un voyage philosophique)』에서 "무엇이 나를 행복하게 만드는가?"라는 질문에 대답하기가 "행복이란 무엇인가?"라는 애매한 질문에 답하기보다 훨씬 쉽다."라고 말한다. 하지만 나는 "행복이란 무엇인가"는 "무엇이 나를 행복하게 만드는가?"와 비교 관계에서 보면 애매한 질문일 수 있지만, 그 자체만을 놓고 보면 애매한 차원을 넘어 애초에 정답을 내놓는 것이 불가능한 질문, 즉 질문을 위한 질문과 같은 것이라 여긴다.

그럼에도 우리의 관심은 항상 행복에 쏠려 있기에 아리스토텔레스 이래 많은 철학자들은 이를 최고선이라는 말로 표현한다. 최고선이야말로 우리가 말하고 있는 이념의 대표 격이다. 우리가 굳이 철학자들의 이론을 언급하지 않더라도, 항시 '왜?'라 묻는 것, 어떤 현상의 원인을 따져 묻는 것이 우리가 갖고 있는 이성의 본성이라는 사실을 잘 알고 있다. 그럼에도 불구하고 우리가 철학자들에게 주목해도 좋을 만한 한 가지는 이 '왜'라는 질문과 그 답의 연쇄의 종착점에 바로 '행복'이 자리하고 있다는 사실을 밝혔다는 것이다. 이를테면 "왜 그것을 하니?" "왜 그것이 되고 싶니?"와 같은 질문에 답을 하다 보면 우리는 결국 "좋아서."라고 답을 할 수밖에 없을 때에 이른다. 내용을 담지 않은 '좋음', 좋기 때문에 좋은 것이 바로 행복이다. 그렇기에 김분선이 앞에서 말했듯, 인간이 행복을 붙잡기 위해 할 수 있는 단 한 가지는 행복을 향하는 것뿐이다. 한편 과학 결정론자들, 우리가 말하고 있는 맥락에 맞추어 말하면, 특이점 신봉자들에게 인공 지능 기술은 유토피아를 실현할 수 있는 이념의 한 종류다. 보이지 않는 것을 그려 내는 것, 그리고 이를 통해서 그것의 허와 실을 분별해 내는 것이 인문학의 역할이다. 우리는 이 책을 통해 그 역할을 수행하고자 했다.

살펴본 바와 같이, 인공 지능은 그 자체로 하나의 지능적 존재인 동시에, 우리에게는 행복한 삶을 위한 유능한 도구다. 본문에도 많이 등장했던 IBM의 왓슨은 그 호환성을 점차 높여 가고 있다. 사소하게는 음악, 영화 추천 서비스부터 심각한 질환의 원인을 진단하는 의료 프로그램, 최근에는 인공 지능 면접 프로그램에도 탑재되어 사용되고 있다. 잠시 예를 들자면 '아담'은 창세기에 따르면 최초의 인간이다. 즉 '아담'은 개체로서의 한 남성을 지칭하는 고유 명사다. 한편 아담이 담고 있는 첫째 의미는 그냥 '인간'이다. '아담'은 한 남자의 이름인 동시에 '인간'을 뜻하는 보통 명사다. 도덕적 부채 의식의 대명제 '태초에 아담이 범죄했다.'라는 말은 달리 보면 아담인 우리 모두가 도덕적으로 유약하다는 말이다.

인간 모두가 아담이듯, 인공 지능 의사, 인공 지능 작가, 인공 지능 판사, 인공 지능 펀드 매니저, 인공 지능 친구는 이제 다 '왓슨'이 되고 있다. 혁신적인 알고리듬의 개발은 물론, 그것을 뒷받침하는 하드웨어의 경쟁적 발전, 이 들을 연결하는 다양한 호환 기술의 개발은 이

'왓슨'들을 우리 삶의 자리자리에 끌어들이고 있다. 전기 없는 삶을 상상하는 해 보라는 말은 이제는 진부하다. 스마트폰이 없는 삶을 상상해 보라. 이대로라면 조만간 왓슨이 없는 삶을 상상할 수 없을 것이다. 그는 우리의 눈, 귀 그리고 손과 발이 될 것 같다. 확장된 신체는 왓슨의 손끝에서 끝이 날 수도 있다.

몸도 몸이지만 마음의 위안마저도 인공 지능으로부터 구할 날이 머지않은 듯하다. 마음이 있는 곳이 어디인지를 묻는 것은 앞에서 말한 행복이 무엇인지를 묻는 것만큼이나 답하기 어려운 질문이다. 마음의 실체를 규명하려는 지금의 마음 연구자들의 노력과 성과는 "지능의 본질 규명을 위한 철학자들의 2,500년간의 노력과 성과가 무색하다."라는 매카시의 시선에서 벗어나지 못할 것 같다. 인공 지능 공학자들은 종종 자신들의 세계관을 상식적 실재론이라는 말로 표현한다. 이러한 입장이 전제하고 있는 것을 간단히 말하자면 정신과 마음의 활동들은 과학적 설명 방식을 통해 언젠가는 모조리 설명될 수 있다는 것이다. 최근 많이 회자되는 물리적 환원주의, 제거적 유물론이라는 말은 그들 입장의 핵심을 잘 나타내 준다. 이러한 입장에 따르면 뇌라는 단백질 덩어리가 바로 마음의 집이다. 뇌의 특정 부분에 인공 지능 시스템으로 시뮬레이션되는 프로그램과 연결된 전기 자극을 주면, 맛있는 음식을 먹지 않아도 미각적 쾌감을 느낄 수 있다. 환상적인 섹스를 경험할 수도 있으며 VR 시스템의 도움을 받아 꿈의 나라를 여행할 수도 있다. VR 홈 티켓 가격이 현장 콘서트 티켓 가격과 같거나 더 비싸질 날이 올 수도 있다. 앞에서 언급한 프레데릭의 첫 번째 질문 "무엇이 우리를 행복하게 하는가?"에 우리는 기꺼이 "인공 지능이 우리를 행복하게 한다."라고 답할 수 있을 것이다.

그러나 거기까지다. 우리가 정말 궁금한 것, 아니 인간으로서의 우리가 궁금하도록 운명지어진 바로 그 질문 '행복이란 무엇인가?'에 대해서는 인공 지능이 우리 뇌에 담지 못할 정도로 많은 양의 데이터를 갖고 있다고 하더라도 답을 주지 못한다. 그런데 역설적인 것은 우리 인간은 구하지 못할 답을 찾으며 행복을 느낀다는 사실이다. 행복이란 무엇인지 물으면서 행복을 느끼며, 그 답을 찾는 괴로운 과정이 불쾌의 쾌를 준다. 또한 그 답을 찾는 노력이 좌절되었을 때, 앞에서 말한 이념으로서의 '행복'에 한 걸음 다가간다.

이 책에서는 물론이고 최근 인공 지능과 관련하여 가장 많이 등장하는 단어 중 한 가지가 '특이점'이다. 레이 커즈와일이 『특이점이 온다』라는 도발적인 제목의 책을 히트시킨 후, 특이점은 어떨 때는 인공 지능에 대한 우리의 응축된 불안을, 또 어떤 경우에는 미래 인간의 날개를 표상하는 희망을 표현한다. 어쨌든 우리가 짚고 넘어가야 할 것은 특이점은 지식 권력의 산물이라는 것이다. 앞에서 본 바와 같이 제리 카플란이 의심하듯 말했듯, 연구비 확보가 인공 지능 유행 현상의 숨은 동력일지도 모른다. 산업 자본의 최전선에 가장 많이 노출된 학문 분야인 공학이 가진 사회적 위상과 학문 권력은 무시할 수 없다. 폐위된 듯 보이는 학문의 여왕 철학은 학문 권력자를 평가할 수 있는 있어도 그 스스로가 자신의 왕좌를 지키기엔 역부족이다. 이러한 이유에서 특이점과 초지능에 대한 엄밀한 비판적 탐구는 오히려 비판의 철퇴를 감내해야 했다.

초지능 도래 예견 시점은 해가 갈수록 늦춰지고 있다는 분석은 설득력이 있다. 8장 「유능한 도구와 잘 살아가기」에서 김재인이 밝혔듯 그 시점은 불과 2년 만에 20년이 늦춰졌다. 메시아가 곧 다시 온다는 기독교인들의 희망에 찬 선언은 이미 2000년도 넘게 지속되고 있지만 그의 재림은 오늘도 하루 연장되었다. 엄밀히 말해 초지능은 개념적 설정이다. 과학 지상주의자들은 구현된 실재의 시작은 상상에 있다고 말한다. 그들에게 science fiction은 발터 벤야민이 말한 "경험의 알을 품은 꿈의 새"다. 달을 여행하는 영화가 나온 지 수십 년 만에 우리는 달의 표면을 밟았고, 로봇을 상상한 지 얼마 지나지 않은 지금 우리는 로봇과 함께 살고 있다. 초지능이 실재의 가능태라는 미래학자들의 주장에 언론과 광고, 일상인의 이목이 주목되고 있다. 그러나 우리가 주목하고 있는 것은 상상했던 것 중에 이미 이루어진 일부에 불과하다. 이를테면 우리는 유니콘을 상상할 수 있다. 그러나 유니콘이 실재했던 적은 없었고 앞으로도 없을 것이다. 과학 기술이 이룩한 성과에 시선의 중심을 뺏기면, 상상하는 것은 다 이루어질 것 같은 예측이 합리적 판단에 앞서게 된다. 소위 '표본 집단의 오류'는 우리에게 장밋빛 미래를 그리게도 했다가 별안간 잿빛 미래의 그림자를 목도하게도 한다. 불완전한 이성적 존재자로서 되어 가는 존재(das werdende Wesen)인 인간은 자신을 닮은 존재자에게 항시 인간화의 오류를 범한다. 예전에는 자연에게 그러했고 신에게 그러했으며 이제는 인공 지능에게 자신을 투영하고 있다. 최성환이 옳게 지적했듯, 설령 초지능의 존재가 논리적으로 그리고 기술적으로 가능해진다 할지라도 인류가 이성적인 존재인 이상 심각한 피해를 초래하는 일은 벌이지 않을 것이다. 또 강용수가 갈파했듯, 인공 지능과 인간의 둘 다 '상식'이라는 공통점을 갖지만 '욕망'이라는 근본적인 차이점도 존재한다. 삶에의 의지에서 흘러나오는 다각도의 욕망은 지능의 주인이자 생명을 지속하게 하는 엔진이다. 감성 컴퓨팅, 감성에 근거한 인공 지능 페르소나가 큰 펀딩(funding)을 등에 업고 위세를 떨치는 지금이지만, 스스로 욕망하지 못하는, 아니 최소한 우리 눈에 그렇게 보이는 인공 지능에게 우리 욕망의 실현체 이상의 지위를 부여하는 것은 인간과 인공 지능 서로의 존재성에 상처를 내는 짓이다. 광고되고 회자되는 초지능은 적어도 나에겐 아직 멀게 느껴진다.

김영선은 3장 「아름답고 새로운 노동 세계」에서 스타벅스와 같은 일부 대기업의 고용 노동자 관리 알고리듬인 '온 콜 스케줄링 프로그램'의 부정적인 면을 면밀하게 들추어내었다. 이 프로그램은 빅 데이터를 통한 수요자 패턴 분석, 미세 먼지 예측 프로그램 등이 내놓은 결과들을 종합하여 손님 수를 예측한 후, 그날 필요한 노동 인력을 계산하여 그 결괏값을 제시한다. 노동 시간 내의 빈틈을 최소화하여 인력 활용도를 극대화하는 것이다. 고용자에게는 정직한 이로움을 주는 알고리듬이 노동자의 입장에서는 그야말로 독약이 될 수 있다. 그러나 노동자도 고용자와 마찬가지로 동등한 인격적 가치를 가진 사람이라는 점은 부정할 수 없는 사실이다. 굳이 공리주의, 의무론과 같이 전문가들이 말하는 윤리 이론을 언급하지 않더라도 이러한 알고리듬에 대한 단면적인 평가는 짧지 않은 숙고와 합의, 다각도 검토의 결과여야 한다는 것은 자명하다. 우리는 딥 러닝 알고리듬을 블랙박스로 표현한다. 인간이 설계한 알고리듬에 정보를 집어넣고 예상된 결과를 얻어 가는 기존의 프로그램과는 달리 특정한 정보에 마땅한 예상되는 결괏값을 동시에 넣고 그 결과를 산출하는 과정을 스스로 설계하도록 하는 인공 지능 알고리듬의 내부 체계는 말 그대로 미지의 영역이다. 이 블랙박스의 내부에 대한 설명이 가능하도록 하는 인공 지능(explainable AI)에 대한 논의가 시작된 것도 그것이 잠재하고 있는 위험성, 그리고 미지 자체가 주는 불안함 때문이다.

치밀한 논리 구조와 기술력을 통해 우리의 생활 세계 안에 그저 내던져진 존재인 인공 지능의 속성을 파헤쳐서 다시 우리 품으로 돌려보내는 것은 결자해지(結者解之), 응당 공학자의 몫일 것이다. 그러나 이를 선용하기 위한 가이드라인을 설계하는 것, 그 개발과 설계에 개입하는 것, 이와 관련한 사회적 합의를 도출하는 것, 나아가 공학자들이 자기가 수립한 설명에 대한 스스로의 관점과 직관을 체득하도록 하는 것, 이 모두가 인공 지능 인문학이 해야 할 역할이다. 김선규의 주장대로 인공 지능의 예술은 인공 지능의 예술대로, 인간의 예술은 인간의 예술대로 공존할 수 있는 예술 지평의 평행적 다원화가 이루어지는 것은 민주적이고 바람직하다. 그러나 누차 강조했듯 한계 지워진 지성적 존재자인 우리는 인공 지능의 예술과 작품, 성과에 대한 해석과 이해의 종착점은 결국 우리 안에 있을 수밖에 없다. 이처럼 인공 지능 인문학은 공존의 인문학인 동시에 주체의 인문학이다.

먼 곳에서 지금의 나에게로 시선을 돌리는 것, 미래가 아닌 현재를 생각하는 것이야말로 아주 상식적이고 쉬운 제안 같지만 인공 지능 시대를 논하고 있는 우리에게 가장 긴요하게 요청되는 것이 아닌가 한다. 지금 여기에 있는 나를 바라보자. 그 시선으로 내가 관계 맺어야 할 대상인 인공 지능을 바라보자. 지금 우리가 살고 있는, 나아가 살게 될 인공 지능 시대를 상상하고, 우리를 위한 로봇을 개발하는 것, 인간을 위한 알고리듬을 개발하고 공동체를 위한 인공 지능의 윤리를 설계하는 것이야말로 지금-여기의 존재로서 우리가 취할 수 있는 가장 현실적인 태도라 할 수 있다. 자꾸 멀어져 가는 초지능 존재자를 홀로 그리면서 기다리는 것은 어쩌면 스스로를 옭아매는 희망 고문일 수도 있다. 때로는 진부한 사실이 진실이다. 그리고 진실은 상식 안에 있다. 인공 지능 시대는 우리를 기다리고 있는 미래에 있지 않다. 지금이 인공 지능 시대다.

김형주 | 중앙대학교

후주

책을 시작하며

1   빌헬름 슈미트, 장영태 옮김, 『철학은 어떻게 삶이 되는가: 아름다운 삶을 위한 철학 기술』(책세상, 2017년), 9쪽.

2   F. 펠만, 최성환 옮김, 『행복의 철학사』(시와 진실, 2012년), 6쪽 참조.

3   F. Gobet and M. H. Ereku, "Can Artificial Intelligence make us happy," 2016. 10. 17.

4   「예측 불가능한 불완전함이 인간다움의 핵심 … AI는 인간 의사(醫師) 대체 못해」, 《조선일보》, 2019년 7월 14일.

1장 인공 지능 시대, 나는 무엇을 희망할 수 있는가?

1   다음 글은 필자의 다른 글 「인공 지능 인문학: If의 미래학에서 As-If의 철학으로」 (2019년)의 일부(115~129쪽)를 이 글의 의도에 맞게 재구성하고 각색한 내용을 포함하고 있습니다.

2   I. Kant, "XXVIII", in: *Kants gesammelte Schriften(Sog. Akademie-Ausgabe)*, (Berlin: Walter de Gruyter, 1900 ff.) S. 606.

3   Russell & Norvig, *Artificial Intelligence: A Modern Approach*, Prentice Hall, 2010, pp. 2-5.

4   McCarthy & Hayes, "Some Philosophical Problems From The Standpoint of

Artificial Intelligence," (online), 1969, p. 5.

5 김형주, 「'인공 지능'과 '인간 지능' 개념에 대한 철학적 분석 시도: 맥카시와 칸트의 지능개념을 중심으로」, 《철학탐구》 제43집(중앙철학연구소, 2016년) 참조

6 이 입장에 따르면 지능을 '계산 능력', 즉 '정보 처리' 이상의 능력이 아닙니다. 인간의 뇌, 동물의 뇌, 컴퓨터의 칩, 어느 곳에서건 주어진 정보를 처리하여 물리적 세계 내 반응으로 표상되는 결과를 산출한다면, 그러한 활동이 일어나는 물질을 가진 존재는 지능을 가졌다고 말할 수 있다는 것이 그들의 주장입니다. 이러한 주장은 '물리적 기호 체계 가설'로 정식화되며 이들은 '일반 지능'이라는 말로써 이를 부각합니다. 지난 2019년 1월 유네스코(UNESCO)와 코메스트(COMEST)가 공동으로 발표한 보고서, "Preliminary Study On The Ethics Of Artificial Intelligence"(206 EX/42 Annex)에서도 자연 지능과 인공 지능 구분의 문제를 주제화했습니다.

7 필자는 여기서 일단 'actor'와 'agent' 사이의 의미를 구별하기 위해 전자를 액터로, 후자를 행위자로 옮깁니다. 설명이 진행되면서 맥락에 따라 전자도 행위자로 옮긴 후 원어를 표기하기도 하고, 연결망 행위자로 옮기기도 합니다. 이렇게 분류하여 옮기는 이유는 앞으로 점차 드러날 것입니다.

8 D. Davidson, "Actions, Reasons and Causes," *The Journal of Philosophy*, vol. 60, American Philosophical Association, 1963, pp.685-686, 699 참조.

9 ANT 이론에서 말하는 행위자(actor)를 여기서는 줄여서 연결망 행위자로 칭하겠습니다.

10 H. G. Gadamer, *Wahrheit und Methode-2*, Tübingen: Mohr Siebeck, 1965, p. 21 참조.

11 마르틴 하이데거, 이기상, 강태성 옮김, 『형이상학의 근본개념들: 세계-유한성-고독』(까치글방, 2001년), 325쪽 참조.

12 A. Turing, "Computing machinery and intelligence", in: M. A. Boden (eds.), *The Philosophy of Artificial Intelligence*, New York: Oxford University Press, 1990, p. 52.

13 H. Veihinger, *Die Philosophie des Als ob*, Kant-Studien, 1911, S. 110.

14 H. Veihinger, Ibid., S. 145.

15 Ibid., S. 150.

16 Christophe Bouriau, "Hans Vaihingers Die Philosophie des Als-Ob: Pragmatismus oder Fikionalismus," *Philosophia Scientiae* 20(1), 2016, s. 78 참조. 파이힝거를 실용주의의 선구자로 본 대표적인 학자로 알베르 르클레르(Albert Leclere), 제

임스 굴드(James Gould) 등이 있습니다.

2장 인공 지능(시대)와 욕구 만족

1   N. Bostrom, *A History of Transhumanist Thought*, 2005, pp. 4-5. 닉 브스트롬의 홈페이지(https://www.nickbostrom.com)에서.
2   J. R. 데자르뎅, 김명식 옮김, 『환경윤리』(자작나무, 1999년), 129쪽.
3   앞의 책, 같은 곳.
4   프리드리히 니체, 김정현 옮김, 『도덕의 계보』(책세상, 2002년), 448쪽.
5   F. Nietzsche, JGB 62; KGW VI/2, p. 79.
6   김대식, 『인간 vs 기계』(동아시아, 2016년).
7   로버트 노직, 남경희 옮김, 『아나키에서 유토피아로: 자유주의 국가의 철학적 기초』(문학과지성사, 2003년), 68~70쪽.
8   로버트 노직, 앞의 책, 71쪽.
9   A. Schopenhauer, *Die Kunst glücklich zu sein*, F. Volpi(hg.), 1999, 정초일 옮김, 『불행한 철학자 쇼펜하우어의 행복의 철학』(푸른숲, 2001년), 24~27쪽.

3장 아름답고 새로운 노동 세계

1   『위험사회(*Risikogesellschaft*)』의 저자 울리히 벡(Ulrich Beck)은 신자유주의적 세계화로 변화된 노동의 세계를 리스크(risk, 위험) 개념으로 풀어냈다. 그 특징으로 노동의 브라질화, 위험의 개인화, 경력(career)의 소멸과 일자리들(jobs)로의 대체, 위험의 개인화, 서사적 삶을 기획하기 어려움 등을 꼽았다. 이러한 내용을 담은 책이 『아름답고 새로운 노동 세계(*Schöne Neue Arbeitswelt*)』다. 벡의 책 제목을 본 제목으로 따온 것은 작금의 신기술이 재편하는 노동의 세계 또한 이전과는 다른 결절적(結節的) 위험을 포함하고 있기 때문이다. 한편, 이에 대한 대안으로 벡이 성찰적 세계 시민주의를 요청한 바와 같이 여기서는 신기술이 야기하는 새로운 위험에 대한 대안으로 기술의 공공적 사용을 대안의 단초로 제시할 수 있을 것이다.
2   「우리 공장의 '보스'는 가로 5cm, 세로 8cm 카드입니다」, 《한겨레》, 2017년 9월 3일.
3   「대한민국희망프로젝트」, 언택트, 《전자신문》, 2020년 5월 17일.
4   신기술이 노동 과정에 배치되면서 빚어지는 새로운 위험들을 일별하면, ① 카톡 감옥으로 상징되는 업무의 일상 '침투'를 비롯해 ② 노동자성을 지워 버리는 새로운 방식('탈노동자화'), ③ 법제도를 무력화하는 사용자의 책임 회피, ④ 전반적인 노동 조건의

'격하'와 노동 권리의 '침해', ⑤ 노동 과정 상에 발생하는 각종 위험들을 개별 노동자가 감수할 수밖에 없는 상황(위험의 '전가', '개인화' 문제) 등을 언급할 수 있다. 이에 대한 자세한 내용은 김영선, 「플랫폼 노동, 새로운 위험사회를 알리는 징후」, 《문화과학》 92호, 2017년, 74~102쪽을 참조하라.

5   칼 마르크스, 김수행 옮김, 『자본론 I(하)』(비봉출판사, 1996년), 560쪽.
6   데보라 코웬, 권범철 옮김, 『로지스틱스』(갈무리, 2017년), 17쪽.
7   앤드루 핀버그, 김병윤 옮김, 『기술을 의심한다』(당대, 2018년), 22쪽.
8   ETUI, "Artificial intelligence: a game changer for the world of work," *Foresight Brief*, 2018, p. 1.
9   캐시 오닐, 김정혜 옮김, 『대량 살상 수학 무기』(흐름출판, 2017년), 262~264쪽.
10 인공 지능 기반 음성 인식 서비스로 알려진 애플 시리, 구글 나우, MS 코타나, 바이두 딥 스피치 2, 아마존 알렉사 등은 대화형 개인 비서, 스피커형 홈 허브, 커넥티드카, 동시 통역, 로봇 등 여러 새로운 산업에 확대 적용되고 있다. 콜 센터 부문의 음성 및 감정 인식 솔루션 또한 코기토를 비롯해 보이스크림, 셀비 어드레스, 생크투텍스트, 마인즈랩, 미디어젠 등 다양하게 출시되고 있다. 「인공 지능 기반 음성 인식 서비스, 누가 누가 잘하나」, 《보안뉴스》, 2017년 1월 3일.
11 Will Knight, 2017, "Socially sensitive AI software coaches call-center workers," *MIT Technology Review*, 2017. 1. 31.
12 인공 지능이 자기 소개서를 평가하는 데 걸리는 시간은 평균 3초다. 1만 명의 자기 소개서를 평가하는 데 8시간이면 가능하다. 같은 일은 인사 담당자 10명이 하루 8시간씩 작업한다 해도 7일이 걸린다. 「인공 지능 면접 치러 보니 … '표정·목소리·뇌파까지 분석'」, 《중앙일보》, 2018년 3월 11일.
13 「'면접장서 심장 박동까지 스캔당했다' AI 면접 직접 봤더니」, 《조선일보》, 2018년 5월 14일.
14 캐시 오닐, 앞의 책, 48쪽.
15 『자동화된 불평등(*Automating Inequality*)』의 저자 버지니아 유뱅크스(Virginia Eubanks)는 미국 인디애나 주의 복지 수급 자격 판정 시스템, 로스앤젤레스의 노숙인 전자 등록 통합 시스템, 앨러게니의 학대 위험 예측 알고리듬을 분석하고, 이러한 디지털 인공 지능 분류 시스템이 인간의 가치와 자격에 관한 인종 차별적이고 계급 차별적인 위계를 재생산한다고 밝힌다. 버지니아 유뱅크스, 김영선 옮김, 『자동화된 불평등: 첨단 기술은 어떻게 가난한 사람들을 분석하고, 감시하고, 처벌하는가』(북트리거, 2018

년) 참조.

16 이광석, 「기술의 민주적 합리화: 앤드루 핀버그의 기술 비판과 대안적 실천」, 『현대 기술·미디어 철학의 갈래들』(그린비, 2016년), 282~286쪽.

17 랭던 위너, 송성수 옮김, 「기술은 정치를 가지는가?」, 『우리에게 기술이란 무엇인가』(녹두, 1995년); 앤드류 핀버그, 김병윤 옮김, 『기술을 의심한다: 기술에 대한 철학적 물음』(당대, 2018년), 155쪽.

18 「일본 '치매 노인 실종 막자' 손톱에 QR코드 스티커」, 《한국일보》, 2017년 6월 18일.

19 「오산시 치매 안심 센터, 실종 노인 발생 방지 '안심 패치(care+watch)' 배부」, 《오산인터넷뉴스》, 2020년 5월 26일; 「옹진군, 치매 어르신 보호 '위치 추적기' 지원」, 《천지일보》, 2020년 5월 13일; 「진안군, 치매 어르신 보호 '어르신 인식표' 배부」, 《위키트리》, 2020년 3월 31일; 「제주경찰청, 치매 노인과 장애인 실조 예방 위해 배회 감지기 보급」, 《제주투데이》, 2019년 8월 23일.

20 「밥을 너무 오래 먹네? 회사는 모든 걸 알고 있다」, 《미디어오늘》, 2015년 10월 17일.

21 「'개인 정보 침해 우려' 회사 업무용 앱 설치 거부했다고 징계는 '부당'」, 《법률신문》, 2017년 4월 10일; 「'감시하려는 거 아니냐' 노동자, 앱 설치 명령 거부할 수 있다」, 《미디어오늘》, 2017년 4월 10일.

22 「MDM 솔루션 시장, 마침내 꽃 피우나」, 《디지털데일리》, 2012년 9월 25일.

23 김영선, 「노동 시간의 변화와 새로운 시간 투쟁」, 『노동 분할 시대, 노동 시간 유연화에 맞서는 노동 시간 단축 운동 방향』(전국민주노동조합총연맹, 2016년), 173쪽.

24 중국의 '톈망(天網)'은 데이터 감시의 국가 버전일 것이다. 범죄 예방을 목적으로 설치된 수천수만의 인공 지능 CCTV가 보행자의 신상을 실시간 데이터로 전환해 한눈에 포착한다.

25 통치성은 '품행의 통솔'로 '개인들이 무언가를 하게 유도하고 관리하는 방법'을 말한다. 프랭크 파스콸레, 이시은 옮김, 『블랙박스 사회』(안티고네, 2016년), 40쪽; 베르나르 스티글러, 아리엘 키루, 권오룡 옮김, 『고용은 끝났다, 일이여 오라!』(문학과지성사, 2015년), 85쪽.

26 이재현, 「시간, 기억, 기술: 베르나르 스티글레르의 기술 철학」, 『현대 기술·미디어 철학의 갈래들』(그린비, 2016년), 157쪽.

27 닉 서르닉은 플랫폼의 유형을 광고 플랫폼(구글, 페이스북, 네이버), 클라우드 플랫폼(아마존 웹 서비스, 세일즈포스, 쿠팡), 산업 플랫폼(GE, 지멘스, 삼성전자의 스마트팩토리), 상

품 플랫폼(스포티파이, 코웨이의 제품), 린 플랫폼(우버, 카카오대리)으로 구분한다. Nick Srnicek, *Platform Capitalism*, Polity Press, 2016, pp. 35, 49, 90.

28 ILO, *Digital Labour Platforms and the Future of Work: Towards Decent Work in the Online World*, ILO, 2018; Eurofound, *Platform Workers in Europe*, Eurofound, 2018; OECD, *OECD Employment Outlook 2019: the Future of Work*, OECD, 2019.

29 Juliet B. Schor and William Attwood-Charles, "The sharing economy: labor, inequality and sociability on for-profit platforms," *Sociology Compass*, Aug. 17. 2017 (Under review).

30 E. P. Thompson, "Time, work-discipline, and industrial capitalism," *Past & Present* 38, 1967, pp. 56~97.

31 Gerald C. Friedman, "Workers without employers: shadow corporations and the rise of the gig economy," *Review of Keynesian Economics* 2(2), 2014, pp.171~188.

32 캐시 오닐, 앞의 책, 57쪽; 프랭크 파스콸레, 앞의 책, 10쪽.

33 한국노동안전보건연구소, 「운전 노동자 노동 시간, '특별히' 더 짧아야 한다」, 《오마이뉴스》, 2018년 1월 2일.

34 The Center for Popular Democracy, *The Grind: Striving for Scheduling Fairness at Starbuks*, 2015, p. 11. 참고로 UCLA 노동 연구소(UCLA Labor Center)에 따르면, 판매 노동자의 44퍼센트 정도가 클로프닝을 경험했고, 그 가운데 61퍼센트는 10시간 미만의 휴식 시간도 갖지 못했다. 자세한 내용은 UCLA Labor Center, *Hour Crisis*, 2018, pp. 37.

35 Kronos 같은 관련 프로그램들로 Dayforce, ADP workforce, Xero, Gusto, Zenefits, Epicor, Namely, PeopleSoft, AccountEdge, Justworks 등이 언급된다. 이 모두가 크로노스와 같이 보행 패턴, 교통량, 트윗 양 등의 거대 데이터를 활용해 교대제를 짜는 것은 아니지만 핵심은 과소, 과잉의 인력을 최소화하는 혁신 수단이라고 광고된다는 데 있다.

36 The Center for Popular Democracy, *The Grind: Striving for Scheduling Fairness at Starbuks*, 2015, p. 11.

37 캐시 오닐, 앞의 책, 208쪽; 데이비드 와일, 송연수 옮김, 『균열 일터』(황소자리, 2015년), 32쪽.

38 쿠팡은 데이터 기반 노선 분류 시스템인 '쿠파고(Cupago)'를 도입해 물류 혁신을 제고한다고 하지만, 쿠팡맨은 '컴퓨터가 다 짜 주는' 노선으로 배송을 나가야 하는데

매일 매일 바뀌다시피하고 노선 통보도 몇 시간 전에 이뤄지는 경우도 많아 사고 위험에 더욱 노출될 수밖에 없다. 하루하루 다 다르고 무작위로 투입되다 보니 어느 쿠팡맨은 "경비원들이 (했던 말을 또 해야 하니까, 쿠팡맨을) 진짜 싫어해요."라고 털어놓는다.

39   앤드류 핀버그, 김병윤 옮김, 『기술을 의심한다: 기술에 대한 철학적 물음』(당대, 2018년), 166쪽.

40   ① 워너크라이 랜섬웨어 공격 같은 악성 멀웨어 공격 등의 사이버 범죄부터, ② 잘못 프로그램된 알고리듬이 야기할 수 있는 에러나, ③ 초단기간에 벌어진 재앙 수준의 순간 폭락(flash crash), ④ 자율과 통제의 모호한 경계에서 발생하는 책임 소재의 문제들을 비롯해, ⑤ 노동자의 프라이버시 침해, ⑥ 알고리듬 차별, ⑦ 노동 권리의 무력화 등을 지적한다. 자세한 내용은 ETUI, "Artificial intelligence: a game changer for the world of work," *Foresight Brief*, 2018, p. 10을 참조하라.

41   투명성 논리의 한계를 고민해 볼 필요가 있다. 마이크 애나니(Mike Ananny)와 케이트 크로포드(Kate Crawford)는 투명성 논리의 한계를 지적하면서 동시에 그 한계를 넘어서기 위한 전략적 대안을 내놓는다. 자세한 내용은 Mike Ananny and Kate Crawford, "Seeing without knowing: limitations of the transparency ideal and its applications to algorithmic accountability," *New Media & Society* 20(3), 2016, pp. 973~989을 참조하라.

4장 인공 지능과 인간 관계

1   Beecher, Henry K. "Relationship of significance of wound to pain experienced," *Journal of the American Medical Association* 161, (1956): 1609-1613.

2   「유전자 연구로 '육감의 비밀' 규명」,《사이언스타임스》, 2019년 6월 29일.

3   Frankl, V. E. *Man's Search for Ultimate Meaning*, Basic Books, 2000.

4   Mori, Masahiro, Karl F. MacDorman, and Norri Kageki. "The uncanny valley [from the field]," *IEEE Robotics & Automation Magazine* 19 (2012): 98-100.

5   Saygin, Ayse Pinar, et al. "The thing that should not be: predictive coding and the uncanny valley in perceiving human and humanoid robot actions," *Social Cognitive and Affective Neuroscience* 7 (2011): 413-422.

6   "AI Challenge: achieving artificial empathy," *Information Week*, 2018, 4, 25.

7   「로봇 '페퍼'와 손정의 사장」,《한겨레》, 2014년 6월 5일.

8   기억 활동의 한 형태로, 개인이 현재 대하고 있는 인물, 사물, 현상, 정보 등을 과거(이전)에 보았거나 접촉했던 경험이 있음을 기억해 내는 인지 활동. 즉 현재 경험하고(접촉하고) 있는 자극이나 정보가 과거(또는 이전)의 학습 또는 입력 과정을 통해 기억 체계 속에 저장되어 있는 자극이나 정보와 같은 것임을 알아보는(확인하는) 인지 과정이다. 네이버 지식 백과 참조.

9   "AI Challenge: achieving artificial empathy," *Information Week*, 2018, 4, 25.

10 김경일, 『AI와 인간의 연결: 육감의 심리학』(카카오스쿨, 2018년).

11 「로봇에게 감정을 가르치면 안전한 인공 지능 될까?」,《한겨레》, 2016년 6월 19일.

12 추형석, 『인공 지능 어디까지 왔나』(소프트웨어정책연구소, 2018년).

13 Grace, Katja, et al. "When will AI exceed human performance? evidence from AI experts," *Journal of Artificial Intelligence Research* 62 (2018): 729-754.

14 Ibid.

15 가상 현실이 컴퓨터 프로그램으로 만든 가상 세계에 접속해서 마치 실재하는 현실 세계처럼 시각, 청각 등의 감각을 경험할 수 있도록 한 데 비해, 증강 현실은 실재하는 현실 공간에 홀로그램 등으로 가상의 물체를 덧대어 지시한다는 차이점을 가진다. 증강 현실은 현실의 환경에 가상 정보를 추가한 것으로 스마트폰의 위치 기반 서비스 등에서 찾아볼 수 있다. 가상 현실을 이용하기 위해서는 별도로 기기를 구매해야 하거나 사용 부작용인 어지럼증 등의 기술적인 단점이 있다. 반면, 증강 현실은 스마트폰에서 앱을 다운받으면 곧바로 경험할 수 있어서 사용자 친화적이다.

16 Breazeal, Cynthia, and Rodney Brooks. "Robot emotion: a functional perspective," *Who Needs Emotions* (2005): 271-310.

17 Erikson, Erik H., and Joan M. Erikson, *The Life Cycle Completed* (extended version), W. W. Norton & Company, 1998.

18 네덜란드 트벤테 대학교에 본부를 둔 이 비영리 재단은 광범위한 분야에서 로봇 관련 정책 보고서를 내고 있다. 철학자와 윤리학자, 법률가, 로봇 공학자, 언론인, 과학자, 기업인 등 200여 명이 회원으로 가입해 이상적인 로봇 사회에 대해 논의하고 있다.

19 Sharkey, Noel, et al., "Our sexual future with robots: a foundation for responsible robotics donsultation report," Foundation for Responsible Robotics, NL (2017).

20 「로봇을 이용한 성매매 어떻게 생각하세요?」,《피키캐스트》, 2016년 9월 18일.

21 「로봇과 결혼한 엔지니어 '행복해요'」,《뉴스1》, 2017년 4월 4일.

22 「프랑스 로봇 과학자, '로봇과 결혼할래요'」,《로봇신문》, 2016년 12월 23일.
23 「성인 로봇과 사랑에 빠진 일본 남성」,《로봇신문》, 2016년 7월 1일.
24 폐쇄된 환경은 정신 병리에 부정적인 영향을 주기 때문에, 열린(사회와 연결된) 공간에서 칼렙이 에이바를 만났더라면 에이바를 사랑하지 않았을지도 모른다.
25 천현득,「인공 지능에서 인공 감정으로: 감정을 가진 기계는 실현 가능한가?」,《철학》131호(2017년), 217~243쪽.
26 한국정보화진흥원,『AI 윤리로 들여다보기』(한국정보화진흥원, 2017년).

5장 인공 지능 시대, 삶의 가속화와 행복의 사회, 정치적 조건

1 한때 현실 사회주의 몰락을 계기로 '역사의 종언'을 주장했던 프랜시스 요시히로 후쿠야마(Francis Yoshihiro Fukuyama)는 이후『Human Future: 부자의 유전자와 가난한 자의 유전자』(송정화 옮김, 한국경제신문, 2003년)에서 진정한 역사의 종말은 인간이라는 종의 종말, 즉 포스트휴먼의 도래를 통해 이루어질 것이라고 말한다.
2 Bauman, Zygmunt, *Identity*, Polity Press, 2004, pp. 73-74.
3 「한국 고용 불안 OECD 최고 수준 …… 평균 근속 연수 5.6년」,《연합뉴스》, 2015년 7월 21일.
4 지그문트 바우만, 이일수 옮김,『액체 근대』(강, 2009년).
5 주은우,「속도, 시각, 현대성: 시각 체제의 변동과 비릴리오의 질주학적 사유」,《한국사회학》47집 4호, 2013년 참조.
6 신자유주의적 유연화와 성과 압력의 부정적 효과에 대해서는 리차드 세넷, 조용 옮김,『신자유주의와 인간성의 파괴』(문예, 2002년) 참조.
7 해석학에서 제시되어 온 '이해(Verstehen)'의 개념에 대해서는 장 그롱댕, 최성환 옮김,『철학적 해석학 입문』(한울, 2009년)의 5장 참조.
8 김예슬,『김예슬 선언: 오늘 나는 대학을 그만둔다, 아니 거부한다』(느린걸음, 2010년).
9 김원식,「물화(物化) 비판과 한국 사회」, 사회와철학연구회 엮음,《사회와 철학》23집, 2012년.
10 김홍중,『마음의 사회학』(문학동네, 2009년).
11 청년 실업률은 2015년 10월 7.4퍼센트에서 2016년 1월 9.5퍼센트, 2016년 2월 12.5퍼센트로 가파르게 상승했다. www.index.go.kr 참조.
12 아이리스 M. 영, 허라금 외 옮김,『정치적 책임에 대하여』(이후, 2013년)의 1장 참조.

13   강내희, 「속도와 화면」, 《문화과학》 12호(문화과학사, 1997년), 165쪽.
14   마틴 하이데거, 이기상 옮김, 『기술과 전향』(서광사, 1993년).
15   인간의 자기 보존 본능을 현대 문명의 근원으로 보는 경우는 M. 호르크하이머, Th. W. 아도르노, 김유동 외 옮김, 『계몽의 변증법』(문예출판, 1995년) 참조. 그 근원을 군사적인 영역에서 찾는 경우로는 폴 비릴리오, 이재원 옮김, 『속도와 정치』(그린비, 2004년) 참조.
16   김덕영, 『환원근대』(길, 2014년).
17   김동춘, 『1997년 이후 한국 사회의 성찰』(길, 2006년).
18   김상봉, 『학벌사회』(한길사, 2005년).
19   장은주, 『유교적 근대성의 미래』(한국학술정보, 2014년). 이에 반해 유교 전통의 긍정적 잠재력을 강조하고 있는 논의로는 김상준, 『유교의 정치적 무의식』(글항아리, 2014년).
20   강준만은 ① 일극주의, ② 군사주의, ③ 수출주의, ④ 평등주의, ⑤ 각개 약진주의를 우리 사회 '빨리빨리' 문화의 구조적 동인으로 꼽기도 했다. 「'빨리빨리'의 문화정치학」, 한국지역언론학회 엮음, 《언론과학연구》 10권 3호, 2010년, 55쪽 이하.
21   주변화 개념에 대해서는 아이리스 매리언 영, 김도균, 조국 옮김, 『차이의 정치와 정의』(모티브북, 2017년), 131쪽 이하 참조.
22   미래 직업 소멸과 관련된 다양한 예측들과 관련하여서는 이종호, 『4차 산업 혁명과 미래 직업』(북카라반, 2017년), 295쪽 이하 참조.
23   초격차 사회 개념에 대해서는 Tylor Cowen, *Average Is Over: Powering America Beyond the Age of the Great Stagnation*, Dutton Adult, 2013 참조.
24   정의론과 관련된 현재의 논란 상황에 대해서는 김원식, 「지구화 시대의 정의(正義): 낸시 프레이저의 정의론 검토」, 중앙대학교 철학연구소 엮음, 《철학탐구》 28집, 2010년 참조.
25   이에 관해서는 지그문트 바우만, 정일준 옮김, 『쓰레기가 되는 삶들』(새물결, 2008년) 참조. 바우만은 "가장 분명하고 폭발적 잠재력을 가지고 있는 자본주의 경제의 기능상의 문제는, 현재 전 지구적 국면에서 볼 때, 착취로부터 배제로 변화하고 있다. 오늘날 사회적 양극화, 심화되는 불평등, 인간적 빈곤, 불행, 모욕감의 점증하는 확산 등과 관련된 가장 분명한 사례들의 근저에 놓여 있는 문제는 150여 년 전에 마르크스가 제시했던 착취라기보다는 배제라고 할 수 있다."라고 지적한다. (Bauman, Zygmunt, *Identity*, Polity Press, 2004, p.41)

26 이와 관련해서는 서동진, 『자유의 의지 자기 계발의 의지』(돌베개, 2009년) 참조.
27 아이리스 M. 영, 앞의 책 참조.
28 만연한 대기업들의 회계 부정 사례들, 서민들의 막대한 세금을 쏟아부어 부실 기업을 구제하는 현행의 구조 조정 방식 등을 생각해 보라.
29 악셀 호네트, 이현재, 문성훈 옮김, 『인정투쟁』(사월의책, 2011년).
30 정의에 관한 분배 패러다임의 제한성에 대한 비판은 아이리스 매리언 영, 김도균, 조국 옮김, 『차이의 정치와 정의』(모티브북, 2017년) 참조.
31 낸시 프레이저, 김원식 옮김, 『지구화 시대의 정의』(그린비, 2010년) 참조.
32 인정에 관한 '신분 모델'을 제안하는 프레이저의 경우 이 점은 분명하지만 호네트의 경우는 이와 달리 평가해 볼 여지도 존재한다. 낸시 프레이저, 악셀 호네트, 김원식, 문성훈 옮김, 『분배냐 인정이냐?』(사월의책, 2014년) 참조.
33 이러한 입장에서 소외론을 복원하려는 최근의 시도로는 Rahel Jaeggi, *Alienation*, Columbia University Press, 2016 참조.
34 칼 폴라니, 홍기빈 옮김, 『거대한 전환』(길, 2009년) 참조.
35 이에 대한 상세한 논의는 김원식, 『배제, 무시, 물화』(사월의책, 2015년)의 2장 참조.
36 김문조는 『한국 사회의 양극화』(집문당, 2008년)에서 '신(新) 신분 사회'의 도래를 우려하고 있다. 지크하르트 네켈(Sighard Neckel)은 하버마스의 '재봉건화(Refeudalisierung)' 개념을 활용하여 현대 자본주의 사회 일반의 퇴행적 경향을 지적하기도 한다. Sighard Neckel, "Refeudalisierung der Ökonomie. Zum Strukturwandel Kapitalistischer Wirtschaft," Institute für Sozialforschung ed. *WestEnd*, Jan. 2011.
37 이러한 발상에서 근대 사회의 가속화 문제에 천착한 사례는 Hartmut Rosa, trans. by Jonathan Trejo-Mathys, *Social Acceleration*, Columbia University Press, 2015.
38 물론 우리는 오늘날의 상황에서 기술적 가속화나 생산력 발전 수준을 지구 생태계가 감당할 수 있는가 하는 중요한 문제 역시 고려해야만 한다.
39 이에 대해서는 아이리스 M. 영, 앞의 책 참조.
40 이에 대해서는 이유선, 「카스토리아디스, 자본주의를 넘어서는 사회적 상상」, 연구모임 사회 비판과 대안 엮음, 『포스트모던의 테제들』(사월의책, 2012년) 참조.

6장 정치적 인간과 인공 지능의 동행

1 에피쿠로스, 오유석 옮김, 『쾌락』(문학과 지성사, 2015년), 40쪽.
2 에피쿠로스는 쾌락주의 하면 떠오르는 대표적인 고대 철학자이다. 그는 기원전 311년경에 레스보스 섬의 미틸레네에서 철학을 가르쳤으며 기원전 307~306년 아테네의 정원을 사서 학교를 세우고 죽을 때까지 '정원' 공동체에서 활동했다. '정원'의 구성원에 여성과 노예 심지어 창녀까지 속해 있어 비난을 받았지만, 제자들과 친밀한 관계를 유지하여 타인들의 부러움을 사기도 했다. 에피쿠로스 생애에 추종자들은 기념 의식을 올리고 그의 가르침을 전파했다. 앞의 책, 144~153쪽 참조.
3 아리스토텔레스, 이창우, 김재홍, 강상진 옮김, 『니코마코스 윤리학』(이제이북스, 2008년), 1177b 1.
4 아리스토텔레스는 그리스 북부 마케도니아 제국의 스타기로스에서 태어났다. 궁정 의사의 아들이었던 그는 17세인 367년 아테네로 이주해 플라톤의 아카데미에 입학했고, 그곳에서 20년간 체류했다. 아리스토텔레스는 리케이온의 수장이었고 엄청난 분량의 연구 업적을 세운다. 논리학, 형이상학, 윤리학, 미학, 정치 이론, 학문 이론, 과학 철학과 사상사뿐만 아니라 법의 역사와 체육, 연극의 역사, 식물학 동물학, 생태학, 심리학, 화학, 기상학, 천문학, 우주론들에 대한 저작이 있다. 앤소니 케니, 이영주 옮김, 『서양 철학사』(동문선, 2003년), 107~151쪽 참조.
5 세네카는 스토아주의의 대표적인 인물로 로마 황제 네로(Nero)의 가정 교사였다. 후에 세네카는 네로의 정치적 조언자 겸 참모가 되지만 네로의 정치적 입지가 변화되면서 상황이 바뀌었다. 변모한 네로는 이성을 통해 선택한 죽음이 행복의 종착점이라는 세네카의 철학을 증명해 보이기를 요청한다. 악이 선을 이길 수 없음을 주장하고 정신적 부동의 경지를 최고선으로 여긴 세네카는 네로의 부당한 요청에 응하여 자살을 선택한다. 죽음을 연구하는 학자들은 세네카의 죽음을 소크라테스의 죽음과 같이 철학적 결단에 의한 죽음으로 본다.
6 플라톤, 김주일, 정준영 옮김, 『알키비아데스』(이제이북스, 2007년).
7 존 롤스는 하버드 대학교의 철학과 교수였고, 1958년 『공정으로서의 정의』를 시작으로 1971년 『정의론』 등의 책을 통해 공정한 사회에 대한 문제를 제기하고 이에 대한 해법을 찾는 연구를 자기 생애 내내 계속했다. 자유 민주주의 사회에서 정의 실현의 목적과 의미가 무엇인지를 해명했다.
8 중앙 선거 관리 위원회 자료에 따르면 역대 국회 의원 선거 투표율은 18대 46.1퍼센트, 19대 54.2퍼센트, 20대 58.0퍼센트이다. 지방 선거 투표율은 5회 54.5퍼센트, 6회

56.8퍼센트, 7회 60.2퍼센트였다.

9   인공 지능은 인공 지능 자체의 독립 명사로 사용하기에는 문제가 있다. 인공 지능 기술을 탑재한 컴퓨터나 다른 기타 설비로 표현하는 것이 정확한 방법일 것이다. 그러나 편의상 이 글에서는 인공 지능이 인공 지능 기능을 탑재한 기계라는 의미를 함축했다는 의미에서 '인공 지능'이라는 대표 명사로 표현했다.

10   『AI 2045 인공 지능 미래 보고서』에 등장하는 AI의 실제 활용의 예시들은 이러한 문제들에 대한 이해를 돕는다. 시즈오카 현 고사이 시에서 오이 농장을 운영하는 어머니를 위해 제작한 AI는 단순 노동으로부터의 해방을 통해 자기 시간을 활용하게 된 사례를 잘 보여 준다. 일본경제신문사, 서라미 옮김, 『AI 2045 인공 지능 미래 보고서』(반니, 2019년), 119~120쪽 참조.

11   앞의 책, 145~148쪽 참조.

12   제리 카플란, 신동숙 옮김, 『인공 지능의 미래 상생과 공존을 위한 통찰과 해법들』 (한스미디어, 2017년), 162~171쪽 참조.

13   미셸 푸코, 이정우 옮김, 『담론의 질서』(중원문화, 2014년), 31~32쪽.

14   Iris Marion Young, *Inclusion and Democracy*, Oxford Univ. Press, 2000.

15   김은주는 해시태그가 어떤 주제어나 키워드를 묶이게 만드는 의도 개입의 행위이기에 정치적 의제화를 수행하기 용이하고, 공감과 정서를 불러일으키고, 개인의 정체성을 노출하지 않는다는 점에서 안정성이 있다고 평가한다. 그녀는 여성주의 운동이 반향을 불러일으킨 결정적 계기로 해시태그를 꼽고 있다. 김은주, 「제4물결로서 온라인-페미니즘: 동시대 페미니즘의 정치와 기술」, 《한국여성철학》 31집(여성철학회, 2019년), 7~8쪽 참조.

16   https://www.lexico.com/en/definition/post-truth.

17   박재환, 「인공 지능을 바라보는 시선 인지과학적 접근」, *Asia-Pacific Journal of Multimedia Services Convergent with Art, Humanities, and Sociology* Vol. 6, No. 10, Oct. 2016, 539~547쪽.

18   에드워드 윌슨, 찰스 럼스덴, 김성한 옮김, 『프로메테우스의 불』(아카넷, 2010년), 212쪽.

19   앞의 책, 같은 쪽.

7장 인공 지능 시대와 노인 돌봄

1. 김경철, 『유전체, 다가온 미래 의학』(메디게이트, 2018년), 90쪽.
2. 최윤섭, 『의료 인공 지능』(클라우드라인, 2018년), 66쪽.
3. 최근 왓슨과 로봇 수술을 한 환자를 대상으로 한 설문 조사에서 대부분의 환자들이 의사보다는 인공 지능에 의한 진단과 치료에 대한 예측 그리고 로봇 수술을 선호하는 것으로 조사되었다. 또한 인공 지능 기술에 의해 스마트폰에 탑재되는 건강 관리 앱은 의료의 무게 중심을 치료로부터 건강 관리로 이동하게 하는 변화를 예견하게 한다.
4. 홍명신, 「노인과 스마트 테크놀로지」, 『노인과 미디어』(커뮤니케이션북스, 2013년), 79~87쪽.
5. 우리나라에서도 스마트 홈, 지능형 홈은 최고급 주거 시설에서나 경험할 수 있었지만, 최근에는 실버타운에도 최첨단 스마트 홈을 부분적으로 혹은 전면적으로 도입하고 있다. 일본에서 케어 로봇은 보행 보조, 배설 보조, 목욕 보조, 커뮤니케이션, 간병인의 노인 이송 보조, 개호 업무 지원 등 6개 분야 13개 항목에 집중적으로 사용되고 있다. www.thedailypost.kr/news/55271 참조.
6. 《경향신문》, 2018년 11월 8일.
7. 《경기일보》, 2018년 6월 8일.
8. 로봇은 간병 업무를 보조하기 때문에 간병인은 사람만이 할 수 있는 일에 집중할 수 있고, 24시간 근무가 가능해서 위급 상황을 재빨리 파악하기 쉽다. 현재 케어 로봇은 보행을 보조하거나 거동이 불편한 노인의 배설 문제에 도움을 주고, 침대에서 휠체어로 이동시켜 주는 등 세분화된 실무 중심으로 발전하고 있다. 「'인간적인 로봇', 외로운 노후에 동반자 될까?」, 《브라보마이라이프》, 2018년 1월 11일.
9. http://m.fnnews.com/news/20171219.
10. 광양시는 한국 정보화 진흥원(과학기술정보통신부 산하 기관)이 시행한 사회적 약자를 위한 '사회 현안 해결 지능 정보화 사업'에 선정되어 말벗, 일상 관리, 응급 상황 대응이 가능한 치매 돌봄 로봇 63대를 보급하여, 로봇 실증을 통해 돌봄 로봇 수요를 창출하는 사업을 실시하고 있다. 과학기술정보통신부 블로그 참조. https://m.blog.naver.com/with_msip/221491170926.
11. 2012년 개봉한 영화 「로봇 앤 프랭크」에서는 노인 돌봄 로봇이 등장하는데, 처음에 주인공은 로봇에게 보살핌을 받는 것에 대해 혐오감과 창피함을 느꼈지만, 사람 친구와는 다른 방식으로 로봇과 우정을 나누게 된다. 이 영화에 등장한 VGC-60L 같은 고도의 인공 지능 로봇은 아직 존재하지 않지만, 그러한 로봇을 만들려는 기술적 노력

은 지속될 것이다. 이상욱, 「'도우미 로봇'이 위험한 이유」, 《경향신문》, 2014년 4월 6일.

12 공병혜, 「한국 사회와 말년의 철학적 의미」, 『오늘의 문예 비평』(산지니, 2008년), 33쪽.

13 특히 제사 등은 노인의 죽음에 대한 준비를 하게 도와주는 돌봄의 차원을 지닌다. '모시다.'라는 표현은 "동거, 수발, 공양, 제사 행위"를 포함한다. 최영희 외, 『간호와 한국문화』(수문사, 1992년), 333~337쪽.

14 치매 예방으로 사용되는 케어 로봇은 명시적 기억으로서의 뇌의 인지 능력 향상을 위한 것이지, 총체적이며 통합적인 몸의 기억의 능력을 증진하기 위한 것은 아니다.

15 T. Fuchs, "The Phenomenology of Body Memory," in; S. Koch, T. Fuchs, M. Summa U. C. Mueller (Hsg.), *Body memory, Metapher, Metapher and Movement*, Amsterdam, 2008, pp. 9-12.

16 M. 메를르퐁티, 유의근 옮김, 『지각의 현상학』(문학과지성사, 2002년), 222쪽 참조.

17 T. Fuchs, "The phenomenology of body memory," in; S. Koch, T. Fuchs, M. Summa U. C. Mueller (Hsg.), *Body memory, Metapher, Metapher and Movement*, Amsterdam, 2008, pp. 231-242.

18 B. Waldenfels, *Das leibliche Selbst, Vorlesungen zur Phaenomenologie des Leibes*, Frankfurt a. Main: STW, 2000, pp. 284-289.

19 T. Fuchs, "Das Leibgedaechnis in der Demenz," in: A. Kruse(Hrsg.) *Lebensqualitaet bei Demenz*, A Heidelberg: Akademische Verlagsgesellschaft, 2010, pp. 231-242.

20 공병혜, 「몸의 기억과 자기 정체성」, 《철학과 현상학 연구》, 78호(2018년), 171쪽.

8장 유능한 도구와 잘 살아가기

1 김재인, 『인공 지능의 시대, 인간을 다시 묻다』(동아시아, 2017년). 이 글은 이 책의 논의 일부를 반복하고 있지만, 독립된 한 편의 글로 읽을 수 있게 하기 위해서이다.

2 이 책들의 논점에 대한 철학적 논리적 비판은 『인공 지능의 시대, 인간을 다시 묻다』의 7장에서 이루어졌지만, 나는 이 글의 뒷부분에서 다른 각도의 비판을 시도할 것이다.

3 Vincent C. Müller & Nick Bostrom, "Future progress in artificial intelligence: a poll among experts," *AI Matters*, Sep. 2014, https://doi.org/10.1145/2639475.2639478.

4   Katja Grace, John Salvatier, Allan Dafoe, Baobao Zhang, Owain Evans, "When will AI exceed human performance? evidence from AI experts," *arXiv*:1705.08807v3, 2017.

5   이상의 조사 및 관련 내용은 한상기, 「AI 인덱스: 인공 지능은 지금 어디까지 왔는가」, 《슬로우뉴스》, 2018년 참조.

6   이 내용에 대해서는 졸저 『인공 지능의 시대, 인간을 다시 묻다』(동아시아, 2017년) 2장과 7장에서 다시 다루었는데, 이 글에서 나는 '작동기'와 '실행기'를 구별해야 한다는 내 주장에 따라 도식을 약간 수정해서 제시한다.

7   레이 커즈와일, 장시형, 김명남 옮김, 『특이점이 온다』(김영사, 2007년), 413쪽.

8   https://www.vice.com/en_us/article/gydydm/gal-gadot-fake-ai-porn.

9   Zakharov, Egor et al., "Few-shot adversarial learning of realistic neural talking head models," https://arxiv.org/abs/1905.08233. (2019년 5월 20일 업로드)

10 (주)머니브레인의 유튜브 영상 참조. https://youtu.be/7bxSUzB45Bw; https://youtu.be/npRMBqWaiRU. (2019년 7월 5일 업로드)

11 Silver, David, et al., "Mastering the game of Go without human knowledge," *Nature* vol. 550 (2017), pp. 354–359.

12 데이터 편향성과 관련된 케이트 크로퍼드(Kate Crawford)의 의미심장한 강연을 참조할 수 있다. Kate Crawford, "The trouble with bias," Conference on Neural Information Processing Systems, NIPS 2017 Keynote. 유튜브 링크는 다음과 같다. htttps://youtu.be/fMym_BKWQzk.

13 미래의 모빌리티에 대해 더 깊이 알고 싶다면 차두원, 『이동의 미래』(한스미디어, 2018년)를 참조하면 좋다.

9장 인공 지능과 기계 미학

1   Filippo Tommaso Marinetti, "Manifeste du Futurisme," *Le Figaro*, 1909. 2. 20.

2   신혜경, 「이탈리아 미래주의의 요리 혁신과 새로운 감성」, 『현대 미술학 논문집』 제21권 2호(2017년), 12쪽.

3   Andreas Broeckmann, *Machine Art in the Twentieth Century*, MIT Press, 2016, p. 12.

4   Julien Offray de La Mettrie, *L'Homme Machine*, Paris, Frederic Henry, 1748, 1865, p. 29.

5   Jacques Vaucanson, *Le Mécanisme du Flûteur automate, présenté à Messieurs de l'Académie Royale des Sciences*, Paris, Jacques Guerin, 1744, pp. 14-15.

6   Ibid., p. 19.

7   Ibid., pp. 19-20. 그가 "소화"라고 표현하는 음식물 분해 과정은 오리의 몸통 뒤쪽에 있는 관의 회전을 통해 이루어지도록 설계됐다.

8   Andreas Broeckmann, *Machine Art in the Twentieth Century*, op., cit., p. 12.

9   Alexandre Rodtchenko, "Les voies de la photographie moderne," in *Novyi LEF*, N° 9, 1928, pp. 31-39. 재인용 Alexandre Rodtchenko, *L'Œuvre complet*, p. 222.

10   Charles Baudelaire, *Le public moderne et la photographie* (1859), in *Etudes photographiques* N°6, 1999.

11   벤야민의 『기술 복제 시대의 예술 작품』은 여러 차례 수정을 거쳐 출간됐다. 그는 1935년 첫 원고를 파리에서 집필한 후 《사회 연구》에 기고하기 위해 1936년 프랑스어로 다시 작성한다. 이 판본의 제목은 "기계 복제(Reproductibilité mécanisée)"다. 이후 1938년 수정을 거쳐 독일어로 작성된 판본의 제목은 "기술 복제(Technischen Reproduzierbarkeit)"다. 벤야민 사후 한나 아렌트가 그의 주요 텍스트를 모아 편집한 *Illuminations*에 실린 판본 제목은 "기계 복제(Mechanical Reproduction)"다. 두 단어가 지닌 의미의 차이를 고려하더라도 벤야민이 생각했던 복제 기술은 구체적으로 기존의 판화나 주물과 달리 기계적인 방식을 취하므로 '기계 복제'라고 할 수 있다.

12   Karl Marx, *Le Capital*, Paris, Flammarion, 1897, p. 178-180.

13   발터 벤야민, 「기계 복제 시대의 예술 작품(1936)」, 이윤영 엮음, 『사유 속의 영화』(문학과지성사, 2011년), 113쪽.

14   *1960 Les Nouveaux Réalistes*, Musée d'Art Moderne de la Ville de Paris, Paris, 1986, p. 48.

15   Ibid., p. 68.

16   Christiane Paul, *L'Art numérique*, Paris, Thames & Hudson, p. 57-58.

17   Ibid., p. 166. 스텔라크의 작업에 대한 해석은 전혜숙의 「기계와 융합된 미술가의 신체」, 『포스트휴먼 시대의 미술: 신체 변형 미술과 바이오 아트』(아카넷, 2015년)에 상세히 정리돼 있다.

18   아서 단토, 이성훈, 김광우 옮김, 『예술의 종말 이후』(미술문화, 2004년).

19   Annemarie Bridy, "Coding creativity: copyright and the Artificially Intelligent author," *Stanford Technology Law Review*, 2012, p. 8.

20 Ibid., p. 10.
21 Ibid., p. 10.
22 Ibid., p. 23.
23 Ibid., p. 24.
24 Ibid., p. 25. 이런 생각은 이탈리아의 아방가르드 소설가 이탈로 칼비노에게서 빌려온 것이다. 칼비노에 따르면 진정한 저자, 진정한 "문학 기계(literature machine)"는 무질서를 생산할 필요를 느끼는 자다.
25 Ibid., p. 27.
26 Roland Barthes, "La mort de l'auteur (1968)," in *Le bruissement de la langue*, Paris, Seuil, 1984, p. 63-67.
27 Michel Foucault, "Qu'est-ce qu'un auteur? (1969)," in *Dits et écrits I*, Paris, Gallimard, p. 794.
28 Ibid., p. 789.
29 2011년 사진 작가 데이비드 슬레이터가 인도네시아에서 멸종 위기종 원숭이 사진을 찍다가 카메라를 빼앗겨 발생한 사건이다. 카메라를 빼앗아 달아난 원숭이가 셀카를 찍었는데 사진 작가는 그 사진을 포함하여 자신이 촬영한 사진들로 작품집을 출간했다. 슬레이터는 2014년 원숭이가 찍은 사진을 무단으로 게재한 위키피디아에 사진 삭제를 요구했고, 이에 저작권 소송이 진행됐다. 결국 법정은 2017년 4월 사진에서 발생하는 수익의 25퍼센트를 멸종 위기종 원숭이 보호에 사용하라고 판결했다.

10장 컨템포러리 예술과 인공 지능 예술

1 조주연, 『현대 미술 강의』(글항아리, 2017년), 44쪽 참조.
2 17세기 이래로 화가를 배출한 기관들은 대부분 보자르(beaux-arts), 벨라스 아르테스(Bellas artes) 등과 같이 그 이름에 아름다움을 뜻하는 단어들이 들어 있었다. 아름답지 않음에도 예술로 인정받을 수 있다는 생각은 20세기의 중요한 예술적 성과이다. 단토, 김한영 옮김, 『무엇이 예술인가』(은행나무, 2015년), 57쪽 참조.
3 막스 에른스트는 다음과 같이 회고했다. "우리에게 다다이즘은 무엇보다 특히 도덕적 반항이었다. 우리의 분노는 총체적 전복을 겨냥했다. 끔찍하고 무익한 전쟁이 우리에게서 5년의 삶을 앗아 갔다. 우리는 우리에게 공정하고 진실하고 아름답게 표현된 모든 것들이 몰락해 비웃음과 수치를 당하는 것을 경험했다. 그 시기에 나는 보는 이의 마음을 끌려는 의도가 아니라 비명을 지르게 할 의도로 작품을 만들었다." 단토, 김한

영 옮김,『미를 욕보이다』(바다출판사, 2017년), 111~112쪽.

4   헤겔, 두행숙 옮김,『헤겔 미학 I』(나남출판, 2001년), 28쪽.

5   그린버그, 조주연 옮김,「모더니즘 회화」,『예술과 문화』(경성대학교 출판부, 2015년), 346쪽 참조.

6   단토, 이성훈, 김광우 옮김,『예술의 종말 이후』(미술문화, 2004년), 78~81쪽 참조.

7   단토, 김한영 옮김,『미를 욕보이다』(바다출판사, 2017년), 88~89쪽.

8   이광래,『해체주의와 그 이후』(열린책들, 2007년), 290쪽.

9   빌렘 플루셔, 김현진 옮김,『그림의 혁명』(커뮤니케이션북스, 2004년), 165쪽.

10   그린버그, 앞의 책, 345~346쪽.

11   그린버그, 앞의 책, 346쪽.

12   단토, 김한영 옮김,『무엇이 예술인가』(은행나무, 2015년), 34쪽 참조.

13   단토는 추상 표현주의 화가들 중에서 하룻밤 사이에 대가가 된 인물들이 유독 많다는 점을 이런 주장의 근거로 활용하고 있다.

14   뒤샹의「샘」은 많은 논란과 오해를 낳았다. 뒤샹의 전시회 당시 그와 매우 가까웠던 월터 아렌스버그와 같은 예술가도 뒤샹이 변기의 하얗고 번쩍이는 아름다움을 표현한 것으로 오해하고 있었다. 아렌스버그는 뒤샹의「샘」에 관하여 "하나의 멋진 형태가 그것의 기능적 목적으로부터 드러나고 해방되었다. 뒤샹이 분명히 미적인 기여를 했다."라고 말했다. 또 어떤 이들은 뒤샹이 소변기를 눕혀놓고 배구 구멍을 여성의 성기로 보이게 하여 에로티시즘을 부각시키고자 했다고 말하기도 했다.

15   워홀은 일상 세계에서 미학적 아름다움을 보았고, 추상주의가 배척했던 사소한 것들을 의도적으로 높이 찬양했다. 워홀은 평상시 "정말로 멋진 세계 아닌가?"라는 말을 매우 자주 했다고 한다. 단토에 따르면, 워홀의 작품이 전시된 1964년의 여름은 미국인들에게는 '자유의 여름'이다. 흑인 인권 운동과 여성 해방 운동이 일어났으며, 미국에서 최초로 비틀스가 모습을 드러낸 해이다. 단토는 이런 현상들을 20세기가 시작되고서 60년이 지난 뒤에야, 19세기의 억압적 제도들을 청산하려던 해방 정신의 표현으로 간주한다. 그리고 워홀을 위시한 팝 아트는 이런 시대 정신을 드러낸 것이다.

16   단토, 김한영 옮김,『무엇이 예술인가』(은행나무, 2015년), 69쪽.

17   단토, 이성훈, 김광우 옮김,『예술의 종말 이후』(미술문화, 2004년), 59쪽 참조. 감각(aesthetic)에서 사고(philosophy)로의 전환이 필요하다는 의미에서 철학으로 향해야 한다고 주장했다. 이제 예술을 연구하는 것은 미학(aesthetics)이 아니라 예술 철학이 되어야 한다는 것이며, 이것이 그가 말한, 철학하는 예술(philosopizing art)이다.

18 단토, 김한영 옮김, 『무엇이 예술인가』(은행나무, 2015년), 66쪽.

19 지금까지 인공 지능 기술은 사람이 데이터를 입력하지 않으면, 아무것도 할 수 없다. 그러나 기본적인 데이터의 입력 이후에는 인공 지능이 자율적으로, 심지어는 오류라고 생각할 수 있는 결과물을 만든다. 인공 지능에게 자율적 활동의 가능성이 완전히 없지는 않다는 점에서 인공 지능 예술을 단지 기술로서 평가하는 것은 부당하다고 말할 수 있다. 알파고와 이세돌의 바둑 대결에서 알파고가 보여 준 바둑의 수는 인간의 기보에는 존재하지 않던 창의적 수였다. 이세돌도 다큐멘터리 「알파고」에서 알파고를 단순히 확률을 따지는 머신인 줄 알았는데, 실제로는 충분히 창의적이었다고 회상했다.

20 창의성은 의식적 활동이며, 오직 인간만이 가능하다는 생각에 의문을 제기하는 연구도 있다. 신경 과학자 아르네 디트리히(Arne Dietrich)에 따르면, 인간의 뇌는 인간이 의식적으로 생각하지 않을 때에도 창의적으로 움직인다. 이는 인간의 의식이 생각하는 것만큼 창의성에 필수적이라고 말하기 어렵다는 것을 의미한다. 그에 따르면 창의성은 의식적 창의성과 무의식적 창의성이 있으며, 의식적 창의성은 소프트웨어로 문제 해결 과정을 찾아 나가는 알고리듬과 크게 다르지 않다. 이는 오히려 인간들이 생각하지 못한 방식으로 컴퓨터는 창의성을 발휘할 가능성이 충분히 있다는 것이다. 근대 철학자 데카르트는 인간을 제외한 다른 동물들을 기계로 주장하며, 사유하는 인간에게 특별한 위상을 부여했으나, 현대의 물리주의에서는 인간 또한 특별한 종류의 기계에 불과하다는 사고가 널리 퍼지고 있다. 이런 점을 고려한다면, 인간만의 우월한 창의성을 가정하는 것은 오래된 형이상학적 사고의 잔재일 수도 있다.

21 단토, 김한영 옮김, 『미를 욕보이다』(바다출판사, 2017년), 73쪽.

22 발터 벤야민, 최성만 옮김, 『기술 복제 시대의 예술 작품』(길, 2017년), 99쪽.

23 엘리안 스트로스베르, 김승윤 옮김, 『예술과 과학』(을유문화사, 2002년), 269쪽.

24 에드워드 윌슨, 최재천, 장대익 옮김, 『통섭: 지식의 대통합』(사이언스북스, 2007년), 356쪽.

25 사이먼 콜튼(Simon Colton)이 최근 개발한 '페인팅 풀(Painting Fool)'은 기초적인 수준의 상상력을 발휘하는 소프트웨어 기술이다. 프로그램은 콜튼이 개발했으나, 창작의 과정에서는 자율적 판단 능력에 따라 그림을 그린다. 2009년 페인팅 풀에게 당시의 뉴스 기사를 바탕으로 아프가니스탄의 전쟁에 대한 해석을 만들라고 콜튼이 지시했을 때, 페인팅 풀은 아프가니스탄 시민들, 전쟁 폐허, 전쟁으로 인한 사망자들의 무덤을 나란히 그린 충격적인 작품을 내놓기도 했다. 이는 인공 지능에게도 사회 비판적인 기능이 완전히 불가능하지 않음을 보여 주는 사건이라고 말할 수 있다. 그러나 특정

한 지시에 의해서 움직이는 인공 지능이 대중의 호응도를 기준으로 삼는다면, 비판적 기능보다는 대중 영합적인 작품을 만들어 낼 소지가 더욱 크다.

11장 인공 지능 시대에 신의 지능과 종교의 의미를 묻다

1   전철, 「신의 지능과 사물의 지능」, 《신학사상》 183(2018년), 79~109쪽.
2   Alfred North Whitehead, *The Function of Reason*, Princeton: Princeton University Press, 1929, p. 2.
3   Ibid., p. 33.
4   전철, 「슐라이어마허의 직관에 관한 연구」, 《기독교 신학 논총》 65(2009년), 87쪽. 다음 문헌도 참조할 것. Jacqueline Marina, "Schleiermacher between Kant and Leibniz. Predication and Ontology," Christine Helmer ed., *Schleiermacher and Whitehead. Open Systems in Dialogue*, Berlin: Walter de Gruyter, 2004, pp. 89-90.
5   닉 보스트롬, 조성진 옮김, 『슈퍼인텔리전스: 경로, 위험, 전략』(까치, 2017년), 102쪽.
6   Matt J. Rossano, "Artificial Intelligence, Religion, and Community Concern," *Zygon 36/1*, 2001, pp. 57-75.
7   제임스 플린, 이금숙, 조선희 옮김, 『플린 이펙트: 지능에 관한 가장 지혜로운 대답』(MID, 2015년), 81~89쪽.
8   더글러스 호프스태터, 임마뉘엘 상데, 김태훈 옮김, 『사고의 본질』(아르떼, 2018년), 175~177쪽.
9   김상배 외, 『인공 지능, 권력 변환과 세계 정치』(삼인, 2018년); 슈테판 헤어브레이터, 김연순, 김응준 옮김, 『포스트휴머니즘: 인간 이후의 인간에 관한 문화 철학적 담론』(성균관 대학교 출판부, 2012년); 케서린 헤일즈, 허진 옮김, 『우리는 어떻게 포스트휴먼이 되었는가』(열린책들, 2013년).
10   브뤼노 라투르, 장하원, 홍성욱 옮김, 『판도라의 희망: 과학 기술학의 참모습에 관한 에세이』(휴머니스트, 2018년), 296쪽.
11   메를로퐁티, 류의근 옮김, 『지각의 현상학』(문학과지성사, 2016년), 317쪽.
12   전철, 「그레고리 베이트슨의 정신의 생태학」, 《철학연구》 86 (2009년), 249~274쪽.
13   Alan Wolfe, "Mind, self, society, and computer: artificial intelligence and the sociology of mind," *American Journal of Sociology* 96 (1991), pp. 1073-1096.
14   Gregory Bateson, *Ökologie des Geistes. Anthropologische, Psychologische, Biologische und Epistemologische Perspektiven*, Frankfurt: Suhrkamp, 1981, pp. 254-255.

15 전철, 이경민, 「인공지능과 인간지능: 지능에 관한 인지과학과 신학의 대화」, 《신학사상》 192(2021년), 229-253쪽.
16 앞의 글.
17 길희성, 『신앙과 이성 사이에서』(세창출판사, 2015년), 336쪽.
18 아우구스티누스는, "네가 이해한다면, 네가 이해하는 그것은 신이 아니다."라고 말했고, 불교도들은 "네가 길에서 부처를 만난다면 그를 죽여 버려라."라고 말한다. 영혼의 이 두 가지 격언은 유사한 내용을 말하고 있다. 네가 신비를 파악하거나 네가 신적인 것을 보는 순간, 실상 너는 그것을 파악하지 못하고 보지 못하게 된다는 것이다. 하느님의 계시가 출발점이라는 것을 강조함으로써, 토마스 아퀴나스는 스스로 제어하고자 하는 엄청난 자아의 성향을 거부하는 것이다." 토머트 배런, 안소은 옮김, 『토마스 아퀴나스가 가르치는 세계관과 영성』(누멘, 2011년), 33쪽.
19 S. Th. Ia, ql art. 1.
20 "마르틴 루터는 토마스와 다른 스콜라 사상가들이 신이 인류를 받아들이셨다는 것을, 우리를 위한(pro nobis) 신의 활동을 고려하지 않고 신을 그 자체로서(in se) 신학화했다는 점을 비판했다. 그러나 계시와 그리스도론에 대한 토마스의 글들을 살펴본 결과, 이러한 비판은 부당하다는 것이 드러난다. 아퀴나스는 '그 자체로서' 신에 관심을 기울인 것이 아니라 오직 우리를 붙잡으시는 신, 우리를 돌아보시고 그리스도 안에서 드러난 당신의 사랑으로 우리를 놀라게 하시는 낯설고 예측할 수 없는 신에 관심을 가졌던 것이다." 토머트 배런, 안소은 옮김, 『토마스 아퀴나스가 가르치는 세계관과 영성』(누멘, 2011년), 63~64쪽.
21 브뤼노 라투르 외, 홍성욱 옮김, 『인간·사물·동맹』(이음, 2016년).
22 전철, 「종교와 과학 담론의 문명사적 함의: 화이트헤드의 종교와 과학을 중심으로」, 《신학논단》 87(2017년), 295~321쪽; 전철, 「그레고리 베이트슨의 에코 종교론 연구: 마음의 생태적 커뮤니케이션을 중심으로」, 《생명연구》 43(2017년), 53~86쪽.

12장 인공 지능 시대와 유토피아의 이념

1 최성환, 「인공 지능의 해석학」, 《현대유럽철학》 51집(한국현대유럽철학회, 2018년), 314쪽.
2 미국 싱크 탱크 랜드 코퍼레이션의 보고서에서 전문가들은 AI가 방대한 데이터와 자체 시뮬레이션 결과를 토대로 "적국을 선제 공격하는 것이 더 유리하다."라는 결론을 낼 수 있다고 내다봤다. 인간은 '전쟁은 공멸'이라는 공포가 있어 전쟁을 망설이지

만, AI는 데이터만을 근거로 전쟁을 부추길 수 있다는 것이다. 이에 대해「진화 거듭하는 AI, 유토피아일까 디스토피아일까: 인공 지능의 미래, 낙관·비관론 혼재」,《국민일보》, 2018년 6월 25일 참조.

3   이한구,「한국인의 유토피아」,『유토피아 인문학』(석탑출판, 2013년), 178쪽.
4   김태유,「4차 산업 혁명에 대한 올바른 이해」,《철학과 현실》119집(철학문화연구소, 2018년 가을), 120쪽 아래.
5   4차 산업 혁명이라는 용어는 앞서 독일이 2010년 발표한 '하이테크 전략 2020'의 10대 프로젝트 중 하나인 '인더스트리 4.0(Industry 4.0)'에서 제조업과 정보 통신의 융합을 뜻하는 의미로 먼저 사용되었고, 이후 세계 경제 포럼에서 4차 산업 혁명을 의지로 설정하면서 전 세계적으로 주요 화두로 자리 잡았다. 이에 대해 이건국 외,『인공 지능 시대의 인문학』(충북대학교 인문학연구소, 신아사, 2018년), 75쪽 참조.
6   임희완,『20세기의 역사 철학자들』(건국 대학교 출판부, 2003년), 418쪽. 미래학은 원래 탈근대주의에서 시작했으며, 이성보다는 통찰과 같은 직관을 중요시하는 경향을 보였다. 1960년대부터 그것의 방법론이 나오기 시작했으며, 1970~1980년대에 이르러 인문학과 사회 과학, 자연 과학을 한데 아우르는 통합 과학으로 발돋움하게 되었다. 미래학자들은 제2차 세계 대전 이후 과학과 기술의 급속한 발전으로 등장하기 시작한 탈산업 사회를 정보화 사회로 바라보면서 정보와 지식을 가장 중요한 변화와 혁신의 요인으로 두고 있다.
7   박중목,「인공 지능 시대에 인간의 위상」,『인공 지능 시대의 인문학』(충북대학교 인문학연구소, 신아사, 2018년), 75쪽 아래.
8   김성열,「인공 지능 유토피아론과 디스토피아론」,《경상시론》, 2019년 4월 29일.
9   박영준,「4차 산업 혁명의 본질」,《철학과 현실》, 120집(철학문화연구소, 2019년 봄), 192쪽 아래.
10 야콥 부르크하르트, 이상신 옮김,『세계사적 성찰』(신서원, 2001년), 259쪽 아래.
11 제리 카플란, 신동숙 옮김,『인공 지능의 미래』(한스미디어, 2017년), 249쪽.
12 박중목, 앞의 글, 80쪽 아래.
13 제리 카플란, 앞의 책, 250쪽 아래.
14 특히 미디어의 관심과 후각은 현실적인 경계를 넘어서 다른 차원을 선구적으로 제시하고자 시도하는 경향이 있다.
15 박영준,「4차 산업 혁명의 본질」,《철학과 현실》, 120집(철학문화연구소, 2019년 봄), 194쪽 아래.

16　오정숙, 「과학의 유토피아, 욕망의 디스토피아: 쥘 베른의 『해저 2만리』」, 『유토피아의 귀환. 폐허의 시대, 희망의 흔적을 찾아서』(경희대학교 출판문화원, 2017년), 94쪽.

17　빌헬름 슈미트, 장영태 옮김, 『철학은 어떻게 삶이 되는가: 아름다운 삶을 위한 철학기술』(책세상, 2017년), 8쪽 아래.

18　이명호, 「유토피아 상상의 귀환과 재구성을 위하여」, 『유토피아의 귀환. 폐허의 시대, 희망의 흔적을 찾아서』(경희대학교 출판문화원, 2017년), 5쪽.

19　앞의 책, 6쪽 아래.

20　엄정식, 「4차 산업 혁명의 문화철학」, 《철학과 현실》, 119집(철학문화연구소. 2018년 가을), 6쪽 아래.

21　오정숙, 앞의 글, 83쪽 아래.

22　안상원, 「인공 지능 시대의 SF, 무엇을 말하는가」, 『인공 지능 시대의 인문학』(충북대학교 인문학연구소, 신아사, 2018년), 130쪽 아래.

23　박규현, 「가까이, 더 가까이에서 다르게 보기: 베르나르 베르베르의 『나무』」, 『유토피아의 귀환. 폐허의 시대, 희망의 흔적을 찾아서』(경희대학교 출판문화원, 2017년), 243쪽.

24　J. G. 헤르더, 강성호 옮김, 『인류의 역사 철학에 대한 이념』(책세상, 2002년), 56~59쪽.

25　민규홍, 「인공 지능의 미래와 인간 그리고 세계-인간과 인공 지능의 관계방식에 대하여」, 『인공 지능과 미래 인문학』(산과글, 2018년), 72~76쪽.

26　닉 보스트롬, 조성진 옮김, 『슈퍼인텔리전스. 경로, 위험, 전략』(까치글방, 2017년), 215쪽.

27　Dietmar Kamper, "Mensch": in C. Wulf(Hg.) *Vom Menschen. Handbuch Historische Anthropologie*, Weinheim und Basel, 1997, s. 86. 이건명 외, 『인공 지능 시대의 인문학』(충북대학교 인문학연구소, 신아사, 2018년), 107쪽 아래에서 재인용.

28　제리 카플란, 앞의 책, 123, 248쪽.

29　앞의 책, 257쪽.

30　이진일, 「다가올 혁명적 변화와 미래를 향한 예측들」, 『인공 지능과 미래 인문학』(산과글, 2018년), 104쪽. 이에 대해 서동진, 「지리멸렬한 기술 유토피아. 4차 산업 혁명이라는 이데올로기」, 《창작과 비평》 177(2017년), 45쪽; 이광석, 「4차 산업 혁명과 시민 테크놀로지적 전망」, 손화철 외, 『4차 산업 혁명이라는 거짓말』(북바이북, 2017년), 41쪽 참조.

31　오민정, 「인공 지능과 미래: 새로운 시대를 향한 진보인가 위협인가? 루크 스카(Luke Scott) 영화 「모간(Morgan)」을 중심으로」, 『인공 지능과 미래 인문학』(산과글,

2018년), 96쪽.

32 제리 카플란, 앞의 책, 249쪽.

33 김재희, 「인간과 기술의 공생이 우리의 미래를 개방한다. 질베르 시몽동의 새로운 휴머니즘」, 『현대 기술·미디어 철학의 갈래들』(그린비, 2016년), 31쪽.

34 야콥 부르크하르트, 앞의 책, 25쪽.

35 최성환, 앞의 글, 348쪽.

36 홍성욱, 「테크노사이언스에서 '사물의 의회'까지. 브뤼노 라투르의 기술 철학」, 『현대 기술·미디어 철학의 갈래들』(그린비, 2016년), 197쪽.

37 양영유, 「대학을 함부로 대하는 나라」, 《중앙일보》, 2019년 7월 27일. 2001년 노벨 화학상 수상자인 노요리 료지(野依良治) 나고야 대학교 교수는 "과거 산업 혁명과 비교하면 4차 산업 혁명이 가져올 사회 변혁 속도는 10배 빠르고, 규모는 300배 크고, 그 임팩트는 3,000배에 달한다. 대학이 변화의 핵심이다."라고 주장한다.

38 박영준 외, 「4차 산업 혁명과 대한민국의 현주소」, 《철학과 현실》 119집(철학문화연구소, 2018년 가을), 47쪽.

39 이진일, 앞의 글, 124쪽. 그는 구체적으로 4차 산업 혁명의 '행동 강령'으로 다음과 같은 일들을 제안한다. ① 불확실한 미래의 진단과 제안보다 당장 고통스러운 삶의 문제를 하나하나 해결해 나가는 '지금 여기의' 정치가 필요하다. ② 미래에 실현이 확실한 것과 불확실한 것, 가능한 것과 불가능한 것, 되돌릴 수 있는 결정과 되돌릴 수 없는 결정, 과학에 맡길 일과 공동체가 결정할 일 등을 구분하고 나눠서 대응하자. ③ …… 각 학문 분야는 자신의 분야에서 4차 산업 혁명에 조응해 진행될 4.0의 컨텐츠를 구체화시켜야 한다. ④ '우리가 지향할 사회의 모습은 어떤 것인가? 우리가 어떤 미래를 원하는가? 어떤 세상에서 우리와 우리의 자식들이 살기를 원하는가?'를 분명히 그려 낼 필요가 있다.

40 김종규, 「4차 산업 혁명과 일의 미래」, 『인공 지능 시대의 인문학』(충북대학교 인문학연구소, 신아사, 2018년), 229~232쪽.

41 엄정식, 앞의 글, 14쪽.

42 이진일, 앞의 글, 127쪽. (프랑코 베라르디 비포, 『미래 이후』, 243쪽 참조)

43 이한구, 앞의 글, 205쪽.

44 신상규, 「인공 지능의 도덕적 지위와 관계론적 접근」, 《철학연구》 149집(대한철학회, 2019년), 270쪽 아래.

45 엄정식, 앞의 글, 11~15쪽
46 야콥 부르크하르트, 앞의 책, 263쪽.

찾아보기

가
가능-존재 63
가도트, 갈 248
가사 노동 시간 195~196
가상 현실 140, 331
가설 53
가언적 삼단 논증 53
가짜 뉴스 206
감성 로봇 133~134
감성적 미학 332
감정 분석 프로그램 99~100
감정 재인 134
강한 인공 지능 56~57, 61, 76, 241
강화 인간 69
강화 학습 251, 253
개신교의 지성과 영성 359~360
개호 난민 214
건수 지향적 노동 115
게이츠, 빌 137
게임 체인저 97, 102

겔렌, 아르놀트 379
경험 기계 84
계몽의 변증법 22, 385
계몽주의 384
고베, 페르낭 8
고차원 기계 지능 241~242
고흐, 빈센트 반 289, 293, 295, 297, 327
골계미 303
공동 창조 369
공리주의 60, 84~85, 405
공유 경제 266
과도기적 인간 68
과속 사회 14, 159, 163~164, 166, 168, 174~175, 178~179
과업 지향적 노동 115
과제 환경 243
과학주의 57
관조적 미학 332
괴테, 요한 54
구글 139, 243, 248~250, 253, 255,

327~328
구글 번역 255~256, 271
구부러진 존재 357
규제적 이념 21, 395
그랜트 연구 125
그린버그, 클레멘트 313~316, 318, 320
극사실주의 329
근대 과학의 한계 22
긍정 심리학 135
기계 문지기 100, 104
기계 미학 17, 282, 285, 289
기계 시대 273
기계 학습 207, 242, 250~251, 253~254, 261
기계적 복제 기술 280~281
기본 소득 181
기술 결정론 371
기술적 가속화 179
기후 변화 241
긱 워크 114

나
나폴레옹 3세 311
내스트, 토머스 193
내/외적 상호 주체성 347
내적 기억 257~258
내적 주체성 347
네트워크 효과 114
넥스트 렘브란트 272, 290, 327
노동 유연화 12, 95, 97, 118, 122~123, 162
노블, 데니스 23
노빅, 피터 35, 243~244, 248
노인 돌봄 로봇 케어 220
노직, 로버트 84~85
뉴 노멀 96

니체, 프리드리히 37, 63~69, 71, 87~89

다
다 빈치(수술 로봇) 213, 217
다다이즘 305
다윈, 찰스 7, 54
다윈주의 54
다층 학습(딥 러닝) 251, 259
단순 노출 효과 149
단순 정위 367
단토, 아서 272, 290, 302, 320~323, 329
데이비슨, 도널드 45
데이터 감시 112
데카르트, 르네 321
도르줄레스, 롤랑 325, 329
도정성 64
도킨스, 리처드 74
독창성 272
동시대적 사유 209
두스뷔르흐, 테오 반 316~317
뒤뷔페, 장 306
뒤샹, 마르셀 283~284, 301~305, 320, 328
디스토피아 16, 21, 60, 97, 240, 377, 379, 382~386, 388~389
DHL 121
디지털 노동 114
디지털 노마드 94, 116
딥 러닝 103, 206, 215, 249~251, 253, 261, 406
딥마인드 253~254, 327
딥페이크 248~249

라
라메트리, 쥘리앵 오프레드 275

찾아보기 **435**

라캉, 자크 70
라투르, 브뤼노 46, 349, 367
러브레이스, 에이다 294~295
러셀, 스튜어트 35, 243~244, 248
러시아 구축주의 278
레디메이드 283
레비타스, 루스 380
렘브란트, 하르먼스 판레인 271~272, 289, 300, 327
로고스 중심주의 358
로드첸코, 알렉산데르 278
로보섹슈얼 148
로보어드바이저 93
로봇 개호 214
로봇 3원칙 82
로봇 수술 217, 374
로봇의 범주 141
로저스, 칼 151
로젠버그, 해럴드 319
롤스, 존 169~170, 192
롱아일랜드 고가 도로 105
루만, 니콜라스 355
루터, 마르틴 365
루트번스타인, 로버트 394
룩 앳 미 141
르누아르, 프레데릭 400
르상티망 88
리스크 제로화 120
리플리 큐 132

마

마네, 에두아르 311~313
마레, 에티엔쥘 283~284
마르크스, 카를 122, 165, 169~170, 280
마리네티, 필리포 톰마소 274~275
마이다스아이티 100
마이크로소프트 104, 255, 327~328
마젠타 프로젝트 327
마치 그러한 것처럼의 철학 52
마크, 윌리엄 133
만하임, 카를 380
매슬로, 에이브러햄 해럴드 61, 152
매핑 111
맥도날드 121
맥루언, 마셜 114
맥카시, 존 38
머스크, 일론 137
머튼, 토머스 129
메나르, 피에르 290
메를로퐁티, 모리스 354
모네라 54
모더니즘 272, 295, 297, 314, 316, 322, 325, 330
모르핀 127
모리 마사히로 130
모방 기계 17, 272~274, 289, 293~295, 297~298
모방 지성 35
모지스, 로버트 105
몬드리안, 피트 316
몸의 기억 228~230
무지로부터의 논증 66
물리적 환원주의 42, 402
물신주의 333
물자체 11, 56, 342
물품 음란 장애 143
물화 163, 173
미국 로봇 학대 방지 협회 150
미국 자동차 기술 학회(SAE) 263
미디어 아트 289, 328, 330~331

미래파 274~275, 278, 314
미투 운동 203
민중 신학 369

바

바디 46~47
바르트, 롤랑 295
바뱅, 도미니크 69
바쟁, 앙드레 299
박재환 207
반지성주의 360
발견적 안내 380
발레리, 폴 330
방법적 가설 380
배달 앱 110, 113
배럿, 제임스 240
배민커넥트 116
백남준 330
밴듀라, 앨버트 143~144
버로길스 인쇄소 291
범용 인공 지능(AGI) 241
법인 56
베르베르, 베르나르 382
베르제, 르네 331
베른, 쥘 382
베이컨, 프랜시스 306
베이트슨, 그레고리 354, 356, 369
벤야민, 발터 280~282, 330, 404
보스트롬, 닉 64, 240~241, 386~387
보캉송, 자크 275~277
부루크하르트, 야코프 375, 397
부버, 마르틴 138
부정의 변증법 22
브들레르, 샤를 피에르 279~280
브룩스, 로드니 141

브리디, 안네마리 290, 294
브리질, 신시아 141
블로흐, 에른스트 395
비생물적 학습 368
비지도 학습 251
비지성적 지각 360
비처, 헨리 127
비트루비우스 189
비허구성 56
빅 데이터 6, 8, 12, 93~94, 99, 104, 118~121, 134, 215~216, 222, 251, 255, 373, 396
빈치, 레오나르도 다 188~191, 303

사

사로니, 나폴레옹 291
사물 인터넷(IoT) 6, 12, 93, 396
사변 이성 339
사실 기술 381
사오리(로봇) 148
사이보그 63, 65, 141~142, 287, 289, 386
사이진, 아이세 131~132
사이코패스 383
4차 산업 혁명 5~6, 8, 10, 15~16, 20, 22, 74, 95, 116, 157, 169, 178, 202, 214, 234, 371~375, 381, 387, 391~392, 396
사회적 가속화 179
삶의 가속화 179
삶의 기예/기술 9
삶의 미래 연구소 241
3D 프린터 264
상처 입은 행복 24
새로운 사회적 상상 181
생철학 71
생체 인식 93

생활 지원 로봇 221
서르닉, 닉 114~115
성도착 장애 143
성육신 356
성 편향성 255
세계 트랜스휴머니스트 협회(WTA) 64
세네카 184
섹스 로봇 6, 13, 32, 61, 143~148
소르벨리, 알베르토 293
소셜봇 150
소유 개인주의 이론 290
소크라테스 53, 187
소피아 93, 126, 133~135, 149~150, 300
솜머러와 미뇨노 297~298
쇼펜하우어, 아르투어 70~75, 86
슐라이어마허, 프리드리히 342
스노, 찰스 퍼시 396
스마트 돌봄 222
스마트 시티 93
스마트 홈 16, 93, 219~220, 235~236, 238
스마트화 94
스마트휠스 16, 219~220, 235, 238
스콧, 리들리 260
스타벅스 118~121
스텔라크 287~289
스티글러, 베르나르 112
스피노자, 바뤼흐 70
스피프 팩토리 93
스필버그, 스티븐 263
슬레이터, 데이비드 296
시간 지향적 노동 115
시계추 비유 73
시냅스 75
시민 소득 181
신경 세포 75

신비한 직관 341
신성 339
신앙의 감각 359
신자유주의 164, 166~167, 379, 394
신체 지원 로봇 221
실벗 222
실시간 종추적 111
실용주의 56
실존주의 71
실천 이성 339
실천적 지성 51
심신 이원론 356
심층 신경망 261

아

아렌트, 한나 385
아론(로봇) 326
아리스토텔레스 45, 88~89, 184, 310, 400
아마존 129~130, 252
아바타 141
아시모프, 아이작 82
아우구스티누스 363~364
IBM 16, 101, 134, 216, 221, 250, 401
ICBM 107
아인슈타인, 알베르트 129
아일랜드, 빌리 193
아퀴나스, 토마스 363~365
안드로이드(로봇) 132~133
안드로이드(운영 체제) 108
알고리듬 통치성 112
알렉사 129~130
알키비아데스 187
알파고 93, 104, 207~208, 239, 242,
    249~254, 259, 271, 297, 327, 341,
    346~348, 374

알파고 마스터 253
알파고 제로 253
압축적 근대화 163
액션 페인팅 318
액체 근대 161
앤스콤, 엘리자베스 45
앱 노동 114
야수파 314
약한 인공 지능 76, 244
양극성적 일원론 356
어비스 크리에이션스 144
언캐니 밸리 130~131, 133
업무용 앱 97, 105, 107~111
에레쿠, 모건 8
SF 78, 82~83, 133, 138, 239~240, 248, 263, 382
SNS 15, 110, 203~204
에이즈 199
에코-신 369
에크하르트, 마이스터 359
에피쿠로스 184
엔신스 327
MDM 107, 109
MIT 미디어랩 383
연결 규칙 252
연대 22, 89
영, 아이리스 201
영성 135~136, 359, 361
영지주의 358
예비학 9
오노 요코 330
오닐, 캐시 98~99, 104, 121
오뚝이 실험 143
오시이 마모루 256
오토마타 276~277

온 디맨드 워크 114
온 콜 스케줄링 프로그램 118~122, 405
올페, 알란 354
와이츠, 모리스 323
와일, 데이비드 121
와일드, 오스카 291~292
왓슨(인공 지능) 16, 93, 101, 134, 213, 216~217, 250, 401~402
외부 기억/외장 기억 258
요른, 아스게르 306~307
요시다 기미코 293
욕구의 5단계설 61
욕망 기계 60, 86
욕망 이론 70
우버 워크 114
워라밸 23
워홀, 앤디 290, 320~321, 323, 328
원격 진료 93
원형 지성 35
월마트 121
웨어러블 디바이스 223~224
웨이모 93
웹 기반 크라우드 워크 114
위너, 랭던 105
위치 기반 시스템 112
윌슨, 에드워드 208~209, 331
유럽 노동 조합 연구원(ETUI) 123
유사성의 원리 130~131
유아론 50~51
유어, 앤드루 113
유연성 23
유토피아 19~21, 60, 63, 377~389, 395~396, 401
UPS 121
육감 129

윤리적 비대칭성 51
은사주의 360
의도성 45
의제 56
이경민 358
이명호 380
이성의 간지 397
이세돌 157, 239, 251, 253, 297
EMI 326
e접수 98~99
인간 기억 258
인간 중심주의 35, 191, 243, 341, 396
인간-강화 63
인간-종-중심적 세계관 11, 33, 42, 48
인간화의 오류 83
인격 44~45
인공 신경망 259
인공 오리 276~277
인공 지능 면접 97~104, 113, 401
인공 지능 문해력 123
인공 지능 인간학 5, 8, 9
인공적 도덕 행위자 45
인류의 미래 연구소 241
인 무바터 148
인상파 314
인식론적 비대칭성 51
인터넷 중독 140
입체파 302

자

자기 생성 355
자기 의식 44, 47, 316, 379
자기 인식 36, 60, 86
자기 초월 136
자동 풀기 113

자살률 163
자아 동일성 44
자연 지능 41, 43
자유인 187, 190~191
자율성 45, 115, 117, 320, 324
자율 주행차 6, 22, 93, 242, 261~266, 374
자의식 76, 80
자폐 스펙트럼 장애 141
장회익 358
저자 개념 17, 294~297
적시 일자리의 세계 122
전위 예술 305
전체주의 384~385
정밀 의학 216
정서 지원 로봇 221
정언 명령 56
정언적 삼단 논법 53
정의론 172~175
제틀마이어, 한스 306
JIT 경제 122
젠슨, 아서 344
존재론적 비대칭성 52
종말론 63, 160
주변화 14, 169, 181
증강 현실 93, 140
지구화 166~167
지능 개념의 계보학 38
지능적 에이전트 243
지능적 존재 337, 401
지능적 존재자 33, 43, 50~51, 57
지도 학습 251~252, 256
지속 가능성 67
지역 기반 호출 노동 114
GPS 트래커 110
지향성 228, 347~355, 380

직관 341~342
진정한 관계 13, 125, 151

차

참정권 187, 191~193
창의성 171, 274, 280, 293~294, 297, 300, 325~326
창작 기계 17, 271~274, 289, 294, 298
책임 있는 로봇 공학 재단 144
챗봇 103~104, 255
철도 114
초격차 167
초고령 사회 221, 236
초단절 22
초연결 22, 94, 114, 394
초월성 136
초인 63~69
초지능 16, 23, 240~241, 248~249, 347, 374, 377, 387~388, 395, 403~405, 407
추상 표현주의 308, 313~314, 316, 318~320
출세주의 167
치매 국가 책임제 214
친밀한 관계 125

카

카뮈, 알베르 184
카반, 피에르 302
카스토리아디스, 코르넬리우스 181
카시러, 에른스트 385
카플란, 제리 376, 386~387, 403
칸트, 이마누엘 11, 35~36, 45, 50~53, 304, 321, 339, 342, 399
칼비노, 이탈로 295
캄퍼, 디트마르 386

커즈와일, 레이 76, 240~241, 247, 256, 260, 376, 403
케이지, 존 330
KT 107~109
코기토 100
코로나19 94, 107
코언, 해럴드 326
코웬, 데보라 97, 122
코프, 데이비드 326
콩고(침팬지) 325
큐브릭, 스탠리 83
QR 스티커 106
크라우드 양털깎기 115
크라우드 워크 114
크라우스, 로잘린드 272
크로노스 118~120
크루즈, 톰 263
클라우드 컴퓨팅 6, 12, 134
클라크, 아서 찰스 82~83
클로프닝 118~119
키네틱 오브제 285
킬러 로봇 6

타

타자성 11, 20, 50, 57
탈매개화 114
탈중개화 114
탈진실 205~206
테그마크, 맥스 240, 247, 389
테세우스의 역설 257
테이(챗봇) 104, 255
테크노 모성 331
텐서플로 249~250
텐왕 93
토인비, 아널드 191

통각 44
통섭 331
튜링, 앨런 49~50, 52
트랜스휴머니즘 12, 63~65, 69, 89
트위터 255
특이점 16, 23~24, 56, 65, 240, 367~368, 376~377, 401, 403
특화된 인공 지능 244
틸리히, 폴 요하네스 369
팅겔리, 장 283, 285~286, 290

파

파격주의 325
파놉티콘 111
파스콸레, 프랭크 117
파이토치 250
파이힝거, 한스 52, 54, 56
판단 주체 51
팔, 니키 드 생 285
퍼포먼스 285
페이다큐먼트 200
페이스북 101, 203, 250
페퍼 93, 133~135, 221
편재성 161
포스트그램 298
포스트휴머니즘 12, 37, 56, 63, 65, 89, 150, 366
폴록, 폴 잭슨 318
폴리스(고대 그리스) 187, 189, 191
푸코, 미셸 18, 87, 200, 295~296, 298
프라이, 로저 엘리엇 315
프라이버시 침해 문제 102, 104, 106~107, 123
프람폴리니, 엔리코 275
프레이저, 낸시 172

프로이트, 지그문트 70
프리드먼, 제럴드 116
플라톤 187, 258, 309~310, 331
플랫폼 노동 97, 110, 113~117
플럭서스 예술 330
플로티노스 359
플루서, 빌렘 318
피카비아, 프란시스 306
피카소, 파블로 325, 327
핀버그, 앤드루 105
필립 149

하

하라리, 유발 240, 247
하비, 제임스 328
하사비스, 데미스 346, 348
하산, 이하브 56
하이데거, 마르틴 40, 49, 165, 321
학벌주의 166~167
핵폭탄 388
행동 규칙 252
행복 이론 59~60
행복 지상주의 84
행위자 연결망 이론 46
허구 53~56
헤겔, 게오르크 88
헤르더, 요한 고트프리트 폰 384
헤브라이즘 343
헨드릭스, 요헴 285~287
헬레니즘 343
협동 로봇 141
호모 루덴스 59
호모 사피엔스 380~381
호모 스페란스 372
호모 퓨처리스 69

호킹, 스티븐 137, 371
호프스태터, 더글러스 240, 247, 344
혼종 63
홀로코스트 379
화용론 17, 329
화이트헤드, 앨프리드 노스 339, 369
확증 편향 104, 206
환영 이론 310
환원 근대론 166
효성 인포메이션 시스템 133
휴머노이드 131, 133~134, 300
흄, 데이비드 45
히틀러, 아돌프 255
히포크라테스 330

기획 중앙대학교 인문콘텐츠연구소
2017년 11월부터 대한민국 교육부와 한국연구재단에서 지원하는 HK+인공지능인문학사업단을 운영하고 있으며, 인문학과 인공 지능의 융합적 연구를 수행하고 있다.

AI 인문학 1

AI 시대,
행복해질 용기

1판 1쇄 찍음 2020년 12월 15일
1판 1쇄 펴냄 2020년 12월 31일

지은이 최성환, 김형주, 강용수, 공병혜, 김분선, 김선규, 김영선, 김원식, 김재인, 박평종,
전철, 주해원
엮은이 최성환, 김형주
기획 중앙대학교 인문콘텐츠연구소 HK+ 인공지능인문학사업단
펴낸이 박상준
펴낸곳 (주)사이언스북스

출판등록 1997. 3. 24.(제16-1444호)
(06027) 서울특별시 강남구 도산대로1길 62
대표전화 515-2000, 팩시밀리 515-2007
편집부 517-4263, 팩시밀리 514-2329
www.sciencebooks.co.kr

ⓒ 중앙대학교, 2020. Printed Seoul, Korea.

ISBN 979-11-90403-73-3 94550
ISBN 979-11-90403-72-6 (세트)

이 저서는 2017년 대한민국 교육부와 한국연구재단의 지원을 받아 수행된 연구임
(NRF-2017S1A6A3A01078538)